广东船舶与航运史略

陈建平　编著

哈尔滨工程大学出版社

Harbin Engineering University Press

内容简介

作为中国古代"海上丝绸之路"的主要通道和贸易港口,南海和广州积淀着象征中华民族开拓进取和爱好和平精神的"海丝"文化和中华文明。本书以弘扬中华优秀传统文化为己任,以时间为主轴,记述了以广州(广东)为中心的"海丝"船舶和航运发展脉络。从远古走来,镜头由远及近,聚焦于"广船"船型,再现了一幅"南海之上、岭南之滨",世代演绎着的"涨海之上万国商"的宏大画卷。

本书可作为宣扬"海丝"文化和航海文化的科普读物,也可作为高等院校航海类专业教学和相关研究用书。

图书在版编目(CIP)数据

广东船舶与航运史略 / 陈建平编著 . — 哈尔滨:
哈尔滨工程大学出版社, 2023.1
ISBN 978 - 7 - 5661 - 3413 - 4

Ⅰ.①广… Ⅱ.①陈… Ⅲ.①船舶—历史—广东②航运—交通运输史—广东 Ⅳ.①U674-092②F552.9

中国版本图书馆 CIP 数据核字(2022)第 216414 号

广东船舶与航运史略
GUANGDONG CHUANBO YU HANGYUN SHILÜE

选题策划	史大伟 薛 力
责任编辑	李 暖
封面设计	李海波

出版发行	哈尔滨工程大学出版社
社 址	哈尔滨市南岗区南通大街 145 号
邮政编码	150001
发行电话	0451-82519328
传 真	0451-82519699
经 销	新华书店
印 刷	哈尔滨午阳印刷有限公司
开 本	787 mm×1 092 mm 1/16
印 张	17.5
字 数	405 千字
版 次	2023 年 1 月第 1 版
印 次	2023 年 1 月第 1 次印刷
定 价	65.00 元

http://www.hrbeupress.com
E-mail:heupress@hrbeu.edu.cn

序　言

"涨海声中万国商"。从古至今,南海就是中华民族对外交流和贸易来往的主要海上通道,其优越的自然条件和越人"善用舟"、海贸发达,使广东造船技术和航运业非常发达。

广东北依五岭,南濒南海,珠江水系贯穿其中,河道密如蛛网。沿海和河网地区,古越人聚居之地。古越人的生活与生产,多赖于舟楫。古文献有"越人善于造舟""越人善用舟"的记载。

得天独厚的自然条件,使岭南百越先民自古以来就与水结下不解之缘。水上世家,专业易精,有利于航运和造船技术的提高。中国海上贸易发端于南方,交趾、徐闻、合浦、番禺(今广东广州)等港市随之兴起。从秦汉起,中国海上贸易的对象主要是南海诸国。到了孙吴时期,因交州刺史部所管辖的岭南地区内部,已形成红河水系和珠江水系这两个各具特色的经济区,所以孙权决定以合浦为界,一分为二,其南划为交州,其北划为广州。交、广分治,加强了广州港市的地位,又因造船业和航运技术的进步,海上交通进入"近洋航运"阶段。

唐宋元明时期,海贸空前发展,广东航运进入了"远洋航运"阶段。隋唐时期,随着造船技术快速发展,出现了船板同时用铁钉及榫连接和捻缝技术,使船壳板的水密性得到了保证,又延长了铁钉的使用寿命。该时期的船已使用了成熟的水密隔板技术,提高了船舶抗沉性,增加了船体结构强度,为船舶逐步大型化在技术上打下了基础。此时建造的海船,可载千石,并远航海外,开辟了海上丝绸之路。宋元时期,随着海外贸易的发展,广州造的海船有3帆到10帆,可载千人,常来往于波斯湾。明代,广东所造的广船,形成了自己的特色,被后人誉为我国四大著名船型之一。

然而到了清初,由于清廷实行海禁和闭关守国的政策,导致造船业衰退、造船技术停滞不前,致使在鸦片战争前夕,广东水师的战船已不敌西方的"船坚炮利"了。造船技术的落后,导致国门被西方侵略者打开,中国堕入近代百年屈辱史。

中华人民共和国成立后,广东省内散布各地的修造船厂被政府接收、合并、扶持及改造,组建成国营修造船厂,以适应国家当时对船舶修造的需要。20世纪五六十年代,国家调派江南造船厂、沪东造船厂、大连造船厂、武昌造船厂等船厂的一批技术力量及设备,到广州及湛江建造舰艇,传播了当时的造船新技术，及时而有力地支持了广东省船舶工业。20 世纪 60 年代中后期，在"建造军品为主，兼造民用海洋货船"的思想指导下，以广州船厂、黄埔船厂和文冲船厂为首的三大船厂的扩建、改造，以及交通部下属修船厂、海军各船厂、广州渔轮厂等的相继建成，基本形成了华南地区修造船工业的骨干力量，也为广州成为中国三大修造船基地之一奠定了基础。

党的十一届三中全会后，广东省船舶与航运业进入新阶段。在这一阶段，各船厂转变观念，实行转轨转型；从单纯的国内造船，发展到以国内造船为主，积极出口，开拓了国际市场；从单纯造船、修船发展到以船为本，多种经营，开发了新的非船产品；从生产型转变为生产经营型，企业获得了自主权，增强了活力；一些以军品为主的船厂，完成了军转民的变革。为求生存和发展，各企业由生产型转向生产经营型，走向市场，拓展业务，这既是机遇，又是挑战。

中华人民共和国成立后的 70 多年间，广东省船舶与航运事业取得了巨大的成就，为广东省发展航运、水产、外贸事业及巩固国防做出了重要贡献。但是，就广东省在全国所处的重要地位，特别是作为一个海洋大省而言，广东省船舶与航运事业的发展规模尚不够大，技术水平、管理水平和经济效益尚有待进一步提高。但其有利条件很多，发展潜力很大，前景非常广阔，只要船舶与航运事业坚持进行体制改革、坚持对外开放、调整产业结构、重视人才培养、引进国内外先进技术和管理经验、发挥粤港澳大湾区创新驱动优势、走高质量发展的道路，在新时代就一定能创造出更辉煌的业绩。

本书是作者在多年从事广东船舶史和广东航运史教学的基础上编撰而成，在编写过程中，作者充分参考了《广东水运史》（2021 年版）、《广东航运史》（1989 年版）、《珠江航运史》（1995 年版）和《广东省省志·船舶工业》等资料，并查阅了大量的参考文献。在此向以上文献资料的作者表示崇高的敬意和由衷的感谢！

本书以时间为经线，以广东造船和航运两条线索为纬线，分为两个部分，第一部分介绍世界和中国船舶和航运的发展概况，第二部分以广船的产生、发展、繁荣到衰落为主要线索，介绍了广东造船和航运的发展基本历程。

沧海桑田，珠江之水，自古奔流不息；浩瀚南海，见证古今多少事。勤劳、勇敢的先民，从刀耕火种，到刳木为舟，再到扬帆大海，一直没有缺席。在编写的过程中，作者感叹于先民的智慧，也为相关资料的匮乏而深感惋惜，更担心不能很好地展现甚至是错误描述了历史真相而带来遗憾。

相信随着科学技术的发展、考古发现的增多、文献资料的丰富，能够让本书得到进一步完善。

陈建平

2022 年 5 月

目　　录

第一章　从东方的故事说起

船舶与人类有着密不可分的关系。船舶是人类在认识自然、改造自然过程中，产生的一种改造自然、利用自然的工具。航运则是在舟船正式成为交通工具之后，人类使用其所从事的基于运输等目的的水上活动。

在船舶发展史中，造船技术所承载的是一项无处不体现着人类祖先在认识自然、改造自然过程中所形成智慧的一项活动。中华民族所创造的东方古文明在人类历史发展长河当中一直占据着非常重要的位置，只不过从近代，也就是1840年鸦片战争后，中华文明才开始在某些方面落后于西方。船舶作为人类智慧和文明的重要载体，其建造技术同样在世界古代史中占有重要的地位。在整个古代史中，如埃及人、腓尼基人、希腊人、罗马人、阿拉伯人等，他们虽然也为世界航海及造船活动做出过特定的贡献，但他们的活动主要是区域性的。

无论是学习古代造船史还是航海史，都需要从古老东方的华夏造船与航海开始。

第一节　造舟缘起

舟船的起源，自然就是古人与舟。在人类处于蒙昧时代时，古人是无论如何也不能像我们今天一样拥有这么发达的科学技术——能够在河流上面架设桥梁，建造万吨巨轮在海洋里游弋。那么在远古时代，人类又是如何与大自然进行抗争，怎么样去适应乃至征服这些江河湖泊的呢？就是在这个适应与征服的过程中，随着人类的进步，舟船应运而生了。

一、舟船的基本用途

无论是密如蛛网的涓涓细流，还是星罗棋布的江河湖泊，抑或广袤无垠惊涛骇浪的海洋，舟船于我们人类而言，就是在泅渡之时提供浮力，以防溺水的工具而已。那么舟船的基本用途，归纳起来无外乎求生存、代步、运输以及战争机器这几个作用。

首先是求生工具。人类的祖先无论在旧石器时代还是新石器时代，在面对洪水、面对河流，即使不是像长江、珠江、黄河这么大的河流，而是一条很小的河流，他们都觉得无可奈何：要么游泳，要么涉水而过。这些都会带来巨大的危险，特别是当洪水泛滥之时，徒步涉水对他们来说随时都会致命。所以舟船的出现满足了人类的求生需要，这是它的第一个功能。

其次是运输功能。比如你在河的那一边，我在河的这一边，我要去见你，或者说你要到我这边来，首先想到的就是乘船。当然，在科技发达的今天，像珠江三角洲，虽然河道纵横河网密布，但我们可以利用现代技术根据需要架设桥梁，直接把天堑变成通途，可是在古代，架桥（特别是在大江大河上）是非难困难的事。所以舟船成为在江河湖泊的此岸到彼岸、此地到彼地、上游到下游之间一个非常重要的交通工具。

舟船作为战争机器，那已经是人类进入阶级时代的事了。随着人类历史的发展，人口数量增多，最终演化为对资源的争夺。舟船在此过程中，充当了非常重要的工具，也就是起到了国家机器的作用。

二、原始浮水工具

人类漫长的进化过程，也是在与大自然抗争中不断成长的过程。面对滔滔洪水，如何自保，这或许是其面临生存的首要问题。无论如何，不要让自己溺水，这是一个基本的、本能的反应。洪水之中的枯树、断木是溺水之人的救命之物。随着原始人类智力水平的不断提升，他们逐渐认识到落叶、枯木等漂浮在水面上的物体能为人所用。人类的祖先经历无数次被动到主动的认知过程后，枯树断木也如同石器一样成为早期人类的生存工具。

在史前人类的泅渡认知过程中，充当泅渡工具的最为原始也最为方便的自然就是水面上的枯树断木了，除此之外，人类的祖先还会使用其他能够产生浮力的原始浮水工具。

葫芦就是其一。葫芦又称腰舟。在《易经》中有"包荒，用冯（píng）河"[1]。包是匏的假借同义字，匏就是葫芦的意思。荒是空虚的意思。冯河是指涉水渡河。"包荒冯河"指的是抱着空心的葫芦渡河。关于抱着葫芦渡河，在《诗经·邶（bèi）风·匏有苦叶》中有"匏有苦叶，济有深涉。深则厉，浅则揭"[2]。意思是：葫芦有枯黄的叶子，可以用来渡过深水。深水要漫过腰带缓缓地过，浅水只要提起衣裳就行了。

人类从采集时代进入农耕和畜牧时代之后，在某些地区还出现过用牲畜的皮革制成皮囊作为浮具的情况。皮囊出现的年代，由于缺少考古学的发现，目前还难以论定。有学者断定皮囊出现在农耕畜牧业以后。在《后汉书》中，记有永平八年（65年）汉与北虏在争斗中使用革船的事例，"其年秋，北虏果遣二千骑候望朔方，作马革船，欲度迎南部畔（叛）者，以汉有备，乃引去"[3]。在《后汉书》中，记有章和二年（88年）护羌校尉邓训在青海贵德一带击迷唐时也曾使用过革船，"训乃发湟中六千人，令长史任尚将之，缝革为船，置于箪上以渡

---

① 《易经·泰<包荒，用冯河>》，华龄出版社，2017，第 49 页。

② 《诗经·邶风·匏有苦叶》，华龄出版社，2017，第 26 页。

③ 范晔：《后汉书》，浙江古籍出版社，2000，第 860 页。

河"①。这里记述的"作马革船"和"缝革为船"，与皮囊相比较则是更为高级的浮具，可见皮囊的出现更为久远。皮囊制作简单，携带方便，不怕浅水、激流和险滩。

至于筏，也是一种较为原始的浮具。筏不仅可作为渔猎和运载工具用于涉渡大江大河，它甚至还适于在海洋上漂流。筏是由单体浮具发展而来的，一根树干，在远古时期就是一件浮具。因树干为圆柱形，在水中易于滚动，为使其平稳，同时也为获得更大的浮力，人们将两根以上的树干并拢，用藤或绳将其系结起来应用。这样一来，将较多的单体浮具捆绑合为一体就形成了筏。筏因其大小和取材的不同而有不同的名称。《尔雅》记有"桴、栿，编木为之。大曰栿，小曰桴"②。郭璞注解说："木曰栿，竹曰筏，小筏曰泭。"③中国南方盛产竹，竹的使用很广泛。筏有因地制宜、取材不拘一格、制作简单和稳性好等优点。尽管筏的构造简单，但它是人类早期征服自然的智慧结晶。

三、一路"舟"来

舟船先后经历了四个时代——舟筏时代、帆船时代、蒸汽机船时代和柴油机船时代。时至今日，随着人类科学技术的发展进步，船舶最终会朝着大型化、专业化、高速化、自动化、智能化等方向发展。

舟筏时代。人类以舟筏作为运输、狩猎和捕鱼的工具，最早起源于石器时代。1956年中国在浙江出土的古代木桨，据鉴定是四千年前新石器时代的遗物④。说明舟筏的历史可以追溯到史前年代。

帆船时代。据记载，大约远在公元前4000年，古埃及就有了帆船。中国使用帆船的历史也可以追溯到公元以前。15世纪到19世纪中叶，是帆船发展的鼎盛时期。15世纪初，中国航海家郑和远航东非，15世纪末哥伦布发现新大陆，他们的船队都是由帆船组成的。在帆船发展史中，帆船在地中海沿岸地区、北欧西欧地区和中国都曾做出重大贡献。19世纪中叶，美国的飞剪式快速帆船则是帆船发展史上的最后一个高潮。不同地区的帆船，在结构、形式和帆具等方面各有特色。

蒸汽机船时代。18世纪蒸汽机发明，许多人都试图将蒸汽机用于船上。1807年，美国人富尔顿首次在"克莱蒙脱"号船上将蒸汽机驱动装在两舷的明轮上，并在哈德逊河航行成功。从此机械力开始代替自然力，船舶的发展进入新的阶段。

---

① 范晔：《后汉书》，浙江古籍出版社，2000，第163页。

② 《尔雅·释地第九》，上海古籍出版社，2015，第103页。

③ 郭璞：《方言注》，上海古籍出版社，2018，第235页。

④ 浙江省文物管理委员会：《吴兴钱三漾遗址第一、第二次发掘报告》，《考古学报》1960年第2期。

柴油机船时代。柴油机船问世后，发展速度很快，其逐渐取代了蒸汽机船。第二次世界大战结束后，工业化国家的经济迅速恢复和发展、国际贸易的空前兴旺、中东等地石油的大量开发，促使运输船舶迅速发展。

无论是古人的独木舟和筏，还是今天航行在大海当中的万吨巨轮、航空母舰，舟船发展的历史与人类发展的历程密切相关，或者说舟船发展的历史与人类的发展历史是同步进行的。舟船实际就是人类在认识自然、改造自然过程当中的一个工具，是人类征服自然必不可少的工具。

四、造舟辞话

舟，初文始见于商代甲骨文及金文，其古字形像一条小船，本义即船[①]。古籍中又可活用为动词，指渡河或用船运载。

舟和船所指相同，但是产生的时代不同。先秦文献用舟，汉及汉以后用船。在现代汉语里，舟不单用，而是用在复合词及成语中，船则可以单用。图1-1为"舟"字的演变过程。

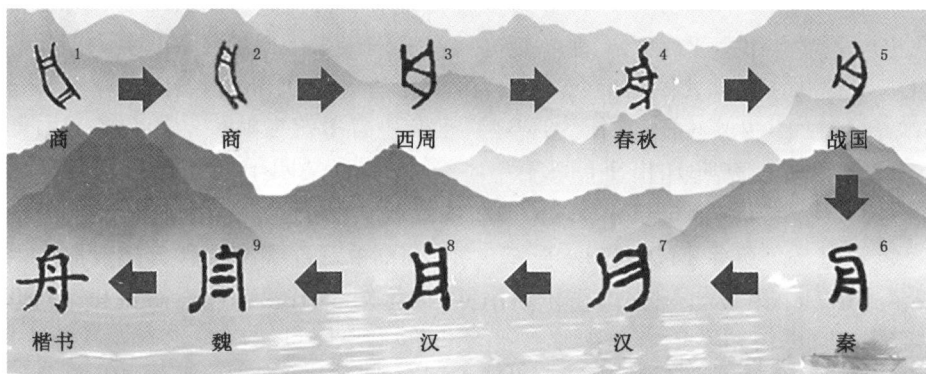

图1-1　"舟"字的演变过程图

舟为象形字。甲骨文（图1-1中1、2）的"舟"就像是小船的形状，由字形观之，"舟"的形状似是方头方尾，矩形而首尾略上翘，两边有出角，中间有隔舱。这已是成熟的木板船之象形了。西周金文（图1-1中3）也常见舟字，形体没有大的变化。《方言》中关西、关东方言船舟之说，是就战国秦汉时代而言的，商、西周时代未必如此。朱骏声以俞、舟、船作为船的名称发展次序，也未必是事实。《说文解字》篆文（图1-1中6）之舟字形体是直接继承春秋时代石鼓文（图1-1中4）舟和舟字旁形体而来的，汉代碑文"般"字所从之舟（图1-1中8）及魏舟字（图1-1中9）形体是小篆舟字隶书写法，楷书舟字正是继承隶书写法而来。西汉出土简帛中的舟字形体是直接从西周舟字、战国秦代舟字旁那样的形

① 《国务院关于公布<通用规范汉字表>的通知》，2013年6月5日。

体而来，但不流行于楷书。①

下面从古文献资料当中来看一看有关舟船功能和来历的记载。

《易经·系辞下》："刳（kū）木为舟，剡（yǎn）木为楫，舟楫之利，以济不通，致远以利天下。"

《太平御览·舟部》："《世本》曰：'共鼓、贷狄作舟。'"

《墨子》中记载，舟是巧垂发明的，但又说舜的臣子后稷造出了舟。

《吕氏春秋》中记载，舟的发明人是舜的臣子虞。

《发蒙记》则认为舜臣伯益是舟的创始人。

《舟赋》记载黄帝的臣子道叶，是他"刳木为舟，剡木为楫"。

《拾遗记》记载黄帝本人通过对木筏改进而做了舟。

《尔雅·释水》称"天子造舟，诸侯维舟，大夫方舟，士特舟，庶人乘泭"。

以上古书典籍，提到了舟楫的用途在于"以济不通，致远以利天下"。文献更多的是在讲述舟船到底是谁发明创造的。这些古书的作者们自以为正确的记载，或取自传说，或根据所见到的典籍，并不一定有什么信实可靠的根据。人类智慧初期积累过程是非常缓慢的，今天认为简单的独木舟，是古人经历了几代，甚至是几十代人的时间，才有了这么一点点的进步。像黄帝、炎帝、神农氏、伏羲等先祖，都是华夏祖先智慧的图腾和符号。至于舟船到底是谁发明创造的，不必过于纠结，它是中华民族祖先集体智慧的结晶。

不过，从这些典籍之中反映出的古代治学者朴实的进化观，还是非常值得珍视的。例如从"以匏济水"到"始乘桴"，再到"变乘桴以造舟楫"，可以说是非常准确地说出了舟船发展的规律。

第二节　中华舟事

舟船，通常都反映或代表着同一时代最先进的技术成就，无论在古代、近代或当代都是如此。一个国家、一个时代的造船技术水平通常能够展现该国家、该时代社会经济与科学技术的发展水平。

中国古代船舶早在汉代就沿着徐闻、合浦（今广西合浦县境内）出发，经南洋诸国到达印度半岛南端和斯里兰卡。在唐、宋、元三朝，中国国力富强，中国的造船业和航海业都相当先进。船尾舵、车轮舟、水密舱壁和指南浮针，是中国古代造船术四大发明，是世界造船技术的重要贡献。明代初年郑和下西洋开创了世界航海业的先河。李约瑟在他的《中国科学技术史》中写道："明代文献中有关郑和船队旗舰的尺度，乍看似乎难以置信，但实际上丝毫不是奇谈。"接着他还对明朝的水师加以概括，"在明朝全盛时期（1420年前后），其海军也许超过

---

① 傅永和、李玲璞、向光忠主编《汉字演变文化源流》，广东教育出版社，2012，第212页。

了历史上任何时期的亚洲国家。甚至可能超过同时期的任何欧洲国家,乃至超过所有欧洲国家海军的总和"①。然而,明代和清代实行的海禁和锁国政策,致使中国的造船业和航海业一落千丈。

船舶的发展史,实际就是人类发展史的缩影。本节选取了中华民族船舶发展过程中一些有代表性的事件或者人物,这些事件或者人物代表了中国社会从封建社会开始,到封建社会的顶峰,再到封建社会走向没落的各个时期的经济、科学技术、造船水平和航海技术的发展水平。既有发展时期的那种朝气蓬勃、日出东方的感觉,也有在巅峰时期君临天下的俯视,还有封建社会开始走向没落,但是在中华文化巨大的历史惯性作用下,末日辉煌下的落寞。这几个典型的中华舟事串起来可以让我们很好地理解舟船文化是怎样伴随着中国封建社会的发展历史轨迹而兴衰的。我们可以读懂我们的祖先、我们中华文化的优良传统,也可以找到中华文化随着封建社会走向没落时,又是怎么样给中华民族带来怎样的沉重灾难的原因。

一、"船"耀历史之古战船

春秋时代是华夏民族大融合的时代,各诸侯国征战兼并激烈。中原征战用车,江南水战则以舟船为主。战争的需要推动了造船技术的发展。

公元前549年夏,《文献通考·兵》载"用舟师自康王始"②,说的是楚康王十一年(公元前548年)"楚子为舟师以伐吴,不为军政,无功而还"③。公元前525年,吴国派公子光率舟师溯长江而上攻打楚国,结果被楚国俘去王舟馀。这就是《史记》所载"王僚二年,公子光伐楚,败而亡王舟。光惧,袭楚,复得王舟而还"。④由此可见,春秋时期江南水国水战频繁,不仅在江河作战,有时甚至还发展到海上作战。吴王夫差十年(公元前485年),"徐承率舟师,将自海入齐,齐人败之,吴师乃还"⑤。《吴越春秋》也记述了吴楚之间的大小水战有20余起。另外,吴越之间,水战也很频繁。

关于吴越与吴楚之间的水战之事在伍子胥的《水战兵法》中有记载。伍子胥的《水战兵法》是我国有关水战较早的记载。该书对战船有详细的描述。

伍子胥(?—公元前484年),名员,字子胥,楚国人,春秋末期吴国大夫、军事家。以封于申,也称申胥。伍子胥之父伍奢为楚平王子建太傅,因受费无极谗害,和其长子伍尚一同被楚平王杀害。伍子胥从楚国逃到吴国,成为吴王阖闾

---

① 李约瑟:《中国科学技术史第4卷第3分册》,汪受琪译,科学出版社,2010,第421页。

② 马端临:《文献通考·兵》,浙江古籍出版社,1988年影印本。

③ 高士奇:《左传纪事本末卷49》,江西书局,1873年影印本。

④ 司马迁:《史记》,北京燕山出版社,2018,第315页。

⑤ 高士奇:《左传纪事本末·卷51》,江西书局,1873年影印本。

重臣，也是姑苏城（今江苏苏州）的营造者，至今苏州有胥门。公元前506年，伍子胥协同孙武带兵攻入楚都，伍子胥掘楚平王墓，鞭尸三百，以报父兄之仇。吴国倚重伍子胥等人之谋，西破强楚，北败徐、鲁、齐，成为诸侯一霸。[①]

有关伍子胥《水战兵法》，辑佚。《太平御览·兵部四十六·水战》记"《越绝书》曰：'伍子胥《水战兵法》：大翼一艘，广丈六尺，长十二丈，容战士二十六人，擢五十人，舳舻三人，操长钩、矛、斧者四吏，吏仆射长各一人，凡九十一人，当用长钩矛长斧各四，弩各三十四矢，三千三百甲兜鍪（móu）各三十二'"。[②]

《史记·南越列传》："故归义越侯二人为戈传、下厉将军。"《集解》注引瓒曰："《伍子胥书》有戈船，以载干戈，因谓之戈船也"。[③]

《汉书·武帝纪》："甲为下濑将军，下苍梧。"服虔曰："甲，故越人归汉者也。"臣瓒曰："濑，湍也；吴越谓之濑，中国谓之碛。《伍子胥书》有：'下濑船'。"[④]

《汉书·艺文志》："鲍子兵法十篇，伍子胥十篇，公胜子五篇……右兵技巧十三家，百九十九篇。技巧者，习手足便器械，积机关，以立攻守之胜者也。"[⑤]王先谦补注云："《御览》三百一十五并引《伍子胥水战兵法》皆明言出《越绝书》，《御览》七百七引《越绝书》：'子胥船军之教。'以上今《越绝书》所无。"[⑥]图1-2为春秋古战船模型。其中图1-2（a）为伍子胥战船模型。

（a）伍子胥战船　　　　　　　　（b）春秋吴国战船模型

图1-2　春秋古战船模型

吴国的战船有大翼、中翼、小翼，另外还有楼船、突冒、桥船等。《越绝书》

① 司马迁：《史记》，北京燕山出版公司，2018，第201页。
② 李昉：《太平御览》卷三一五，夏剑钦，劳伯林点校，河北教育出版社，1994，第824页。
③ 司马迁：《史记》，北京燕山出版公司，2018，第116页。
④ 班固撰、罗文军主编《汉书》，太白文艺出版社，2006，第28页。
⑤ 班固撰、罗文军主编《汉书》，太白文艺出版社，2006，第256页。
⑥ 王先谦：《汉书补注》，书目文献出版社，1995年影印本。

关于吴王阖闾与伍子胥讨论水师训练方法记有："阖闾见子胥，敢问船运之备何如？对曰：船名大翼、小翼、突冒、楼船、桥船。令船军之教比陵军（陆军）之法，乃可用之。大翼者当陵军之车，小翼者当陵军之轻车，突冒者当陵军之冲车，楼船者当军之行楼车也，桥船者当陵军之轻足骠骑也。"吴国战船大翼长12丈，宽1丈6尺；中翼长9丈6尺，宽1丈3尺；小翼长9丈，宽1丈2尺。这三翼战船船体修长，若顺水而下，再用50名桨手奋力操桨，则船行如飞。

从兵书记载来看，在春秋时期，有这样一个规模的水军，以及能够造出这样大的战舰，不难得出结论：早在春秋时期，长江中下游及江南楚、吴、越等国就已经具备非常高超的造船水平和航运能力。

二、"船"耀历史之寻梦

"船"耀历史之寻梦，是徐福东渡的故事。徐福东渡一事，始见于司马迁的《史记》。此外，《汉书》中也有相应记载。

徐福，齐地琅琊（今江苏赣榆）人，秦代著名方士。他博学多才，通晓医学、天文、航海等知识，且同情百姓，乐于助人，故在沿海一带民众中名望颇高。

秦始皇于公元前221年一统天下。秦始皇统一天下之后，也渴望长生不老，于是就派徐福率一支庞大的舰队去海外仙山寻找长生不老之药，但是并没有成功。徐福东渡虽发端于秦朝，但绝非偶然，而是战国与秦代历史发展到一定阶段的产物。

生活在山东半岛沿海的居民有着悠久的航海传统。早在春秋战国时期，他们为了躲避兵祸，寻找安生乐土，就驾舟越海潜渡至朝鲜半岛和日本列岛。至秦代后，随着苛政酷役日趋深重，这种向外移民的航海活动有增无减。以徐福为代表的秦人大规模东渡的航海活动，正是建立在这种社会基础上的。

《史记·秦始皇本纪》载："三十七年（前210年）始皇出游……并海上，北至琅琊。方士徐市等入海求神药，数岁不得，费多，恐遣，乃诈曰：'蓬莱药可得，然常为大鲛鱼所苦，故不得至，愿请善射与俱，见则以连弩射之。'始皇梦与海神战，如人状……乃令入海者赍捕巨鱼具，而自以连弩候大鱼出射之。自琅琊北至荣成山，弗见。至芝罘，见巨鱼，射杀一鱼。遂并海西。"[①]

徐福东渡没有获得"不老药"，却在熊野浦登陆后，发现了"平原广泽"（即日本九州）。长生不死之药没找到，返回恐遭杀身之祸，便长居于此，不再复返。徐福等人在九州岛等地向日本人民传播农耕知识和捕鱼、锻冶、制盐等技术，还教给日本人民医疗技术等秦朝先进文化，促进了社会发展，深受日本人民敬重。

徐福东渡日本是我国古代航运史上的壮举，进一步证明了中华民族在世界航海领域中领先的历史地位。

---

① 司马迁：《史记》，北京燕山出版公司，2018，第50页。

8

在遥远的古代，在相对落后的航海物质、技术条件下，以徐福为代表的中国航海者，不畏艰险、排除万难，长途远航日本这种勇于探索与开拓的胆略与精神，堪与其后郑和下西洋、哥伦布发现新大陆、麦哲伦环球航行等世界性航海伟绩相提并论。从这一点来说，徐福应当是中国远洋航海事业的先驱人物。

今天，无论是在日本还是韩国，都有很多关于徐福的故事。这一个个故事表明在秦汉甚至更早时期，中华民族不仅已经具有造大舰进行远洋航行的能力，而且还具有非常先进的航海技术，因为如果没有先进的造船水平和航海技术的话，那么它是不足以支撑徐福远洋航行的。

三、"船"耀历史之大运河

隋唐大运河纵贯中国最富饶的华北平原和东南沿海地区，地跨北京、天津、河北、山东、河南、安徽、江苏、浙江8个省（直辖市），是中国古代南北交通大动脉，在中国历史上产生过巨大作用，是中国古代劳动人民创造的一项伟大的水利建筑工程。

2014年6月22日，包括隋唐大运河、京杭大运河、浙东运河在内的三大部分十段河道被列入世界文化遗产，成为中国第46个世界遗产项目。

隋唐大运河的修建不是历史的偶然，而是历史的必然，更不是隋炀帝的心血来潮，而是有其深刻的文化交流、军事需求和修建基础等意义。

文化交流。黄河是中华民族的摇篮，黄河流域是华夏文明的发源地，它的中下游平原地区是古代经济、文化、科学最发达、最昌明的区域，也是人口最稠密、政治思想最为活跃的区域。因为黄河自西向东的流向，便于东西横向联系，而不便于南北纵向的联系，所以纵向经济文化交流受到很大影响。黄河以北不乏富饶之地，黄河以南的东南沿海更是物产丰富之地，但长期得不到开发，这种地理上的缺陷造成了中国经济文化发展不平衡的现象。我们的祖先明智地觉察到这个问题，从而产生开凿南北纵向人工河的强烈愿望。

军事需求。在中国历史长河中，封建统治者为巩固政权，征伐不断，战事频繁，为保证军事行动所需的大量粮草，在水运占主导地位的年代，沟通南北水运，开凿运河无疑是十分必要的。由此可见，开凿大运河，主要是为了便于统治者巩固和发展自己的政权，而军事行动和经济开拓则是其最直接的目的，同时，也有着追随帝都的属性。

修建基础。中国古代很早就有利用自然水源、修筑人工运河、灌溉农田和进行运输的历史。据记载，春秋时期，吴王夫差在长江与淮河之间开凿了一条运河，叫作"邗沟"，这就是后来大运河在江苏境内的一段。两汉至南北朝时期，相继修建了众多运河河道。随着南北政治、经济和文化的日益发展，修凿的局部运河已经不能满足社会需要，尤其随着江南地区在全国经济地位的不断上升，沟通南北水道已经成为社会经济交流的迫切需要。从先秦时期到南北朝时期开凿的大量运河河道，其分布地区几乎遍及大半个中国。西到河南，南达广东，北到华北大平原，都有人工运河。这些人工运河与天然河流连接起来，可以由河道通达中国的大部分地区。这四通八达的水道为后世开凿隋唐大运河奠定了基础。

地方性运河，只是将若干自然河或旧沟连成一气。隋朝大运河的开通是在地方性运河的基础上形成的，没有地方性运河的开凿，要想开凿隋朝大运河是缺乏基础的。分裂时期，地方政权大多都开凿了一些地方性运河，这些运河从客观上为隋朝开凿大运河做了准备。

唐大运河以洛阳为中心，北至涿郡（今北京），南至余杭（今浙江杭州）。后代通过浙东运河延伸至会稽（今浙江绍兴）、宁波。

隋唐大运河修建的历史意义主要有以下两点：

第一，加强了中国南北的沟通。在古代，水运通常比陆路靠马、牛车运输方式便宜。坐船过河或是跨海，既快捷又能辎重。大运河把南北用水道连接起来，组成水网，把几大自然水系（长江、淮河、黄河、海河、钱塘江）变成了一个大水系。

第二，促进沿河城市的繁荣。唐、北宋的频繁开凿、疏浚、整修使大运河在较长的时期保持畅通，经过唐宋的长期发展，大运河沿线的城镇借助大运河的便利条件，发展得更加兴旺。大运河促进了沿线城市（如扬州、杭州、西安、洛阳、开封等）的发展。

四、"船"耀历史之繁荣

《清明上河图》是宋代张择端绘制的。作品以长卷形式，采用散点透视构图法，生动记录了中国12世纪北宋都城东京（又称汴京，今河南开封）的城市面貌和当时社会各阶层人民的生活状况，是北宋时期都城东京当年的繁荣见证，也是北宋城市经济情况的写照。

画的中心由一座虹形大桥和桥头大街的街面组成。粗粗一看，人头攒动，杂乱无章；细细一瞧，这些人是不同行业的人，从事着各种活动。大桥西侧有一些摊贩和许多游客，货摊上摆有刀、剪、杂货，街上有卖茶水的，有看相算命的。许多游客凭着桥侧的栏杆，或指指点点，或观看河中往来的船只。大桥中间的人行道上，是一条熙熙攘攘的人流，有坐轿的，有骑马的，有挑担的，有赶毛驴运货的，有推独轮车的……大桥南面和大街相连，街道两边是茶楼、酒馆、当铺、作坊。街道两旁的空地上还有不少张着大伞的小商贩。街道向东西两边延伸，一直延伸到城外较宁静的郊区，可是街上还是行人不断。

《清明上河图》对河流的描绘占整个画卷的比例较大，河上20多艘船是画家所着力表现的对象。汴河上来往船只可谓千帆竞发，百舸争流。有的船停泊在码头附近，有的船正在河中行驶；有的大船由于负载过重，船主雇了很多纤夫在拉船行进；有只载货的大船已驶进大桥下面，很快就要穿过桥洞了，这时，这只大

船上的船夫显得十分忙乱；有的人站在船篷顶上，落下风帆；有的人在船舷上使劲撑篙；有的人用长篙顶住桥洞的洞顶，使船顺水势安全通过。这一紧张场面，引起了桥上游客和邻近船夫的关注，他们站在一旁呐喊助威。《清明上河图》将汴河上繁忙、紧张的运输场面描绘得栩栩如生，更增添了画作的生活气息。

今人陈守成的《宋朝汴河船——〈清明上河图〉船舶解构》是研究这些船舶的专著，对《清明上河图》的研究也很有贡献。作者将这些船分为三类：漕船、客船、货船。席龙飞在其《中国造船通史》一书中也有对《清明上河图》中的汴河船进行解读。

值得一提的是，由于在历史上古人有偏重科举登仕，不同程度地轻视工程技术的传统，在浩如烟海的著作中，特别缺少关于工程技术的较为真实形象的插图和图样。且不论春秋、战国时期，即使是秦汉、隋唐时代，也几乎见不到多少较为真实、形象的船舶图样。然而张择端却开历史之先河，为后世留下了能反映当时技术成就的诸多船舶图样。他所绘出的拉纤船夫所牵拉地系在桅顶的纤绳，真实而形象。张择端观察得细致入微，表现得真切清晰，在船舶图样描绘方面是前无古人的。

《清明上河图》所表现的汴河船，充分展现了宋代造船技术的先进和水运业的发达。

五、"船"耀历史之航海

郑和下西洋是明代永乐、宣德年间的一场海上远航活动，首次航行始于永乐三年（1405年），末次航行结束于宣德八年（1433年），共计七次。由于使团正使由郑和担任，且船队航行至婆罗洲以西洋面（即明代所谓"西洋"），故名。

郑和下西洋有着深刻的社会背景，以及赖以实施的科技条件。明朝造船业的发达、罗盘的使用、航海经验的积累、大批航海水手的养成、航海知识的增加（于1389年编制的《大明混一图》就是实例）等等，这些都为郑和下西洋提供了必要条件。

在七次航行中，三宝太监郑和率领船队从南京出发，在江苏太仓的刘家港集结，至福建福州长乐太平港驻泊伺风开洋，远航西太平洋和印度洋，拜访了30多个国家和地区，其中包括爪哇、苏门答腊、苏禄、彭亨、真腊、古里、暹罗、榜葛剌、阿丹、天方、左法尔、忽鲁谟斯、木骨都束等地，已知最远到达非洲东岸、红海和伊斯兰教圣地麦加。

每次航行，船队都有大小海船200余艘，是一支结构精良、种类齐全的混合舰队。据《崇明县志》与《太仓州志》称，郑和首下西洋之时，有船208艘之众，在海洋上航行时，"维绡挂席，际天而行"[①]，蔚为壮观。

郑和舰队是当时世界上最庞大的远洋舰队，舰队具有船员众多、编队完整、

---

① 黄省曾：《西洋朝贡典录》，中华书局，1982，第2页。

船舶种类齐全、舰队组织严密等特点。

在郑和船队中，充任中坚力量的大型船舶称为宝船。据载，此类宝船中，可有立九桅、张十二帆者，据郑和随行人员巩珍目击纪实，其"篷、帆、锚、舵，非二三百人莫能举动"，"大者长四十四丈四尺，阔一十八丈；中者长三十七丈，阔一十五丈"。①宝船的尺度如此庞硕，确实"体势巍然，巨无与敌"，堪称明代造船家们的惊世杰作。

郑和下西洋是中国古代规模最大、船只和海员最多、时间最久的海上航行，也是在15世纪末欧洲的地理大发现的航行以前，世界历史上规模最大的一系列海上探险。

郑和下西洋是中国封建王朝走出国门的一次"耀武扬威"，是中华文化的主动传播，但由于中华文明的包容性，并没有发展成为西方所谓的侵略行为，这与后来西方的大航海时代所引发的殖民浪潮有着本质的区别。

六、"船"耀历史之文化

当舟船成为寻常百姓赖以出行的交通工具以后，舟船也就成为中华文化之中的记忆符号了。不管是官修史料，还是文人骚客的小文华章，无处不有舟船的身影。

如李白的《早发白帝城》《赠汪伦》，王安石的《泊船瓜州》，张继的《枫桥夜泊》等，到处都可以见到舟船的影子。舟船已经不是单纯的水上交通工具，它已成为中华文化记忆符号的一种了。

中国古典诗歌中"舟船"多用以表现"漂泊"之感。古人常说"舟车劳顿""水陆兼程"。一叶扁舟，天水茫茫，越发比照出人的渺小；人在旅途，所见多异乡风物，更易触发人的无限思绪。

唐代之前，舟船意象在诗歌中出现频率不高，也不具有典型性。大唐版图辽阔，国势强大，文人多积极进取，漫游与干谒成为时代风气。李白"仗剑去国，辞亲远游"；杜甫"放荡齐赵间，裘马颇清狂"；岑参则从军绝漠，体验异域风情……他们的活动领域之广大、精神气度之恢宏，都是前代诗人无法比拟的。但漫游虽然豪壮，偶尔也会有故园之思；干谒的路途不可能一帆风顺，失意中难免自伤身世；即使顺利进入官场，宦海沉浮，很多人的生命也耗费在往来奔波的途中。于是他们写了很多诗，诗中常会提到旅途中借以安身的小船。

李白离开家乡亲人，扁舟出峡时，写了一首《渡荆门送别》：

渡远荆门外，来从楚国游。山随平野尽，江入大荒流。

月下飞天镜，云生结海楼。仍怜故乡水，万里送行舟。

李白此时年仅26岁，年少气盛，豪气干云，自觉前途万里，可以如大鹏展翅，所以诗人虽寄身舟中，渐离故乡，却并不十分伤感。

---

① 巩珍：《西洋番国志自序》，向达校注，华文出版社，2017，第5页。

下面两首诗中的"船"的意象却更多地融入了诗人的漂泊之感。

山暝听猿愁，沧江急夜流。风鸣两岸叶，月照一孤舟。

建德非吾土，维扬忆旧游。还将两行泪，遥寄海西头。

——孟浩然《宿桐庐江寄广陵旧游》

木叶纷纷下，东南日烟霜。林山相晚暮，天海空青苍。

暝色况复久，秋声亦何长。孤舟兼微月，独夜仍越乡。

——刘昚虚《暮秋扬子江寄孟浩然》

这两首诗的主题与意象极为相似：两位诗人都漂泊异乡，栖身客舟之中，暮色四合，夜风吹动岸上的树叶，发出凄清的声响。在作客他乡、旅途孤寂之时，两位诗人不约而同地想到昔日朋友，写诗以寄情。作为诗的中心意象，前者是"月照一孤舟"，后者是"孤舟兼微月"，都强调"月"与"舟"的组合，但特别突出一个"孤"字。

杜甫诗中的"船"意象出现得极为频繁，表现漂泊之感也非常强烈。杜甫经历了唐朝由盛至衰的巨大转变，晚年在四川、湖南一带漂泊达11年之久，最后病死于自潭州至岳州的一条小船上。船是他晚年最常用的交通工具，也成为他最终的归宿。

细草微风岸，危樯独夜舟。星垂平野阔，月涌大江流。

名岂文章著，官应老病休。飘飘何所似，天地一沙鸥。

——《旅夜书怀》

玉露凋伤枫树林，巫山巫峡气萧森。江间波浪兼天涌，塞上风云接地阴。

丛菊两开他日泪，孤舟一系故园心。寒衣处处催刀尺，白帝城高急暮砧。

——《秋兴八首》之一

露下天高秋气清，空山独夜旅魂惊。疏灯自照孤帆宿，新月犹悬双杵鸣。

南菊再逢人卧病，北书不至雁无情。步檐倚杖看牛斗，银汉遥应接凤城。

——《夜》

昔闻洞庭水，今上岳阳楼。吴楚东南坼，乾坤日夜浮。

亲朋无一字，老病有孤舟。戎马关山北，凭轩涕泗流。

——《登岳阳楼》

李商隐的《木兰花》最为直接地以船为喻，表现自身漂泊之感。

洞庭波冷晓侵云，日日征帆送远人。

几度木兰舟上望，不知元是此花身。

——《木兰花》

此诗是因目睹木兰舟日日浮于洞庭湖上，而联想到自身如孤舟一般漂泊天涯的命运：清晨，洞庭湖清冷的水波浩渺广阔，似乎与天际的浮云相连。木兰树雕成的华美船只每天都在湖上送人远行。诗人忽然想到自己几次在木兰舟中望人远行，却不知道自身其实亦如木兰树斫成的、漂泊天涯的孤舟，表达了诗人的落寞之感。

与"漂泊"之感相对,中国古典诗歌中"船"意象的另一典型内涵是"自由"。这种思想的渊源可以追溯到庄子,他说:"巧者劳而知者忧,无能者无所求。饱食而遨游,泛若不系之舟,虚而遨游者也。"[①]他的思想虽然消极,但是对中国文人来说,"泛若不系之舟",却成为颇具吸引力的人生理想。

> 人生在世不如意,明朝散发弄扁舟。
>
> ——李白《宣州谢朓北楼饯别校书叔云》
>
> 为报洛桥游宦侣,扁舟不系与心同。
>
> ——韦应物《自巩洛舟行入黄河即事寄府县僚友》
>
> 永忆江湖归白发,欲回天地入扁舟。
>
> ——李商隐《安定城楼》
>
> 他年却棹扁舟去,终傍芦花结一庵。
>
> ——韦庄《西塞山下作》

下面两首是以"船"为意象表达自由感受的诗,是历来为人所传诵的。

> 钓罢归来不系船,江村月落正堪眠。
>
> 纵然一夜风吹去,只在芦花浅水边。
>
> ——司空曙《江村即事》
>
> 独怜幽草涧边生,上有黄鹂深树鸣。
>
> 春潮带雨晚来急,野渡无人舟自横。
>
> ——韦应物《滁州西涧》

前者写夜钓归来,渔人懒系渔船、任其随处漂荡的情景,传达出坦然闲适的心态;后者描写春花、春草、春树、春鸟、春潮、春雨等明丽的景象,用这一系列繁密景物烘托"野渡无人舟自横",既是写实化描写,又是诗人心态的形象化表现。

第三节　海上丝绸之路

海上丝绸之路是指古代中国与世界其他地区进行经济文化交往交流的海上通道。海上丝绸之路是由当时东西海洋间一系列港口网点组成的国际贸易网。

《汉书·地理志》所载的海上交通路线,实为早期的"海上丝绸之路",当时海船载运的是"杂缯",即各种丝绸。[②]中国输出丝绸,早在先秦前便已有东海与南海两条起航线。海上丝绸之路的发展过程,大致可分为六个阶段:

海上丝绸之路开创期——先秦;

海上丝绸之路形成期——秦汉;

海上丝绸之路发展期——魏晋;

---

① 庄子:《庄子》,何洋译注,吉林大学出版社,2020,第331页。

② 班固撰、罗文军主编《汉书》,太白文艺出版社,2006,第216页。

海上丝绸之路繁盛期——隋唐；

海上丝绸之路鼎盛时期——宋元；

海上丝绸之路由盛及衰期——明清。

"丝绸之路"是德国地理学家、地质学家李希霍芬于1877年提出的。①原指中西陆上通道，因为主要的贸易货物是丝绸，故名。此名出现后，学术界又延伸出海上丝绸之路。最早提出"海上丝绸之路"的概念是法国汉学家沙畹。②

海上丝绸之路的雏形在秦汉时期便已存在。目前已知有关中外海路交流的最早史载来自《汉书·地理志》，当时中国就与南海诸国接触，也有出土文物表明中外交流可能早于汉代。在唐朝中期以前，中国对外主通道是陆上丝绸之路，之后由于战乱及经济重心转移等原因，海上丝绸之路取代陆路成为中外贸易交流主通道，在宋元时期海上丝绸之路是覆盖大半个地球的人类历史活动和东西方文化经济交流的重要载体。海上通道在隋唐时运送的大宗货物主要是丝绸，所以后世把这条连接东西方的海道叫作"海上丝绸之路"。到了宋元时期，瓷器渐成为主要货物，因此这条海道又称作"海上陶瓷之路"。同时由于输出商品有很大一部分是香料，因此也称作"海上香料之路"。海上丝绸之路是约定俗成的统称。

在唐宋元的繁盛期，中国境内海上丝绸之路主要由广州、泉州、宁波三个主港和其他支线港组成。

其中，广州从3世纪30年代起就已成为海上丝绸之路的主港，唐宋时期成为中国第一大港，明清两代为中国唯一的对外贸易大港，是中国海上丝绸之路历史上最重要的港口，是世界海上交通史上唯一的两千多年长盛不衰的大港，可以称为"历久不衰的海上丝绸之路东方发祥地"。③

一、先秦时期

中国原始航海活动始于新石器时期，尤其是岭南地区，濒临南海和太平洋，海岸线长，大小岛屿星罗棋布。早在四五千年前的新石器时代，居住在南海之滨的岭南先民就已经使用平底小舟，从事海上渔业生产。距今5 000~3 000年，东江北岸近百千米的惠阳平原，已经形成以陶瓷为纽带的贸易交往圈，并通过水路将其影响扩大到沿海和海外岛屿。通过对海船、出土陶器，以及有肩有段石器、铜鼓和铜钺的分布区域的研究得知，先秦时期的岭南先民已经穿梭于南中国海乃至南太平洋沿岸及其岛屿，其文化间接影响印度洋沿岸及其岛屿。④

---

① 李希霍芬：《李希霍芬中国旅行日记》，李岩、王彦会译，商务印书馆，2016，第106页。

② 爱德华·沙畹：《西突厥史料》，冯承钧译，上海社会科学院出版社，2016，第170页。

③ 蔡鸿生：《广州海事录》，商务印书馆，2018，第56页。

④ 据央视网《何为"丝绸之路"及"海上丝绸之路"？》。

春秋战国时期，齐国在胶东半岛开辟的"循海岸水行"①直通辽东半岛、朝鲜半岛、日本列岛，直至东南亚的黄金通道。

二、秦汉魏晋南北朝时期

秦始皇统一华夏后，岭南地区发展很快。当时番禺地区已经拥有相当规模、技术水平很高的造船业。先秦和南越国时期，岭南地区海上交通为海上丝绸之路的形成奠定了基础。其主要的贸易港口有番禺（在今广东）和徐闻，南越王墓出土的文物便是见证。根据出土遗物以及结合古文献的研究表明，南越国已能制造25~30吨的木楼船，并与海外有了多次交往。南越国的输出品主要是漆器、丝织品、陶器和青铜器。输入品如古文献所列举的"珠玑、犀（牛）、玳瑁、果、布之凑"②。

汉武帝以后，西汉的商人经常出海贸易，所以开辟了海上交通要道——海上丝绸之路。

西汉中晚期和东汉时期海上丝绸之路真正形成并开始发展。西汉时期，南方南越国与印度半岛之间的海路已经开通。汉武帝灭南越国后凭借海路拓宽了海贸规模，这时"海上丝绸之路"兴起。《汉书·地理志》记载，其航线从徐闻、合浦出发，经南海进入马来半岛、暹罗湾、孟加拉湾，到达印度半岛南部的黄支国和已程不国（今斯里兰卡）。③这是可见的有关海上丝绸之路最早的文字记载。

东汉时期还记载了与罗马帝国的第一次来往：此时东汉航船已使用风帆，中国商人由海路到达广州进行贸易，通过海路由马六甲经苏门答腊到印度运送丝绸、瓷器，并且采购香料、染料运回中国，印度商人再经过红海把丝绸、瓷器运往埃及的开罗港或经波斯湾进入两河流域到达安条克，再由希腊、罗马商人从埃及的亚历山大、加沙等港口经地中海运往希腊、罗马两大帝国的大小城邦。④这标志着横贯亚、非、欧三大洲的海上丝绸之路正式形成。从中国广东的番禺、徐闻和广西的合浦等港口启航西行的海上航线，与从地中海、波斯湾、印度洋沿海港口出发往东航行的海上航线，在印度洋上相遇并实现了对接。广东成为海上丝绸之路的始发地。随着汉代种桑养蚕技术和纺织业的发展，丝织品成为这一时期的主要输出品。

三国时期，魏、蜀、吴均有丝绸生产，而孙吴雄踞江东，汉末三国正处在丝绸之路从陆地转向海洋的承前启后与最终形成的关键时期。三国时期，由于孙吴同曹魏、刘蜀在长江上作战以及海上交通的需要，这一时期水军得到积极发展，船舰的设计与制造有了很大的进步，技术先进，规模逐渐壮大。在三国时期之后

---

① 陈涛：《三国志》，裴松之注，武传点校，崇文书局，2009，第380页。

② 司马迁：《史记》，北京燕山出版公司，2018，第319页。

③ 班固撰，罗文军主编《汉书》，太白文艺出版社，2006，第216页。

④ 张文强：《海上丝绸之路千年兴衰史》，《读者欣赏》2007年第1期。

的其他南方政权（东晋、宋、齐、梁、陈）一直与北方对峙，也促使了造船、航海技术的发展，以及航海经验的积累也为海上丝绸之路发展提供了良好条件。

据文献考证①，孙吴造船业尤为发达，当时孙吴造船业已经达到了世界领先的水平。孙吴所造的船，主要为军舰，其次为商船，其数量多、船体大、龙骨结构质量高。这对于贸易与交通、海上丝绸之路的形成起了积极的推动作用。同时孙吴的丝织业已远超两汉的水平与规模，始创了官营丝织，有其独特的创新与发展，这也极大地促进与推动了中国丝绸业的发展。此时，已具有出海远航的主客观条件，因而形成了东海丝绸之路。

魏晋以后，开辟了一条新的沿海航线。广州成为海上丝绸之路的起点，经海南岛东面海域，直穿西沙群岛海面抵达南海诸国，再穿过马六甲海峡，直驶印度洋、红海、波斯湾。对外贸易涉及达十五个国家和地区，丝绸是其主要的输出品。

三、隋唐时期

隋唐时期，广州成为中国的第一大港、世界著名的东方港市。由广州经南海、印度洋，到达波斯湾各国的航线，是当时世界上最长的远洋航线。

海上丝绸之路开辟后，在隋唐以前（6—7世纪），它只是陆上丝绸之路的一种补充形式。但到隋唐时期，由于西域战火不断，陆上丝绸之路被战争所阻断，代之而兴的便是海上丝绸之路。到唐代，伴随着中国造船、航海技术的发展，中国通往东南亚、马六甲海峡、印度洋、红海及至非洲大陆的航路的纷纷开通与延伸，海上丝绸之路终于替代了陆上丝绸之路，成为中国对外交往的主要通道。

据《二十五史》记载，唐代，中国东南沿海有一条通往东南亚、印度洋北部诸国、红海沿岸、东北非和波斯湾诸国的海上航路，叫作"广州通海夷道"②，这便是中国海上丝绸之路的最早叫法。当时通过这条通道往外输出的商品主要有丝绸、瓷器、茶叶和铜铁器四大宗；往回输入的主要是香料、花草等一些供宫廷赏玩的奇珍异宝。这种状况一直延续到宋元时期。

当时的航线是这样的：由广州或泉州起航，经过海南岛、环王国、门毒国、古笪国、龙牙门、罗越国、室利佛逝、诃陵国、固罗国、哥谷罗国、胜邓国、婆露国、狮子国、南天竺、婆罗门国、新度河、提罗卢和国、乌拉国、大食国、末罗国、三兰国。同时，唐代即有唐人移民海外。

唐中后期，陆上丝绸之路因战乱受阻，加之同时期中国经济重心逐渐转到南方，且海路运量大、成本低、安全度高，海路便取代陆路成为中外贸易主通道。与中国通商的国家有赤土、丹丹、盘盘、真腊、婆利等。

2001年，韩国林氏到泉州惠安彭城寻根谒祖更传为佳话，唐代林氏始祖渡

---

① 张文强：《海上丝绸之路千年兴衰史》，《读者欣赏》2007年第1期。

② 《二十五史》，上海古籍出版社，2018年影印本。

海韩国繁衍至今已有120余万人。

四、宋元时期

宋代的造船技术和航海技术明显提高，指南针广泛应用于航海，中国商船的远航能力大大提高。宋朝与东南沿海国家在绝大多数的时间保持着友好关系，广州成为海外贸易第一大港。《元丰市舶条》的颁布标志着中国古代外贸管理制度又一个发展阶段的开始，私人海上贸易在政府鼓励下得到极大发展。但是为防止钱币外流，南宋政府于嘉定十二年（1220年）下令以丝绸、瓷器交换外国的舶来品。这样，中国丝绸和瓷器向外传播的数量日益增多，范围逐渐扩大。

宋代海上丝绸之路的持续发展，大大增加了朝廷和港市的财政收入，在一定程度上促进了经济发展和城市化生活，也为中外文化交流提供了便利条件。而且宋朝在经济上采用重商主义政策，鼓励海外贸易，同中国贸易的国家和地区已扩大到亚、非、欧、美各大洲，并制定了堪称中国历史上第一部系统性较强的外贸管理法则（《元丰市舶条》）。此时，海上丝绸之路的发展进入鼎盛阶段。

泉州的海外交通起源于南朝，发展于唐朝。唐宋之交，中国经济重心已开始转到南方，东南地区经济得到快速发展。宋朝有三大对外贸易主港，分别为广州、宁波、泉州。港口的地理便利因素对海外客商很重要，北边日本和朝鲜半岛客商希望宋朝主港口尽量靠北，而贸易量更大的阿拉伯世界和南海诸国则希望港口尽量靠南，两股方向的合力点便平衡在当时地处南北海岸中点的泉州，正是这一南北两面辐射的地理优势使得泉州在设立市舶司（1087年）正式开港后，先迅速超越明州港（宁波），后追平广州并在南宋晚期反超，成为第一大港，广州为中国第二大港。

宋元及明初经济最大的一个特点是工商业发达，而这仰赖海上丝绸之路。宋高宗赵构云："市舶之利最厚，若措置合宜，所得动以百万计，岂不胜取之于民？"[①]

在宋元时期，支撑海上丝绸之路的主要大宗商品由原来的丝绸变为瓷器。沿线国家也开始以陶瓷代称中国。自 Seres（丝）到 China（陶瓷）的称谓变化，从另一个方面佐证了陶瓷在海上丝路中的主导地位。那时，海上航行的大都是中国的商船，船中大都是瓷器商品。宋代记述海上交通贸易等内容的《萍洲可谈》记载："舶船深阔各数十丈，商人分占贮货，人得数尺许，下以贮物，夜卧其上。货多陶器，大小相套，无少隙地。"[②]也就是说船中装载的主要是瓷器，多得堆满船舱的所有空间，人晚上只能挤在货物上睡觉。尽管宋瓷出口量大得惊人，却还是远远不能满足需求，使得中国瓷器一运到国外，立即身价倍增，价比黄金，

---

① 蒋复璁、宋晞：《宋史》，中华学术院，1972，第166页。

② 朱彧、陆游：《萍洲可谈·老学庵笔记》，李伟国、高克勤校点，上海古籍出版社，2012，第28页。

成为外国人的收藏品和身份的象征。为此，世界各国有心的商人、传教士和制瓷工匠来到中国，通过各种途径千方百计学习中国的制瓷技艺。《欧洲陶瓷史》等有关史料也证明，中国与西方及日本、韩国等国家发达的制瓷技术存在密切的师承关系。在中国瓷器的影响下，世界各国的制瓷工业从仿制到创新，均有了极大的进步，从而在一定程度上促进了当地文化的兴盛与经济的发展。

宋元时期海上丝绸之路贸易的瓷器以青瓷为主，尤以龙泉青瓷为重。龙泉本土青瓷研究专家方海、方岳在《日本的"龙泉青瓷热"与其体现的禅意美学特点浅析》一文中也指出："尤其是在日本出土的13世纪下半叶（元初期）至14世纪中叶（元后期）的中国贸易陶瓷中，龙泉青瓷已经占主流地位，成为中国贸易陶瓷的代表。"①

宋元及明初时期的龙泉，城市面积达6平方千米，人口达十余万。街上商业兴旺，各种瓷器店铺林立，国内外来此做青瓷生意的商贩往来街巷，热闹非凡，龙泉是真正的瓷都。龙泉及瓯江两岸，是宋元及明初海上丝绸之路内陆地区最主要的起始地。中国历史地理学家陈桥驿在为《浙江省龙泉县地名志》作的序中说："从中国东南沿海各港口起，循海道一直到印度洋沿岸的波斯湾、阿拉伯海、红海和东非沿海……无处没有龙泉青瓷的踪迹，这条漫长的'陶瓷之路'，实际上就是中国陶瓷特别是青瓷开拓出来的。"②由商务印书馆出版的《八百里瓯江》一书中指出："八百里瓯江，历来是浙西南的水上交通要道，曾是海上丝绸之路、特别是海上瓷器之路的重要节点。"③

据《文献通考》记载："宋神宗后期某年北宋税赋总收入为7070万贯，其中农业的两税占30%，工商税占70%。"④这不仅促进了国家财政增收，提高了人民物质文化生活水平，更推动了沿线国家和地区的经济发展、科技进步与文化交流。而这一切均要仰赖被宋元视为黄金生命线的海上丝绸之路。

元世祖在至元十四年（1277年），首先准许重建泉州市舶司，有元一代不变。又命唆都、蒲寿庚"诏谕诸藩"，委蒲寿庚长子蒲师文为正奉大夫宣慰使左副都元帅兼福建路市舶提举，旋又命为海外诸藩宣慰使。此时泉州海外交通贸易进入黄金时期。海上贸易东至日本，西达东南亚、波斯、阿拉伯、非洲。海舶蚁集，备受称赞"刺桐是世界上最大的港口之一"⑤。出口有陶瓷、绸缎、茶叶、金银等，进口有香料、胡椒、药材、金银珠贝等。

---

① 　方海、方岳：《日本的"龙泉青瓷热"与其体现的禅意美学特点浅析》，《艺术与设计》（理论）2016年第11期。

② 　龙泉县地名委员会：《浙江省龙泉县地名志》，1984，第2页。

③ 　马学强、何赤峰、姜增尧主编《八百里瓯江》，商务印书馆，2016，第75页。

④ 　马端临：《文献通考》，浙江古籍出版社，1988年影印版。

⑤ 　马可·波罗：《马可·波罗行纪》，张晗译，哈尔滨出版社，2009，第238页。

五、明清时期

15—18世纪是人类历史发生重大变革的时代。欧洲人相继进行全球性海上扩张活动，开启了大航海时代，特别是地理大发现，开辟了世界性海洋贸易新时代。西欧商人的海上扩张，改变了传统海上丝绸之路以和平贸易为基调的特性，商业活动常常伴随着战争硝烟和武装抢劫。

明代海上丝绸之路航线已扩展至全球：

（1）向西航行的郑和七下西洋：这是明朝政府组织的大规模航海活动，曾到达亚洲、非洲30余个国家和地区，这对后来达·伽马开辟欧洲到印度的地方航线，以及麦哲伦的环球航行，都具有先导作用。

（2）向东航行的"广州—拉丁美洲航线"（1575年）：由广州起航，经澳门出海，至菲律宾马尼拉港，穿圣贝纳迪诺海峡基进入太平洋，东行到达墨西哥西海岸。

这样，开始于汉代的海上丝绸之路经唐、宋、元日趋发达，迄于明代，达到高峰。郑和远航的成功，标志着海上丝绸之路发展到了极盛时期。

明朝海禁使民间海外贸易被逼成为走私，因为官府控制不力，加上地方、商人、军官三者为了牟利形成一定的联合势力，使私商贸易有足够的生存空间和成长土壤。尽管宋元的市舶官商制度已为民间私营商业所替代，但民间商业的海上开拓力量已大大下降。西班牙从墨西哥运到菲律宾的白银经由中国海商源源不断地流向中国，而中国商品、移民则流向菲律宾，华商网络和华商社会开始形成。

清代，由于政府实行海禁政策，广州成为中国海上丝绸之路唯一对外开放的贸易大港，在清代，广州海上丝绸之路贸易比唐、宋两代获得了更大的发展，形成了空前的全球性大循环贸易，并且一直延续和保持到鸦片战争前夕而不衰，这在清代的外贸史上也是重要的转折点。进口商品中，鸦片逐渐占据了首位，并从原来的走私演化到合法化。

鸦片战争后，中国丧失海权，沦为西方列强的半殖民地，沿海口岸被迫开放，成为西方倾销商品的市场，西方列强掠夺了中国资源和垄断中国丝、瓷、茶等商品的出口贸易。从此，海上丝绸之路，进入了衰落期。这种状况一直延续到中华人民共和国成立前夕。

六、海上丝绸之路的历史影响

古代海上丝绸之路从中国东南沿海，经中南半岛和南海诸国，穿过印度洋进入红海，抵达东非和欧洲，成为中国与外国贸易往来和文化交流的海上大通道，并推动了沿线各国的共同发展。中国输往世界各地的主要货物，从丝绸到瓷器再到茶叶，形成一股持续吹向全球的东方文明之风。尤其是在宋元时期，中国造船技术和航海技术的大幅提升以及指南针在航海中的运用，全面提升了商船远航能

力，私人海上贸易也得到了发展。

这一时期，中国同世界60多个国家通过海上丝绸之路有着直接的商贸往来。"涨海声中万国商"的繁荣景象，透过意大利马可·波罗和阿拉伯伊本·白图泰等旅行家的笔墨，引发了西方世界一窥东方文明的大航海时代的热潮。

同时，海上丝绸之路还传播着我们的民族工艺和儒道思想，这对海上丝绸之路沿线国家和地区以及欧洲各地产生了不同程度的影响，甚至掀起了"中国热"。其中，瓷器和茶叶对世界有着很大的影响。

那时，俄国、法国、埃及等很多国家都崇尚收藏中国瓷器或以之为外交礼品，也曾把中国的瓷器作为身份的象征或类似黄金的代货币。在中国瓷器的影响下，世界各国的制瓷工业得到发展，从阿拉伯国家仿制中国式的瓷坛，到波斯结合中国瓷器工艺创造出的波斯陶器，之后泰国、越南、埃及、荷兰、法国、德国、俄国、丹麦、英国、西班牙等国也都掌握了制瓷技术，甚至通过中国瓷器工艺与本国文化的结合，创新出许多产品。

茶文化也传播到世界各地，从生活方式到思维理念，茶叶对许多国家产生了一定影响。公元9世纪，日本刮起一股"弘仁茶风"，贵族间出现了模仿中国人品茶的风潮。公元12世纪，日本僧人到中国将茶种带回日本种植，此后经过长期的本土化，最终形成独特的日本茶道。17世纪初，荷兰率先通过海上丝绸之路将茶叶输入欧洲，开始推行饮茶之风。18—19世纪，茶叶在英国开始由奢侈品转变为大众饮品，饮茶也成为英国传统文化的组成部分。

历史证明，由海上丝绸之路带动的不同文化的交流碰撞，推动了世界的进步和发展，国际化视野的开放交流也因此成为世界发展的思想共识。当下，中国正在与东盟及世界各国共建21世纪海上丝绸之路，历史上创下的海洋经济观念、和谐共荣意识、多元共生意愿，将为国家发展战略再次提供丰厚的历史基础。"友善、包容、互惠、共生、坚韧"的海上丝绸之路的文化内涵，对于建设21世纪海上丝绸之路，对于中国与世界更深层次的互动，无疑具有深刻的启迪意义和极其重要的当代意义。

第四节　中国四大古船型

中国是世界上造船和航海历史最悠久的国家之一。中国古船种类繁多，到了明代，相关文献将木制帆船按照地域和船型特征分为福船、广船、沙船、鸟船四大类型（图1-3）。也有学者认为其中的鸟船是福船的一种。这些古代杰出船型代表充分体现了我国古代造船技术的先进和航海事业的发达。

一、福船

福船，富贵福气的象征。福船是福建、浙江一带沿海尖底海洋木帆船的统称，它以行驶于南洋和远海著称。据记载，福船"上平如衡，下侧如刀""其底尖，其上阔，其首昂而口张，其尾高耸"，特有的双舵设计，使其在浅海和深海都能进退自如。水密隔舱制造技术更是增加了船舶的抗沉性，且货物可以分舱储藏，便于装卸与管理。见图1-3（a）。

（a）福船

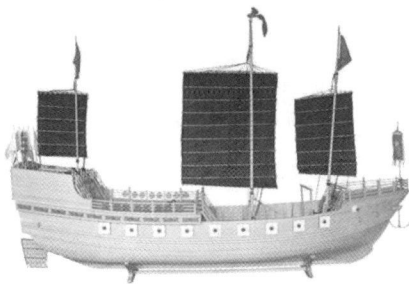

（b）广船

（c）沙船

（d）鸟船

图1-3　中国古代四大船型

　　古代福船高大如楼。全船分四层，下层装土石压舱，二层住兵士，三层是主要操作场所，上层是作战场所。福船居高临下，弓箭火炮向下发射，往往能克敌制胜。福船首部高昂，又有坚固的冲击装置，乘风下压能犁沉敌船，多靠船力取胜。福船吃水4米，是深海优良战舰。

　　郑和下西洋船队的主要船舶叫宝船，它采用的就是中国古代适于远洋航行的优秀船型——福船。《明史·兵志四》记载："（大福船）能容百人。底尖上阔，首昂尾高，柁楼三重，帆桅二，傍护以板，上设木女墙及炮床；中为四层，最下实土石，次寝息所，次左右六门，中置水柜，扬帆炊爨皆在是。最上如露台，穴

梯而登，傍设翼板，可凭以战。矢石火器皆伏发，可顺风行。"①

　　宝船是商人和海盗对超大型福船的通称，这种船适合近海贸易，载人和载货量均是一流，船体宽大结实，百叶窗一样的木质船帆可以使用很多年不换。前进速度慢而稳，通常用来运载瓷器等易碎物品。

　　明代初年曾出现一次造船高峰，史书曾多次记载明代积极充实军备、建造战船，仅沿海一带的战船就有五千艘左右，如果加上沿江临河的战船，明代的战船总数就更多了。明代中叶，为了抵御倭寇，掀起了第二次大规模建造战船的高潮。明代战船种类极多，除了前代已有的战船之外，如楼船、艨艟、斗舰、海鹘、走舸、游艇等，还有四百料战座船、四百料巡座船、九江式哨船、划船等。

二、广船

　　广船，也称"广东船"，是广东省大型木帆船的总称。它的外形与福船相近，头尖体长，上宽下窄，线型瘦尖底，梁拱小，甲板脊弧不高。船体的横向结构用紧密的肋骨跟隔舱板构成，纵向强度依靠龙骨等维持。见图1-3（b）。

　　广船的特点有很多。一是多帆少桅，帆的面积大，超过船只宽度，因而适合远航。二是采用"多孔舵"，减小了转舵力矩，提高了操舵效率。据称这种广式多孔舵原理，令欧洲工程师感到惊讶，并纷纷模仿。三是用材珍贵，船的主梁、横梁等都是采用东南亚珍贵木材，如铁力木（柚木）制造，坚固耐用，有的寿命达60年之久。第一艘驶向欧美的中国木帆船就是清代最典型的广船"耆英号"，它创下了中国帆船航海最远纪录，充分证明了中国古代木帆船构造合理和性能的优良。

　　《海防纂要》记载："广船视福船尤大，其坚致亦远过之，盖广船乃铁力木所造，福船不过松杉之类而已，二船在海若相冲击，福船即碎，不能当铁力之坚也。倭夷造船，亦用松杉之类，不敢与广船相冲，但广船难调，不如调福船为便易，广船若坏，须用铁力木修理，难乎其继，且其制下窄上宽，状若两翼，在里海则稳，在外洋则动摇。广船造船之费倍于福船，而其耐久亦过之，盖福船俱松杉木，楸虫易食，常要烧洗，过八九汛后难堪风涛矣，广船铁力木坚，楸虫纵食之也难坏。"② 此广船之利弊也。

　　广船船只大小与福船相当，远洋船长30多米，宽近10米，船上有夹舱。广船帆面积是当时世界上最大的，其帆面比船只宽度更宽阔，这一特点表明广船更适合于远洋航行。

①　张廷玉：《明史·兵志四》，上海古籍出版社，2018，第45页。
②　王在晋：《海防纂要》，明万历四十一年。

三、沙船

沙船在唐代出现于上海崇明，因其适合在水浅多沙滩的航道上航行，所以被命名为"沙船"。在历史上以崇明的沙船为著，太仓通州（今江苏南通）、海门、常熟、嘉定、江阴等处均有。

沙船的外形方头方尾，是中国典型的平底帆船，干舷低，梁拱大，艉部有长出梢。见图1-3（c）。

沙船在江河湖海皆可航行，适航性特别强，宽、大、扁、浅是其最突出的特点。沙船的纵向结构采用"扁龙骨"，从而使纵向强度得到加强；横向结构则是采用水密隔舱的工艺。这样，沙船纵横一体，抗沉性较好。同时，为提高抗沉性，沙船上还有"太平篮"。当风浪大时，从船上适当位置放下装有石块的竹篮，悬于水中，使船减少摇摆。

《宋史·兵志》记："南渡以后江淮皆为边境故也。建炎元年（1127年），李纲请于沿江、淮、河帅府置水兵二军，要郡别置水兵一军，次要郡别置中军，招善舟者充，立军号曰凌波、楼船军，其战舰则有海锹、水哨马、双车、得胜、十棹、大飞、旗捷、防沙、平底、水飞马之名。"① 此防沙、平底似为沙船的祖式。

明嘉靖年间沈启《南船纪》载有"二百料巡沙船"图，并记有"所谓沙船像崇明三沙船式也"。② 明嘉靖年间成书的《筹海图编》始有沙船的图文。

茅元仪的《武备志》记述了沙船的突出优点，"沙船能调戗使斗风"③。这可能是引用稍前出书的胡宗宪的《筹海图编》。逆风行船，航迹须走"之"字形。利用逆风行船，帆除获推进力之外，还附带产生使船横向漂移的力。由于沙船吃水较浅，其抗横漂的能力有限，遂必须使用披水板，放在下风一侧，用时插入水中，以获得横向阻力。

四、鸟船

鸟船又称"绿眉毛"，是明清时期浙江舟山地区一种古老的船型。见图1-3（d）。有学者认为鸟船是福船的一种形制。鸟船的艏形似鸟嘴，一开始的鸟船体型较小，船身比较低矮，船头尖细，设有四桨一橹，行驶快速。后来在福建沿海，海商开始用鸟船载货去各地贸易，到了明朝中后期，鸟船的船体进一步加大加长，但速度却与沙船、福船并驾齐驱，适宜在近海作战。所以该船成了明军的制式装备。鸟船名称的来由有很多种说法，一种说法认为与浙江河姆渡的鸟崇拜有关。居住此处的人们面对变幻莫测的大海，把鸟崇拜的文化信仰融入造船之中，期盼自己驾驶的舟船能像飞鸟一样，自由搏击大海。另一种说法是，当地人认为是鸟

---

① 宋晞：《宋史研究论丛第1辑》，华岗出版有限公司，1979，第1830页。
② 沈启：《南船纪》，王亮功点校，南京出版社，2019，第115页。
③ 茅元仪：《武备志第12册》，世华出版社，1984，第125页。

衔来稻谷种子造就了浙江的鱼米之乡，所以把船头做成鸟嘴状。

17世纪初，随着荷兰殖民者的到来，中国的海域纷争不断。明军、海盗、荷兰人互相攻伐，中国水师中原有的福船、沙船等战船已经不适应战事的发展，逐渐遭到淘汰，鸟船因行动迅捷而成为新型战舰。除了单甲板的鸟船外，还有一种双层甲板的大鸟船，这种船的船体明显要比单甲板的鸟船高大很多，并且一侧的炮眼就有9个，双层甲板可以装备18门以上的大炮。因而，鸟船在很多战事中发挥了重要作用。

五、中国在造船史上的主要贡献

在漫长的岁月中，中国古代造船技术取得过一系列重大的成就，曾长期居于世界领先地位，并对后世产生了巨大的影响。这里介绍两种在世界古代造船技术中具有重大影响力的伟大发明。

一是水密隔舱。作为中国古代造船技术的一项伟大创造，水密隔舱是用隔舱板把船体严密分隔成若干个互不连通的舱室。这样做有以下几个优点：第一，起到密封作用，因被横舱壁所隔，船上形成若干水密隔舱，这样即使一两个船舱破损，水也不会流到其他船舱，增加了航行的安全性；第二，隔舱板与船壳板紧密钉合，增加了船整体的横向强度；第三，舱壁为船体提供了坚固的横向结构，使桅杆得以与船体紧密连接，这也使中国古代帆船采用多桅多帆成为可能；第四，方便货物分类装卸和管理。

水密隔舱是受到什么启发而发明的呢？古人制作水密隔舱是借鉴了竹子横膈膜结构的功能。美国科技史学者罗伯特·坦普尔在《中国：发明与发现的国度》一书中写道："建造船舶舱壁的想法是很自然的，中国人是从观察竹竿的结构获得这个灵感的，竹竿节的横膈膜把竹分隔成好多节空竹筒。由于欧洲没有竹子，因此欧洲人没有这方面的灵感。"[①]中国盛产竹子，如同使用竹筏一样，中国船匠早就对竹子的结构和浮性有深刻的理解，从而制造出与竹子结构相类似的独一无二的船体结构。唐末五代期间，由于水密隔舱的问世，中国船舶越造越大，航程越走越远，开始进入印度洋，并以坚固、抗风力强、安全性好而著称于世。当时的阿拉伯航海者均喜欢乘坐中国船，因为它更安全。

水密隔舱技术在18世纪传入欧洲后得到了更广泛的应用。水密隔舱技术既提高了船舶的抗沉性能，又增加了远航的安全性，使得这一造船技艺流传至今。现代造船行业普遍使用水密隔舱技术，为远洋航行提供了安全保障。2008年，水密隔舱福船制造技艺被列入第二批国家级非物质文化遗产名录；2010年，该项遗产被列入联合国教科文组织评定的"急需保护的非物质文化遗产名录"。

二是舵的发明。船尾舵是操纵船舶航向的工具，经常设在船舶尾部，所以常

---

① 罗伯特·K·G·坦普尔：《中国发明与发现的国度》，陈齐正、陈小慧、李耕耕等译，21世纪出版社，1995，第382页。

被称为"船尾舵"。船尾舵的出现是船舶发展史上一件意义重大的事。舵是由桨慢慢演化而来的。随着船体的增大,古人把桨按职能分为两种:一种负责划行,推动船舶前进;另一种则负责控制方向,被称为"舵桨"。后来,桨的位置又从船舷移至船尾,成为艉桨,由此便演变出船尾舵。舵通过舵面与舵柄的杠杆关系、舵面与船的转动中心的杠杆关系,能使庞大的船体运转自如,结合风帆和指南针就成为确保船只安全航行的三大条件。

中国是较早使用舵的国家,已知最早的船尾舵是1955年在广州出土的东汉墓中陶质船模上的船尾舵。两千多年来,舵的形式在不断地改变和创新。早期的舵从船尾伸出,形成一个较长的凸出状,既不美观也不方便。于是古人想出了将舵垂直插入水中的方法,这种舵被称为"垂直舵"。又由于内河航道常常深浅不一,为了方便行驶,便产生了升降舵,当船驶入浅滩或者靠岸时,可以把舵吊起,以防触底折断。一些大型船舵,如郑和宝船长11米多的舵杆,还要用专门的绞车进行升降。此外,唐宋时期还发明了平衡舵,即把舵的一部分面积分布在舵柱的前方,缩短了舵压中心与舵轴的距离,从而减少了转舵的力矩,使得操纵更为轻便。为使转舵变得更省力,人们在舵上穿了许多孔,发明了开孔舵,以此来减少水的阻力。

舵的发明和使用改写了世界航海事业的历史。欧洲人在采用中国舵之前,都是用桨来控制方向,这样是无法进行远洋航行的。大约到10世纪,舵的技术已传到阿拉伯,而直到12世纪末或13世纪初,欧洲才开始使用舵,并为15世纪的欧洲大航海时代的开启提供了技术支持。

中国古代造船技术在明朝登上了顶峰。明朝造船业的伟大成就和开启的大航海时代,久为世界各国所称道,也是中国古代人民对世界文明的巨大贡献。只是自欧洲资本主义兴起和现代机动轮船出现以后,中国在造船业上享有的长久优势才逐渐失去。

本章参考文献

[1] 金行德.广东船研究[M].广州:广东旅游出版社,2012.

[2] 陈建平,关伟嘉,端本玉,等.广东船舶发展简史[M].哈尔滨:哈尔滨工程大学出版社,2018.

[3] 席龙飞.中国造船通史[M].北京:海洋出版社,2013.

[4] 孙光圻,孙光圻,张后铨,等.中国古代航运史:全2卷[M].大连:大连海事大学出版社,2015.

[5] 叶显恩.广东航运史[M].北京:人民交通出版社,1989.

[6] 交通部珠江航务管理局.珠江航运史[M].北京:人民交通出版社,1998.

[7] 广东省地方史志编纂委员会.广东省志·水运志[M].广州:广东人民出版社,2006.

[8] 广东省地方史志编纂委员会.广东省志·船舶工业志[M].广州:广东人民出版
社，2000.

第二章 古代西方造船和航海

中华文明在人类历史发展长河当中，在相当长的时期内无论是文化、科技，还是经济都占据着制高点。有人统计在明代甚至到清朝中叶以前，中国的GDP占世界四成左右。由于中国发展的历史进程并没有遵循社会发展规律由封建社会自然而然地进入资本主义社会，与此同时西方的发展却快速地进入了资本主义社会，所以在西方进入资本主义社会之后，他们的科学技术的发展乃至整个社会的发展，都源自对整个世界大陆或者是在航海驱动力下的一种追求——就是要寻找理想中的东方神奇国度。

古代西方文明是以地中海为中心的海洋文明，主要有尼罗河下游的古埃及文明、两河流域的古巴比伦文明和以爱琴海为中心的古希腊文明。逐水而居，古西方文明有一种天然的习水性，三种文明在地中海上相互攻伐杀戮，也极大地促进了造船技术和航海技术的发展。

第一节 地中海海洋文明

地中海文化是历史演替而成的复合体，由爱琴文化、希腊文化、蛮人文化、罗马文化和伊斯兰教文化等各种地区性文化构成。最早的爱琴文化以克里特岛为中心和以接受亚非两洲的青铜文化为特征，建筑、文字、艺术等文化形式主要模仿埃及。爱琴文化在公元11—14世纪，因印欧游牧农业民族侵入希腊半岛而同化成为以城邦、集权与民主政治和使用铁器为文化特征的希腊文化。蛮人文化是罗马文化的前身，它在字母、建筑、法律、度量衡制等方面对地中海文化的形成做出很大贡献。当罗马帝国趋近衰落时，其东幼发拉底和底格里斯两河流域的波斯帝国开始成为高度文明的强国。后来波斯帝国被阿拉伯人所征服，但阿拉伯人除了穆罕默德创立的《可兰经》外并无其他特殊文化，故整个地中海地区仍采用被征服民族高度发展的文化形态。

地中海是古代西方世界霸权的枢纽，其对各文明之间产生相互的影响，并对其他文明发生的更迭起主要作用。中国西汉地理学家张骞于公元前139—公元前126年出使西域，对中原文化发现地中海文化发挥了重要作用。他带去中国的桃、杏、梅、蚕种、丝绸等栽培及生产技术，又从地中海带回苜蓿、小麦、葡萄等物产，大大加强和促进了中西方文化的交流和联系。

一、古埃及与克里特文明

地中海沿岸的古埃及距今7 400年左右，尼罗河孕育了这一伟大的文明。

尼罗河流域的西面是利比亚沙漠，东面是阿拉伯沙漠，南面是努比亚沙漠和飞流直泻的大瀑布，北面是三角洲地区没有港湾的海岸，这些自然屏障使它受到特别好的保护，不易遭到外族的侵犯。埃及人生活在这块安全的流域地区，可以自由自在地安排自己的生活，无须应付闪米特人或印欧人不时地像洪水似的入侵，因而其种族本身从法老时期一直保持至今。埃及这种受到环境保护的生活不仅为种族的稳定，也为政治的稳定创造了条件。古埃及并没有因不时被外族入侵而引起万花筒似的帝国更换。相反，尼罗河就像一根天然的纽带，把整个流域地区连接成一个稳定、有效的整体。尼罗河平缓的河流使得北上航行极为容易，而盛行的北风、西北风又使返航毫不费力。因而，埃及人拥有相对可靠的水上交通运输，它促进了整个流域在约公元前3100年时的统一。通过贸易，古埃及人从两河流域的文明中学到了很多东西，创造了以法老和金字塔为代表的独特文明。这个文明历经内乱和来自小亚细亚蛮族的入侵，几起几伏，其势力还一度扩展到两河流域，但是约公元前1100年以后，埃及先后被亚述帝国和波斯帝国所占领，文明失去了动力，古埃及人逐渐从历史上消失。

古埃及文明直接影响了欧洲文明的源头——克里特文明的产生。

公元前30世纪初叶，来自小亚细亚或叙利亚的外来移民带着新技术到达克里特岛。这个小岛的优越地理位置使得他们发展出一种独特的海上文明。他们驾着单桅海船，满载着埃及的粮食、象牙和玻璃，叙利亚的马和木材，爱琴群岛的银、陶器和大理石，塞浦路斯的铜，以及自己岛上的橄榄油和陶器，往返于地中海。只要有机会，克里特岛人就大肆进行海盗活动。从此，欧洲的文明刻上了浓重的以贸易为中心的烙印。克里特文明的直接后裔——由于希腊文明处在较为贫瘠多山，且面向地中海的地理环境，从一开始就把目光放在了海外贸易上。他们用自己生产的橄榄油和陶器，换取奴隶和粮食。

公元前12世纪，由克里特岛发端的文明被多利安人摧毁，但文明的特质仍被继承下来。到公元前8世纪，城邦制度初步形成，农产品的商业化壮大了工商业阶层的力量，经过公元前594年的梭伦改革，希腊的民主制度逐步建立起来。从而开创了繁荣的古希腊文明时代。

公元前650年—公元前338年是古希腊文明的繁盛期。希腊诸城邦三次击败了波斯帝国的入侵，保卫了自己的领土和在小亚细亚的众多殖民地，使自己成为地中海航道的主人。希腊的文化也在此时臻于顶峰，在许多领域都涌现出优秀的代表人物。如著名政治家、雅典盛世的主导者伯利克里，哲学家苏格拉底、柏拉图、亚里士多德，数学家毕达哥拉斯、欧几里得、阿基米德，悲剧作家索福克勒斯、埃斯库罗斯。在公元前338年，希腊被马其顿国王征服。腓力国王的儿子亚历山大大帝随之开始了他著名地向东方的远征，波斯帝国被他征服了，埃及也被他征服了。但他的伟业在他死后（公元前323年）就付之东流，马其顿重新成为一个小王国，埃及被托勒密王朝所统治，亚洲的被征服地区则成为塞琉古王朝的疆土。

二、古罗马

古罗马从亚平宁半岛上的一条叫作台伯河的小河边崛起。拉丁人在公元前500年左右成为一个独立的城邦，在建立罗马共和国的过程中，开始了对外扩张。他们建立了强大的军事机器——军团，通过授予意大利人不同程度的公民权来保证被征服的城邦对自己的忠诚，畅通的古罗马道路也加强了意大利各部之间的紧密联系。当意大利得到统一之后，古罗马人为了争夺地中海贸易的主导权，开始了对北非迦太基的历时一百年的战争，最终在公元前146年将这个劲敌毁灭，从此古罗马由一个陆上强国变成一个海上强国。随后古罗马先后吞并了马其顿、希腊、小亚细亚以及塞琉古王朝，并于公元前31年吞并了埃及。他们还把触角伸向高卢和英吉利，把整个地中海变成了自己的内湖。大量的财富、奴隶涌向了古罗马。但是随着国力的强大，贵族和人民都变得穷奢极欲，阶级分化日益严重，这严重损害了罗马共和国的肌体。更为致命的是，军队在不断地征服中，逐步由义务兵转为雇佣兵，于是他们有了自己的独特利益，成为左右政局的力量。恺撒通过在征服战争中建立的声望和士兵对自己的拥戴，成为罗马共和国的毁灭者，虽然他在公元前44年被共和派刺杀，但是他的养子屋大维完成了他未竟的事业，在公元前27年他成为罗马帝国的第一个皇帝，罗马元老院授予他"奥古斯都"和"大元帅"的称号。罗马帝国的皇帝一直要在军队的支持下神化自己，脆弱地维持着帝国的统一。但是古罗马还是在395年分裂为东西两个部分，分裂的直接原因就是蛮族的入侵。尽管从尼禄时代以后，基督教逐步成为罗马的国教，但是高卢人、匈奴人、哥特人、汪达尔人、日耳曼人最初并不服膺基督的教义，他们只有对富庶罗马城市的渴望、向往。西罗马帝国在475年被蛮族所毁灭。东正教的东罗马帝国则比较幸运，由于控制航路，他们有大量财富，还有游牧民族所没有的强大的海军，因此他们一直延续了一千年，直到1453年被奥斯曼帝国灭亡。

罗马帝国虽然覆灭了，但是他们留下了西方法律制度的基石——罗马民法。

三、以海为家的西方文明

习惯上来说，不管是从政治上还是从文化上，通常把文化大体分为东方文化和西方文化。东方文化圈实际上就是以中国为中心，再说具体一点就是以中华文化为核心辐射出去的，包括今天的日本、韩国、朝鲜、越南等东亚东南亚国家，这些国家多数是受到华夏文化影响，而前文所提到的西方文化其实就是欧美文化。

西方文明是强调以个人为中心的物质和价值实现的文明。东方文明是与西方文明相异的，这是西方文明对东方文明的第一感觉。很多西方的古老文明，如古

埃及文明、两河文明、波斯文明等，与东方的中华文明是不一样的，它们都是从上古时代，就与狭义上的西方文明（以地中海为中心的西欧文明）糅合在一起。例如古埃及是四大文明古国之一，但埃及并不是到近代才和西方发生关系的。埃及历史上非常有名的女王——克利奥帕特拉七世，她及其整个家族统治了埃及两三百年，他们却都是希腊人。因此，埃及和西方从上古就已经纠缠在一起，这是因为西方文明发源地就是在地中海一带，埃及、北部非洲原来也都与西方文明糅合在一起。地中海在西方文明的发源和发展过程中起到了一个很重要的地缘作用。

地中海在亚、欧、非三大洲之间，是一片宛如水槽的海域，有人戏称它为"上帝遗忘在人间的脚盆"。早期的美索不达米亚文明和埃及文明，以克里特岛为代表的爱琴文明，以马耳他为代表的巨石文明，和面向海洋的腓尼基人、迦太基人，纵横于西亚的赫梯人、波斯人，还有将民主思想留给世人的希腊人和开创了一个地中海时代的罗马人也先后出现在这里。这个"脚盆"不仅是欧洲文明的发祥地，更是古代诸多文明演绎的舞台。简单归纳起来有：

第一，古希腊、罗马时期是西方文化的起源阶段，形成了希腊精神。

第二，中世纪西方文化发展的黑暗时期，形成了西方文化的另一个支柱——基督教精神。

第三，文艺复兴和启蒙时期，希腊精神得以复兴及进一步的发展，宗教改革促使宗教走向世俗化，西方文化两大支柱共存共荣。

第四，现代时期，西方文化走向现代化，民主主义、科学主义、理性精神占据统治地位。

地中海从古至今经历许多霸主，主要霸主有：

米诺斯王国曾经是地中海最强的国家；之后的希腊城邦最早建立地中海殖民地；腓尼基人也曾在地中海拥有广泛影响力和强大的军事力量（迦太基人是腓尼基人的一支）；后来古罗马奥古斯都大帝让地中海变成了罗马帝国的内湖，从此罗马进入鼎盛时期；地中海古代历史主要是古希腊史和罗马史。

近现代西方出现的海洋霸主：

"西葡"帝国的崛起，持续时间为15世纪中叶至16世纪末。

荷兰共和国的崛起，持续时间为16世纪末至17世纪中叶。

大英帝国的崛起，持续时间为18世纪至19世纪末。

美利坚的崛起，持续时间为20世纪初期至今。

第二节　古埃及与腓尼基

西方古代船舶史就是古地中海的航海史，也是环地中海王国变迁史和文明演进史。西方船舶技术和航海技术的发展，无论是古埃及人在尼罗河三角洲上的造船与航海活动，还是腓尼基人的海上商贸来往，都是以地中海为中心的征服、掠夺和经贸行为。

一、尼罗河上的法老时代

尼罗河上最初的航船由纸莎草制成。从公元前4000年起，舟船就是联系着这一地区最早形成的人类聚落的重要交通工具。发现于贝尼所罗蒙（Merimde-Beni Salame）的一艘为公元前4900年—公元前4400年的船模从侧面提醒我们，河运从很早开始就对社会演化产生了重要影响。从公元前4000年起，船逐渐融入古埃及人的思想观念之中。约在公元前3500年，船的形象发生重要变化，成为一个有明确象征性的图像。人们在一些考古遗址中也发现了海船形象的刻绘。通过和其他器物的关系，船的形象传达出运动和连续性的象征性意义。在古埃及神话中，正是太阳神雷每日的航行、死亡和重生带来了时间，日夜才能周而复始。人们甚至发现这一图像铭刻在距尼罗河若干千米的沙漠中，证实这一符号象征着力量和财富。社会的阶级化和海洋贸易的发展刺激造船业飞速发展。巨大的木船让精英阶级得以控制人口和他们的交易，从而稳固权力。船的宗教色彩日渐突出，最早几任法老进一步将其确立为无上地位的象征。所有前王朝时期（公元前3500年—公元前3100年）的宗教场所都是其明证。阿布拉瓦须金字塔残骸位于阿布拉瓦须地区、吉萨金字塔北边，是一座墓葬的基底。之后，人们又陆续发现多个建造于其主人船只之上的墓葬。古埃及的船葬习俗和维京人很相似，后者认为人死后会和自己的船只一起前往死神奥丁（Odin）的领土。

在希拉孔波利斯（Hieraconpolis）第100号墓葬的内壁绘有一幅地图，地图上绘有六艘船，其中一艘格外奇特，形状和颜色都与其他五艘迥异。一些研究者认为，这是一幅表现东西半球的世界地图，欧洲位于最左，非洲在其下方，它们的右边是印度和美洲，澳洲位于最右边。神秘的是，这个发现于1902年的世界地图不同于已知的、往往严重变形的原始平面球形地图。

埃及早王朝期间的航行并没有被正式记录并流传下来，但在出土的墓葬、纸莎草纸文献、石柱，以及帝国宫殿和纪念性建筑的墙面上发现的象形文字使得人们对古埃及文明一目了然。

现在所知最早的大型古埃及出海远征可以追溯到公元前25世纪，当时正处于第五王朝统治之下。在阿布西尔的法老萨胡拉（Sahure）墓发掘的图像，以及现存巴勒莫博物馆（Musee de Palerme）人称"巴勒莫之石"的石柱均可作证。石柱当时可能竖立在孟菲斯最大的神殿内部，正面刻有所有早王朝国王的名字，背面则罗列历史上的大事件。在萨胡拉墓内的图像上，法老端坐在一棵来自邦特之地的神圣乳香树下。很快，埃及人就习惯了前往邦特之地大肆劫掠，邦特之地的原住民和珍奇动物一同被捆绑在船上带回。我们所知第一次远征很可能是法老在位时的大事，以至于其细节被精心绘制在他的地下墓室。这样看来，在这个时

代，水手们已经来到红海。要知道，由于大量的暗礁和多变的风向，在这一海域航行并不容易。

阿斯旺的考古发掘中出土了两份纸莎草纸文献，分别记录了两次前往同一地区的探险。第一个故事中，一个休儒被一位第五王朝杰德卡拉（Djedkare Isesi）法老统治时期的要人从邦特之地带回。第二个故事发生在接下来的王朝，文献简单地提到了一位远征首领和他的手下正在组装海船、准备前往邦特之地时，被贝都因人（Bedouins）杀害，尸体被运回。故事中透露了一条信息：埃及人会先把船只拆卸，运到红海岸边重新组装起来。要想寻觅这些伟大旅行的踪迹，必须细读所有关于重要人物生平的铭文。在公元前2世纪初期，一个名叫哈努（Henou）的国家重臣受命监督前往邦特之地远征的准备活动，他的任务其中就包括航行设计。按照计划，人们将从尼罗河出发，沿着位于卢克索以北、尼罗河和红海之间的哈马马特干谷行进。船只首先会被拆卸，运送到离库塞尔100多千米的地方，就地组装搭建，在港口重新装好船，才能用于接下来的航行。

在第七王朝的统治下，通向红海的港口约位于库塞尔以北，那附近似乎曾有一处很深的海湾，位于今天的加瓦西斯港。2004年，考古学家在那里发现不少侧舷构件，这些构件多被船蛆（一种海洋软体动物）咬蚀，从而证明这艘船曾在海上航行。在同一地点还发现了锻造的锚，可以用于船的起航。基于这些遗迹的研究发现，这种可拆卸的船的构件通过榫舌和榫眼结构衔接。船上的麻制缆绳很粗，平行于木板拉紧，将船体结构压实，与现代造船预应力梁是一个道理。

二、哈特谢普苏特女王的海船

哈特谢普苏特女王（Hatschepsout，约公元前1503—公元前1442年），即古埃及第十八王朝的第五位统治者，她无疑是有历史记载以来首位伟大的女性。这位富有开拓精神的女王也将自己的功绩刻在石头上。

首先便是前往邦特之地的远征。她的陵墓位于代尔拜赫里，与卢克索隔尼罗河相对。在陵庙二层露台北边有柱廊的房间内，详细刻绘了一次由她的工程师和大臣纳赫西（Nehesy）组织的、颇令女王满意的航行。

描绘海船的浅浮雕十分精细，足可看出海船的特征。这些船长达20余米，配有一面长方形帆，帆可以导航任意方向，也可以卷在下部帆桁上；船的两侧各有15名划手，主桨负责掌舵；圆润的船体可以完美行驶在水上，最大限度地减小前进时的阻力。

随着时间的流逝，埃及帝国进一步向南扩张，国界跨过了尼罗河第五瀑布。由于亚洲人前往非洲旅行主要通过陆路，红海上的航线在铭文中便逐渐消失了。

2008年，美国佛罗里达州立大学研究团队根据加瓦西斯港的考古发现和哈特谢普苏特女王陵庙浅浮雕，制造了"沙漠敏神号"（Min of the Desert）。船只下水的试验为人们解释了诸多关于这类仿造船海船的问题。同时，这次试验让我们得以理解其造船方式，从而可以推测工匠们如何将船体拆卸、如何从尼罗河运到红海，以及在两次远征之间如何存放和保护。船身的张力系统颇为特殊，它通过一条在船头和船尾之间摇摆的粗缆和两个垂直拉起的支架来实现，这种船是埃及独有的。这次仿造女王海船的另一个目的是研究帆桨结合的驱动模式。值得注意的是，哈特谢普苏特女王的海船所需划手多达30名，而"沙漠敏神号"每侧只有12桨，只需12名划手。这一变化有助于人们了解古代不同的驾船方法和帆的航海特性。

"沙漠敏神号"船壳板之间的密封性由蜂蜡和麻布共同实现。研究团队测量并研究了船的载重、船上的生活状况，以及这类船只在不同风向和航向上的表现。

总而言之，这次实验复原的船体系统十分坚固。通过增加预应力缆绳的张力，船只能够避免在一些航海情况中船身连接处出现间隙的危险。帆缆索具可以很容易地由12人组成的船队操作。这艘船虽然简陋，但性能可靠，顺风时能以接近6海里的时速航行，也可以在与风向成45°的方向上航行。方形的帆不仅在后方来风时有用，也可以用于逆风而行。不过，对于缺乏经验的船队，"沙漠敏神号"单靠划桨来定向的方式很费力气。如果只有12个业余划手，速度恐怕无法超过每1小时3海里。我们仍可以想象，如果有24名经验丰富的海员，速度完全可以加倍。合理有效的导向装置可以在一定程度上取代过于沉重的舵的作用。

古埃及人极力推崇出海航行的理念推动了西方造船和航海技术的发展。持续性、尊重传统、追求完美的精神是让他们的文明走上巅峰的重要原因之一。尤为可贵的是，这个来自尼罗河畔的民族既发挥了自身特长，又吸收了邻居——腓尼基人的海洋知识。

三、腓尼基人的航海与造船

腓尼基是古代地中海世界东岸地区一系列小城邦的总称。位于利万特海岸中部狭长地带，北起阿拉杜斯，南到多尔，长约320千米。公元前12世纪初，腓尼基达到极盛时期。

腓尼基人是一个古老的民族，自称迦南人，是西部闪米特人的西北分支。生活在今天地中海东岸，相当于今天的黎巴嫩和叙利亚沿海一带。

他们曾经建立过一个高度文明的古代国家。公元前10世纪—公元前8世纪是腓尼基城邦的繁荣时期。腓尼基人是古代世界最著名的航海家和商人，他们驾驶着狭长的船只踏遍地中海的每一个角落，地中海沿岸的每个港口都能见到腓尼基商人的踪影。由于腓尼基人早已经消失在历史的烟波云海之中，有关他们的记载都出自曾经吃过腓尼基人苦头的希腊人和罗马人之手。所以，今天我们所知道的腓尼基人很不全面。

据说，"腓尼基"是古代希腊语，意思是"紫红色的国度"，原因是腓尼基人

居住的地方的特产紫红色染料，该颜料是腓尼基人强迫奴隶潜入海底捞取海蚌，从中提取鲜艳而牢固的紫红色颜料，然后用其染成花色的布匹运销地中海各国。

腓尼基人拥有发达的海上贸易和殖民事业。腓尼基人的商船自埃及第六王朝起就已遍布地中海，在古埃及国势鼎盛之时受其约束，到了公元前1200年左右埃及的力量式微，腓尼基遂成为地中海的霸主。

腓尼基人擅长建造海船。腓尼基海船建造的是商贸船，主要用于装载货物。这种船呈圆形，体积庞大，由一面巨大的方形帆推动，左侧本应是船舵的地方有一个巨大的船桨。船的长度在8~20米不等，船的长度取决于要运送的商品、目的地以及航线（是沿海岸行驶，还是走直线）。用于战争的海船与希腊人的海船类似，由桨和帆驱动，需要一队划桨手和一面船帆。据推测，其中最古老的是双层船，划桨手位于战士下面。图2-1为古代腓尼基人海船模型。

图2-1 古代腓尼基人海船模型

对航海技术的熟练掌握使得腓尼基人每次出海经商都能将损失最小化、效益最大化。自公元前12世纪起，随着埃及帝国和麦锡尼帝国的衰落，他们开设的海外商贸点以数十计增加，两个世纪后更是增加到上百个。

在这一繁荣期，腓尼基人进一步强化了对被征服地区殖民地的统治权。尤其重要的是，大约公元前814年建立的迦太基，在之后的一个世纪里一直扩张到安达卢西亚地区。这样一来，腓尼基人的领土覆盖了全部地中海南边的海岸，从大西洋上的朱比角，到北边的克里特岛、西西里岛和撒丁岛，巴利阿里群岛和西班牙南部。

但是，因为腓尼基城市过于分散，又过于分裂，所以腓尼基人的文明最终走向衰落。先是迦太基宣告独立，之后被古希腊人征服，接着又被古罗马统治。亚历山大大帝彻底终结其独立地位——摧毁了泰尔城。

即使这样，但是其庞大的财富与仍引起地中海对岸强大帝国的觊觎。先是亚述帝国，后来是巴比伦王国，最后是罗马共和国，它们个个想办法压榨腓尼基人。后来腓尼基人再退到濒临地中海的北非，建立了迦太基国，仍然是当时首屈一指的经济大国。后来罗马对其发动了三次布匿战争。最后，迦太基终于灭亡。

据说迦太基陷落后，燃烧的火焰持续了17天，烧完之后，灰烬有1米深。罗马军铲开这些灰烬，在上面撒盐，这是为了使迦太基不再复活的诅咒。就这样，迦太基文明从地球上消失了。

第三节　维京海船与威尼斯桨帆船

进入中世纪后，欧洲人开始对海洋深处进行持续不断的探索。

维京人被公认为是最早踏上新大陆的欧洲人。但是，考古学家至今还在苦苦寻找他们跨洋航行的遗迹。这些斯堪的纳维亚民族居住在波罗的海和北海沿岸，人口数量虽少，却覆盖了相当大的地域。

瑞典人沿着河流而居，这些河流与第聂伯河和伏尔加河一道汇入波罗的海。挪威人的领地蔓延到冰岛、苏格兰、爱尔兰，继续朝向地中海扩张。他们也从冰岛起航，前往格陵兰岛，一度在加拿大海岸定居。丹麦人沿着汇入北海、英吉利海峡和比斯开湾的河流推进，顺着伊比利亚半岛侵入地中海地区，足迹一直延伸到第勒尼安海。

这些征服者使用同一种语言，即古诺尔斯语。在这一语言中，"维京"一词指的是那些出海远行的人。这是一个时代，一个文化的代名词。

一、维京海船

维京人的海船通称"达卡"（drakkar）。"达卡"指的是雕刻在船首和船尾的龙，法国作家奥古斯特·加尔于1840年出版的作品《海洋考古学》中首次用于命名维京人的海船。维京人自从远古时代就开始徜徉海上。在丹麦出土的独木船最早的记录可以追溯到公元前6000年，只用一棵树制作。这些船的长度通常大于10米，已经可以用于出海钓鳕鱼或捕鲸。造船者在船底添加横向加强件，以使船侧更牢固，还通过添加木板以增高干舷。它们被用于长途航行，通常以作为首领的船葬棺结束使命。1979年，人们在丹麦曲布林湾（Tybrind Vig）发现了类似约公元前2350年的独木船遗存。图2-2为维京海船模型。

自公元4世纪起，维京人开始使用形似达卡的航船。这种原始达卡船底是平的，完全由桨驱动。船上有多个划桨台，但没有龙骨和船帆。又过了两个世纪，前后对称的斯堪的纳维亚海船样式完全固定下来，一直持续使用到20世纪。达卡船的建造由内向外进行，周身有搭接结构，在T形龙骨四周用铁钉固定。它有个彩色方帆，位于右舷上的大桨同时也充当船舵。

维京人的船可以分为三类，其共同点是极其轻巧，入水后的形状十分优美。事实上，正如古罗马三层桨战船或更晚的威尼斯双桅战船，达卡的建造者明白，

所有无用的都意味着划桨者需要耗费额外的力气。这一建造原则的应用随着时间推移和造船技术的发展而逐步成熟。

图2-2　维京海船模型

古诺尔斯语中有20多个术语指代不同类型和样式的船，在不同的时代和地区也有不同的叫法。

"长船"（langskip）是一种铺设有甲板的战争用船，可以根据大小、划桨手或划桨台数目进一步细分。最大的是"埃斯切"（escher），长达30余米，某些特例甚至超过40米。"斯奈卡"（cheque或sekka）是最常见的，可以用来运输马匹，它是战船舰队中最宽的一个，长度通常为20余米。对长船而言，船帆不是必备之物，因为划桨手足以保证提供充分的推动力。只要80名划桨手，长船就可以搭载两倍数量的战士。或者让战士轮流担任划桨工作，这样做有助于维持船上纪律，船上的人没有丝毫闲余时间，也就从源头上限制了人与人之间发生冲突的可能。同时划桨的工作可以作为战士体力训练的一部分，是保持强健的好方法。船员既可以保持和锻炼自身力量，也可为航行提供驱动力。

"商船"（kaupskip）则是所有船只中最大的，通常用于贸易或运送货品，这种船主要靠船帆驱动，船员数目因变化有所削减，划桨手的位置在船的最前或最后。不同尺度的商船可以承载10~50吨货物，与战船随行时可以负责护送军需，并用于载回战利品。它们比"长船"容量更大，顶部开口，根据其大小承担不同的功能。

1962年，在距离哥本哈根不远的斯库尔代列夫（Skuldelev）发掘出5艘海船，其中包括2艘长船、2艘商船和1艘"渡船"（ferge），用于载货和近海运输。这次发现充分证明了维京人航海技术的多样性、丰富性和专业性。

还有一种小船，被称作"巴特拉"（batr），它是商船的缩小版本，船上最多有12名划手。这种帆船性能良好，直到第一次世界大战前还在制造。

多数种类的维京海船现代都有复原。通过这些复原，维京海船得以向人们证明其惊人的速度和对各种航海条件的绝佳适应能力。通过主结构和船壳板的搭接结构，它们表现出良好的灵活度。维京海船完全可以应对风浪的挑衅，因而获得了"海蛇"的称号。

二、威尼斯商人的贸易航线

威尼斯人自从第四次十字军东征时就意识到他们的未来取决于建造和运营海船的能力。于是威尼斯人改良了桨帆船。

威尼斯桨帆船继承了古罗马人三层桨战船的样式，类似其他地中海一带的帆船。1104年，威尼斯时任总督奥尔德拉佛·法利埃罗（Ordelafo Faliero）创建军械库后，很快对船舶生产领域形成垄断，对海船的组织和管理也完全集中统筹。此外，商人的船长们会将自己的船租给造船厂。

军械库由总督一人指挥，所有关于海船的大小事宜，无论是发生在威尼斯还是遥远的外地商行，都受到监控。军械库的官员作为总督的代表主持船队的管理，确定出发日期，监督载货、补给和船员队伍。他们根据经济形势和国际政治的变动而调整路线和目的地，这一制度赋予他们控制船队的灵活性，威尼斯船队很快成为地中海中最重要的一支商队。

第四次十字军东征为威尼斯人带来一笔意外之财。来自欧洲各地的贵族领主会聚威尼斯，希望能够在前往埃及的远征中助一臂之力。时任总督的恩里科·丹多洛（Enrico Dandolo）尽管年事已高且双目失明，却足智多谋，将这一事业巧妙引导向利于自己城市的方向。

十字军到达威尼斯后，丹多洛让他们少安毋躁，多在威尼斯逗留一段时间。于是他们花光了钱，很快便无从支付过路费。好心肠的总督允许他们欠账，条件是他们前往达尔马提亚城市扎拉（即今日的扎达尔），帮忙恢复该地秩序。总督的托词是这座城市正在叛乱，但实际上这座城市隶属君士坦丁堡。征服扎拉之后，十字军舰队来到克基拉岛，当地长官请求他们帮助被赶下王位的拜占庭皇帝。由于十字军掌握着一支满载武装骑士的巨型舰队，总督明白必须抓住这一千载难逢的机会，于是，船队在他的命令下转向君士坦丁堡，忘记了十字军东征的最初目的。洗劫君士坦丁堡仅对威尼斯人大有好处。总督倒是没有攫取拜占庭王冠，而是仅满足于占领几个区位优越的地方：君士坦丁堡港口的一部分；两个位于博斯普鲁斯海峡的商行；位于爱琴海南北航线上的基克拉迪群岛、克里特岛、珂容和墨东；伯罗奔尼撒半岛入口处两个战略性的商行扎金斯和科基拉岛。

于是，威尼斯成为天主教在东方之路上首要的保护者。拥有这一优势地位的威尼斯商人得以掌控利润最大的贸易，也就是奢侈品贸易，从此以后只派遣运送高价值货物的海船。

威尼斯商人和海员一样，无论到哪里都如同在自己的领地。大部分地中海港口都由贵族出身的威尼斯领事担任监督。这领事负责保证威尼斯商人享受保护和

外交的权利，同时也管理警务。从亚得里亚海深处的威尼斯出发，船队通常沿威尼斯托管之下的达尔马提亚海岸航行，到达克基拉岛，岛上有一支武装舰队保护它们免受海盗威胁。装满补给品后，船队再度出发，沿伯罗奔尼撒半岛航行，在墨东停泊，然后到达珂容。最南边的航线目的地是亚历山大港，它是阿拉伯在地中海最大的贸易中心。船队途中会经过杜姆亚特和罗塞塔，这些古老的自由城市位于尼罗河三角洲的核心，如今也落入威尼斯人之手。亚历山大港又分出三条航路，一条途经雅法到达贝鲁特，另一条沿叙利亚海岸返程，途经的黎波里回到威尼斯，还有一条航线经停克里特岛，目的地是贝鲁特或北边的拉甲佐，即今日土耳其的尤穆尔塔勒克，这里也是1271年马可·波罗旅行队的第一个中途停靠地。

此外，还有两条航线沿着希腊岛屿之间的水路前往君士坦丁堡。其中一条航线走希腊和埃维亚岛之间的通道。知识丰富的威尼斯商人因此将小麦种植技术带到了埃维亚岛。之后，船队驶入博斯普鲁斯海峡，沿途避开隐匿着的希腊和热那亚海盗船。

在君士坦丁堡，威尼斯占有的街区方达可（Fondaco）中有一处港口。在那里，桨帆船满载东方的香料、丝绸和首饰起航。一部分继续走水路去黑海东岸的香料市场特拉比松（Trebizond），另一部分向北方航行，前往距离丝绸之路最近的西方商行——位于顿河在亚速海入海口的塔纳伊斯。回威尼斯的航路在秋末冬初最为顺畅。满载货物的海船通常由武装舰队护航而归。当遇上风暴时，船只便迅速前往临近岛屿寻找避风港。

然而，1453年，奥斯曼人入侵君士坦丁堡，拜占庭帝国宣告瓦解。从此以后，除非冒着成为海盗猎物的风险，威尼斯人无法前往黑海。

三、威尼斯桨帆船

威尼斯是地中海北岸重要的商贸港口。

威尼斯出口潟湖产的盐、因清澈透明而广受追捧的镜子、穆拉诺岛的玻璃和斯拉夫殖民地的产品，如毛皮、蜂蜜、蜂蜡、糖、小麦和羊毛。地中海东部最好的葡萄酒也在市场上广泛流通，无论在哪里都被人们苦苦求购。此外，威尼斯的军械库通过桨帆船盈利，外国人可以购买、租用或利用贸易优惠条件交换船只。这些都可以解释威尼斯宫殿的奢华：贴金的建筑立面、昂贵复杂的建筑材料、轻巧的穹顶和完善的雨水回收系统。这些最重要的支持就是威尼斯发达的造船技术。

以13世纪—15世纪的威尼斯桨帆船为例，其载重150~350吨，长40余米，宽约6米。它有一个或两个桅杆，每一条船上配有一排划桨手。贸易船队的保护船队由10个小型桨帆船组成，以其速度和易操作性闻名。划桨手脚下有武器，可以应付狭路相逢的海盗。船舵在罗马三层桨战船上是位于侧面的，但威尼斯桨帆船自13世纪起将船舵移至中轴线上。其帆缆索具是拉丁类型，配备三角形的帆。船的后方主要包含一个船舱。一个托架或拐角舰桥，可以在两船碰撞时向侧面展开。

到14世纪初，热那亚上将本奈迪托·扎卡里欧（Benedetto Zaccaria）对船的样式进行改进，划桨手由每桨2名增加到3名。后来，每个划桨台上一度多达5名划桨手。

之后的一个世纪里，由于桨帆船无法适应大西洋上的航海需求，威尼斯人便根据西班牙和葡萄牙的帆船样式进行改进。新型帆船呈圆形，很高，不适合地中海上的航行状况，但行驶同样的距离时能承载更多人和货物。因此，它被选中用于去圣地朝圣（自从十字军东征的时代这就是威尼斯人的专长）。

公元1453年君士坦丁堡陷落之后，奥斯曼人建造了一支船队，与威尼斯人和热那亚人互相敌对。因此，威尼斯与东方的贸易变得充满风险，威尼斯便与西方的关系日益加强。此前，威尼斯就一向和西地中海有贸易往来，每个季节都派遣一艘桨帆船。这些航线始终由马赛、比萨和热那亚守卫。船队每年春天离开威尼斯，以便在圣诞节之前回来。

西西里岛上的锡拉库扎是第一个经停点，威尼斯商人在这里采购糖等货物。之后，船队取道墨西拿海峡，可能经停意大利，并避免接近敌对的港口里窝那和热那亚，径直驶向圣路易建造的城市艾格莫尔特。1453年，垄断外国香料贸易的法国人雅克·柯尔（Jacques Coeur）失势，于是威尼斯商人可以再次到达普罗旺斯。从艾格莫尔特出发，船队沿西班牙海岸航行，途经巴塞罗那、瓦伦西亚、阿尔梅里亚和体达，可能冒险前往马拉加。之后，船队或是沿马略卡岛上的帕尔马，或是沿阿尔及利亚海岸和非洲海岸的主要港口之一突尼斯返回，中间也会开展客运。威尼斯商人通过礼物和外交获得运送旅客的特权，不过这样做并非没有风险。如碰到西班牙舰队时，因为船队运送穆斯林人，船上的财物可能被没收。

威尼斯人开辟的最后一条航线通向弗朗德勒地区。他们紧随热那亚人，自从13世纪起就与布鲁日人建立联系。这条航线很长，航行时长通常超过一年，这意味伴随着频繁的中途停靠也会带来新的危险。迎风的葡萄牙海岸、风力巨大的加斯科涅湾、英吉利海峡的潮汐和洋流，这些都是航行者不熟悉的因素。威尼斯商人通常在2月起航，装载从东方来的货物，航向西西里岛，之后前往巴利阿里群岛和直布罗陀海峡。转向北方时，他们尽力避开可怕的法国海盗。他们在里斯本停靠，装载针对英格兰市场出售的水果。

接下来，桨帆船和圆帆船驶入英吉利海峡，在南安普敦卸下船上的其中一些货物，以装载锡矿石。另一些沿海岸绕行岛屿东面，溯泰晤士河而上到达伦敦。不过，对于威尼斯人而言，在伦敦的生意不易经营，他们通常更乐意继续航行，前往布鲁日。佛拉芒一度地处海滨，12世纪修建沿海大坝之后，海船需要在运河上卸货。城市里的运河纵横交错，无数的船只来来往往，就算没有意大利的艳阳，船员们也能凭此确定他们的导航标志。根据来自威尼斯商人的指示，从这里

出发，船队继续航行，前往安特卫普和波罗的海沿岸港口。在未知的地区航行两三个月之后，船队回到布鲁日，重整阵容，返航威尼斯。

15世纪早期，因为奥斯曼人称霸爱琴海，威尼斯人失去了大片领地，与东方的贸易也几乎中断。1494年，教皇批准《托尔德西里亚斯条约》（*Treaty de Tordesillas*），从此世界被一分为二，由葡萄牙和西班牙瓜分。新大陆成为人们的欲望之地，运送香料的航线也很快移至太平洋上。尽管威尼斯、热那亚和西班牙联合舰队于1571年在勒班陀战役中成功战胜奥斯曼人，但是地中海的交通仍然变得越来越危险。而且，以阿尔及尔为基地的巴巴里海盗横行海上，四处上岸掠夺，将掳获的人与物卖给奴隶市场。16世纪末，阿尔及尔聚集了超过二万五千名购自欧洲各地的奴隶。地中海上的贸易已经变得凶险无比，商人们也失去了追逐利益的兴趣。

第四节　帆　船　时　代

西方中世纪的开始是以西罗马帝国的灭亡，也就是476年为起点，标志着西方古代史的结束。西方所谓的中世纪时代横亘千年，它结束的时间点是1453年，也是东罗马帝国的灭亡时间。西罗马帝国的灭亡标志进入中世纪，东罗马帝国灭亡标志中世纪结束，中间将近一千年，西方称之为中世纪。中世纪的结束意味着进入西方的近代史。中世纪的结束实际上是文艺复兴和大航海时代这两种力量作用的结果，一个是从艺术方面或者说从意识形态上，另一个是从科学技术和生产力上，在这两股力量的作用下，代表旧体制的中世纪轰然倒塌，人类从此进入了西方近代文明。

一、文艺复兴

文艺复兴（Renaissance）是指发生在14—16世纪的一场反映新兴资产阶级要求的欧洲思想文化运动。

"文艺复兴"的概念在14—16世纪时已被意大利的人文主义作家和学者所使用。当时的人们认为，文艺在希腊、罗马古典时代曾高度繁荣，但在中世纪"黑暗时代"却衰败湮没，直到14世纪后才获得"再生"与"复兴"，因此称为"文艺复兴"。

文艺复兴最先在意大利各城邦兴起，以后扩展到西欧各国，于16世纪达到顶峰。文艺复兴带来一段科学与艺术革命时期，揭开了近代欧洲历史的序幕，被认为是中古时代和近代的分界。文艺复兴是西欧近代三大思想解放运动（文艺复兴、宗教改革与启蒙运动）之一。

从字面上来看，文艺复兴，首先是文艺层面上的，而不是科学技术层面上的，它更多的是在文化上的追求。其次，人们通常把14—16世纪将近200年的时间称为文艺复兴时期，可以看到文艺复兴与中世纪还有着将近100年的重叠期，所以文艺复兴对冲击中世纪传统构架起到了很大的推动作用。

到了16世纪，大航海时代已然来临。15世纪末到16世纪，西方的大航海时代拉开了帷幕，这是文艺复兴开启进步思想与传统的宗教势力斗争的一个必然的结果。社会发展的进步势必要找到一种有力的思想理论工具去武装自己，这个武器就是他们所认为的古典时代，也就是英雄时代的希腊文化，这就是他们认为要恢复要复兴的。实际上，他们要复兴的是一种文化，要回到他们的古典哲学当中去挖掘他们欧洲传统文化的精髓，从而推动当代社会的进步。

二、大航海时代

西方的大航海时代所形成的深刻的社会背景就是文艺复兴。有关大航海时代在第四章将详细叙述，这里围绕航海和船舶的角度来梳理一下大航海时代的主体脉络。

地理大发现（Age of Exploration），又名探索时代或发现时代、新航路的开辟，是15—17世纪欧洲的船队出现在世界各处的海洋上，寻找着新的贸易路线和贸易伙伴，以发展欧洲新生的资本主义。

在这些远洋探索中，欧洲人发现了许多当时在欧洲不为人知的国家与地区。与此同时，欧洲涌现出了许多著名的航海家，其中有克里斯托弗·哥伦布、瓦斯科·达·伽马、佩德罗·阿尔瓦雷斯·卡布拉尔、胡安·德拉科萨、巴尔托洛梅乌·迪亚士、乔瓦尼·卡波托、胡安·庞塞·德莱昂、斐迪南·麦哲伦、亚美利哥·韦斯普奇与胡安·塞瓦斯蒂安·埃尔卡诺等。

大航海时代的来临并不是历史的偶然，它是西方社会发展的一个历史必然，它的必然性主要体现在：第一，由于它本身是一个海洋文化，它有着西方人骨子里就有的一种天生的喜水的特性。第二，它的社会生产力、科学技术，也就是造船和航海技术发展到这样一个历史阶段，已经使它具备远洋航行的物质条件。第三，也是重要的条件——人文条件，前面提到的文艺复兴给它创造了物质条件和人文条件。这三个要素缺一不可，共同促使了大航海时代的到来。

在当时，远洋航行意味着冒险。航海者无法准确测量经度，木制船壳无法抵抗船蛆的侵蚀，储备的食物不适于长期航行，船上的卫生与生活条件也十分糟糕。然而，受经济利益与政治利益的双重驱使，这些人义无反顾地投身大海，而这些探险活动也极大地扩展了已知世界的范围。

伴随着新航线的开辟，东西方之间的文化、贸易交流开始大量增加，殖民主义与自由贸易主义也开始出现。欧洲在这个时期的快速发展奠定了其超过亚洲繁荣的基础。新航线的发现，对世界各大洲在数百年后的发展也产生了久远的影响。对除欧洲以外的国家和民族而言，地理大发现带来的影响则是复杂而矛盾的，除了物资交流外，带给原生居民的常是死亡和占领，可说是一部被侵略的灾

难史。

三、三桅帆船开启新时代

为了制造更大和更好的船只漂洋过海去寻找新的财富，西班牙和葡萄牙的造船家把酒船和快帆船合并，建成三桅帆船。法国文豪维克多·雨果称赞这是"人类的一种伟大杰作"。

三桅帆船的出现，改变了西方在造船技术上落后于东方的历史，也改变了西方在世界贸易中的地位，随后进行的"地理大发现"和这种帆船及航海新技术密不可分。在航海家和造船家的心目中，三桅帆船的构造几近完美。

三桅帆船的特征，从18世纪末期开始特指三根或更多桅杆、最后一根桅杆上挂纵帆，其他所有桅杆均为横帆的帆船。与之相比，全帆装船（full rigged ship）所有桅杆均挂横帆，前桅横帆三桅船（barquentine）则是除了前桅横帆其他桅杆都挂纵帆。

三桅帆船在风帆时代十分盛行，因其容量与全帆装船相近，而所需人手较少，作为商用船非常合适。相比适合抢风航行的纵帆船和适合利用季节风长距离航行的全帆装横帆船，三桅帆船结合了两者的优点。后期很多大型铁身帆船也采用了类似的帆装。

除了普通三桅帆船和前桅横帆三桅船外，还有一种称为公驴三桅帆船（jackass-barque），该船前桅横帆，后桅纵帆，主桅下部纵帆、上部横帆。

四、克拉克型帆船

1300年，欧洲人开始改良北欧主流船种柯克型帆船。他们在柯克型帆船的基础上增加了一根桅杆，主桅挂方形的大横帆，后桅挂三角帆，这便成了克拉克型帆船（carrack）的雏形。横帆纵帆的搭配使克拉克型帆船拥有强大的适应力，既能在大西洋的强风中高速行驶，又能在地中海多变的贸易风中操控自如，这样的特性受到商人们的热烈欢迎。经过不断的强化和改良，克拉克型帆船迅速取代了柯克型帆船成为欧洲的主流船型。图2-3为克拉克型帆船模型及内部结构。

克拉克型帆船的特点在于它的船身结构。它的船尾是圆形的，用厚木板弯成，使得船的侧面到舵轴成为一个弧线。前船楼直接位于船首上方，船首斜桅位于其上，这种布置自从人们第一次在战船的船头上安上船楼，就从来没改变过。后船楼成为船身的一个组成部分。

克拉克型帆船巨大的上层建筑影响了船帆的操作，使得它们的航行相当有特点：高耸的船楼限制了帆可以使用的区域，同时使得船头很重，在强风中很容易前倾——1545年，"MaryRose号"在超重行驶时就发生过这种事故。在船只航行过程中，船楼过高使得风拖着船走，也使得下层的帆——主帆和前帆——受风面积减小，降低了船舶适航性。

克拉克型帆船中最著名的当属"圣玛利亚号"（Santa Maria）了，它是大航海家哥伦布探索美洲新大陆时所使用的旗舰，在探索新大陆的过程中于1492年12月25日沉没于古巴附近。

图2-3　克拉克型帆船模型

另一艘是"维多利亚号"（Victoria），它是史上第一艘完成环球航行的船只。1519年8月10日，由麦哲伦率领，连同"维多利亚号"在内的5艘船由西班牙港口塞维利亚出发，开始向西航行。但可惜的是，在回程中麦哲伦不幸被杀，5艘船中只剩下"维多利亚号"独自返回航西班牙。

五、盖伦帆船

克拉克型帆船象征着欧洲的造船技术已经达到一个高峰。克拉克型帆船庞大的船身使它不大适合航行于地中海一带的狭长海域，而且很容易在浅水区触礁而发生危险。

自哥伦布发现美洲大陆后，随着欧洲列强在新大陆殖民地的扩大，当时欧洲比较普及的克拉克型和卡拉维尔型帆船已不能承担越来越繁重的大西洋航运任务。16世纪初，以克拉克型帆船框架为基础，整合卡拉维尔船的优点并采用新工艺，盖伦型（Gallon）军民两用型船终于行驶在大西洋的黄金水道上，直到大航海时代结束。图2-4为英国"五月花"盖伦帆船模型。

盖伦船全长46~55米，排水量为300~1 000吨，后期大型盖伦船排水量甚至达到2 000吨。风帆结构和布局与克拉克型船相似，但也有采用四桅构造以悬挂更多的帆布的型号。船身采用了多层甲板和多层船楼构造的盖伦船在诞生后就受到西班牙军方和商人的青睐，在远洋线路上完全取代了旧型号的船只，被称为西班牙宝船。

西班牙无敌舰队中也配备了大量盖伦船，并根据其构造改良了接舷战术，这令当时处于敌对状态的英国苦不堪言，只能通过海盗的游击战来牵制西班牙海军。这种状况持续到1588年无敌舰队远征，遭到英国远程火炮和暴风的双重打击而惨败为止。

英国伊丽莎白时代的约翰·霍金斯爵士看到了这一点。他降低了艏艉楼，尤其是艉楼的高度，同时还用方形的船尾代替原来圆形的船尾。这样的新设计船型相对狭长，航速较快，在逆风中操纵性极佳。西班牙帝国无敌舰队威风凛凛的克拉克型帆舰也因为操纵性不佳，在1588年7月的海战中败给了英国以吨位较小的盖伦型风帆战舰为主力的舰队。这次海战标志着西班牙海上霸权的衰落与英帝国的崛起。

图2-4 英国"五月花"盖伦帆船模型

盖伦型船的巨大成功使得它在帆船时代结束之前一直是军舰，包括战列舰（line of the battleship）的设计标准。军舰，对适航性与火力的要求是压倒一切的条件，以便在战斗时抢占有利阵位，发挥优势火力。17世纪，英荷战争中的主力帆舰均为清一色的低舷、横帆、两舷装备加农炮，多艘这样的舰只排成一个长列以发挥两舷的火力优势。这也是"战列舰"这一名称首次被使用。

第五节　飞剪式帆船时代

飞剪式帆船（Clipper）开启了一个新的时代。

1849年3月25日，船长罗伯特·H·沃特曼（Robert H. Waterman）指挥"海巫号"飞剪式帆船用时74天打破纽约至香港的单程航行耗时纪录。"海巫号"这艘飞剪式帆船是世界上极快的帆船之一。"海巫号"的船身由美国造船师约翰·格里菲斯（John Griffiths）设计，建造于1846年，长52米，宽10.3米。与此前的帆船相比，它的船体更为细长，前部形状更尖锐，以至于纽约的专栏作家一度怀疑它在应对海难方面的性能。船上的帆缆索具由船长沃特曼设计，高出甲板43米。它的船首有三角帆、第一斜帆。每根杆上有5层方形帆，每层帆之间有三角形的支索帆，此外还可以在每根横帆尽头添加补助帆，在杆后面支起用于逆风而行的巨大后帆。同一时刻，船上可以竖起多达50面帆。

一、飞剪式帆船

19世纪上半叶，"飞剪式帆船"一词已经被用来形容速度极快的帆船。这个词来源于英语的"剪"（clip），同时也有"迅速前进"的含义。人们用这个词表达"高效完成"（to go a good clip）的意思，例如用于形容比赛的赛马。巴尔的摩飞剪式帆船的原型是切萨皮克湾的海盗船和走私船。在独立战争中，法国快速护卫舰也对船只改良设计起到启发作用。1832年，一个巴尔的摩船主人建造了一艘三桅船，以他的配偶的名字命名为"安·麦金号"（Ann Mckim）。这艘船细长的船身具有当时飞剪式帆船的特点，几乎没有干舷，吃水很浅。飞剪式帆船是极快的贸易帆船之一，不过同其他同样体量的帆船相比，其装载量要小很多。

这一时代，很多造船师丰富的创造力推动了美国飞剪式帆船的发展。

当时最著名的造船师有唐纳德·麦凯（Donald Mckay），他最初是一位模范工人，对工作充满热情，善于推理。23岁时，他与纽约一位造船师的女儿阿尔贝尼亚（Albania）结婚，从岳父那里习得数学原理，补足了童年时期没有机会学习的课程。他也经常和朋友格里菲斯进行讨论。

麦凯设计制造的船只以高质量而出名，他在波士顿一个资金充足的造船厂主持工作。同时，他还是第一个使用蒸汽机搬运大型构件和锯条的人。在那之后，麦凯成为这一时代最负盛名的造船师。1859年，他设计建造的"鹿角猎犬号"（Staghound）是世界上较大的飞剪式帆船，一次航行之后便赚回成本。第二艘帆船是著名的"飞云号"（Flying Cloud），长70米，凭借其卓越的速度和外形被迅速买走。它常走的航线是从纽约至旧金山，当时加州黄金热使得许多造船厂不愁主顾。"飞云号"的第一次旅行打破了之后飞剪式帆船再也没有击败的纪录。它满载船员和货物抵达广州，装满茶叶之后又经由好望角回到纽约，全程只花了

87天21小时。麦凯设计制造的最大的飞剪式帆船是"伟大共和号"（Great Re-public），长99.1米，最后这艘船毁于一场火灾。

这一时期，多亏海军上尉马修·方丹·莫里（Matthew Fontaine Maury，1806—1873年）的钻研，海上航行技术进步飞速。腿伤使莫里无法继续指挥航行，于是他专心于对美国海军档案上千份航海日志的研究。他发现，一年中的不同月份里，海船在各个海域会经历不同的风向。掌握这些档案中的资料后，他还发放了一些问卷，以便获得更多信息，包括很多流传在航海者之间的传闻。1845年，莫里出版了《海洋自然地理学》（Cartes des vents er des courants）。三年后，一艘三桅帆船参考他的建议，只花35天就往返巴西。从此莫里的事业大获成功。1854年起，他向船长们提供经过精心编纂的地图，也从船长那里获取情报，逐渐积累上千条的观察收获。直至今日，莫里开启的《航海图表》（Pilot Charts）始终由美国海军每月编辑更新，所有帆船和机动船的救生艇中都会携带一份。

二、恐怖合恩角

飞剪式帆船的命名反映出那一时代令人鼓舞的意象，如"海洋君主号""海之荣光号""飞鱼号""飞云号""白飚号""流星号"以及"闪电号"。1850年前后，美国飞剪式帆船是当时世界上最先进的，无论是英国还是法国生产的帆船都无法与之匹敌。

在飞剪式帆船的航线上，合恩角是最令人恐惧的海角。半个多世纪里，这是帆船的必经之路。在太平洋上，40°~50°的盛行风碰撞智利海岸，使得洋流在合恩角涌上，有时制造出汹涌的海浪，无论多大的海船都有倾倒的危险。也正是因为危险海角的存在，飞剪式帆船优于更容易遇难的蒸汽船。关于合恩角的记录现在读来还是令人惊心动魄，甚至于19世纪的文学作品也会从海员与南半球风暴的斗争中获得灵感。对于海员而言，东西向穿越海角十分考验他们的航海技术。

帆船两三次被狂躁的风和海浪逼回大西洋的情况并不少见。

一艘美国四桅帆船"爱德华·体厄尔号"（Edward Sewal）的记录显示，它于1904年3月4日在进入海角前就遇到了这样的情况。直到同年5月6日，它才成功穿越海角，进入太平洋海域继续航行。也就是说，它和逆风斗争了长达两个月。根据记录，帆船面临无休止的风暴，不得不反复前进又后退。手指几乎冻僵的船员不断爬上横桁，收起或放下船帆，想尽办法离开这片进退两难的海域。

三、大帆船时代的尾声

美国南北战争期间，美国对外贸易衰落，欧洲重新接过大型帆船制造的火炬，但是再也没能实现同样的速度。1869年起，作为造船材料的钢铁逐渐普及，帆船体积增大，索具更加简单。1911年，法国波尔多的吉伦特（Gironde）造船厂建造了最大的钢铁帆船"法兰西二号"（France Ⅱ），船长176米，有5根桅杆，

1922年7月在努美阿（Noumea）附近的珊瑚暗礁搁浅。

蒸汽动力的出现，标志着帆船的时代正式走向终点。1819年，第一艘配备蒸汽动力的轮船——美国的"萨瓦那号"（Savannah）穿越大西洋。不过在这艘船上，蒸汽仅是额外的助推力。1839年，第一艘螺旋桨式远洋轮船"阿基米德号"（Archimedes）在伦敦建造。这艘船配有3根桅杆组成的纵帆索具，展现出螺旋桨的发明带来的优势：船身质量更轻，体积更大，较之普通轮船造价更低。最早的蒸汽船需要耗费大量煤炭才能保证长距离行驶。因此，很多蒸汽货船仍然配备船帆，通过中途停靠、运输乘客和高价值的货物来获得利润。但是，从1865年起，双动式蒸汽机的发明使得蒸汽船更加轻快，耗能得到大量缩减。十年后，这些蒸汽货船的帆缆索具也大大缩减，经常只剩下吊货杆，消耗的煤炭越来越少，速度高达每小时9.5～13海里。

1857年，巴拿马海峡铁路通行，1869年，苏伊士运河开通。1897年，货运保险费增加。1914年，巴拿马运河开通，这些都对大型帆船产生不小的打击。

尽管如此，德国人仍然在建造帆船和驾驶帆船航行。其中，"P邮轮"系列包含若干艘四桅帆船，例如"普鲁士号""信风号""帕米尔号"。

建造于1905年的"帕米尔号"有着传奇的历史。早期，它被用于智利硝石贸易，在瓦尔帕莱索和汉堡之间实现了8次航行。第一次世界大战期间，它停泊在加那利群岛，后来作为赔偿给了意大利。1924年，它重新被卖给第一个所有者F·莱依斯航运公司（Reederei F. Laeisz），再次驶入当时的航线。1931年，它被芬兰公司埃里克森（Erikson）买下，在澳大利亚和欧洲之间航行，用于运输澳大利亚产的小麦。第二次世界大战期间，它被英国人征用，用于货物运输。后来，它被拨给新西兰航海学校，又因为纠纷，被归还给埃里克森公司，一度销声匿迹。再后来，德国船东施里文（Schlieren）为了打开与南美洲的贸易，将其机动化。1952年，"帕米尔号"开展了两次航行。三年后它和姐妹船"信风号"被德国船东买走，同时作为德国海军学校的教学用船和运货船使用。1957年9月21日，它第六次前往布宜诺斯艾利斯。船帆全部展开航行时，一场暴风雨不期而至，桅杆折断、船帆破裂，船身呈45°角倾侧。船长发出求救信号，船上所有人都聚集在甲板上。10艘救援船闻讯赶来，但是仅有6人在之后几天里获救。"帕米尔号"最终沉没，80人遇难，包括50名儿童。

有不少帆船成为历史的见证者，它们经历了史诗般的冒险航行。以建造于1863年的"印度之星号"（Star of India）为例，如今它停泊在加利福尼亚圣地亚哥的船舶博物馆，仍然可以航行。体积最大的是"谢多夫号"（Sedov），它有4根桅杆，长117米，它是建于1921年的德国教学用船。如今，这艘船属于摩尔曼斯科海洋大学，服务于加里宁格勒和摩尔曼斯科的航海学校，海军、民用船船员和渔业工程师用它训练。很多旧帆船经过修复或复原，或是改造为浮吊，或是服务于航海学校博物馆，或是成为出租船或豪华游艇。

西方大航海时代发展的结果，就是西方在对自然科学、整个世界的探索和征服过程中积累了大量的财富，对于西方殖民者而言，就形成了一个良性循环，他们的科学技术又得到飞速发展，又使得他们的社会生产力得到了解放，他们重新调整他们的生产方式和生产关系。所以西方很快进入了帝国主义时代，而帝国主义时代也给世界、给东方古老的中华民族带来了深重的灾难。

从西方列强的发迹历程不难看出，他们都是从海洋上走来的：

16世纪荷兰人被称为"海上马车夫"（英国颁布的运输法案规定了英国货物或到英国殖民地的货物必须由英国船只运送）；

法国自"太阳王"路易十四开始崛起，长期占据世界第二海军强国地位；

一战时期，德国海军与英国海军爆发了"日德兰大海战"，差一点毁灭了英国维系海上霸权的基础；

苏联时期，"红色舰队"是西方世界难以抹去的梦魇；

清王朝的北洋水师……却倒在自家那片海洋中。

世界正式宣告"西风"压倒"东风"！

本章参考文献

[1] 海斯，穆恩，韦兰.全球通史[M].冰心，费孝通，等，译.北京:红旗出版社，2015.

[2] 蒙蒂菲奥里.耶路撒冷三千年[M].张倩红，马丹静，译.北京:民主与建设出版社,2014.

[3] 盐野七生.罗马灭亡后的地中海世界:上[M].田建国，田建华，译.北京:中信出版社，2014.

[4] 盐野七生.罗马灭亡后的地中海世界:下[M].田建国，田建华，译.北京:中信出版社，2014.

[5] 阿布拉菲亚.伟大的海:上[M].徐家玲，等，译.北京:社会科学文献出版社，2018.

[6] 阿布拉菲亚.伟大的海:下[M].徐家玲，等，译.北京:社会科学文献出版社，2018.

[7] 霍登，珀塞尔.堕落之海:地中海史研究:上[M].吕厚量，译.北京:中信出版社，2018.

[8] 诺威奇.地中海史[M].殷亚平，等，译.北京:东方出版社，2011.

[9] 索萨.极简海洋文明史:航海与世界历史5000年[M].施诚，张珉璐，译.北京:中信出版社，2016.

[10] 舍瓦利耶.航线与航船演绎的世界史[M].刘且依，译.武汉:华中科技大学出版社，2019.

[11] 杨槱.帆船史[M].上海:上海交通大学出版社，2020.

[12]   卡雷尔.纸上海洋:航海地图中的世界史[M].刘且依,译.武汉:华中科技大学
       出版社,2019.

[13]   罗西.船舶的历史[M].陈哲,译.广州:广东人民出版社,2006.

第三章 现代船舶

现代船舶的另一个叫法为"轮船"。最早建造蒸汽轮船的是法国发明家乔弗莱，他在1769年就建造了世界第一艘蒸汽轮船"皮罗斯卡菲号"，该船用蒸汽机启动。后来，英国人薛明敦在1802年也建成一艘蒸汽轮船。可惜它们均未得到实际应用。直到1807年9月，美国人富尔顿设计制造的蒸汽轮船"克莱蒙特号"试航成功，才使轮船开始真正成为水上舞台的主角。

现代船舶的分类方法有很多，可按用途、航行状态、船体数目、推进动力、推进器等进行分类。

在日常生活和工业工程应用中，一般按照船舶的用途进行分类。按照船舶用途划分，现代船舶一般分为军用船舶和民用船舶两大类。军用船舶通常称为舰艇或军舰，其中有直接作战能力或海域防护能力者称为战斗舰艇，如航空母舰、驱逐舰、护卫舰、导弹艇和潜艇；担负后勤保障等非战斗功能的船舶称为军用辅助舰艇。民用船舶一般分为民用运输船、工程船、海洋工程船、渔船、港务船等。

第一节 舰艇之主力战舰

舰艇俗称军舰，又称海军舰艇，是指有武器装备、能在海洋执行作战任务的海军船只，是海军的主要装备。舰艇被视为国家领土的一部分，只遵守本国的法律和公认的国际法。舰艇主要用于海上机动作战，进行战略突袭，保护己方或破坏敌方的海上交通线，进行封锁或反封锁，参加登陆或抗登陆作战，以及担负海上补给、运输、修理、救生、医疗、侦察、调查、测量、工程和试验等保障勤务，主要有战斗舰艇和辅助战斗舰艇两大类。直接执行战斗任务的是战斗舰艇，执行辅助战斗任务的是辅助战斗舰艇。

战斗舰艇依其使命有航空母舰、战列舰、巡洋舰、驱逐舰、护卫舰（艇）、布雷舰（艇）、扫雷舰（艇）、登陆舰（艇）、潜艇、导弹艇、炮艇和鱼雷艇、猎潜（舰艇）等。

辅助战斗舰艇依其使命分为修理舰船、运输舰船、补给舰船、测量船、打捞救生船、医院船、拖船等。

在同种舰艇中，根据其排水量和主要武器装备的不同又可以将舰艇划分为不同的级别。根据习惯，一般把排水量为500吨以上的水面舰只称为舰，而把排水量为500吨以下的水面舰只称为艇。潜艇无论吨位大小均称为艇。

一、航空母舰

航空母舰，简称"航母"，有"海上霸主"之美称，是一种以舰载机为主要作战武器的大型水面舰艇，可以供舰载机起飞和降落。它通常拥有巨大的飞行甲板和舰岛，舰岛大多坐落于右舷。航空母舰是目前世界上最庞大、最复杂、威力最强的武器之一。

现代航空母舰通常按满载排水量的大小分为大型航空母舰、中型航空母舰和小型航空母舰；按动力装置可分为核动力航空母舰和常规动力航空母舰。

发展至今，航空母舰已是一个国家综合国力的象征。依靠航空母舰，一个国家可以在远离其国土的地方、不依靠当地机场的情况下对当地施加军事压力或进行作战。

世界上第一个驾驶飞机在军舰上起降的人是美国飞行员尤金·伊利（Eugene Ely）。

在第一次世界大战（以下简称一战）的日德兰海战中，英国是唯一拥有舰载水上飞机的参战方。

第一艘安装全通飞行甲板的航空母舰是由一艘建造中的客轮"卡吉林号"改建的英国"百眼巨人号"航空母舰。

1917年7月，英国开始建造世界上第一艘"纯正血统"的航空母舰，并将其命名为"竞技神号"（又译作"赫尔墨斯号"），以纪念航母的鼻祖——世界上第一艘水上飞机母舰"竞技神号"，该航空母舰于1923年7月建成服役。日本海军的"凤翔"号在1922年年底建成并开始正式服役，抢在英国海军之前建成了世界上第一艘纯种航母。

美国第一艘航空母舰是1922年3月22日正式启用的"兰利号"（USS Langley）。

航空母舰在第二次世界大战（以下简称二战）中首度被广泛运用。二战中，航空母舰在太平洋战争战场上起了决定性作用。

二战结束后，世界各国都注重于发展适合本国的航空母舰，以维护本国海上利益。

福莱斯特级航空母舰是二战后美国建造的第一级航空母舰，也是专为搭载喷气式飞机而建造的常规动力航空母舰。

美国在建造小鹰级航母时，于1958年开工建造了"企业号"（USS Enterprise）航空母舰。这是世界上第一艘核动力航空母舰。

美国海军于2007年1月16日宣布，美国新一级核动力航空母舰正式命名为"杰拉尔德·R·福特号"（USS GeraldR.Ford），于2017年7月22日交付，这是美国进入21世纪建造的第一级航空母舰。

英国在二战后发展了无敌级航空母舰，采用滑跃甲板和垂直/短距起降飞机。

　　苏联采用垂直/短距起降飞机的基辅级航空母舰（苏联海军称之为"重型载机巡洋舰"），而后建成的"库兹涅佐夫号"航空母舰均采用滑跃甲板，避免了安装复杂的弹射装置。

　　法国在历史上一共拥有过10艘航空母舰。"戴高乐号"航空母舰是世界上唯一一艘非美国海军隶下的核动力航空母舰，也是法国海军现役唯一一艘航空母舰，是法国海军的象征。

　　中国首艘航母"辽宁号"航空母舰，是中国人民解放军海军第一艘可以搭载固定翼飞机的航空母舰，其前身是苏联建造的"库兹涅佐夫"级航空母舰次舰"瓦良格号"。2019年12月17日，中国首艘国产航母"山东号"航空母舰服役。图3-1为中国"辽宁号"航空母舰。

图3-1　中国"辽宁号"航空母舰

二、巡洋舰

　　巡洋舰是一种火力强、用途多，主要是在远洋活动的大型水面舰艇。巡洋舰装备包括较强的进攻和防御型武器，具有较高的航速和适航性，能在恶劣气候条件下长时间进行远洋作战。

　　巡洋舰的主要任务是为航空母舰和战列舰护航，或者作为编队旗舰组成海上机动编队，攻击敌方水面舰艇、潜艇或岸上目标。

　　随着时代的发展，巡洋舰渐渐走向衰落。第二次世界大战后各国已基本不再建造巡洋舰，只有美苏还建造过几级，比如美国的"提康德罗加"级，苏联的"基洛夫"级。

三、驱逐舰

驱逐舰（destroyer）是一种多用途的军舰。19世纪90年代至21世纪以来，其成为海军重要的舰种之一，也是海军舰队中突击力较强的中型军舰之一。

现代驱逐舰装备有防空、反潜、对海等多种武器，既能在海军舰艇编队中担任进攻性的突击任务，又能承担作战编队的防空、反潜护卫任务，还可在登陆、抗登陆作战中担任支援兵力，负责巡逻、警戒、侦察、海上封锁和海上救援任务，以及提供无人舰载机的起飞和降落。

现代驱逐舰的主要职责是以护航为核心，同时拥有侦察、巡逻、警戒、布雷、袭击岸上目标等功能。广泛的作战职能使得驱逐舰成为现代海军舰艇中用途最广的舰艇，代表性驱逐舰主要有美国的"朱姆沃尔特"级驱逐舰和中国的"055型"驱逐舰。

055型驱逐舰（Type 055 destroyer，北约代号：Renhai-class，译文：刃海级）是中国研制的新型舰队防空驱逐舰。中国首艘055型导弹驱逐舰于2018年8月24日上午离开上海江南造船厂码头，进行首次海上测试。2019年4月23日，在庆祝中国人民解放军海军成立70周年海上阅兵活动中，"南昌号"055型导弹驱逐舰接受检阅。2020年1月12日，归建入列，舷号为101。

2021年3月，青岛某军港，中国海军装备的第二艘055型万吨驱逐舰——"拉萨舰"正式官宣亮相；3月2日，正式入列，舷号定为102。2021年4月23日，中国人民解放军海军"大连舰"在海南三亚某军港集中交接入列，舷号105。

四、潜艇

潜艇（别称黑鱼，或称潜水船、潜舰），是能够在水下运行的舰艇。

潜艇的种类繁多，形制各异，小到全自动或一两人操作、作业时间为数小时的小型民用潜水探测器，大到可装载数百人、连续潜航3~6个月的俄罗斯台风级核潜艇。按体积可分为大型（主要为军用）、中型或小型（袖珍潜艇、潜水器）和水下自动机械装置等。

潜艇是公认的战略性武器（尤其是在裁军或扩军谈判中），其研发需要高度和全面的工业能力，目前只有少数国家能够自行设计和生产。特别是弹道导弹核潜艇更是核三位一体的关键。潜艇也是较早期就有的匿踪载具。潜艇的噪声降至90分贝左右就可以"淹没"在浩瀚的海洋背景噪声中，是当代声呐所不能侦测的。

潜艇按照动力装置分为常规动力潜艇和核动力潜艇，其中核动力潜艇根据其所担负的战斗任务又可分为战略核潜艇和攻击核潜艇。

094型战略核潜艇（The type 094 strategic nuclear submarine，代号：09-Ⅳ，

北约代号：Jin-Class，译文：晋级）是中国海军隶下的一型核动力弹道导弹潜艇。094型战略核潜艇是中国自行设计建造的第二代弹道导弹核潜艇，是中国建造的排水量最大的潜艇，相比于上一代092型战略潜艇，无论在隐蔽性、传感器还是推进系统可靠程度方面都有较大提高。

094型战略核潜艇的开发始于20世纪80年代末至90年代初，首艇于1999年开始建造，至2009年秋，该型潜艇已经服役2艘，并且完成极限深潜、水下高速、深海发射战雷等试验与考核，至2018年，约有6艘服役于中国人民解放军海军北海和南海舰队。

095型攻击核潜艇（Type 095），是中国自行设计建造的第三代攻击型核潜艇。

五、其他主力战舰

护卫舰（Frigate）是以导弹、舰炮、深水炸弹及反潜鱼雷为主要武器的轻型水面战斗舰艇。它的主要任务是为舰艇编队担负反潜、护航、巡逻、警戒、侦察及支援登陆作战任务，以及提供无人舰载机的起飞和降落。

护卫舰是以反舰/防空导弹、中小口径舰炮、水中武器（鱼雷、水雷、深水炸弹、反潜火箭弹等）为主要武器的中小型战斗舰艇。它可以执行护航、反潜、防空、侦察、警戒、巡逻、布雷、支援登陆和保障陆军濒海翼侧等作战任务，曾被称为护航舰或护航驱逐舰。在现代海军编队中，护卫舰是在吨位和火力上仅次于驱逐舰的水面作战舰只，但由于其吨位较小，自持力较驱逐舰为弱，远洋作战能力逊于驱逐舰。

护卫舰与战列舰、巡洋舰、驱逐舰一样，也是一个传统的海军舰种，是当代世界各国建造数量最多、分布最广、参战机会最多的一种中型水面舰艇。护卫舰的代表有瑞典的维斯比级巡逻舰、美国的濒海战斗舰、中国的057型护卫舰。

两栖作战在战争史上一直占据着重要的地位。第二次世界大战的诺曼底登陆将两栖登陆作战推向了第一个高潮，两栖作战舰艇的发展受到了空前重视。

20世纪80年代是两栖战舰发展的一个重要时期。在现代两栖战舰中，两栖攻击舰和两栖船坞登陆舰是主要的发展对象，排水量趋于大型化，吨位多在万吨以上，并向多用途方向发展。同时，两栖战舰的攻防能力明显增强，可以提供无人舰载机的起飞和降落。

我国目前最先进的两栖登陆舰为075型两栖攻击舰。075型两栖攻击舰（Type 075 Landing Helicopter Dock，LHD），是中国设计的首艘大型两栖作战舰船。2019年9月25日，该舰首舰在上海举行下水仪式；2020年4月22日，二号舰下水。2020年8月27日，075型两栖攻击舰已顺利完成第一阶段的航行试验。2021年4月23日，首艘075型两栖攻击舰"海南舰"入列服役。

第二节　舰艇之辅助舰艇

辅助舰船即勤务舰船，用于海上战斗保障、技术保障和后勤保障的各种舰船的统称。包括维修供应舰船、航行补给船、军事运输船、防险救生船、工程船、科学试验船、航标船、海道测量船、破冰船、海洋调查船、电子侦察船、医院船、修理船、消磁船、训练舰、基地勤务船等。船体多为排水型。满载排水量从十几吨至数万吨不等，航速10~20节。船上分别装备有适应其用途的专用装置和设备。通常装备有自卫武器，一般不具备直接作战能力。

一、补给舰

补给舰主要用于向航母战斗编队和舰船供应正常执勤所需的燃油、航空燃油、弹药、食品、备件等补给品，是专门用于在战斗中帮助队友的船舰。

补给舰通常伴随舰艇编队航行，在航行中对舰艇进行燃料、滑油、淡水、食品、武器弹药、军需物资补给和人员输送，以扩大舰艇作战海区范围，提高舰艇持续作战能力。补给舰主尺度大，船型较丰满，通常船体为双层底或双壳体，自持力和续航力较大，排水量从几千吨到数万吨不等，航速15~25节。按所承担补给任务，补给舰分为综合补给舰和专业补给舰。

综合补给舰。可同时为舰艇补给多种补给品，大大缩短补给时间，是各国海军重点发展的补给舰船。

专业补给舰。专门补给某一种补给品或以某一种补给品为主。主要有油水补给舰、弹药补给舰等。

中国于20世纪70年代设计建造了万吨级大型油水补给舰，为在海上执行战备训练、科学试验、海洋考察和友好访问任务的舰艇补给油、水、食品等。2004年建造的新型综合补给舰，进一步提高了舰艇编队海上综合保障能力。

补给舰的发展趋势主要朝着综合化、多用途化，以及通用化和标准化等方向发展。加强综合化，能够同时补给多种物资，速度快、效率高，缩短补给时间；加强多用途化，能够以补给物资为主，兼顾编队医疗、装备修理等任务，从而提高使用效率、航速，与编队航行速度相适应，增强自卫能力和生存能力；提高补给装备的通用化和标准化程度，可以改善维修性，提高补给效率。

二、医院船

医院船是指专门用于海上收容、医治并护送伤病员、遇难人员的非武装勤务舰船。满载排水量3 000~10 000吨。最大航速15~20节。设有以战伤外科为主的各类医疗设备和数十至数百张医疗床位。国际法和《日内瓦公约》规定，船体水线以上漆白色，标有红十字或红新月，并悬挂红十字旗标志，在任何情况下不

受攻击和拿捕。

现代医院船的主要特点如下：

（1）船上设有以战场外科为主的医疗科室和多种专科救治设备。

（2）船上备有足够的床位和良好的生活设施。

（3）有的船上配有供运送伤病员的小型救护艇和直升机。

（4）船尾设有传染病隔离室及太平间，并设有独立的通风和污染处理系统。

（5）船的两舷和甲板标有深红十字（或红新月或红狮与日）标志，并挂有本国国旗，在桅杆高处还需悬挂白底红十字旗。

（6）医院船需要平战兼顾，军民结合，现代医院船除保证战时使用外，平时作为流动医院、训练医务人员、支援海难救助以及沿海地区巡回医疗等。

目前中国吨位最大、设备最先进的医院船是"和平方舟号"。"和平方舟号"是中国专门为海上医疗救护"量身定做"的专业大型医院船，船上搭载的部分医疗设施装备能够达到三甲医院的水平。"和平方舟号"2008年底入列东海舰队，2009年，在中国人民解放军海军成立60周年暨多国海军活动中，"和平方舟号"首次公开亮相。

三、消磁船

消磁船是为舰艇检查并消除舰艇自身固定磁性的辅助舰船。磁性水雷是水雷中最常见的一种，消磁是为了避免引爆水雷。受地球磁力、机器运转、海水等影响，舰船长期航行会产生一定的剩余磁场，为了提高舰艇的磁性防护能力，防御水中磁性武器（如磁性感应水雷）的攻击和被磁探测仪器发现，保障舰艇航行安全，一般新造和修理后的舰船以及使用一定期限的舰船都要进行消磁。

根据实际消磁要求，消磁船的主消磁系统要完成综合消磁和一般消磁两种工作。消磁船的消磁系统分为主消磁系统和辅消磁系统。

消磁船的主消磁系统和辅消磁系统均采用临时线圈消磁法。主消磁系统提供的脉冲电流又称工作电流，它能够形成舰船消磁所需的冲击磁场，其作用是打乱船舶固定磁性磁场，使铁磁材料中的磁畴处于无序状态，从而达到消磁的目的。辅消磁系统提供地磁补偿电流，并供给消磁补偿线圈。该电流是一个可连续调整的直流电流，形成被消磁舰船地磁补偿磁场，以抵消地球磁场对船舶的感应作用，使消磁过程中达到无磁带磁化的条件。主消磁系统和辅消磁系统相互配合，协同工作，以消除被消磁舰船的固定磁性磁场。

四、电子侦察船

电子侦察船是用于电子技术侦察的海军勤务舰船。电子侦察船所搜集的电磁信号和数据资料对于破译敌加密信号、摸索敌通信频段规律以及研究有针对性的干扰方法等都具有相当重要的作用。其满载排水量一般为500吨以上，大型的达到 4 000 吨左右，航速在 20 节以下，能较长时间在海洋上对港岸目标或海上舰船实施电子侦察。由于同时对电子设备研发和舰船建造具有较高要求，有能力建造电子侦察船的国家非常稀少，仅有中、美、俄、日，以及欧洲部分国家能够完全依靠自身力量建造电子侦察船。

电子侦察船装备有各种频段的无线电接收机、雷达接收机、终端解调和记录设备、信号分析仪器及接收天线等，有的还装备有电子干扰设备。

我国电子侦察船的研制情况：

"向阳红 21 号"。1976 年 10 月，根据国务院、中央军委批准的电子对抗和雷达管理领导小组《关于电子对抗雷达发展方针和主要任务的建议》，确定选用 645 型海洋调查船船型，按电子技术侦察的使用要求进行修改设计。该船于 1982 年 9—10 月试航，于 1982 年 11 月交船，于 1983 年 3—4 月进行专业设备试验，并服役于南海舰队。

"向阳红 28 号"。1979 年，海军装备技术部提出，为中近海跟踪、监视敌舰活动和搜集海上情报之用，急需建造 4 艘近中海侦察船，并建议对 635C 中型海道测量船进行改装设计。试验证明船上所配备的光学、声学、雷达及无线电通信等四大侦察系统均达到试验大纲要求。该船服役于海军北海舰队侦察大队。

"东调 232 号"。"东调 232 号"电子侦察船是中国较为先进的专用情报搜集舰，其外形特征明显，有一个醒目的主桅和 3 个卫星通信天线。从球形天线和各种电子设备林立的特征来看，该舰的主要任务是进行电子信号情报的监听和分析，还包括在战术弹道导弹试验时进行导弹轨迹测量和追踪等任务。"东调 232 号"船增加了直升机甲板和机库，使得中国的情报搜集船首次有了直升机运用的能力。

"851 北极星号"。"851 北极星号"属于 815 型电子侦察船，是多功能综合体制侦察船，用于对有关电磁信息、光电信息开展侦察和提供情报保障工作。该级船长 130 米，宽 16.4 米，满载排水量 5 998 吨。主机采用柴油机作为动力，双轴推进，航速 20 节。在船首安装一座双 37 毫米舰炮、船尾部安装两座双 25 毫米舰炮。

852 电子侦察船。海军"海王星"号电子侦察船现已退役。总长 112.22 米，宽 15.2 米，满载排水量 4 590 吨。自持力 50 天，续航力 12 000 海里/17 节，最大航速 20 节。

"853 天王星号"。"853 天王星号"电子侦察船属于 815A 系列电子侦察船，比"851 北极星号"有所改进。新型号船的桅杆改为塔桅，艏舷墙有折线。在电磁兼容性和自动化程度，以及电磁波信号的监听数据搜集、分析和处理能力等方面均有提高，可以更好地完成多维立体的电子侦察任务。该型舰具备卫星侦察能力。

"天狼星船"。"天狼星船"与"853 天王星号"电子侦察船非常相似，采用

了相同的船型设计,在电子设备方面有所改进。该船排水量约6 000吨。"天狼星船"主要用于侦察目标电子设备性能及参数、位置配系和指挥关系,获取对方无线电信息,并对舰艇编队进行监视、跟踪。

"855电子侦察船"。"855电子侦察船"由沪东造船厂建造,于2014年7月28日下水,于2015年8月1日服役。能接收并记录无线电通信、雷达和武器控制系统等电子设备所发射的电磁波信号,对一定范围内各种目标实施全天候、不间断侦察,掌握其部署动向。

"开阳星船"。"开阳星船",舷号856,是我国自行研发的新一代电子侦察船,能够对一定范围内各种目标实施全天候、不间断侦察,掌握其部署动向。

第三节 其他船舶

古今中外,古往今来,在浩瀚的历史星河中,船舶作为人类伟大的智慧结晶和文明产物,历经时间的打磨和科技的加持,逐步打开了人类纵览地球的大门。正是船舶的发展开拓了水上贸易,促进了文化交流,使世界融为一体,焕发出新的生机。

翻开近代中国史,不难发现,由于满清政府闭关锁国,军事力量的落后,统治者不仅得不到想要的基本和平与发展,并且很快沦为西方列强的殖民地,中国陷入百年屈辱。

1894年,朝鲜爆发东学党起义,朝鲜政府军节节败退,被迫向宗主国清政府乞援,日本乘机也派兵到朝鲜,蓄意挑起战争。

1894年7月25日丰岛海战爆发,甲午战争开始。由于日本蓄谋已久,而清政府仓皇迎战,所以这场战争以中国战败、北洋水师全军覆没告终。清政府迫于日本军国主义的军事压力,于1895年4月17日签订了《马关条约》。

甲午战争给中华民族带来了空前严重的民族危机,一方面大大加深了中国社会半殖民地化的程度;另一方面则使日本国力更为强大,为其跻身列强奠定了重要基础。

中国民主革命先驱孙中山先生提出,战争是挽救危局的手段,也是制止战争、消灭战争的途径。海权是决定国家和民族命运的重要因素。近代中国百年历史屈辱多来自海上。一个国家如果没有一支强大的现代化海军,就不可能维护海权。

中国作为联合国安理会常任理事国,也是国际社会举足轻重的主角,海上军事力量必须要与国际地位相匹配,否则就难称是负责任的大国。

中国海洋周边的形势云谲波诡,建设现代化海军是拓展深化军事斗争准备的必要手段,而现代化海军担负着保卫国家海上方向安全、领海主权和维护海洋权益的任务。

习近平总书记指出，建设强大的现代化海军是建设世界一流军队的重要标志，是建设海洋强国的战略支撑，是实现中华民族伟大复兴中国梦的重要组成部分。

"弱国无外交"，"真理从来都在大炮的射程之内"。只有建设起一支强大的海军力量，才能保家卫国，才能保障和平与发展，才能维护国家的海外利益。我们所提到的建设强大的海军，归根结底是为了守护人类的和平与希望。今天，在海洋中，每天有大量的民用船舶在行走，但是我们不要忘记，在这些海洋当中，也游弋着大量的军舰。这些军舰一方面是在保护民用船航运航线的安全，同样也有一些军舰不怀好意在窥探、觊觎，甚至侵入别的国家领海。

所以，和平与希望、战争与和平是相伴而生。虽然在那些战火纷飞的年代，但人类依然在追求着美好生活，在追求着安宁与和平。

一、民用船舶

民用船舶是指用于交通运输、海洋开发、工程作业、渔业生产及港口作业等领域的各类非军事用途的船舶。按船舶自身的特征和技术特点有多种分类方法。最常用的是按业务用途分，主要有运输船舶、海洋开发船舶、工程船舶、渔业船舶、港口作业保障船舶等。按照服务对象分，主要有客船、客货船、旅游船、干货船、油船、冷藏船、滚装船、集装箱船、渡船、驳船、拖船及顶推船等。图3-2为主要民用运输船型。

下面介绍几种重要的民用船舶。

1. 油轮

油轮（Oil Tanker），是油船的俗称，是指载运散装石油或成品油的液货运输船舶。从广义上讲，油轮是指散装运输各种油类的船，除了运输石油外，装运石油的成品油、各种动植物油、液态的天然气和石油气等。如图3-2（a）所示。

但是，通常所称的油船多数是指运输原油的船，而装运成品油的船，称为成品油船；装运液态的天然气和石油气的船，称为液化气体船。

油轮按载重吨位可分为：

（1）小型油船（0.6万载重吨以下），以运载轻质油为主；

（2）中型油船（0.6~3.5万载重吨），以运载成品油为主；

（3）大型油船（3.5~16万载重吨），以运载原油为主，偶尔载运重油；

（4）巨型、超级油船（16~30万吨称超大型油轮（VLCC），30万吨以上称巨型油轮（ULCC）），专用运载原油。

（a）油轮

（b）散货轮

（c）集装箱船

（d）邮轮

图3-2 主要民用运输船型

油轮按载重船型可分为：

（1）超级油轮（16万载重吨以上），超过16万吨的油轮被称为超大型油轮，超过30万载重吨的油轮被称为超级巨型油轮，一般超过20万载重吨的油轮被称为超级油轮；

（2）苏伊士型油轮（Suezmax，12万~16万载重吨）；

（3）阿芙拉型油轮（Aframax，8万~12万载重吨），该型船舶可以停靠大部分北美港口，并可获得最佳经济性，又被称为"运费型船"或"美国油轮船"；

（4）巴拿马型油轮（6万~8万载重吨）；

（5）灵便型油轮（1万~5万载重吨）；

（6）通用型油轮（1万吨以下）。

2. 散货轮

散货轮，顾名思义，是装载散装货物的船舶，如图3-2（b）所示。散装货物是裸装货物的一种，不能计数，无法包装，一般是指大宗的粮、矿、煤炭和石油等。而散货轮，从船舱形状、结构到船体强度等，均是按照装载散装货物来设计的。散货轮分为干散货船和液散货船两大类。

干散货船根据船型分为好望角型（10万载重吨以上）、巴拿马型（7万~9万载重吨）、大灵便型（4万~5万载重吨）和灵便型（2万~4万载重吨）四种。

3. 集装箱船

集装箱船，又称"货柜船"，如图3-2（c）所示。广义是指可用于装载国际标准集装箱的船舶，狭义是指全部舱室及甲板专用于装载集装箱的全集装箱船舶。其运货能力通常以装载20英尺①换算标准箱的箱位表示。第一艘集装箱船是美国于1957年用一艘货船改装而成的。由于它装卸效率极高，停港时间大为缩短，并减少了运输装卸中的货损，因此得到迅速发展。到20世纪70年代，集装箱船已经成熟定型。集装箱船的形状和结构跟杂货船明显不同，它外形狭长，单甲板，上甲板平直，货舱口大，其宽度可达船宽的70%~80%，甲板和货舱口盖上有系固绑缚设备，以便固定在甲板上装载的集装箱，货舱内部装有固定的格栅导架，以便于集装箱的装卸和防止船舶摇摆时箱子移动。

按照集装箱船的发展情况，可将其分为以下几种集装箱船：

第一代集装箱船。出现于20世纪60年代，横穿太平洋、大西洋的17 000~20 000总吨集装箱船，可装载700~1 000 TEU（标准箱）。

第二代集装箱船。出现于20世纪70年代，40 000~50 000总吨集装箱船，集装箱装载数增加到1 800~2 000 TEU，航速也由第一代的23节提高到26~27节。

第三代集装箱船。出现于1973年石油危机以来，航速降低至20~22节，但由于增大了船体尺寸，反而提高了运输效率，使集装箱的装载数达到了3 000 TEU。因此，第三代船是高效节能型船。

第四代集装箱船。出现于20世纪80年代后期，集装箱船的航速进一步提高，集装箱船大型化的限度则以能通过巴拿马运河为准绳，集装箱装载总数增加到4 400 TEU。由于采用了高强度钢，船舶质量减轻了25%；大功率柴油机的研制，大大降低了燃料费；随着船舶自动化程度的提高，船员人数也越来越少，集装箱船的经济性进一步提高。

第五代集装箱船。作为第五代集装箱船的先锋，德国船厂建造的5艘APLC-10型集装箱可装载4 800 TEU。这种集装箱船的船长与船宽比为7∶8，使船舶的复原力增大，被称为第五代集装箱船。

第六代集装箱船。1996年春季竣工的"Rehina Maersk号"集装箱船，最多可装载8 000 TEU，该型船已建造了6艘，人们说这个级别的集装箱船拉开了第六代集装箱船的序幕。随后，10 000 TEU的超大型集装箱船首先在韩国问世，接着，10 000 TEU以上的集装箱船在韩国、中国纷纷建造而成，标志着集装箱船进入了万箱时代。

超大型双燃料集装箱船。2020年10月27日，江南造船厂为法国达飞建造的23 000 TEU超大型双燃料集装箱船正式交付。集装箱船总长399.9米，型宽61.3米，服务航速22节，载重量近22万吨，载箱量达23 000 TEU，是目前世界上最大的双燃料集装箱船型。

4.LNG船

液化天然气船，简称"LNG船"，是指专门运输液化天然气的船舶。最早的

---

① 1英尺=0.3048米。

LNG船是1958年美国用普通旧油船改建成的5 100立方米的"甲烷光铎号"。

LNG船按液货舱的结构形式可分为独立储罐式和膜式。前者是将柱形、罐形、球形等形状的储罐置于船内；后者采用双壳结构，体内壳就是液货舱的承载壳体，与独立式比较，膜式的优点是容积利用率高，结构质量轻。因此，新建的液化天然气船，尤其是大型的，多采用膜式结构。液化天然气船设备复杂，技术要求高，造价也高。

从该船型诞生至今，世界液化天然气船的储罐系统主要有自撑式和薄膜式两种。自撑式有A型和B型两种，A型为菱形，也称为IHISPB，B型为球形。

液化天然气的接收终端建有专用码头，用于LNG船的靠泊和卸船作业。码头储罐用于装载从LNG船上卸载的液化天然气。再气化装置则是将液化天然气加热使其变成气体后，经管道输送到最终用户。液化天然气在再气化过程中所释放的冷能可被综合利用。一般而言，约有25%的冷能可被利用。

5.邮轮

邮轮的原意是指海洋上的定线、定期航行的大型客运轮船，如图3-2（d）所示。邮轮原是邮政部门专用的运输邮件的交通工具之一。由于在邮递服务的初期，洲际的邮递服务都是依靠邮务轮船将信件和包裹由此岸送到彼岸。"邮"字本身具有交通的含义，而且过去跨洋邮件总是由这种大型快速客轮运载，故此得名。

第二次世界大战后多数军用工业向民用工业转型，航空业随之出现并飞速发展。原来的传统跨洋型邮轮相比航空运输，速度慢、消耗时间长，逐渐退出了历史舞台。

现在通常所说的邮轮，实际上是指在海洋中航行的旅游客轮。

与远洋邮轮不同的是，邮轮通常不会横渡海洋，而是以最普遍的绕圈方式行驶，起点和终点港口通常是同一港口，旅程通常亦较短，少则1~2天，多则1~2星期。邮轮旅游已成为国际旅游业的一个重要部分。

现代邮轮是旅游性质的，就像是流动的大型酒店。船上娱乐设施应有尽有，邮轮本身也是旅游目的地。这个行业在欧美规模庞大，有300到400艘邮轮，每天带着大量游客航行于加勒比海、巴哈马、百慕大、阿拉斯加、夏威夷、墨西哥湾、地中海、北欧等世界100多个国家和地区。

邮轮按照船型大小，可以分为大型邮轮、中型邮轮和小型邮轮。大型邮轮的载客量一般为2 000人以上，中型邮轮的载客量一般为1 000~2 000人，小型邮轮的载客量一般为1 000人以下。按照邮轮航行的水域，可以将邮轮分为远洋邮轮、近洋邮轮和内河邮轮。远洋邮轮一般航程较长，航期为10~15天，甚至更长；近洋邮轮和内河邮轮的航程较短，航期一般为7天左右或者7天以内。

二、海洋工程与工程船

海洋工程是指以开发、利用、保护、恢复海洋资源为目的，并且工程主体位于海岸线向海一侧的新建、改建、扩建工程。一般认为，海洋工程的主要内容可分为资源开发技术与装备设施技术两大部分。具体包括围填海、海上堤坝工程，人工岛、海上和海底物资储藏设施、跨海桥梁、海底隧道工程，海底管道、海底电（光）缆工程，海洋矿产资源勘探开发及其附属工程，海上潮汐电站、波浪电站、温差电站等海洋能源开发利用工程，大型海水养殖场、人工鱼礁工程，盐田、海水淡化等海水综合利用工程，海上娱乐及运动、景观开发工程，以及国家海洋主管部门会同国务院环境保护主管部门规定的其他海洋工程。

海洋工程的结构形式很多，常用的有重力式建筑物、透空式建筑物和浮式结构物。重力式建筑物适用于海岸带及近岸浅海水域，如海堤、护岸、码头、防波堤、人工岛等，以土、石、混凝土等材料筑成斜坡式、直墙式或混成式的结构。透空式建筑物适用于软土地基的浅海，也可用于水深较大的水域，如高桩码头、岛式码头、浅海海上平台等。其中海上平台以钢材、钢筋混凝土等建成，可以是固定式的，也可以是活动式的。浮式结构物主要适用于水深较大的大陆架海域，如钻井船、浮船式平台、半潜式平台等，可以用作石油和天然气勘探开采平台、浮式贮油库和炼油厂、浮式电站、浮式飞机场、浮式海水淡化装置等。除上述3种类型外，近10多年来还在发展无人深潜水器，用于遥控海底采矿的生产系统。

工程船，是指专门从事某种水上或水下工程的船舶。船上装置有成套工作机械以完成特定的工作任务，如航道保证、港口作业、水利建设、海上施工、救助打捞等。包括挖泥船、起重船、打桩船、布缆船、海上救助打捞船、浮船坞、潜水工作船等。

第四节　未　来　船　舶

随着造船技术的飞速发展、经济的全球化和人类环保意识的增强，未来船舶的发展趋势是朝着节能环保以及智能化的方向发展。随着全球经济的深度调整，全球海运业也处于变化之中，特别是新冠疫情的蔓延改变了人们的生活方式和贸易结构，这些都加速了对船舶替代燃料和能源效率、数字化技术的追求和开发。同时，航运运营方式也从解决方案提供商向服务提供商转变，这些都在改变海运业的面貌，将对未来船舶的发展产生深远影响。

一、低碳绿色

过去几年，国际海事组织（IMO）制定了减少碳排放的目标和法规。2021年1月，IMO对船用燃料硫含量的上限规定开始生效。这一规定，以及到2050年碳

排放减少50%的目标，有望改变航运和造船行业。减少整体碳排放，平衡各个船舶的燃料消耗以节约成本，这是所有利益相关者的共同目标。

多年来，液化天然气一直被认为是减少船舶排放的领跑者。其他解决方案，一方面，如氢气和氨，如果实施得当可以实现零排放。另一方面，船舶电力推进也可能有一个光明的未来。从20世纪80年代开始，电力推进已在一些船舶上建立起来，如破冰船、邮轮和通过动态定位操作的钻井船。虽然相关的安装和培训成本很高，但从长远来看，电力推进的优点远远大于缺点。

另外，生物柴油也是一个不错的途径。有多家航运公司开始在燃料供应中掺入生物柴油。在某些情况下，生物柴油产生的二氧化碳比原燃料油少90%；用回收物质抵消一部分燃料油也有助于减少碳排放。

通过创新的涂层技术也可以达到实现减排目的。船舶涂层的新技术是从泳衣和金枪鱼身上获得灵感的，能够提高能源效率并防止有害的生物污垢。AIRCOAT是一个欧洲财团，其目标是进一步开发防水涂层。当船舶浸入水中时，在船底形成一层永久性的空气膜，涂层技术有助于使船舶流线型化，有助于船舶节省燃料。

太阳能和风能方案是一个重要的方向。太阳能和风能已经成功摆脱了"替代能源"的标签，现在两者都被视为解决能源问题的可行方案。船舶所接触到的阳光和狂风都可以用来打造一个更加绿色的产业。

事实上，一场船舶设计的大变革即将到来。不止一次有人提出商船潜艇化的概念，认为这是一种将船舶淹没在海面洋流之下，提高流体动力性能的方式，同时也可以服务于小众应用，比如在北极地区。

近来，德国Becker Marine公司通过改变水流进入螺旋桨的前后流向，在优化船舶推进性能方面走在了前列。导流罩坞内安装、整流罩舵和其他优化措施现在被许多船舶设计师视为标准配置。

上述等等都是未来船舶在节能减排和绿色环保方面瞄准和开拓的方向。

二、智能船舶

智能船舶是指利用传感器、通信、物联网、互联网等技术手段，自动感知和获得船舶自身、海洋环境、物流、港口等方面的信息和数据，并基于计算机技术、自动控制技术和大数据处理分析技术，在船舶航行、管理、维护保养、货物运输等方面实现智能化运行的船舶，以使船舶更加安全、更加环保、更加经济和更加可靠。

近年来以船舶制造业和航运业为代表的传统行业处于一种困境，如何在这种情况下走出困境，如何创造新的需求，这是船舶行业共同思考的问题。出于应对运营成本增长、船舶操作复杂化以及环保法规日趋严格的需求，近年来航运界不断增加对智能船舶的技术投入。在大数据时代背景下，船舶智能化已经成为船舶制造与航运领域发展的必然趋势。同时，智能船舶也是《中国制造2025》中明确重点发展的领域，代表了船舶未来的方向，关乎航运业的转型升级。

在智能船舶的定义和规范方面，中国走在了世界前列，体系更为全面。2017年，中国船舶工业集团公司研制的iDolphin 38 800吨智能散货船"大智"轮获得中国船级社（CCS）和劳氏船级社（LR）授予的智能船符号，成为全球首艘通过船级社认证的智能船舶，也成了我国智能船舶发展的里程碑事件。

作为船舶工业和信息科技的交叉领域，近年来中国、欧洲和日本在智能船舶研发上突飞猛进，已经取得了一些进展。如2016年底云洲智能无人船研发及产业化项目落户青岛蓝谷；2017年，罗尔斯-罗伊斯公司开发智能船舶体验空间；2018年，商船三井与Rolls-Royce共同开展船舶智能识别系统应用测试，海兰信携手江苏扬子江船业集团公司进行智能船舶应用研究，挪威Yara集团启动电力推进的零排放无人船舶项目，马士基试验AI情景感知技术应用，以及韩国航企开展智能船舶4.0服务基础设施建设等。但就目前的数据而言，国内外尚未发现真正以大数据、云计算为基础的商业化智能船舶。

智能船舶的环境感知技术、通信导航技术、状态监测与故障诊断技术等已经得到实际应用，但能效控制技术、航线规划技术、安全预警技术、自主航行技术等还缺少在真实环境下的验证。智能船舶仍处于快速发展阶段，还未完全成熟。船舶技术、信息技术的发展，以及"大数据"的智能应用，推动了智能船舶的加速出现。

未来20年船舶智能化的发展将是决定未来船舶行业发展方向的重要因素，除了信息感知、通信导航、能效管控等关键技术外，自动靠泊、离岸，自主维修，自动清洗，自动更换设备部件，自我防护等同样将趋于智能化发展，最终可实现由智能系统设备逐步转变为会思考的智能船舶，促进船舶安全、高效航行。

随着综合船桥系统、云计算、人工智能和"大数据"等科学技术的不断突破，一些关键技术正在不断发展完善，人类对安全性、环境保护和高质量生活的追求会不断提高航运业成本。逐渐减少船舶配员、提高船舶智能化水平乃至最终实现无人化将是航运业发展的必然趋势，未来的航海将是高度信息化的智能航海，智能船舶一定会航行在世界上的任何海域。下一代更智能的船舶也将涉及许多相互连接的设备协同工作，为海员和环境带来巨大的好处。

三、船舶OEM

从解决方案提供商到服务提供商。

新冠疫情的破坏力再次凸显了自主运营的可能性，各公司正在讨论如何防止未来流行病的蔓延。

这些技术将更多的决策权转移到岸上。例如与港口合作，优化到达时间。对于OEM（original equipment manufacturer的缩写，也称为定点生产，俗称代工，

是指品牌生产者不直接生产产品,而是利用自己掌握的关键核心技术负责设计和开发新产品,控制销售渠道)厂商来说,这已经开启了一种新的模式——服务化。

服务化在其他行业很常见,但对海事行业来说较新,它描述了公司从制造商转变为供应商的过程,为终端用户提供了无限的可能性;一个端到另一个端,合作伙伴可以通过自动化解决方案将船员从与维护和保养相关的人工任务中解放出来,而这些任务往往是危险的。

作为服务的一部分,OEM必然实时创新,如大数据、数字双胞胎、AI和机器学习,以达到状态监测的目的。预计在未来,这些领域的投资将会得到较快增加。

本章参考文献

[1] 布朗.英国皇家海军战舰设计发展史:卷1铁甲舰之前[M].李昊,译.南京:江苏凤凰文艺出版社,2019.

[2] 拉威利.图解舰船历史大百科[M].广州:新世纪出版社,2017.

[3] 瑾蔚.海上霸主:军用舰艇[M].北京:中国铁道出版社,2017.

[4] 查恩特.现代航空母舰、支援舰船和海军防空武器[M].北京:中国市场出版社,2010.

[5] 王建方,王庆.航空母舰[M].上海:上海科学技术出版社,2018.

[6] 洪亮,任毅.驱逐舰[M].上海:上海科学技术出版社,2019.

[7] 王建,肖海松.护卫舰[M].上海:上海科学技术出版社,2019.

[8] 曹才轶,段雪琼.潜艇[M].上海:上海科学技术出版社,2019.

[9] 《深度军事》编委会.军用辅助舰艇鉴赏指南[M].2版.北京:清华大学出版社,2018.

[10] 胡以怀.现代船舶风帆助航技术[M].上海:上海交通大学出版社,2018.

[11] 张跃文,张鹏,邹永久.智能船舶的运维技术与应用[M].大连:大连海事大学出版社,2020.

第四章　大航海时代

为什么在学习广船发展史，或者在学习中国船舶史的时候，一定要讲到大航海时代呢？18—19世纪，西方后来居上，东西方实力发生变化，实际上就是源自西方的大航海时代。大航海时代是一个表征的现象，它所带来的最直接结果，就是今天所说的"地理大发现"。大航海时代，或者说"地理大发现"对于世界地缘政治格局产生了深远的影响。

关于大航海时代的缘起，实际上发生在欧洲文艺复兴后期。文艺复兴为大航海时代创造了良好的社会文化、经济和技术环境。

在学习世界历史的时候，我们会关注到这样一个时间点，即大航海时代的到来，恰恰正好是在中国明朝郑和下西洋90年之后。郑和下西洋的时间比西方的大航海时代早了将近一个世纪的时间。在郑和七次下西洋之后，东方人的航海活动几乎已经停滞，而这个时候，在西方（欧洲），特别是西欧沿海国家，以西班牙、葡萄牙、荷兰这些国家为主，却在这个时候蠢蠢欲动，在具备了所有的条件（天时地利人和）之后，他们义无反顾地驶向了大海，从此开辟了一个新的天地，并开启了一个新的时代。郑和下西洋虽然是世界航海史当中的一次非常伟大的壮举，但也正式宣告了古代东方人航海的落幕。而西方人从这个时候就后来居上了。

在哥伦布、达伽马、麦哲伦等一大批伟大航海家的带领之下，西方轰轰烈烈地进入了大航海时代。

第一节　地理大发现前

正当欧洲文艺复兴运动展开之际，世界正酝酿着另一个重要的变化——"地理大发现"。所谓的"新大陆"早已存在，诞生并发展成一种非常独特的文明。当欧洲人发现了"新大陆"以后，航海活动进一步活跃，所以当我们把欧洲大陆的其他内在变化放在一边后，我们也可以把15—16世纪称为大航海时代。由于欧洲人发现了美洲大陆，原来处在欧亚文明圈边缘的欧洲文明改变了它在世界上的地位，欧洲人由此建立了大西洋贸易圈，从中攫取了巨大的经济利益，使自己变得日益强大。

西方资本主义的萌芽在这种背景之下也悄然长大。剩余商品需要寻找市场，同时也需要寻找更多的资源。还有一个重要的原因，就是殖民者要去寻找他们梦想中的东方宝藏。所以，在文艺复兴的背景之下，当航海探险者们得到了经济的支持和技术的保障之后，他们才有了物质条件驶向航海。他们怀有一种对大海的

探求，对东方古老神奇国度的向往，所以他们说："我们要自己去找到这一个神奇的国度——东方的中国。"这是他们内心深处一直存在的一个梦想，这是新航线开辟的最初动机。

大航海时代的开启，是欧洲航海者在充分吸收了阿拉伯世界和东方国度先进航海和造船技术的基础上，自身航海和造船技术发展积累的结果。本节简要梳理一下阿拉伯和中国为促进或者说孕育新航线的开辟和地理大发现所发挥的作用。

一、阿拉伯人的航海

阿拉伯，自古以来就是连接西方和东方之间的桥梁，是亚欧两个大陆板块的连接点。在中世纪时期，西方国家与东方进行贸易，都是要通过阿拉伯国家来进行。古代东方国度的陆上和海上丝绸之路的终点站也是这里。

阿拉伯人对人类航海史的最大贡献，就是三角帆的发明和对印度洋季风航线的探索。这些工作都在公元前就已经完成。以阿拉伯地区和亚丁湾地区为基地的阿拉伯航海家，发现了印度洋上不同季节的风向规律，创造了从阿拉伯地区直航印度西海岸的壮举。

公元7世纪，随着阿拉伯人的迅速扩张，他们占领了埃及与整个北非，向东征服波斯与中亚，还经常入侵北印度。阿拉伯的海员与伊斯兰本地人一起将阿拉伯人的航海辐射范围扩大到了整个东南亚、东非、西非。阿拉伯海盗还定期袭击地中海北部各地，并一度占领了西西里这样的重要海岛基地。

这次扩张让阿拉伯人从原来有限的范围，一下子扩充到几乎当时航海家所能抵达的任何地区。他们向东，继续追随着印度人和波斯人的步伐，将航海线路开发到了广州以北的福建沿海。

正是阿拉伯人这种承上启下的集大成者模式，在很大程度上促进了来自各个海区的交融。他们不仅成为很多地方发展经济的主力，也帮助了郑和与达·伽马这样的早期航海家。他们舰队中的船只，都在一定程度上受着阿拉伯帆船技术的影响；他们在印度洋等地的探索，也基本顺着阿拉伯航海家的路线展开。

所以，到了中世纪之后，特别是文艺复兴之后，在所有的条件都具备的情况之下，西方人开始对阿拉伯国家说"不"，要绕开"中间商"的盘剥，去寻找一条到达东方的捷径——开辟新的航线。

这里，可以看出阿拉伯国家，特别是阿拉伯商人在促进东西方文化、经济，包括贸易的交流当中，起到了非常好的纽带作用。实际上，它也是东方和西方的造船技术、航海技术进行交流融合的平台，使得它们之间能够取长补短。

二、中国人的航海

自从10世纪起，由于受到北方少数民族不断侵扰，前往西方的陆上丝绸之路等通道遭到封锁，因此中国各朝代不断发展其海洋实力以应对各方的侵扰。由于海上贸易和军事防御的需要，使得中国的航海术突飞猛进。这一时期的中国经常被比作文艺复兴时代的西方。105年蔡伦改进的造纸术和唐朝兴起的印刷术使得各类知识在世界，特别是在西方得到前所未有的传播。

唐代李淳风（602—670年）的著作中出现了最古老的星图，长达4米。[①]这一时代，所有领域中激荡着发明创新的热潮，包括政治、数学、天文学、医学、艺术和技术等。

这些技术在元朝继续发展，为与西方的贸易创造了丰富的交流条件，尤其是在天文学、数学和地理学等领域。这一时期是中国制图学的高峰，比同时代的欧洲领先不少。宋朝和元朝时出现的一些发明创新有助于航海业的进步。12世纪初，指示极点方向的筒状指南针普遍应用，能够帮助航海者确定大熊星座的位置。此外，越来越详细的地图和海岸线图更加精准地描摹出中国海岸。元代，人们沿着江河和海岸安置航标，晚上用灯笼照明，以便于导航[②]。法国大革命之后，法国才由国家机关监管布置灯塔和航标。

12世纪，吴自牧的《梦粱录》一书中，在所有有关渔民的图画上都画有大量海怪。"浙江乃通江渡海之津道，且如海商之舰，大小不等，大者五千料，可载五六百人……余者谓之'钻风'，大小八橹或六橹，每船可载百余人。此网鱼买卖，亦有名'三板船'。不论此等船，且论舶商之船。自入海门，便是海洋，茫无畔岸，其势诚险。盖神龙怪蜃之所宅，风雨晦暝时，唯凭针盘而行，乃火长掌之，毫厘不敢差误，盖一舟人命所系也。愚屡见大商贾人，言此甚详悉……若经昆仑、沙漠、蛇龙、乌猪等洋，神物多于此中行雨，上略起朵云，便见龙现全身，目光如电，爪角宛然，独不见尾耳。顷刻大雨如注，风浪掀天，可畏尤甚。但海洋近山礁则水浅，撞礁必坏船。全凭南针，或有少差，即葬鱼腹。"[③]

大航海前中国最重要的航海活动就是郑和七下西洋。郑和首次下西洋是1405年，他从江苏太仓率船队出海，这次船队由62艘大船和若干小船组成，船员人数多达27 000人，首次远航就穿越了印度洋，到达印度南部的卡利卡特。在1415年的航海中，郑和船队一直远航至红海口的亚丁湾。最后三次航行到达东非沿岸。

这些远航对中国经济、社会、文化产生积极效益，令中国在整个东亚和印度洋获取极高声望，吸引移民前来创造更多财富。但是，这些远征标志着中国海上影响力达到巅峰的同时，也宣告其结束。

有些人想要寻找中国人环球旅行的踪迹，试图从新发现的古代文献中获得证据。2002年，英国海军军官加文·孟席斯（Gavin Menzies）提出，一支中国舰队曾绕过非洲南部进入大西洋和安的列斯群岛。根据他的说法，其中一些船只穿过

---

① 李淳风：《乙巳占》，上海古籍出版社，1996，第48页。
② 《海道经》一卷，商务印书馆，1936年影印本。
③ 吴自牧：《梦粱录》，二十一世纪出版社，2018，第111页。

麦哲伦海峡，探索美洲西岸，另一些船只在南极洲航行。他甚至假想一部分船只抵达了澳大利亚。这些说法的依据是一个私人收藏的地图，据称为一份1418年的文献，但在1763年复制而得到。

即使中国在15世纪的跨海远征中没有越过非洲大陆，这里也仍是诸多航海业进步的源头，对于日后征服各大洋的西方航海技术的发展起着关键性作用。

三、西方人笔中的东方

其实在大航海时代来临之前，西方人自己也来过东方国度，也就是他们传说中的神奇的国度。当然他们是循着阿拉伯人或者中国人的航线往返的。有两个代表人物，一个是马可·波罗，另一个是伊本·白图泰（也有将白图泰译成白图塔）。这两个人年龄相差不过50岁而已。

马可·波罗（Marco Polo）（约1254—1324年），世界著名旅行家和商人。1254年生于威尼斯一个商人家庭。据称，马可·波罗17岁时跟随父亲和叔叔前往中国，历时约4年，于1275年到达元朝的首都，与元世祖忽必烈建立了友谊。他在中国游历了17年，曾访问当时中国的许多城市，到过西南部的云南和东南地区。回到威尼斯之后，马可·波罗在一次威尼斯和热那亚之间的海战中被俘，在监狱里口述旅行经历，由鲁斯梯谦（Rusticiano）写出《马可·波罗游记》。

《马可·波罗游记》（又名《马可·波罗行纪》《东方见闻录》）记述了马可·波罗在东方国家——中国的所见所闻，后来在欧洲广为流传，激起了欧洲人对东方的热烈向往，对新航路的开辟产生了巨大的影响。同时，西方地理学家还根据书中的描述，绘制了早期的"世界地图"。

该书以大量的篇章，热情洋溢的语言，记述了中国无穷无尽的财富，巨大的商业城市，良好的交通设施，以及华丽的宫殿建筑。马可·波罗叙述的故事，确实和书中所介绍的那样激动人心。他讲到了带有花园和人造湖的大汗宫廷，装载银挽具和宝石的大象。他还讲到了各条大道高于周围地面，易于排水；大运河上，商人船只每年川流不息；各个港口，停泊着比欧洲人所知道的还要大的船只，并谈到了生产香料、丝绸、生姜、糖、樟脑、棉花、盐、藏红花、檀香木和瓷器的一些地方。

伊本·白图泰，1304年2月24日出生于摩洛哥丹吉尔的一个柏柏尔人家庭。20岁左右时，他出发去麦加朝圣，从此开始，他踏上了一条长达12 000千米的旅途，足迹遍布了现在的44个国家的国土。

伊本·白图泰是在元顺帝至元六年（1340年，对此学者有争论）到达中国泉州的，游览了泉州、广州、鄱阳、杭州等地，留下美好的印象（虽然在其著作《伊本·白图泰游记》中有关于中国北方特别是大都的记载，但多数学者认为这是根据传闻写成的）。

伊本·白图泰对元代中国社会的繁荣、进步和稳定非常赞赏。在他看来，中国有着"世界上房舍最美好的地区，全境无一寸荒地"，"沿河两岸皆是花园、村落和田禾"。泉州的"港口是世界大港之一，甚至是最大的港口"，"港内停有大船约百艘，小船多得无数"，"该城花园很多，房舍位于花园中央"。杭州是他"在中国地域所见到的最大城市"，该城"每人有自己的花园，有自己的住宅"，"港湾内船艇相接，帆樯蔽天，彩色风帆与绸伞，相映生辉。雕舫画艇，十分精致"。伊本·白图泰高度评价中国的农业、工业水平，也表示了钦佩。而泉州和广州制造的大船，"有十帆，至少是三帆。帆是用藤篾编织的，其状如席"，"大船上有水手600名，战士400名"。"船上造有甲板四层，内有房舱、官舱和商人舱。官舱的住室附有厕所，并有门锁"，还可以"在木槽内种植蔬菜鲜姜"。

伊本·白图泰的中国之行，沟通了中国与非洲、中国与阿拉伯国家的友好交往。《伊本·白图泰游记》中记载的关于中国的部分，不仅为研究中国伊斯兰教史、中外关系史乃至地理学、社会学、民俗学、宗教学等提供了重要参考，更把中国展示给了当时的世界，让世界各国人民增进了对中国的了解。

这两本书也是当今西方了解中国社会的重要文献，其实也是今天国外研究当时中国社会的主要文献资料。

第二节　时代背景

15—17世纪，欧洲人开辟了通往印度和美洲的航路，从而发现了美洲大陆，这个事件在历史上习惯被称为"地理大发现"。欧洲人开辟新航路绝非历史的偶然，它有着深刻的社会根源和经济根源。

古代东西方之间的通道原来有三条：一条陆路，由中亚沿里海、黑海到达小亚细亚；两条海路，即由海路入波斯湾，然后经两河流域到地中海东岸叙利亚一带，或先由海路至红海，然后由陆路到埃及亚历山大港。15世纪中叶奥斯曼土耳其帝国兴起后，占领了巴尔干半岛和小亚细亚地区，不久又占领了克里米亚，控制了东西方间的传统商路，对往来于地中海区域的欧洲各国商人横征暴敛，百般刁难。因此，运抵欧洲的商品，数量少且价格高，而欧洲上层社会把亚洲奢侈品看作生活必需品，不惜高价购买，这种贸易造成西欧的入超，大量黄金外流，于是西欧各国的贵族、商人和资产阶级急切地想绕过地中海东部，另外开辟一条航路通往印度和中国，从亚洲直接获得大量奢侈商品。

对新航线的开辟以及地理大发现的时代背景，归纳为以下四个方面：

第一个就是科学技术的发展，这是推动新航线开辟的根本性支撑要素。

第二个是大航海时代来临有其深刻的经济成因。经济动因是大航海时代开启的一个内生动力。

第三个就是中世纪末期和文艺复兴时期的宗教和文化传统，赋予那个时代的探险者们非常强的冒险意识，或者说是探险精神。

第四个就是社会各个阶层的热情参与，这是探险活动能够持续不断进行下去的保证。

这四个条件可以作为大航海时代来临的内因和外因、必要条件和充分条件，当这些条件都完全具备的时候，一个新的历史时代就拉开了帷幕。

一、科学技术的新发展

西欧生产力的发展，科学技术的进步，为开辟新航线创造了必要的条件，使远洋航行成为可能。15世纪西欧出现了适于在大海里航行的多桅快速帆船。随着科学技术的发展，古希腊的地圆学说也在知识界被越来越多的人接受，其中以佛罗伦萨的天文学家、地理学家托斯堪内里最为坚定，他从大地是球形这一假定出发，认为向西航行可以到达印度和中国，并绘制了概略的世界地图。还有导航技术的进步，指南针从东方传入并使用，星象仪的使用以及越来越精准的航海图的出现等，都为远洋航行带来了可能。

总之，15世纪天文地理知识的进步、世界各地航海经验的积累，使欧洲的航海者敢于远离海岸，到从未去过的大洋里航行，从而使新航线的开辟最终获得成功。

同时基督教的地理知识的积累和渴求被验证的思潮也促进了开辟新航线的激情，主要有：

（1）地球是圆的。托勒密的地圆学说因为他的著作《地理学》在15世纪重新出版而广为流传，为寻找新航路、进行海洋探险提供了依据。

（2）基督教义认为地球上的海洋是连成一片的。

（3）基督教义认为欧亚大陆非常宽，横亘在欧洲西海岸与亚洲东海岸之间只有一片大洋，而且大洋是比较狭窄的。

哥伦布参考了古代中世纪及同时代一些专家的具体计算结果，也根据《圣经》上的有关说法，计算出从非洲西海岸边的加那利群岛往西航行 2 400 海里就可以到达日本，到杭州只有 3 550 海里（实际上，直线距离到日本是 10 600 海里，到杭州是 11 766 海里）。

这就是由于"一个极大的错误导致了一次极其伟大的发现"。

二、经济动因

欧洲在15世纪以后，随着封建经济的急速发展，商品货币关系开始从内部侵蚀封建自然经济的基础，瓦解封建制度，促进了资本主义萌芽。当时，商品交换十分广泛，这就需要大量货币（这时的人们已经将货币视为财富的标志），这时西欧货币已经由银本位制过渡到金本位制，黄金、白银都是欧洲各国之间进行贸易的支付手段，地位很高，人们认为占有金银就占有一切，黄金能为灵魂开辟通往天堂的道路。因此，西欧社会各阶层，尤其商人和资产阶级，非常热衷追求金银和财富，然而欧洲大陆所产金银有限，于是他们把注意力转到了东方。当时欧洲流传很广的一部书《马可·波罗行纪》对印度、东南亚和中国的财富做了夸张描述，这些都进一步激发了欧洲社会各阶层，特别是上层分子到东方寻金的热情。

（1）标准货币体系的形成。

欧洲标准货币的出现推动了国际贸易的发展，并促进了银行的产生和发展。银行通过吸纳储蓄积累起大量的金钱，然后借贷给商人，同时也可以资助大规模的航海活动，由此推动贸易发展和航海事业的发展。

（2）"竞争"性的经济生活导致海外扩张。

欧洲这一时期由于各种因素促进，商品贸易活动日益活跃。在这样的背景下，欧洲商人对东方的贸易有了新的奢望，欧洲人不再满足于通过阿拉伯人来与东方进行贸易，在欧洲西端的国家甚至也对意大利商人充当这样的中介表示不满，欧洲人总想开辟出自己的一块地盘，因此，也就有了寻找新航路的冲动。

（3）东西方贸易失衡，贵金属短缺导致西方人渴望来到东方。

在商品活动中，贵金属缺乏的矛盾凸显，伴随着与东方的贸易，许多贵金属流入东方，进一步加剧了问题的严重性。欧洲人渴望得到新的黄金来源，马可·波罗关于东方遍布黄金的传言使东方成了他们向往之地。

三、宗教与文化传统

欧洲中世纪后期随着文艺复兴运动、宗教改革和思想启蒙运动的轰轰烈烈的展开，各种对外扩张思潮迅速在社会各阶层中传播开来，并形成一种强大的扩张动力。

（1）扩张传统、扩张手段的形成。

封建社会的扩张一般说是为了土地，但西欧中世纪的扩张却具有某种君主、贵族、商人、手工业者乃至农民相结合的方式，从而使扩张带有争夺市场和原料的特征。这突出表现在向易北河以东殖民和十字军东征这两场西欧封建社会里最重要的扩张运动中。在十字军运动中，教皇发起号召，进行组织协调；国王、贵族指挥战争；城市（主要是意大利的城市）提供物资、运输船只等；农民，特别是因封建化、因长子继承制而出现的无地或少地的农民则成了战士。

这种扩张运动是一种各种力量"自愿"组合的扩张，各自怀着自己的目的，在宗教的旗帜下汇聚起来的。早期地理发现过程是从中世纪的扩张动机和前提开始的，亨利王子及其船长们基本上都算是中世纪的人，甚至哥伦布也主要是继承中世纪传统思想来从事探险的。

（2）某种分配扩张利益体制的形成。

扩张是各阶级、各阶层的联合扩张，这种联合要是能持续进行，参加扩张的各方，特别是中、上层必须在某种程度上都能得到好处。中世纪西欧在经济、政

治、军事扩张中，逐渐形成了某种分配扩张利益的体制。到15世纪，这种体制已趋于成熟。

哥伦布就是在与西班牙国王签订获得重大利益的条约后才率船出航的。他最后一次向西航行计划被拒绝并非因西班牙国王认为他的计划不可靠，而是他的要求太高。但哥伦布宁愿不航行，也不愿降低要求。

（3）共同扩张的文化心态的形成。

不论是基督教还是人文主义都大力支持扩张。关于中国与西欧在这方面的区别，1582年进入中国的利玛窦就已做了深刻的比较。他说道："非常值得注意的是，在这样一个几乎具有无数人口和无限幅员的国家，而各种物产又极为丰富，虽然他们有装备精良的陆军和海军，很容易征服邻近的国家，但他们的皇上和人民却从未想过要发动侵略战争。他们很满足于自己已有的东西，没有征服的野心。在这方面，他们和欧洲人很不相同。欧洲人常常不满意自己的政府，并贪求别人所享有的东西。"

利玛窦（Matteo Ricci，1552—1610年），字西泰，又号清泰、西江。教皇国马切拉塔（今意大利马切拉塔）人，耶稣会传教士、学者。明朝万历年间，来到中国传教。其原名中文直译为玛提欧·利奇，利玛窦是他的中文名字。王应麟所撰《利子碑记》上写道："万历庚辰有泰西儒士利玛窦，号西泰，友辈数人，航海九万里，观光中国。"①

利玛窦是天主教在中国传教的最早开拓者之一，也是第一位阅读中国文学并对中国典籍进行钻研的西方学者。他通过"西方僧侣"的身份，以"汉语著述"的方式传播天主教教义，并广交中国官员和社会名流，传播西方天文、数学、地理等科学技术知识。他的著述不仅为中西交流做出了重要贡献，也对日本和朝鲜半岛上的国家认识西方文明产生了重要影响。

四、社会各阶层的共同热情

正是在前述的背景之下，寻找新的航线成为自上而下各个阶层都具有的热忱和渴求，整个社会出现了一种空前的团结。

（1）国王或政府。

更大规模、更远距离的航海需要更多的资金和更强大的后盾。随着西欧民族国家的形成和王权的加强，出现了非常支持航海事业的君主，他们更接近大西洋，有更雄厚的资金和人力的保障。

从1415年起，历次重大探险活动绝大部分都是在国王或在政府有关部门委派或支持下进行的。只要条件允许，国王们对一切有利可图的海外事业都会支持。国王的支持对西欧的海外扩张有不可估量的影响，它使扩张分子拥有军权、政权和财权，国王的经济要求又决定了这种扩张不是纯粹的政治地理的扩张，而

---

① 王应麟:《利子碑记》,碑文。

首先是一种经济扩张，这两方面的结合使这种扩张具有极强的竞争能力，既能掠夺广大地区的居民，又能打垮强大的经济竞争对手，如打垮在印度的阿拉伯商人和在东南亚的中国商人。

（2）贵族。

贵族是大探险的骨干和先锋，特别在大探险的早期更是这样。15世纪开始的探险队的领导人大多数是贵族，到达印度的达·伽马，发现太平洋的巴尔沃亚，首次环球航行的麦哲伦都是贵族。贵族要求扩张，一是为了掠夺，二是为了得到土地。最早的海外殖民事业也是由贵族开始的。此外，追求荣誉也是贵族走向冒险生涯的动机。

（3）商人或市民或资产阶级。

商人要求扩张，这在任何社会都一样，但扩张的方式和势头，则取决于商人在社会中的地位及其他阶层对扩张的态度。形成了商人出钱，国王牵线组织，贵族冲锋陷阵的扩张格局。商人紧跟在成功的探险队后面，对较谨慎的商人来说，只有在商业网开始运转后他才投身进来。

（4）知识分子（包括一些教士）。

15世纪以来的知识分子与探险活动是密切合作的，他们挖掘、整理古代的文献，撰写通俗与专业性的著作。

比如这些知识分子根据所具有的天文、地理、数学、物理、航海等方面的知识为航海提供了一定程度的保障。如地圆的观念，较正确的地图、海图等。

知识分子的道德伦理观念也滋生了扩张的观念。人文主义者主张人的价值、人的权利，为达到目的而不择手段的思想培养了一代代的冒险家和殖民主义者。

追求知识、追求新奇事物的精神也让部分知识分子积极投身到探险活动中去。他们密切地追踪探险队的活动，及时把探险成果反映在自己的地图、海图与著作中，同时又发挥丰富的想象力，在地图上绘制想象中的地点，激励人们去从事新的发现。

（5）教会。

首先，教会为探险提供精神上的支持。例如亨利王子提出要进行航海扩张的理由就展现了基督基本教义思想：发现加那利群岛和博哈多尔角后面的未知世界；同生活在那个未知世界的所有基督徒进行贸易来往；了解穆罕默德（穆斯林）控制地区的范围，寻找一位能够帮助他同异教徒战斗的基督教国王；宣传和扩展基督教信仰……投身于伟大、神圣的征服和对人们未知晓的事情的探寻，寻找几内亚。哥伦布一直到晚年都认为是上帝启示他去发现新的天、新的地，并给他指出了道路。宗教信念的真正作用在于：它把各阶级各阶层各种各样的世俗要求凝结起来，使之神圣化，形成共同的精神支柱。

其次，从理论上批准殖民探险活动，这是精神支持的另一个重要方面。14世纪40年代初，欧洲人见到了大西洋加那利群岛上的土人，关于这些土人的情

况很快在欧洲思想界引起辩论，焦点是该如何对待这些还不知道上帝的原始居民。1344年教皇克莱芒六世宣布，反对不信基督的原始人的战争是正义的，基督徒有权使加那利人皈依基督，教皇有权对他们宣战并强制他们入教。这一结论意义重大，因为那时"卡斯提和葡萄牙都依赖于教皇批准他们对大西洋的征服，使之合法化"。这也成了后来欧洲人大规模侵略征服的理论基础。1454年教皇尼古拉五世发布通谕，葡萄牙国王可以把征服和将被征服的海外土地作为自己的国土。这时葡萄牙人在西非海岸的活动已相当猖獗，并已开始从事贩卖黑奴。

最后，教会积极参与调解殖民征服中产生的内部冲突。整个中世纪，教会都承担着某种仲裁人的角色，在地理大发现中也是如此。仅1493—1501年，教会就接连颁布六道《圣亚历山大通谕》，以调解西班牙、葡萄牙海外活动产生的矛盾。最主要的是1493年颁布的《划界通谕》。1529年教皇又帮助西班牙、葡萄牙瓜分世界势力范围。

（6）劳动人民，即手工业者和农民。

劳动人民是大探险的主力，他们加入探险，主要是为了生计，为了改善自己的境遇。

15世纪西欧开始的大航海的动力，不是只来自某个社会阶级、阶层、集团、个人，而几乎是上自国王下至黎民百姓所有社会居民的联合行动。他们为了自己的利益而自觉或不自觉地汇聚在一起，形成了持续几百年且声势越来越浩大的探索和扩张活动。

综上所述，新航线开辟的根本原因就是欧洲各阶级各阶层对财富的追求，对黄金的渴望，以及传播天主教的热情。

第一，14—15世纪欧洲资本主义经济的萌芽和商品经济的发展，是新航线开辟的内在动因。

第二，在新航线开辟以前，欧洲与亚洲的贸易一直是转口贸易，在商品从亚洲传到欧洲的过程中，经过意大利、阿拉伯等商人的转手，价格要上涨8~10倍，巨大的利润便成为欧洲人开辟新航线的直接原因。

第三，15世纪中叶，奥斯曼土耳其占领了地中海东部的广大地区，控制了东西方之间的商路，西欧同东方的贸易更加困难也是开辟新航线的直接原因。

第四，欧洲各国为了强化皇权，不惜用武力进行扩张，葡萄牙和西班牙首先把目光投向了欧洲以外的地区。

第五，为了传播天主教，欧洲人不惜用武力进行圣战。

第六，此时正值文艺复兴时代，人文主义提倡冒险进取精神。

第三节　探险家的乐园

新航线的开辟，就是探险者冲破惊涛骇浪，在与大海搏斗中寻找希望。大海航行环境的恶劣，探险者的历程注定不会一帆风顺，探险从来就是要冒着生命危险的。从迪亚士、达·伽马到麦哲伦、哥伦布，在他们发现这些航路之前，有更多的先行者已经埋葬在大海当中了，但天生具有冒险精神的探险者，已经将大海视为充满希望的乐园。

地理大发现包括了两方面的内容：

一是新航线的开辟。一条是以葡萄牙为主发现的：绕过非洲南端，进入印度洋，来到东方。另一条是以西班牙为主发现的：横渡大西洋，绕过美洲南端，进入太平洋，再来到亚洲。

二是新大陆的发现，这是开辟新航线时意外的副产品，出乎航海家们的初衷，新航线的开辟给他们带来了远超乎最初期待的结果就是新大陆的发现。

葡萄牙人和西班牙人是新航线开辟和地理大发现的先驱，也是利益的最大获得者。在新航线开辟过程中，涌现出了一大批著名的航海家（或称探险家、殖民者）。

一、葡萄牙

（1）亨利王子（Prince Henry，1394—1460年）。

全名唐·阿方索·恩里克维塞乌公爵（O Infante Dom Henrique Duque de Viseu），是葡萄牙亲王、航海家，因设立航海学校、奖励航海事业而被称为"航海者"。在他的支持下，葡萄牙船队在非洲西海岸至几内亚一带，掠取黄金和象牙，抓捕黑奴，并先后占领马德拉群岛等。

亨利王子虽然一生中只有4次海上航行经历，且都是在熟悉海域的短距离航行，但他仍无愧于"航海家"的称号。是他组织和资助了最初持久而系统的探险，也是他将探险与殖民结合起来，使探险变成了一个有利可图的事业。在他的领导下，葡萄牙人视自己为新时代的十字军，将联络祭祀王约翰、寻找东方基督徒、探索未知海域、打击穆斯林作为自己的国家大战略。

在40年的有组织的航海活动中，葡萄牙成了欧洲的航海中心，他们建立起了庞大的船队，拥有优秀的造船技术，培养了一大批专业的探险家或航海家，如果没有亨利王子，这一切是不可能出现的。他推动了葡萄牙迈出了欧洲的大门，到未知世界进行冒险。

（2）迪亚士（Bartolomeu Dias，约1450—1500年）。

迪亚士是葡萄牙著名的航海家。于1488年春天探险至非洲最南端好望角的莫塞尔湾，为后来另一位葡萄牙航海探险家瓦斯科·达·伽马开辟通往印度的新航线奠定了坚实的基础。

迪亚士出生于葡萄牙的一个王族世家，青年时代就喜欢海上的探险活动，曾随船到过西非的一些国家，积累了丰富的航海经验。15世纪80年代以前，很少有人知道非洲大陆的最南端究竟在何处。为了弄明白这一点，许多人雄心勃勃地

乘船远航，但结果都没有成功。作为开辟新航线的重要部分，西欧的探险者们对于越过非洲最南端去寻找通往东方的航线产生了极大的兴趣。因此，迪亚士受葡萄牙国王若昂二世委托，出发寻找非洲大陆的最南端，以开辟一条通往东方的新航路。经过10个月时间的准备后，迪亚士找来了4个相熟的同伴及其兄长一起踏上这次冒险的征途，并于1487年8月从里斯本出发，率领两条武装舰船和一艘补给船，沿着非洲西海岸向南驶去，以弄清非洲最南端的秘密。

1488年1月到达了非洲最南端。此处风高浪急，他们发现一个新的大洋横在眼前，因此给此处取名"风暴角"。不过，同样的事物，在不同的人眼中有不同的含义。葡萄牙国王却欣慰地感受到，既然新的大洋出现在眼前，那么，从此前往印度就成功在望了，因此改名"好望角"。

（3）瓦斯科·达·伽马（Vasco da Gama，1469—1524年）。

达·伽马是一位葡萄牙探险家，也是历史上第一位从欧洲航海到印度的人。出生在葡萄牙的港口城市锡尼什，他不到10岁的时候就拟订了长期航海的计划，当时著名航海家迪亚士已经从非洲的好望角返回，并探索过附近的鱼河。而迪亚士曾由印度前往非洲的海上探险，留下了短程的航海纪录。

葡萄牙的若昂二世于1495年去世，指定自己的日耳曼表弟曼努埃尔一世（Manuel I，1469—1521年）为继承人。新国王有着同样的扩张意愿，用国库的钱重新开启葡萄牙的远征，支持贸易垄断。在他的任期，达·伽马开辟了前往印度之路。1497年7月8日，达·伽马率4艘船、200名船员从特茹河出发，沿航行条件优越的非洲西海岸行驶。绕过好望角后，他沿非洲东岸向北航行，沿途聘请了印度和阿拉伯人作为船上向导。1498年5月20日，他到达印度卡利库特，成功开辟了香料之路。但是，他的抵达不能称之为大获成功。卡利库特的拉惹扎莫林·马纳维克拉曼（Samutiri Manavikraman）拒绝购买他带来的商品，达·伽马不得不将贵族作为人质以支付欠款。1502—1503年，达·伽马率20艘船进行了第二次航行。但是，在返回路上他的好战行为令他出丑。他不仅轰炸了卡利库特港口，而且还对一艘载有麦加朝圣者的商船发动袭击。自从1499年夏天达·伽马第一次航行归来，佩德罗·阿尔瓦雷斯·卡布拉尔（Pedro Alvares Cabral）就负责开发这条新航线。

二、西班牙

（1）克里斯托弗·哥伦布（Cristoforo Colombo，1451—1506年）。

中世纪欧洲航海家，他在1492—1502年四次横渡大西洋，并成为到达美洲新大陆的首位西欧人。

哥伦布一生从事航海活动，先后移居葡萄牙和西班牙，相信大地球形说，认为从欧洲西航可达东方的印度和中国。

在西班牙国王的支持下，先后4次出海远航（1492—1493年，1493—1496

年，1498—1500年，1502—1504年），开辟了横渡大西洋到美洲的航路。先后到达巴哈马群岛、古巴、海地、多米尼加、特立尼达等岛。

在帕里亚湾南岸首次登上美洲大陆，成就了历史上的一个创举；考察了中美洲洪都拉斯到达连湾2 000多千米的海岸线；认识了巴拿马地峡；发现和利用了大西洋低纬度吹东风，较高纬度吹西风的风向变化；证明了大地球形说的正确性；促进了旧大陆与新大陆的联系。但他误认为到达的新大陆是印度，并称当地人为印第安人。

（2）阿美利哥。

1497—1503年，一位名叫阿美利哥·维斯波奇（Amerigo Vespucci）的佛罗伦萨人沿着葡萄牙人和西班牙人的足迹远航，然后用书信向欧洲人描绘了他的所见所闻。在其中一封信中，他明确地将西方这片大陆称为"新世界"（Mundus Novus）。

新大陆是由阿美利哥·维斯波奇首次发现的理论曾经引起过许多争议，主要针对他最重要的两封信：《新大陆》和《第四次航行》。有人认为这两封信是阿美利哥为了强调自己的发现所伪造的；还有人认为可能是和阿美利哥同时代的其他人伪造的。

正是由于他的信件被出版并广为流传，因此导致德国地理学家马丁·瓦尔德塞弥勒在1507年出版的《世界地理概论》中，将这块大陆标为"阿美利加"，马丁·瓦尔德塞弥勒不久后在一张全球地图上首次使用了这个名称，并获得了广泛的认可。

21世纪初，历史学家普遍认为阿美利哥对南美大陆只考察过3次，1497年5月10日从西班牙加的斯出发的第一次考察实际不存在。

作为对哥伦布的"补偿"，后来就用他的姓命名了南美洲一个较大的国家"哥伦比亚"——改变了哥伦布Columbo的词根后，变成Colombia。

（3）麦哲伦。

麦哲伦第一次完成环球帆船航行，史称"第一个怀抱地球的人"。

麦哲伦于1519—1522年完成的第一次环球帆船航行，是一次朝向无限未知的探险。麦哲伦的个性和遭遇如同船帆的阴影，笼罩着航行全程。这位葡萄牙航海者沉默寡言，却充满自信，毫无畏惧。当时，很多首屈一指的地理学家认为美洲大陆一直向南延伸，与南极洲大陆相连。但是，于1492年设计了第一个地球仪的地理学教授马丁·贝海姆（Martin Behaim，1459—1507年）认为美洲是一个群岛。所以，理论上讲，取道西方前往香料国度的航线具有可行性。

历史需要麦哲伦这样坚定、执着、久经历练的人来书写如此的丰功伟绩。他身材矮小，有着棕色皮肤和浓密胡须。他在摩洛哥时，在一次和摩尔人之间的战斗中膝盖中箭，从此只能跛行。他熟悉印度，在那里逗留了九年之久，从普通军官晋升为一名船长。他是一位苛刻的船长，但颇受手下的敬重，因为他在艰难时

刻始终出现在前线。然而，他的上级并不看好他的自信。作为一个指挥西班牙船队的葡萄牙人，他的航行显得充满变数。他试图说服国王出资支持他的航行计划，但是被断然拒绝：葡萄牙的香料航线长期以来绕行非洲、穿越印度洋，带来滚滚财源，以至于朝向未知之地的远征显得无用。

最后，麦哲伦在西班牙年轻的君主卡洛斯（Carlos），也就是未来的神圣罗马帝国皇帝查理五世（Charles Quint）那里获得了支持。西班牙人对取道西方到达东方充满宝藏之地的路线很感兴趣。为了避免西班牙和葡萄牙两个"教会之女"之间的冲突，教皇亚历山大六世在大西洋上划定南北向的边界线，限制双方的扩张：1494年6月7日，签订《托尔德西里亚斯条约》。两个强大的王国由此瓜分世界。西班牙可以任意征服所有分界线以西的土地。因此，假如麦哲伦提出的航行计划是可行的，他可以开启朝向那些被无限渴求的香料新航线。

第四节　新航线的开辟

新航线的开辟主要由4位航海家分别完成。

迪亚士航线：葡萄牙—非洲西海岸—非洲最南端好望角。

达·伽马航线：葡萄牙—非洲西海岸—大西洋—非洲最南端好望角—非洲东海岸—印度洋—印度。

哥伦布航线：西班牙—大西洋—美洲西印度群岛（发现"新大陆"）。

麦哲伦航线：西班牙—大西洋—南美洲东海岸—麦哲伦海峡—太平洋—菲律宾群岛—印度洋—好望角—大西洋—西班牙。

一、迪亚士航线

1487年8月，迪亚士率领一支由3艘船组成的探险队出发，沿着非洲西海岸线南下。过了南纬22°后，他开始探索欧洲航海家还从未到过的海域。1488年2月3日，他到达了今天南非的伊丽莎白港。迪亚士让船队继续向东北方向航行。三天后，他们来到一个伸入海洋很远的地角，迪亚士把它命名为"风暴角"。

1488年12月，船队在经过一年零五个月的航行之后，安全回到里斯本。这是葡萄牙人探寻新航线的一次突破。葡萄牙国王认识到发现非洲南端的重要性，到东方有了希望，因此命名为"好望角"。迪亚士受到了国王的嘉奖。

1497年，迪亚士受命于国王曼努埃尔一世，再次率领4艘大船远航。他绕着非洲古岸，沿途进行殖民贸易，并开发黄金输出港口。1500年5月12日，船队在海上见到彗星。迷信的船员认为这是灾难降临的预兆，都不禁惊慌失色。无巧不成书。5月24日，船队在好望角附近的洋面上遇到大西洋飓风。4艘大船被冲天恶浪掀翻，迪亚士及其伙伴葬身大西洋海底。然而，新的航线已被打通，西方殖民势力从此也就从非洲伸展到了亚洲。

二、达·伽马航线

1497年7月8日，达·伽马率船队从里斯本出航，绕过好望角，沿非洲东海岸北上，抵达东非的马林迪。在阿拉伯人的领航下，达·伽马船队横渡印度洋，于1498年5月20日顺利到达印度西南海岸的卡利库特，并在此立石柱纪念，阿拉伯人在印度洋上的辉煌时代终结了。

1497年12月16日，达·伽马的船队通过了鱼河，进入了在欧洲航海纪录上仍是空白的水域（东非沿岸），于是达·伽马将接下来探索的区域称为Natal（当时已近圣诞节，Natal是葡萄牙语的圣诞节之意，另可译为"新生"）。1月时，他们抵达了今日莫桑比克的所在地。在1498年，当地属于阿拉伯的疆土，也是印度洋海上贸易网的一部分。

达·伽马于1499年返回本国时，带回了大量东方货物，其价值约等于远航费用的60倍，国王为他举行了空前盛大的欢迎仪式。从此，葡萄牙海船经常往返于印度，并从印度带回香料、丝绸与珠宝等物。

三、哥伦布航线

第一次航行始于1492年8月3日，哥伦布率船员约90人，分乘3艘船从西班牙巴罗斯港出发。10月12日，他到达并命名了巴哈马群岛的圣萨尔瓦多岛。10月28日到达古巴岛，他误认为这就是亚洲大陆。随后他来到西印度群岛中的伊斯帕尼奥拉岛（今海地岛），在岛的北岸进行了考察。1493年3月15日，哥伦布率队返回西班牙。

第二次航行始于1493年9月25日，哥伦布率船17艘从西班牙加的斯港出发。目的是要到他所谓的亚洲大陆印度建立永久性殖民统治。参加航海的达1 500人，其中有王室官员、技师、工匠和士兵等。1494年2月因粮食短缺等原因，大部分船只和人员返回西班牙。他率船3艘在古巴岛和伊斯帕尼奥拉岛以南水域继续进行探索"印度大陆"的航行。在这次航行中，他的船队先后到达了多米尼加岛、背风群岛的安提瓜岛和维尔京群岛，以及波多黎各岛。1496年6月11日哥伦布率队回到西班牙。

第三次航行始于1498年5月30日，哥伦布率船六艘、船员约200人，由西班牙塞维利亚出发。航行目的是要证实在前两次航行中发现的诸岛之南有一块大陆（即南美洲大陆）的传说。1498年7月31日，船队到达南美洲北部的特立尼达岛以及委内瑞拉的帕里亚湾。这是欧洲人首次发现南美洲。此后，哥伦布由于被控告，于1500年10月被国王派去的使者逮捕后解送回西班牙。因各方反对，哥伦布不久获释。

第四次航行始于1502年5月11日，哥伦布率船四艘、船员150人，从加的斯港出发。哥伦布第三次航行的发现已经震动了葡萄牙和西班牙，许多人认为他所

到达的地方并非亚洲，而是一个欧洲人未曾到过的"新世界"。于是斐迪南国王和伊莎贝拉王后命令哥伦布再次出航查明，并寻找新大陆中间通向太平洋的水上通道。他到达伊斯帕尼奥拉岛后，穿过古巴岛和牙买加岛之间的海域驶向加勒比海西部，然后向南折向东沿洪都拉斯、尼加拉瓜、哥斯达黎加和巴拿马海岸航行了约 1 500 千米，寻找两大洋之间的通道。他从印第安人处得知，他正沿着一条隔开两大洋的地峡行驶。由于一艘船在同印第安人的冲突中被毁，另三艘也先后损坏，哥伦布于 1503 年 6 月在牙买加弃船登岸，于 1504 年 11 月 7 日返回西班牙。

四、麦哲伦航线

1518 年，麦哲伦在塞维利亚接收为他的远航准备的五艘海船，经过一年的准备和武装之后，他的帆船装载了足够两年的补给品，最终做好离港准备。最大的船"圣·安东尼奥号"（San Antonio）排水量达 120 吨，由胡安·卡塔赫纳（Juan de Cartagena）指挥。这位西班牙人是皇家卫队军官，担任舰队的总监督。"特立尼达号"（Trinidad）排水量少 110 吨，速度更快，也更易于驾驶。麦哲伦在这艘船上竖起自己的旗帜。接下来是排水量 90 吨的"圣灵降孕号"（Concepcion），由加斯帕·德克萨达（Gaspar de Quesada）执掌。排水量 85 吨的"维多利亚号"（Victoria）由路易斯·德门多萨（Luis de Mendoza）负责。最小的船是排水量 75 吨的"圣地亚哥号"（Santiago），担任侦察舰的角色，船长是胡安·塞拉诺（Juan Serrano）。船队由 265 名船员组成。最后一个加入的是意大利人安东尼奥·皮加菲塔（Antonio Pigafetta），他自荐成为远征路途上的记录员。麦哲伦的首位合伙人，同时是航海者的天文学家退出了行动，被一个叫安德烈斯·圣马（Andres de San Martin）的人替代。

1519 年 9 月 20 日，麦哲伦探险船队驶离了西班牙。探险船队的 5 艘远洋海船在大西洋的惊涛骇浪中航行。11 月 19 日，探险船队利用东北季风和赤道海流，沿非洲西海岸南下。当船队行驶到佛得角群岛时，转向西行，横渡大西洋，到达南美洲巴西海岸。此时，麦哲伦探险船队沿着南美海岸南下，航行了 4 个月。

1520 年 3 月 31 日，麦哲伦发现一个平静的港湾，麦哲伦把它命名为"圣胡利安"港，船队驶入港湾，在那里抛锚，准备在这个港湾里过冬。麦哲伦探险船队在"圣胡利安"港度过了一个冬天。

1520 年 5 月中旬，为了找到通往太平洋的航线，麦哲伦派出一艘远洋帆船向南航行，探索航路，但不慎触礁受损。这样，当麦哲伦探险船队再次扬帆起航时，只剩下四艘远洋帆船。

1520 年 10 月 21 日，探险船队沿着南美洲海岸向南航行，发现了一条通往太平洋的海峡。海峡两岸峭壁林立，风急浪高。船队冲向海峡，驶入一个比较宽阔的海港，穿过海港向前航行，又发现一条海峡，在海峡外又有一个宽阔的海港。

麦哲伦船队向南航行几天，接连穿过几个海港，发现两条水道，一条朝东南,另一条朝西南。麦哲伦让"圣·安东尼奥号"和一艘海船向东南航行,他自己乘坐的旗舰"特立尼达号"带领另一艘海船向西南航行。结果,朝西南航行的海船发现了一个海角和一片海洋。在旗舰"特立尼达号"上的麦哲伦高兴得掉下眼泪,并把这个海角命名为合恩角。而向东南航行的"圣·安东尼奥号"却走进了死胡同,在返回途中又找不到船队,"圣·安东尼奥号"船上的主舵手乘机哗变,驾驶了风帆船返回西班牙。而麦哲伦却一无所知,以为它失踪了。

麦哲伦船队只剩了三艘风帆船继续在海峡里航行。麦哲伦以顽强的意志,指挥船员们与风浪做斗争。经过28天苦斗,在1520年11月28日,船队终于走到水道的尽头,前面是一片浩瀚的海洋。这表明船已通过海峡,进入了太平洋。

1521年,麦哲伦船队横渡了太平洋。同年3月8日,麦哲伦船队抵达菲律宾群岛中的胡穆奴岛。3月27日,船队到了马索华岛,其后,又到了宿务岛。

麦哲伦想征服岛上的土著居民,把岛上的一个个小王国变成西班牙的殖民地。麦哲伦带领船员,手持火枪、利剑,强行登上陆岸,用血腥手段征服这个地区,并用西班牙国王菲利普二世来命名这个地区,菲律宾的名称是就这样来的。但是,这种行为遭到了土著居民的反抗。土著居民用箭、标枪对付入侵者。一支毒箭射中麦哲伦,使得这位航海探险家客死他乡。

麦哲伦死后,他的助手埃里·卡诺继续了麦哲伦未完成的航程,船队于1521年11月8日驶入马鲁古群岛,船员们与当地人交换货物。12月21日,"维多利亚号"远洋帆船满载香料,离开了马鲁古群岛,而麦哲伦船队的旗舰"特立尼达号"因为船体漏水,无法继续航行。

"维多利亚号"远洋帆船渡过印度洋,绕过好望角,越过佛得角群岛,于1522年9月6日回到了西班牙,历时1 082天,完成了人类首次环球航行。麦哲伦航线全长60 440千米。

麦哲伦船队的5艘远洋海船只剩下"维多利亚号"远洋帆船,出发时的200多名船员只剩下18名船员返回。麦哲伦船队以巨大的代价获得环球航行的成功,证明了地球是圆球形的,世界各地的海洋是连成一体的。为此,人们称麦哲伦是第一个拥抱地球的人。

五、意义和影响

新航线的开辟和地理大发现有着深远的历史意义,在推动西方社会发展进程乃至对今天的世界地缘政治都产生了深远的影响。

第一,引起商业革命。由于新航线的开辟,欧洲贸易范围空前扩大,加强了西欧与世界各地区各民族之间的联系,世界市场开始形成。欧洲贸易中心由地中海转移到大西洋沿岸,意大利的商业地位逐渐被西班牙、葡萄牙、英国和荷兰所取代。

第二,引起了"价格革命"。新航线开辟后,西班牙等国从殖民地掠回大量

金银，西欧贵金属增加了3倍多，引起金银价格下跌，物价高涨，货币购买力降低。自16世纪30年代至16世纪末，西班牙的物价上涨4倍多，英、法等国上涨2~2.5倍。资产阶级一面付出贬值的货币工资，一面以高价出售商品，牟取暴利。封建地主收取的定额货币地租，也受到价格革命的影响。价格革命是原始积累的因素之一，它帮助了西欧资本主义的成长。

第三，随着新航线的开辟，葡萄牙和西班牙最早开始了殖民扩张、掠夺，但是由于西班牙、葡萄牙从殖民地掠夺来的财产是供封建统治者享用，并未用于资本主义的发展，所以说，新航线开辟后，西班牙、葡萄牙的实力实际上降低了。

第四，证明了地圆学说的正确性，冲击了封建神学理论，为后来西欧的思想革命奠定基础。

第五，打破了世界各地相对隔绝的状态，为世界市场的形成创造了条件。

第六，西欧国家的掠夺导致了亚非拉殖民地的贫困与落后。

第七，导致贩卖黑奴的兴起，致使非洲失去了至少一亿的精壮人口。

第八，为人口的迁徙提供了方便，促成了新民族的产生。如18世纪美利坚民族的产生。

第九，开启了西方殖民掠夺之路，西方对外的殖民扩张，最终导致东方从属于西方。

第十，世界开始成为一个整体，开始了真正意义上的世界史。

新航线的开辟与地理大发现产生的积极影响：新航线开辟后，从欧洲到亚洲、美洲和非洲等地的交通往来日益密切，欧洲大西洋沿岸工商业经济繁荣起来，促进资本主义的产生和发展。锤炼了欧洲人敢于冒险、勇于拼搏的精神，开阔了眼界，把世界各个地区连在一起，拓展了人类的活动空间和范围，打破了以往世界各个地区互相隔绝和孤立发展的局面。

新航线的开辟与地理大发现产生的消极影响：欧洲国家走上殖民扩张道路，殖民掠夺和侵略活动造成亚非拉国家和地区的贫穷落后。资本主义的触角开始伸向世界各地。

六、与郑和下西洋比较

西方新航线开辟与早近百年的郑和下西洋二者之间既有相似之处又有本质区别。

第一，二者的动机和目的不同。

地理大发现的历史背景是君士坦丁堡的陷落，西欧社会各阶层对新的殖民地、财富的渴望，和对未知世界的向往以及来中国的寻金热。14—15世纪，地中海沿岸一些城市出现了资本主义生产的萌芽，南欧一些国家，手工业及商业贸易有了相当程度的发展。一些商人渴望向外扩充贸易，获取更多财富。但从15世纪中叶起，土耳其奥斯曼帝国占据东西方交通往来的要地——君士坦丁堡及东地中海和黑海周围广大地区，对过往商人横征暴敛，多方刁难，加之频繁的战争和海盗活动，从而阻碍西欧与东方陆上贸易的通道；而由东方经由波斯湾—两河流域—地中海，和经由红海—埃及—地中海的两条海上商路又完全为阿拉伯人所操纵。因此，欧洲商人和封建主为了获得比较充裕的东方商品和寻求更多的交换手段，黄金，并免受土耳其人、阿拉伯人及意大利人的层层盘剥，便急于探求通向东方的新航线。同时，由于西方各国在生产技术方面已有很大进步，指南针也已从中国传到了欧洲，航海术的提高，多桅快速帆船的出现，利用火药制造大炮和轻便毛瑟枪的出现，以及地圆学说获得承认等，都为远洋探航提供了物质条件和思想准备。西班牙和葡萄牙是当时欧洲最强盛的封建中央集权制国家，以其有利的地理位置，逐渐成为探索新航线的主要组织者。

郑和下西洋主要是政治目的：宣扬国威、加强与海外各国的联系、寻找珍奇异宝。通过贡赐贸易，以和平友好交往为主要形式。西方新航线的开辟的主要经济目的：侵占海外殖民地，掠夺财富，进行资本主义原始积累。郑和下西洋的条件和前提：一是中国唐宋元朝以来领先世界的先进的航海技术和发达的造船技术；二是永乐帝朱棣宣扬大国国威，出于政治目的的需要；三是元朝的远洋贸易传统，元朝时中国的远洋贸易非常发达，拥有当时世界上贸易量最大的几个港口和世界上最强大的海军和大量的民船和商船，为明朝航海奠定了基础；四是明朝的封建中央集权制度能够调动力量办人事，能提供经济上的支持和军事力量保障；五是郑和船队上的海员、明朝军队士兵、翻译官等人的共同努力。

第二，关于意义和影响。

葡萄牙和西班牙对新大陆的发现，都宣布自己的探险队最先到达的地方为本国领土，两国因此争执不断。在罗马教皇亚历山大六世的调停下，葡萄牙和西班牙于1494年签订条约，规定佛得角群岛以西100里加（1里加=5.92千米）处从北极到南极的经线为分界线（称为教皇子午线），西侧归西班牙，东侧归葡萄牙。麦哲伦实现环球航行后，争议又起，再次订立条约，西班牙独占巴西以外的美洲全部，葡萄牙则将亚洲、非洲置于自己的势力范围之内。之后，荷兰、英国、法国接踵而至，几乎将欧洲以外的土地瓜分殆尽。殖民者对新发现地区进行了疯狂的掠夺，新大陆的瓜分导致了印第安人被大肆屠杀，非洲黑人被大批贩卖，黄金、白银、香料等不断被运回欧洲。

地理大发现促进了资本主义的发展和科学技术的进步。由于航海需要解决许多实际问题，天文学、数学也得到了很大的发展。到17世纪，科学的中心已从中世纪商业繁荣和文艺复兴的文化中心德国和意大利北部，转移到受地理大发现带来好处的大西洋沿岸地区，如法国、荷兰和英国南部。

对中国的影响。经济上，美洲的马铃薯、烟草、玉米、花生等作物传入中国，促进粮食产量的提高，有更多的土地种植经济作物，出现了专业生产区域。农产品的商品化程度提高，客观上为清朝前期人口的迅速增长创造了条件。外交

上，新航线开辟后，西方殖民者开始侵扰中国。一方面中国被迫开始了反侵略的战争，捍卫国家主权，如郑成功收复台湾；另一方面为抵制西方殖民者在东南沿海海盗式的骚扰，清政府设置了广州十三行，开始实行"闭关锁国"政策，导致中国失掉了对外贸易的主动权，阻碍了中外经济文化的交流，阻碍了生产的发展和科学技术的进步，阻碍了中国资本主义萌芽的发展，从而导致近代中国逐渐落伍。文化上，"西学东渐"开始，利玛窦等西方传教士东来，传播了一些先进的西方文化，如《坤舆万国全图》。徐光启等人开始注意吸收西方科技成果，如在《农政全书》中介绍了欧洲先进的水利技术与工具。

郑和下西洋所体现的中华民族热爱和平、睦邻友好、自强不息的优良传统，增强了中国与亚非各国的友好关系；但贡赐贸易无益于国计民生，后来由于国力衰退而终止。地理大发现，使世界开始连为一个整体；促进了欧洲资本主义的成长，为欧洲资本主义时代的到来奠定了物质基础；引发了西欧国家的殖民扩张的热潮。

郑和下西洋，其船舶技术之先进、航程之长、影响之巨、船只吨位之大、航海人员之众、组织配备之严密、航海技术之先进，在当时世无其匹。

郑和远航与西方人开辟新航线有着截然不同的结果。郑和下西洋的航海活动虽然声势浩大，但明成祖和郑和死后不久，中国船队便绝迹于印度洋和阿拉伯海，中国的航海事业突然中断了，这使得中国与西洋各国业已建立起来的联系戛然而止。从此，中国人传统的海外贸易市场逐渐被欧洲人所占据，并最终退出了正在酝酿形成中的世界性市场。相反，哥伦布和达·伽马开辟新航线后，在西欧激起了远洋航海的热潮。

在中国，作为国家的政治任务，郑和下西洋对于中国的经济的刺激作用微乎其微。而在西方，东方的商品和航海贸易的利润直接加速了资本主义的原始积累。欧洲人对美洲的新开发，绕过非洲的航线，给新兴的资产阶级开辟了新的活动场所，从而揭开了资本原始积累的序幕。从这一点来看，哥伦布等人的航海活动，对于西欧乃至世界历史的发展产生了深远的影响，这是先前的郑和下西洋所无法比拟的。

在郑和下西洋之前，中国经济特别是东部沿海地区经济结构的转型，已出现了符合世界历史潮流的新趋向。然而，随着郑和下西洋活动的终止，中国政府将自己与当时正在形成的世界市场隔绝开来。而新航线的开辟，为西欧新兴的资产阶级开辟了新的活动场所，使欧洲商路和贸易中心从地中海区域转移到大西洋沿岸，欧洲人在海外广阔的领域里建立了众多的殖民地，从而为西欧资本主义的原始积累创造了条件。

大量的黄金、白银流入欧洲，引起"价格革命"——金银贬价，使得物价上涨，"价格革命"是资本原始积累的重要因素之一，它加速了西欧封建制度的解体和资本主义的发展。

本章参考文献

[1]   欧文.哥伦布与大航海时代[M].代晓丽,译.北京:中国友谊出版公司,2020.

[2]   阿伯特.哥伦布大航海时代与地理大发现[M].周琴,译.北京华文出版社,
       2019.

[3]   易中天.大航海时代[M].杭州:浙江文艺出版社,2021.

[4]   克利夫.最后的十字军东征:瓦斯科·达伽马的壮丽远航[M].朱邦芊,译.北
       京:社会科学文献出版社,2017.

[5]   贝尔格林.黄金、香料与殖民地:转动人类历史的麦哲伦航海史[M].李文远,
       译.北京:新世界出版社,2019.

[6]   管成学、赵骥民.环球航行第一人:麦哲伦的故事[M].长春:吉林科学技术出版
       社,2012.

[7]   彭绪洛.郑和下西洋[M].武汉:长江少年儿童出版社,2019.

[8]   林梅村.观沧海:大航海时代诸文明的冲突与交流[M].上海:上海古籍出版社,
       2020.

[9]   李峰.历史的变量:海洋视角下的中国历史[M].北京:现代出版社,2021.

第五章 广 船

不同于中国船舶集团公司下属企业"广船",本书要讲的广船,是属于一个考古学和船史学范畴的概念。

在古代中国,有四大古船型分别是福船、广船、沙船和鸟船。也称为三大古船型,为福船、广船和沙船。

广东船舶史,狭义上就是讲广船船型的发展史。

在今天我们所生活的这片古老的岭南大地上,岭南先祖创造出了适合于岭南(面向南海,内有密如蛛网的珠江水系)这样的一个地理特征的一种船型。广船的形成同任何事物的发展规律一样,有着它的起源、发展、繁荣到衰落,最后湮灭在人类科学技术发展的历史长河中的过程。

第一节 中国古代船舶发展概况

中国是世界上造船历史最悠久的国家之一,在相当长的历史时期内,中国的造船技术一直处于世界领先水平。中国有漫长的海岸线,它们绵延在渤海、黄海、东海、南海的辽阔水域并与世界第一大洋——太平洋紧紧相连,这就为我们的祖先进行海上活动,发展海上交通提供了极为有利的条件。

中国造船史绵延数千年,早在远古时期就开始了。中国先民究竟在什么时候创造舟船已经很难考证,但至少可以肯定的是中国是发明舟船最早的国家之一。中国在新石器时期就已经广泛地使用了独木舟和筏,并对筏和独木舟不断地进行改进,然后出现了新型的木板船,由筏和独木舟发展到木板船,这是造船史上的飞跃。至商朝时,中国已经发明并使用了风帆。舟船有了帆就大大提高了速度并解放了人力,这也是人类对自然风力资源具有创造性的开发。

春秋战国时期,大国争霸战争频繁。为了集结兵力、运输军粮货物,以及对远方进行外贸交易,造船和航海技术得到迅速发展。东南沿海的吴国、越国都设置了"船宫"作为造船工场。船舶的种类增多了,数量增大了。商船和战船已经分开。战船由民用船只发展而来,但战船既要有防御能力又要有进攻能力,在船只的结构性能装备上都要比民用船只高,所以战船水平的高低标志着各诸侯国造船能力、经济实力和整体生产力的高低。

秦汉时期,由于拓边战争与海外丝绸之路对船的需求,积极促进了造船技术的发展,出现了中国造船史上的第一个发展高峰。它继承了巴蜀地区及原来六国中一些国家发达的造船技术水平并加以发展,这一时期不仅造船规模大、类型多,而且能建造高技术的楼船。

汉代时期，中国的造船技术已经成熟，其标志在于除了可以建造高十余丈的三层楼高楼船外，还可以建造类型繁多的船只。中国还发明了桨、橹、风帆、尾舵等，船舶的推进工具日益完善并被广泛使用，横隔舱造船结构也做出了重大贡献。

三国两晋南北朝时期，北方连年战乱，生产力遭到破坏，北方流民大批辗转流徙到南方。南方政局相对稳定，南迁给人民带去了先进的科学知识、生产技术和生产工具。他们同南方劳动人民共同开发兴修塘堰江南地区，使原落后于北方的南方生产迅速得到提高，经济的繁荣和相对安稳的政局为造船业的发展提供了重要的物质基础。在秦汉造船业的基础上，三国时期的造船业又有所发展。孙吴所据之地江东，历史上就是造船业发达的吴越之地，政权创建不久便有五千艘船舰。吴国拥有很多技术高超的工匠，还在建安设立了管理造船的官员，最大的战舰有上下五层，可载三千名士兵。

唐宋时期是中国古代造船史上的第二高峰期，中国古代造船业的发展自此进入成熟时期。这一时期海外贸易的扩大与繁荣为造船技术的发展提供了强大动力，唐朝的造船技术在当时居于世界领先地位，最突出的是在造船工艺上，已广泛使用了榫接钉合的工艺和水密隔舱的先进技术。

宋朝的造船、修船已经开始使用船坞并创造运用了滑道下水的方法，造船业比以往更具特色，船型高大，结构更坚固合理，并开始将指南针应用到远洋航海上。

在经历秦汉时期和唐宋时期的发展高峰以后，明朝的国内政治和对外政策的需求使明朝的造船技术和工艺出现了新的飞跃，登上了中国古代造船业发展的顶峰。据一些考古的发现和古书上的记载，明朝时期造船的工场分布之广、规模之大、配套之全，是历史上空前的，达到了我国古代造船史上的最高水平。主要的造船场有南京龙江船场、淮南清江船场、山东北清河船场等，它们规模都很大。明朝造船工场有与之配套的手工业工场，加工帆篷、绳索、铁钉等零部件，还有木材、桐漆、麻类等的堆放仓库。当时造船材料的验收，以及船只的修造和交付等，也都有一套严格的管理制度。正是有了这样雄厚的造船业基础，才会有明朝郑和七次下西洋的远航壮举。郑和下西洋的意义深远，其在航线及航海经验上具有历史性的突破，他的航线从西太平洋穿越印度洋，直达东非，在世界航海史上也居于领先地位。在当时靠木船、仅凭借自然的风力航行，克服海上种种困难，不仅要有航海技术、造船技术、航海经验和掌握海洋知识，而且也需要勇气和探险精神，这些为以后中国人的航海奠定了基础。

中国造船技术发展的三次高潮提升了中国古代的生产力水平，促进了中国古代海上贸易的发展，扩大了中华文明在国际上的影响。

第二节　广船的结构特点和发展历程

广船作为是中国四大古船型之一，在中国造船史中占有重要的地位。广船见证了广东地区乃至岭南地区中国对外贸易的发展全过程。广船作为岭南先民征服海洋、对外交流的重要工具和载体，起到了非常重要的作用。正是由于广船发源地有着其独特的优势，才具有顽强的生命力，伴随着古代岭南先民一路成长和发展。

一、广船的概念

广东地处岭南，东、南、西南三面临海，海岸线长达 2 500 千米。省内河流纵横，遍布全省，是国内典型的河网省份之一。多数河流的水流量充沛、汛期长，水上交通发达。主要河流有珠江、韩江、漠阳江、鉴江等，珠江为东江、西江、北江的总称，是广东省内最大的水系；粤东的韩江是第二大河。从上古时期开始，由于有河海水网，水上交通便利，从而成就了广东古代发达的造船业。

广船在船史界和考古界是指古代（此处指有史以来至鸦片战争时期）在广东域内建造的木质海船（以下统称"海船"）的统称，有止期无始期，始期有待船史学专家学者们的考证。

广船，又称广东船、乌艚，是中式帆船的一类，大小相当于福船。广船以铁力木所造，其坚固程度高于由松杉所造的福船，广船造价是福船的两倍，修理也只能用铁力木，但耐用程度亦较好，也比较耐虫蛀。广船形制下窄上宽，状若两翼，在里海则稳，在外洋则动摇，于浪漕中起伏荡漾导致火器未必能中。

理解广船概念记住三个特点。第一个特点是历史时间段是在鸦片战争之前，它有终期，就是说有结束时间，但是没有始期，也就是说没有开始的时间。这是因为我们在考古学、考证学上，还没有确切的证据说广船到底是起始于什么时间。第二个特点就是木质的海船。第三个特点是在广东建造的。根据这个概念，本书所述的广船是一种在鸦片战争之前由广东建造的木质的海船，这是考古学和船史界共同给广船下的定义。

按照现在的学术界通常的观点，或者说学者基本达成的共识，广船起源于春秋，或者更早。唐宋时期，是广船发展的成熟期。元明时期是它最成熟或者说是定型期。这是广船的总体发展脉络。后面章节按照广船的产生、发展、成熟、衰落以及各个时期的代表船型、特点进行叙述。

二、南越王船

南越王船（图5-1）是对广州南越王墓出土文物——青铜提桶上的船形饰纹所代表船舶的称呼。图5-1（a）为出土的船形饰纹的青铜提桶。图5-1（b）为船形饰纹的拓印。

西汉南越王墓是中国20世纪80年代重大考古发现之一，1996年被列为全国重点文物保护单位。西汉南越王墓是1983年发现的南越国第二代国王赵眜之墓，是岭南地区所发现的规模最大的唯一汉代彩绘石室墓。墓中出土文物一千余件，其中"文帝行玺"金印、玉角杯、金铭文虎节、印花铜板模、平板玻璃铜牌饰等文物具有重大历史、科学、艺术价值，集中反映了两千年前岭南政治、经济和文化等多方面的内容。

在南越文王赵眜陵墓东耳室的出土文物之一青铜提桶上，刻画着四艘古船成环形分布的纹饰。这四艘古船被称之为南越王船，船史界和考古界经对船纹饰的探索和研究，在南越王船上发现了数项中国船舶史上较为早期的船舶结构件及其属具，如隔舱壁、锚（碇）、柁（舵）、桅、桅靠、帆、绞车等。

南越王船是早期广船的一个典型代表。其船在充分吸收由中原南下的楼船建造技术的基础上，以适应海上航行的目的，在结构设计上重视强度和安全性。总的来说具有如下特点：

（1）艏尖艉宽、下窄上阔，尖底，两端上翘，线形较瘦。

（2）用料讲究，结构坚固，尤其龙骨、肋骨、船底板、桅杆、舵杆、大擸等均用上等木料。

（3）纵向强度大，有龙骨和大擸，横向密距由肋骨与隔舱板构成。

（4）梁拱小，甲板脊弧不高。

（5）常用开孔舵、扇形帆。

（6）粤西海域的海船常常带有中插板（腰板）。

（a）青铜提桶　　　　　　　　　　　　　（b）拓印

图5-1　南越王船

三、广船的发展历程

船舶是时代、社会、政治、经济的物化产物。广船作为中国古代船舶的一大典型船型，在历史演变长河中，随着当时经济和社会的发展演变和发展。总体来

说，船型的发展离不开所处年代的社会生产力水平和科学技术发展状况。中国经历了较长时间的封建社会，在这些衣钵相传的封建制国家中，出现了许多有代表性的帝国，如史学上通常所说的秦汉、隋唐、宋元和明清等朝代。这些古代封建帝国，在他们所矗立的年代，具有世界性的高度，帝国的政治、经济和技术也具有世界顶尖的水平。广船在不同的历史时期，一方面体现了该时代的社会生产力水平，另一方面也反映了时代的水运需要状况。

（1）珠海宝镜湾海船。

据现有史料和文物可考证，广东建造的海船是历史最悠久的船种之一，源于春秋或更早期。据《广东通史》记述："南方百越是善于造舟的……广东的南越先民，至迟在新石器时代便已使用舟楫……"[①] 这段话的例证是 1989 年在广东珠海市高栏岛宝镜湾发现的岩画，经考古鉴定，珠海宝镜湾海船出现于春秋时期或更早。

（2）南越王船。

南越王船是秦汉时期的广船典型代表，反映了当时的社会生产力水平和船舶的建造工艺水平。

（3）海鹘船。

唐、宋、元时期是广船发展的成熟期。海鹘船是这一时期广船的杰出代表。先进的造船技术和工艺在这三个时期得以充分应用、巩固与发展，新的用料选择以增加船舶的纵横向结构强度，例如龙骨、大樉、肋骨、桅杆、舵杆的选材，甚至外板的精选等，这些结构使得广船向更坚实、耐用迈进了一大步，使之更适应南海甚至印度洋的航行。广船这些结构的发展与当时的海外贸易需要紧密相连，与当时的政治经济有着不可分割的关系。

（4）明代战船。

广船在明朝正式定型并出现在各种文献资料里。明朝是古代中国造船的第三个高峰时期，其中最著名而又深具历史意义的是三宝太监郑和七下西洋。关于郑和舰队的宝船建造基本都在江苏和福建等地进行，经查阅史料和相关文献，宝船舰队没有出现在广东建造的记载。但既然是下西洋，也就是在南海、印度洋航行，广州作为航线上重要的中转港口，广船充当了一定的替代补给作用。明代还有两件很重要的海事，就是东南沿海的抗倭，以及明末清初的郑成功收复台湾和抗清舰队，在这两件海事中，广船因其结构强悍特点充当了重要的主力。

第三节　广船的历史地位

广船是中国四大木质帆（海）船（广船、福船、沙船和鸟船）船型之一。顾名思义，广船是指广东（包括当时的海南岛）所建造的木质海船。

---

① 方志钦、蒋祖缘：《广东通史》，广东高等教育出版社，2014，第 546 页。

明代茅元仪在其所撰《武备志》中系统评述了广船。

茅元仪（1594—1640年），字止生，号石民，又号东海波臣、梦阁主人、半石址山公，归安（今浙江吴兴）人，文学家茅坤之孙。自幼喜读兵农之道，成年熟悉用兵方略，曾任经略辽东的兵部右侍郎杨镐幕僚，后为兵部尚书孙承宗所重用。崇祯二年因战功升任副总兵，治舟师戍守觉华岛，后获罪遣戍漳浦，忧愤国事，郁郁而死。茅元仪目睹武备废弛状况，曾多次上言富强大计。汇集兵家、术数之书2 000余种，历时15年辑成《武备志》，对后世影响较为深远。

《武备志》卷一百一十六："广东船""东莞大头船""新会尖尾船"均在大标题"战船"之后的子标题。"广船，视福船尤大，其坚致亦远过之，盖广船乃铁力木所造。福船不过松杉之类而已，二船在海若相冲击，福船即碎，不能挡铁力木之坚也。"这里所说的广船也指战（兵）船。

《广东考古辑要》引黄佑《广东通志》也有记述，唐岭南节度使杜佑曾造战船分为六种，有高如城垒的楼船；有船背蒙以皮革、不畏矢石的艨艟；有栅栏金鼓、专为战斗的斗舰；有行驶如飞的走舸；有供侦察用的快艇；有头低尾高、前大后小，两旁有浮板耐巨浪的海鹘。东莞的"乌艚"、新会的"横江"两种大船，属艨艟、斗舰之类在战船行列中，是一种主力舰。

明代王在晋在《海防纂要》也对广船有记述。

王在晋（1564—1643年），字明初，号岵云，太仓县人。万历二十年进士。历官中书舍人、江西布政使、右副都御史、兵部侍郎、南京兵部尚书、兵部尚书。在魏阉逆案中因参与纂修《三朝要典》受到一定牵连。

《海防纂要》描述，广船视福船尤大，其坚致也远过之，盖广船乃铁力木所造，福船不过松衫而已。二船在海，若相冲击，福船即碎，不能当铁力木之坚也。倭夷造船，亦用松衫之类，不敢与广船相冲。但广船难调，不如福船为便易。广船若坏，须用铁力木修理，难乎其继。且其制下窄上宽，状若两翼，在里海则稳，在外洋则动摇，此广船之利便也……

明末清初屈大均《广东新语》卷十八《舟语》记载，粤人善操舟，故有铁船纸人，纸船铁人之语，盖下海风涛多险，其船厚重。多以铁力木为之，船底从一木以为梁，而舱艎横数木以为担，有梁担则骨干坚强。食水可深，风涛不能掀簸，任载重大，故曰铁船。船既厚重，则惟风涛所运，人力不费，小船一人一桨，大船两三人一橹，扬篷而行，虽孱弱亦可利涉，故曰纸人。篷者，船之司命。其巨舰篷，每当逆风挂之，一横一直而弛，名曰扣篷。谚所谓："广州大艨艟，使得两头风。输一篷，赢一篷也。"①

———————————

① 屈大均、李育中注：《广东新语》，广东人民出版社，1991，第423页。

第四节 广船与福船之间的关系

广船、福船的称呼始于明代。同时作为三大古船型广船与福船，它们之间到底有没有什么关系和渊源呢？广船与福船两者是"兄弟"？是"父子"？船史界、造船界专家学者众说纷纭，各执其词。按照社会政治和经济发展规律，往往一项优秀的新生技术会具有很强的衍生生命力。广东和福建本都是东南沿海地区，自古以来，就有很广的交流，都属于"百越文化"的区域，所以很难说二者之间没有任何联系。制造技术会随着区域之间的交流和往来存在痕迹，但这些痕迹又会深深印上适应于地区海况和气候状况的特征。

早期广船与福船地同源。据《汉书·地理志》记载，百越的分布"自交趾至会稽七八千里，百越杂处，各有种姓"。也就是从今江苏南部沿着东南沿海的上海、浙江、福建、广东、海南、广西及越南北部这一长达七八千米的半月圈内，是古越族人最集中的分布地区。广东、福建、浙江地处南海、东海，海岸线长、岛屿多，河流纵横互相交织，水上、海上交通自古十分发达、繁忙，在其中穿梭的载体就是船。无论是最早期的海上迁徙、移民、海外贸易、友好交往、海洋捕捞，或是沿海部族争权夺利和民众的日常生活，一切都离不开船。

广船与福船行同源。古越人有着可以互通的语言，先秦岭南通行语言见于西汉刘向的《说苑》一书所记载的一篇《榜枻越人歌》。《宣和奉使高丽图经》也述"《榜枻越人歌》不仅是研究民族风情，而且是研究古越族语言的珍贵资料……从中'大抵可以看出，闽越、瓯越、南越、骆越语在古代大概是可以互通的，因为其古越语的成分直至今天仍然十分明显。'"[①] 可见百越民族的早期文化是同一个源头。

中期的广船与福船分道扬镳。随着经济的发展，二者在不同的海域、不同的海况、不同的海洋文化背景下走过的发展道路自然各不相同。至宋末元初，广船和福船在船型上还是基本相似的，最典型的例证是元代"阔阔真公主号"，若将此船与广东东莞的"乌艚"船一对照，具有很大的相似性。船型、桅杆，乃至桅杆的位置都基本吻合。而与福船相对照，则是似又不似。

在经过漫长的发展后，广船和福船渐渐地根据各自海域的不同特点在自成体系后于明代以后发展成成熟船型，出现了广船、福船和沙船等独立的称呼。

据许路教授《"福船"称谓考源》记述："唐宋代史籍尚无福船称法记述，但当时福建帆船已成体系。""目前所见最早出现福船称谓的是著于明代万历四十一年（1613年）的《海防纂要》，王在晋在其卷十三对比福船与广船之利弊……"，将福船与广船分列为两大船型比较两者之优缺[②]。自此以后，这种称谓

---

① 徐兢:《宣和奉使高丽图经》,1937年影印本。
② 王在晋:《海防纂要》,明万历四十一年。

95

就广为流传。

广船与福船定型后，区而不别。"出洋商船，皆为势豪富户所造……他们往往选择执法驰疲地区制造商船。在福建者，则于广东的高、潮等地造船，浙之宁、绍等处置货……在浙江、广东者，则于福建之漳泉等处造船置货……"①。异地造船，无异于购入具有建造地特色的船只，福商进广船，浙、粤商进福船，这应是古代司空见惯的现象，技术、工艺交流则寓于其中。

本章参考文献

[1] 金行德.广东船研究[M].广州:广东旅游出版社，2012.

[2] 陈建平、关伟嘉、端木玉，等.广东船舶发展简史[M].哈尔滨:哈尔滨工程大学出版社，2018.

[3] 席龙飞.中国造船通史[M].北京:海洋出版社，2013.

[4] 孙光圻、张后铨、孙夏君，等.中国古代航运史:全2卷[M].大连:大连海事大学出版社，2015.

[5] 叶显恩.广东航运史·古代部分[M].北京:人民交通出版社，1989.

[6] 交通部珠江航务管理局.珠江航运史[M].北京:人民交通出版社，1998.

[7] 广东省地方史志编纂委员会.广东省志·水运志[M].广州:广东人民出版社，2006.

[8] 广东省地方史志编纂委员会.广东省志·船舶工业志[M].广州:广东人民出版社，2000.

---

① 陈子龙:《明经世文编》,中华书局,1962,第1378页。

第六章　先秦岭南舟事

先秦，一般是指秦始皇统一六国之前的时代。先秦时代的显著特征就是在中华大地上还没有真正形成中央集权的帝国，是一个神权时代。最高执政集团尚未实现权力的高度集中，在地方管理上实行分封制度。分封制度下受封者在自己的领地内拥有很大的独立性，同时，早期王权在不同程度上受到其他力量的制约，也受到习惯法和传统礼制的约束，这与秦帝国形成后的封建皇权是有很大差异的。

第一节　先秦造船与水运

春秋时期，是奴隶制经济行将结束及封建地主制经济萌芽时期。春秋时期的冶铁技术已有所发展。铁制工具的出现则进一步推动了生产力的发展，手工业的分工更加细密，木工技术达到了新的水平。铁制的斧、凿、锯等工具的出现和使用，为传统造船技术的发展奠定了技术基础。战国时期，中国开始进入封建制社会。由于铁制工具的进步和发展，加上各国之间的争霸和战争推动了造船技术的进步与发展。战国时代的造船技术成就，为在其后的秦、汉时代造船技术的大发展创造了必要的条件。

一、春秋时代的船舶与航运

春秋时代因航区不同或运输要求各异，逐渐出现了特点各异、形制不同的各类船舶。民间有以快速为主的轻舟、扁舟，还有适用于短途航行的船只。屈原在《楚辞·九章》中唱"乘舲船余上沅兮"，舲就指这种有棚有窗的小船。艅则是大舰，又称王舟，专供国君乘坐。此类王舟建造坚固，航行轻快，并且雕刻华丽，技术工艺已达到了较高的水平。

春秋时期出现在黄河上的秦国赈济晋国粮食的"泛舟之役"①的纪事被认为是中国漕运之始。先是沿渭水东下，入黄河则逆流北上，再东折汾水，航程六七百里。规模之大，可见当时造船业和航运业之发达。

春秋时位于长江流域的楚国和吴国，水运和造船技术也有很大提高。吴国的都城是现今的苏州市，西滨太湖，东通大海，是一个"不能一日而废舟楫之用"②的国家。吴国还特别重视治理水道。公元前486年，吴王夫差开掘邗沟。公元前484—公元前482年再次开掘邗沟，东边沟通沂水和泗水，西边沟通济水和

---

①　左丘明：《左传》，时代文艺出版社，2000，第 99 页。

②　顾栋高：《春秋大事表》，中华书局，1993，第 486 页。

黄河，这样，就把江、淮、河、济四条大河的水道都连通起来了。

春秋时期列国争霸，促进了航海事业和海船的发展。汉代著作《说苑》载"齐景公（？—前490年）游于海上而乐之六月不归。令左右曰：敢有先言归者致死不赦。"①可见当时航海规模之大。

百越各族间的联系，多依靠海上交通。正如越王勾践（？—前465年）所说，其人"水行而山处，以船为车，以楫为马，往若飘风，去则难从"。②早在西周时就有"于越献舟"之举，实则是由越人向中原地区传授造船技术。及至春秋，沿海及中原的造船技术又有了进一步发展。《史记》记有"范蠡以为大名之下，难以久居……乃装其轻宝珠玉，自与其私徒属，乘舟浮海以行，终不反。"③

春秋时代各诸侯国之间的兼并战争激烈而频繁，从田亩辽阔的中原到江河交错的江南，征战四起。中原征战用车，江南水战则以舟船为主。战争的需要，推动了造船业的发展，也促进了船型的多样化。

二、战国时期的船舶与水运

战国时期的相关文献记载和出土文物主要反映了中原地区，特别是关于长江流域的水运情况。据《史记》记载，秦惠王的使臣张仪（？—前309年）到楚国游说时，向楚怀王介绍秦国的情势时说："秦西有巴蜀，起于汶（音岷，与岷通）山，浮江已下，至楚三千余里。舫船载卒，一舫载五十人与三月之食，下水而浮，一日行三百余里，里数虽多，然而不费牛马之力，不至十日而距扞关。"④张仪游说难免对秦国有吹嘘和夸张之嫌，但对航道和舫船载卒的表述，当在情理之中。在西周时期只有大夫这一等级的官员才能乘坐的舫船，到了战国时期则变成了实用的货运工具，可见造船业发展之迅速。

1974—1978年于河北平山县发掘出战国时期的古城遗址一座，即中山国都城灵寿。古城内外有战国墓30座。中山王墓尚有若干陪葬及附葬坑，其葬船坑内有船数只，极为罕见。此等船只是中山王生前所御之游艇，用以随葬。

葬船坑总长136米，分为南室、北室、北沟道等三部分。北沟道总长100米，宽2米，其中未发现任何器物，据认为有象征河道之意。北室长18米，宽7.6米；南室长17.8米，宽9.3米，坑壁均夯土筑成。南室坑壁有柱10对，又有2行中柱，每行6柱，将南室分为3跨，各跨约3米。南室每跨均有一船，中、东、西并列木船3只，船首向南，船尾向北。西船的灰痕迹较为完整，以西船为主兼用中船、东船的遗迹作为补充。

中山国为北方少数民族白狄所建，春秋以来虽有所发展，但战国时期仍不过

① 程翔：《说苑》，商务印书馆，2018，第384页。
② 袁康、吴平、徐儒宗点校：《越绝书》，浙江古籍出版社，2013，第64页。
③ 司马迁：《史记》，北京燕山出版社，2018，第315页。
④ 司马迁：《史记》，北京燕山出版社，2018，第315页。

是只有"千乘"的小国。中山地处北陲，且少大江大河之利，竟有如此纹饰瑰丽的游船和这般高超的造船技艺，那么齐魏大邦定会更有甚之。至于南方的楚、吴、越各国，濒江滨海，自古以来其舟楫之盛，就已非中原所能及。正因为在战国时期的舟船技术有了坚实而广泛的基础，所以才有可能使我国从秦汉时代开始大力发展海洋船舶，并且开拓了海上丝绸之路。

战国早期船舶的发展情况，在出土和传世的战国铜鉴和铜壶上得到了生动而翔实的反映。于 1935 年在河南省汲县（今河南省卫辉市）山彪镇一号墓出土的战国水陆攻战纹铜鉴，描绘了左右相对行驶的两艘战船，形制大致相同，都是船身修长，首尾起翘。战船设有甲板，战士在甲板上面作战，划桨手在甲板下面的船舱内划桨。

另一件重要的青铜器是北京故宫博物院藏传世文物宴乐渔猎耕战纹壶。无独有偶，1965 年又有成都市百花潭中学战国时期十号墓中出土一件与之相类似的嵌错宴乐渔猎耕战纹铜壶。两者的构图和技法几近相同，上层为采桑和射猎；中层为渔、猎和乐舞；下层为水战和攻城战。说明战国时代的战船，其设计、制作的工匠，不仅注重战船的性能，也非常注重战船的美观和视觉效果。

第二节　先秦岭南水上活动

在我国海洋文化中，传播最广、影响最大的有两大文化系统：一是北方滨海地区的龙山文化；二是南方滨海地区的百越文化。

龙山人和百越人，创造了上古时代卓越的海洋文化。[①] 早在 7 000 年前，百越民族就开始了原始的航海活动，为以后开拓海上丝绸之路准备了条件。越人制作竹、木筏及独木舟的历史可以追溯到 6 000 以前的河姆渡人时期。1973 年浙江余姚河姆渡遗址中曾出土一件陶制舟船模型，在第三、第四文化层中还出土了 6 支木桨。桨柄和桨叶由一块木料制成，形如柳叶，造型考究，经碳 14 测定距今约 7 000 年。有桨必有舟，而舟应出现于桨之前。河姆渡遗址虽未发现舟，但出土了一件"夹碳黑陶舟"，它两头尖，舟体呈梭状半月形，底部微翘，极似独木舟。此舟虽然是陶舟艺术品，但再现的是当时的造船文化，显然它是当时现实生活中所造所用独木舟形状的真实写照，表明百越民族在 7 000 年前就已进行水上航行了。另外在广东湛江沿海地区也出土了新石器晚期的独木舟。

一、岭南古越人的早期内河水上活动

早在旧石器时代，马坝人已在北江河谷的狮子岩洞居住。马坝人是迄今为止发现的最古老的越人先祖。在广东境内，考古工作者已经发现了 400 多处新石器时代的遗址，这些遗址周围一二里内都有河流或湖泊，因在挖井技术未发明之

---

① 钱立胜：《浅谈华夏航运文化起源》，《航海》2020 年第 3 期。

前，石器时代的人类必须择水滨而居，以便汲取淡水。考古学家得出的离水边超过千米以外的地方不存在石器时代的遗址的结论，已经被越来越多的考古材料所证明。

受到水滨生活的陶冶，越人练成了一身擅于"涉游刺舟"①的本领。关于他们涉游捕捞的情景，因古籍文献记载的缺略，已经不得其详，但从汉代以及后来的文献记载看，尚可窥见一斑。汉初刘安的《淮南子》载："九嶷之南，陆事寡而水事众。于是民人被发文身，以象鳞虫，短绻不绔，以便涉游，短袂攘卷，以便刺舟。"②广东属九嶷之南，此说亦包括了广东越人。为了便利水中的"涉游"活动，越人断发文身，短绻不绔；为了便利岸上的"刺舟"生产，越人短袂攘卷。可见越人的装束是为了适应水上生活而出现的。

远在新石器时代，无论是今天中山市的五桂山、凤凰山，斗门县的黄杨山，还是孤悬海外的岛屿，生活在那里的越族先民，便靠着竹木筏和独木舟在浅海湾里航行，彼此来往。珠江三角洲地区出土的霏细岩石器，主要来自西樵山石器制作场。新石器时代的西樵山处于河涌密布的水网地带，对外联系只靠水路，石器制品自当通过河涌运往各地。

越族先民沿着北江等河流，越过五岭而与岭北各地乃至中原地区发生了联系。早在新石器时代越族先民与岭北地区已经进行文化经济交往。曲江马坝出土的陶器与江西清江出土的子口罐、三足盘、盘形鼎、陶豆、袋足鬲等陶器的型制十分相似，这反映出粤北与江西等地有着文化上的联系。广东发现的彩陶，又似与中国东南沿海地区，如青莲文化有着某种联系。这一切都在说明，岭南越族先民并非与外界隔绝的孤立群体，他们与外界有着千丝万缕的联系，水路是他们往来最方便的通道。

世世代代的水运实践，使越族先民积累了起丰富的航行经验。"越人善用舟"③，这是自古以来人们所公认的事实。水运是文化交流的媒介。

战国时期自从吴起（约公元前440年—公元前381年）在楚国进行政治改革以后，国力日强，平定了百越，一直把楚国的疆土扩展到江西南部，以及湖南、广西之间的苍梧。楚努力在南方以长沙为中心，沿着湘江进入苍梧，再进入漓江而到达西江，也可以从湘江进入潇水，潇水之源与贺江相近，沿贺江可达封开，或者越过骑田岭到达连江。在楚文化的影响下，广西的全州、兴安、桂林、荔浦、恭城、平乐、钟山、贺县、梧州、横县、宾阳、南宁等地均发现春秋战国时期带有楚文化特色的青铜器。至于广东地区，目前发现的战国时期的青铜器墓葬，主要也集中在西江流域，说明西江流域青铜文化之发达，并且清楚地显示出楚文化沿着湘江、漓江、贺江进入广东。越族先民在西江上可以通行无阻，是无

---

① 刘安：《淮南子》，北方文艺出版社，2018，第1页。
② 刘安：《淮南子》，北方文艺出版社，2018，第1页。
③ 屈大均：《广东新语》，广东人民出版社，1991，第423页。

疑的。

二、岭南古越人的早期航海活动

岭南临海，其南尽南海之利，西临中南半岛的独特地理优势，成为我国早期发展海外贸易的主要地区。岭南越族一向擅长舟楫，广东、广西其漫长的海岸线上有无数的天然良港，具有发展海上交通的优越条件。因此，早在远古时代，岭南越人就得利于优越的地理条件和善于驾舟航行的特长，开始在海洋上航行。

考古资料证明，早在新石器时代，越人就已在合浦沿海地区劳作生产，繁衍生息。1957年和1978年在合浦县环城乡一带，出土了石锛、石铲、石礌和石戈等新石器时代的石器。石锛是百越文化的特征，而百越文化的创造者主要是越人，这些出土的石器可以证实，最晚在新石器时代，百越族系之一的西瓯越人，就已在合浦沿海地区披荆斩棘，用自己的辛勤劳动开发了合浦沿海地区。

岭南越人自古善于造舟、航海，此时的越人已经开始了航海活动。《越绝书》谓越人"水行而山处，以船为车，以楫为马，往若飘风，去则难从"。[①]《淮南子》亦记载"胡人便于马，越人便于舟"。[②]这是越人擅长驾舟航海的生动写照，越人在"刳木为舟，剡木为楫"的基础上，开创了航海活动。

而处于南流江下游的故城旧州至廉州镇的河口，以及今北海市区的港汊、潟湖，最早成为当地独木舟寄碇之所。港口的产生和发展，显然是当地人民长于海上生活，充分利用当地具有出海方便的地理条件，随着社会经济的发展和航海活动的日趋频繁，在与海外各国不断交通贸易往来中逐步形成并不断发展的必然结果。

春秋战国时期，到岭南沿海活动和捕捞的南越人，就曾在海湾的石壁上凿刻岩画。如1989年珠海市高栏岛发现的宝镜湾岩画，长5米，高29米，内容为用线条刻画的人、船、蛇、鸟、波浪纹等。这是对岭南古越人渡海活动的艺术再现，是岭南越人"习于水斗，便于行舟"[③]的具体见证，可见早期的岭南越族先民就已凭借自制的航海工具进行海上交往活动。

《淮南子》记载秦始皇经略岭南，意在"利越之犀角、象齿、翡翠、珠玑"[④]，而犀角、象齿并非岭南所产，大都是舶来品，显然是与海外交易之物。所以，日本中西交通史专家藤田丰八说："交广之异珍，似为其本地所出，然此不过对中土而言的结果，多数珍品是由海上贸易获得的"[⑤]这些舶来品是岭南越人长于舟楫、善于航海的结果。《史记》言"番禺为珠玑、犀角、玳瑁、果、布之凑，此

①　袁康、吴平、徐儒宗点校：《越绝书》，浙江古籍出版社，2013，第64页。

②　刘安：《淮南子》，北方文艺出版社，2018，第211页。

③　班固撰、罗文军主编《汉书》，太白文艺出版社，2006，第503页。

④　刘安：《淮南子》，北方文艺出版社，2018，第402页。

⑤　藤田丰八：《宋代之市舶司与市舶条例》，魏重庆，译，商务印书馆，1936，第45页。

语必非言汉时，可见陆梁之地未开，蛮夷贾船，已有来至交、广者矣"。①说明当时岭南与中原地区的交往已经非常频繁，因此中原人才知道岭南有这些奇珍异物。此时岭南的水路海外贸易更为便捷，吕思勉先生曾指出："贸迁往来，水便于陆，故南琛之至尤早。"②

可见在秦汉前，合浦沿海一带已有海外贸易，原始港口已在这里出现，足证岭南与海外的贸易交往有着悠久的历史。

三、岭南古越人与东南亚海上交通

从我国沿海地区的考古发掘中得知，百越部族至迟在新石器时代晚期（约公元前4000年—公元前3000年）就开始了早期的航海活动。到西周（公元前11世纪—公元前771）时期，周王朝与沿海近邻国家已经有了更多交往。到战国（公元前475—公元前221）时期，不但华夏近海诸侯之间海上战事和民事活动频繁，与沿海邻国的来往也更加密切。

根据考古学和民族学的研究，百越文化是以有段石锛和几何印纹陶器为其特征的新石器文化，这类文化广泛分布于苏、浙、湘、皖、闽、赣、粤、桂、台以及西南部分地区。

有段石锛不仅在中国东南沿海大量发现，而且在遥远的太平洋各岛均有发现。国内外考古学界已断定有段石锛起源于中国的东南沿海，后经百越人漂航传播到太平洋各岛，是百越人的海上活动把这些器物首先传播到沿海各地及至海外的。

考古学和考证学表明，史前时期，华南和东南亚乃至大洋洲地区就有了广泛交流和往来。德国的考古学家、民族学家海尼·格尔顿（Robet Hiene Geldern）就认为大洋洲的文化来源于中国。他还认为当地人是在新石器时期，从中国东南沿海使用澳亚语言（Austroasiatic Speech）的民族中漂洋过海迁去的。③海尼·格尔顿的观点，后来被考古发现和语言学的研究所证实。从人类学的角度来看，加里曼丹的尼亚洞穴古人、澳大利亚的维兰德拉湖古人，是广西柳江古人东渡的后裔。古人类学家在对我国南方地区史前、上古时期人骨遗存的综合研究中发现，浙江余姚河姆渡、福建闽侯县石山、广东佛山河宕、广东南海鱿鱼岗、广西桂林甑皮岩等颅骨组的种族特征非常集中，代表了古代人群的一个重要区域类型"古华南类型"，其前身还可以追溯到旧石器时期的广西柳江人。该类型的分布正与古越人的活动空间重叠，其体质特征与现代华南汉民人群有别，而与东南亚的印尼人、大洋洲的美拉尼西亚人等现代对比组比较接近。在语言学上，不少学者对南方壮侗语族的许多人群做了深入的语言调查，并与今南岛语族语言进行比较，

---

① 司马迁：《史记》,北京燕山出版社,2018,第319页。

② 吕思勉：《秦汉史》,上海古籍出版社,2005,第45页。

③ 房仲甫、李二和：《中国水运史》,新华出版社,2003,第109页。

发现黎族、水族、侗族、壮族等民族的方言和口语与今高山族、菲律宾土著、马来语等南岛语言在基本词汇上有很大的共性。

这些成果进一步佐证了华南和东南亚、大洋洲地区的广泛交流和往来的事实。

四、史籍记载

古越人早在无文字记载之前，在大迁移的过程中，就开辟了我国东南沿海至东南亚各地的远洋航线。在我国古代史籍中，就记载了很多远古帝颛顼、尧、舜等人"南至交趾""南抚交趾"的传说。《淮南子》篇中说："昔者神农之治天下也……其地南至交趾，北至幽都。"[①]《史记》载"帝颛顼高阳者……北至于幽陵，南至于交趾，西至于蟠木"。[②]"虞舜者，名曰重华……南抚交趾、北发，西戎、析枝、渠瘦、氐、羌，北山戎、发、息慎，东长、鸟夷，四海之内，咸戴帝舜之功"。[③]《墨子》也载"古者尧治天下，南抚交趾，北降幽都"。[④]《吕氏春秋》卷二十二《慎行论》篇中亦说，"禹东至抚木之地……南至交趾、孙朴、续樠之国……西至三危之国……北至人正之国"。[⑤]这些文献记载明确告诉我们，岭南与周边的密切交往自古有之。《竹书纪年》一书就有关于夏朝第九代王帝芒曾"东狩于海，获大鱼"[⑥]的记载，这是我国见于史籍的最早的海洋活动。

在西周时期的岭南越人，海上航行已相当发达。越南《越史略》卷一《国初沿革》载："至周成王时，越裳氏始献白雉。"[⑦]而从越裳国到中原，"道路悠远，山川阻隔"，沿海则是越裳国向中原"朝贡"必经的便捷水道。王充在《论衡》中也提到早到公元前11世纪的西周时期，中国与日本、越南已有海上交通。而此时只能从北部湾出发，利用海流航海。因此，可以说瓯骆人在西周时期，已经可以从合浦或北部湾沿岸航海到今越南区域。西周时期，随着社会生产力的逐步发展，人们活动区域不断扩大，我国与东南亚国家已开始进行海上交通和"朝贡"式的贸易来往。这一带的海上交通也得到发展。王嘉的《拾遗记》就记载"周成王时，已有旃涂国、祇因国、燃丘国来献方物"。[⑧]《竹书纪年》也记载周成王十年时，"越裳氏来朝"。[⑨]《韩诗外传》卷五、《尚书大传》卷五也都有此说。周成王十年（约公元前11世纪）交趾南面的越裳国（今越南中部），经合浦

---

① 刘安:《淮南子》,北方文艺出版社,2018,第151页。

② 司马迁:《史记》,北京燕山出版社,2018,第1页。

③ 司马迁:《史记》,北京燕山出版社,2018,第4页。

④ 陈德军:《墨子》,陕西师范大学出版总社有限公司,2017,第101页。

⑤ 冀昀主编《吕氏春秋》,线装书局,2007,第331页。

⑥ 沈约:《竹书纪年》,商务印书馆,1644—1911,第45页。

⑦ 《越史略》,商务印书馆,民国25年。

⑧ 王嘉:《拾遗记》,孟庆祥、商嫚姝译,黑龙江人民出版社,1988,第45页。

⑨ 沈约:《竹书纪年》,商务印书馆,1644—1911,第48页。

郡向周朝进贡。与此同时，"四方贡献，南海贡鱼草、珍珠、大贝"。①合浦在西周时属南海，在当时的航海条件下，越裳国等国由今马来半岛抵中原，合浦沿海是必经水道。

到了春秋战国时期，越人已呈现主动航海的迹象。春秋战国时期，楚国称霸，不少中国商品通过水路销往东南亚。楚国声威扬海外，越裳国改为朝贡百越，与中国南方沿海的越人交通来往。此时合浦所产的明珠，已和南洋的象牙、翡翠等珍品一起流入中原。同时，中原的产物经合浦郡销往南洋。当地的骆越人素善航海，很早就与南洋地区发生经济联系。

《说苑》记载齐景公（前547—前490年）"游于海上而乐之，六月不归"，②《史记》和《左传》都曾记载公元前485年吴国与齐国之海战……将吴国水师击退。③④以上大量史实充分说明中国在西周至春秋时期，海上航行更加发达，可以一走6个月。《淮南子》就有"乘船而惑者，不知东西，见斗则矣"的记载⑤，说明此时我国与东南亚地区已有互相来往的贸易船只。《庄子》和《吕氏春秋》也都明确记载，越人从北部湾出发，在海上漂流达一年之久。据《庄子》的记载："越之流人，去国数日，见其所知而喜；去国旬月，见其所尝见于国中者喜，及其期年也，见似人者而喜矣。"⑥《吕氏春秋》也载道："流于海者，行之旬月，见似人者而喜矣。及其期年也，见其所尝见于中国者而喜矣。夫去人滋久，而思人滋深欤！"⑦以上史料都是记载公元前4世纪左右的史实，由此我们可以得知，所谓"及其期年"就是越人从北部湾出发，在海上漂流需要长达一年的时间，参照《汉书》记载的行程，此时的越人航海者当可到达身毒（印度），印度多黑人，即文中所说的"似人者"了。⑧说明从北部湾北岸的合浦港区航行到印度的海上丝绸之路，最晚在战国时期就已经开通了。

此外，还有其他史料可以进一步印证，印度开国总理尼赫鲁在其著作《印度的发现》一书中就认为"中国丝早在公元前4世纪起就开始运入印度"⑨，公元前320—公元前315年印度旃陀罗笈多王时期的《政论》一书中也有"……产丝与纽带，贾人常贩至印度"的记载，说明当时中印之间已有交通的事实。据以上史料记载，说明从合浦航行到印度次大陆的航线在战国时期已经开辟。由此可见，

① 徐松石：《粤江流域人民史》，河南人民出版社，2016，第56页。
② 程翔：《说苑》，商务印书馆，2018，第384页。
③ 司马迁：《史记》，北京燕山出版社，2018，第315页。
④ 左丘明：《左传》，中华文化讲堂注译，团结出版社，2017，第105页。
⑤ 刘安：《淮南子》，北方文艺出版社，2018，第211页。
⑥ 庄子：《庄子》何洋译，吉林大学出版社，2008，第331页。
⑦ 吕不韦：《吕氏春秋》，北方文艺出版社，2018，第315页。
⑧ 班固撰、罗文军主编《汉书》，太白文艺出版社，2018，第216页。
⑨ 尼赫鲁：《印度的发现》，向哲濬、朱彬元、杨寿林译，上海人民出版社，2016，第5页。

北部湾沿海一带的"越之流人"和越人中的"流于海者"在公元前4世纪的战国时期，就成为中国至印度远洋航线的最早拓通者。

另外，还可进一步佐证的是，清同治年间，曾在广西廉州九头岭下发现战国时期造船厂遗址，挖掘出的造船木材坚硬如铁，其中一方形大木长达30米，可以想象当时船厂规模之大，这就更增加了远航的可信程度。同时，随着社会经济的发展，航海事业的兴旺发达，春秋战国时期，中国沿海已出现碣石、黄、腄、琅琊、番禺等众多重要的港口。而番禺就是百越人创建的滨海港口，是早在商周时期就发展起来的南海古港。而到春秋战国时期，番禺已是可通达南洋各地的主要港口，春秋时期楚国能在南方形成"楚子称霸，百越朝贡"局面，① 就与楚国占据番禺、掌握了对外航海贸易的绝对优势密切相关。

建构航海事业的港、航、船三大基本要素，对百越人来说都已具备，由于百越人既对操舟泛海具有很强的航海能力，又具有较高的造船技术，因此，可以说，在公元前4世纪时就已出现了中外海上交通，从北部湾北岸的合浦港区航行到印度的海上丝绸之路，最晚在战国时期就已经开通了，这条从华南到印度洋的航路在先秦时期就应已存在，只不过到汉代才见于史籍文献的记载。

第三节 先秦粤地舟事

正是由于社会生产力的状况，决定了先秦的社会政经发展带有明显的区域性和孤立性，各区域之间的交流和交换还处在很封闭和原始的状态。舟船的出现，与人类认识自然、利用工具改造自然的进程是一致的，也是人类进化的必然结果。

《吕氏春秋》已载有"适越者，有舟也"。这就是说"南方百越是善于造舟的……广东的南越先民，至迟在新石器时代，便已开始使用舟楫……"② 由于当时的广东经济、文化还相当不发达，建造的船应是独木舟和独木舟用竹钉钉上几块木板组成的最早期的"木板船"，而且是民间自造，不是部落性的群造，数量也不会太多。

《竹书纪年》载，战国时期魏襄王七年（前312年）"越王使公师隅来献舟三百"。③

一、先秦越人为舟

1989年在广东珠海市高栏岛宝镜湾发现了春秋时期或更早期的内容丰富的岩刻画，其中有几幅刻画了舟船活动的场面。该岩画的发现，对于研究广东造船

---

① 范晔：《后汉书》，浙江古籍出版社，2000，第163页。

② 吕不韦：《吕氏春秋》，北方文艺出版社，2018，第307页。

③ 沈约：《竹书纪年》，商务印书馆，1644—1911，第45页。

史来说是宝贵的和前所未有的史料。

根据船史研究学者的研究①，这几幅画为我们提供了关于广东古代造船相当丰富的信息。

船首饰有一物似鸟头，这种设计风格来自西方，那就代表早在春秋之前已有西方的船只造访广东，与广东有贸易关系。

船身长85厘米，桅杆高75厘米，这两个尺寸之比一直沿用至今。

艄艉上翘的船必定不是独木舟，上翘的部分只能由木板制成。金兴德等学者认为此船与后述的"南越王船"、西汉木板船模型、东汉陶船模有相似之处，船身部分由一条大木加工而成，只有这样才与当时当地的经济、文化情况、生产力、生产工具相适应，它证明早在青铜器时期或之前广东已经造出了早期的木板船（独木和木板组合船）。

根据对画的分析，船身艄艉上翘，上宽下窄，底部呈圆或略尖形，基本可以认定这是一种海船的船型，甚至可以认为是广船型的起源，至少是早期形式。

由此可知，百越古民在广东的土地上曾经建立过造船工场，并建造了先进的船只。

珠海宝镜湾岩画的发现和对岩画的研究打破了某些史述认为秦时岭南的商贾船是洋船的说法。

据现有资料看，讲述广东古代造船最早的，不是文字而是珠海宝镜湾的岩画，如图6-1所示。在岩画中，我们似乎可以看到有这么一幅穿越时空灵动的画：画面有20多个人和一些动物，围绕着一条大船奔跑、跳跃。这是在欢庆新船到达靠岸，也许这是古时珠海一带百越人的一种庆典形式。此船自然也就是刚建造好的新船，其建造地点也就是在珠海一带。当然，由于珠海滨海，以舟御海，所以在珠海沿海发现早期广东先人造船的遗存也是情理之中的事情。

图6-1　宝镜湾岩画

---

① 金行德：《广东船研究》，广东旅游出版社，2012，第75页。

二、先秦岭南造船场所

据《广东通史（近代部分）》记载："大致上，商代末年及西周时期广东已有奴隶主和奴隶出现。春秋、战国时代，奴隶制在广东部分发达地区获得一定的发展，到战国后期，这部分地区已进入阶级社会。"[①]

《广东航运史（古代部分）》记述"滨水越人，以渔猎为生活之源。长年累月地与大自然斗争的实践，使他们学会了编竹为筏，作为浮水的工具。后来又发明了用一根树干，除了要挖掉的地方外，其余表面都涂上一层厚厚的泥巴，然后用火烧烤要挖掉的部分。这样，有泥巴的木料被保留，没有泥巴的地方烧成炭，再用石器（有青铜器等金属后当用金属工具——笔者注）挖空焦炭的办法制造独木舟"。[②] 图6-2为化州出土的独木舟。1976年化州长岐石宁村出土6艘东汉独木舟就是用火烧，然后利用剡挖等方法完成，这应该是原始制造方法在汉代的延续。

图6-2 化州出土的独木舟

根据相关文献资料的记载和出土遗存来看，可推断在先秦时期岭南的主要造船场所主要有以下几处：

珠三角。作为珠江的出入口，古代先民聚集于此繁衍生息，理所当然地拥有一定数量和规模的场所。珠海宝镜湾的岩画就是最好的印证。

化州。据《光绪重修高州府志》卷五十载："清道光二十六年（1846年）化州石宁村发生洪水，长岐堤溃，'出独木舟一艘，木质黑而坚，塘北堤亦溃，冲出黑木数十段。'据此推测，古时化州长岐、石宁一带曾有森林，亦曾有过独木舟制作场。后来森林毁灭，工场废弃，部分独木舟成品、半成品和原材（一段段

---

① 蒋祖缘:《广东通史(近代部分)》,人民交通出版社,1989,第45页。
② 叶显恩:《广东航运史(古代部分)》,人民交通出版社,1989,第105页。

巨木）便遗留下来。"由此可见，化州长岐独木舟工场在当时制造过不少独木舟。

1983年9月，在化州中垌长湾河牛牯坡河段冲出两艘独木舟。据化州文化局提供的资料记述，在两艘独木舟出土的同时，也有红椎、白椎、水翁等地下古木出土。据当地群众反映，过去此地也出土过独木舟，牛牯坡的石狮江地段，古代木材堆积物甚多，考古人员考察判断，此地原为独木舟工场，而此地出土的独木舟为南北朝时期的宋制造。

徐闻沿海。据《隋前徐闻县治再考》记载："秦之前，这里开辟有通往东南沿海各国的商港——徐闻港。这个港口以当时的造船、航海技术和当地的特点来说，是中国与东南沿海各国进行经济文化交流最理想的口岸。"（黎国成，1988）在同期的另一文《汉代徐闻始发港兴衰的初探》中，认为徐闻港"早期阶段发展形式的原因"有二："有一定的造船技术与船舶规模"和"春秋战国时期是中国航海的初期阶段，有一定造船的技术水平"。

第四节　岭南古越人与海上丝绸之路

古越人远洋航线的开辟，也就是丝绸传播的开始。古越人对外海上交通的开辟远早于史籍文献的记载。

先秦时期，中国大陆南方沿海的百越等民族不断从海上南迁菲律宾、印度尼西亚等东南亚地区。东南亚一些民族具有干栏式建筑、铜鼓、铜锣、文身、猎首、食人肉等文化特质，也可以在古代环北部湾沿岸及其附近地区的越族中找到。这一文化共生现象，无疑进一步佐证了各民族相互之间广泛交流和往来的事实。人类学家林惠祥先生认为，"现代的华南，尤其是东南区的人民还有几点体质特征和马来族相类似，历史上记载的东南区古越族也有些风俗和语言与马来族相联系，再加以两方发现的有史以前的古物也很相像，这几点都能证明这二种民族之间应是有关系的"。[1]

而根据有段石锛的制造时间和发展阶段看，太平洋海岛地区和东南亚民族的族源，就是来自中国东南沿海的越族。谢崇安教授的壮侗语族先民青铜文化艺术研究的成果也证实，[2]中国南部边疆及其相邻的东南亚地区，早在上古的青铜时代，"这里已成为多族群互动融合与文化交流频繁的历史文化区域"，"在这一历史区域中最先掌握冶铜术应是古越人。"在这一地区已发现了多种不同的区域性青铜文化类型，"这些文化虽彼此的面貌有较大差别，但它们之间存在交流和相互影响也是显而易见的"，"结合古越人文化向东南亚渗透的考古新发现，就有理由认为，当时在北方中原商周文明向其周边施加强大影响的同时，受此挤压的东

---

①　林惠祥：《南洋马来族与华南古民族的关系》，《厦门大学学报（社会科学版）》1958年第1期。

②　谢崇安：《壮侗语族先民青铜文化艺术研究》，民族出版社，2008，第75页。

南百越系族群也同楚人及其边区的民族一样，又进一步向东南亚推移，甚至波及印度的阿萨姆等地。"这些研究成果进一步充分佐证，古越人向东南亚等地的海外迁移与交流以及古越人文化对东南亚等地民族文化的深远影响。

这就明确印证了海上交通之路的探索时期可以追溯到公元前11世纪的西周时期以前甚至新石器晚期，最晚在战国时期就已经开通了。由于东南亚某些民族在先秦时期就和合浦的古代越族有渊源关系，加上岭南越人善于驾舟航行，当地越族就可以"以舟为车，以楫为马"，[①] 经常航行到东南亚地区，这就为汉开辟以合浦沿岸港口为起点的海上丝绸之路打下了基础，准备了条件。

汉代合浦港、徐闻港和番禺港能成为最早的海上丝绸之路三个始发港和我国最早与东南亚海外贸易的链接口，均始于先秦以来岭南越人对外航海活动与交通贸易的积累。海上丝绸之路的形成，是此前岭南越人与海外诸国进行自由交通贸易不断探索、逐步拓宽深化的结果。

本章参考文献

[1]　金行德.广东船研究[M].广州:广东旅游出版社，2012.

[2]　陈建平，关伟嘉，端木玉，等.广东船舶发展简史[M].哈尔滨:哈尔滨工程大学出版社，2018.

[3]　叶显恩.广东航运史:古代部分[M].北京:人民交通出版社，1989.

[4]　交通部珠江航务管理局.珠江航运史[M].北京:人民交通出版社，1998.

[5]　广东省地方史志编纂委员会.广东省志:水运志[M].广州:广东人民出版社，2006.

[6]　广东省地方史志编纂委员会.广东省志:船舶工业志[M].广州:广东人民出版社，2000.

---

　　① 　袁康、吴平:《越绝书》，徐儒宗点校，浙江古籍出版社，2013，第64页。

第七章 秦汉楼船南下

秦汉时期是中国秦汉两朝大一统时期的合称。公元前221年秦灭六国，首次完成了真正意义上的中国统一，秦王嬴政改号称皇帝，建立起中国历史上第一个中央集权制的封建王朝。秦始皇嬴政废封建、立郡县，开始实行全面的统一。然而由于缺乏历史经验，秦朝二世而亡。在经过短暂的分裂之后，汉朝继之而起，并基本延续秦的制度，史称"汉承秦制"。

秦汉时期是中国历史上第一个大统一时期，也是统一多民族国家的奠基时期。秦汉是中国社会转型期，也是中国文化整合期。这一时期形成的国家治理体系，不仅深刻影响着中国的历史进程，也决定了中国文化的基本格局。

我国古代造船技术，在秦汉时获得重大发展，出现了中国造船史上第一个高峰时期。

汉代国家统一后，相对稳定地发展了60多年，封建制经济已基本形成，生产力水平获得较大提高。司马迁在《史记》中描述当年的繁荣景象时写道："汉兴，海内为一，开关梁，弛山泽之禁，是以富商大贾周流天下，交易之物莫不通，得其所欲。"[1] 当时，国内交通四通八达，可谓无远不至。国外交通，除从河西走廊经塔里木盆地南北边缘通向中亚、西亚的丝绸之路以外，还形成了从广东出发通向印度洋的航路，从山东半岛出发经朝鲜半岛通向日本的航路。

为适应发展海外交通的需要，中国舟船技术相应地获得了重大发展。海外交通的发展，又为中国舟船技术的发展开辟了广阔的前景。

第一节 秦汉北方水路开通

秦王政二十六年（前221年），秦军最后灭了齐国，由秦王统一了战乱频仍、各邦分治的中国，建立起中国历史上第一个中央集权的国家。秦始皇统一全国后进行了一系列改革，对于发展陆路及水路交通尤为注意。为了调发军队和转运粮饷的方便，在第二年就开始筑驰道，"东穷燕齐，南极吴楚"，[2] 驰道"以咸阳为中心，东至今浙江、江苏、山东、河北，南至今湖北、湖南，西至今甘肃东部，北至今河北和山西北部。驰道宽广五十步，每隔三丈，植树一株，用铁椎夯打路基，使驰道平坦坚实"。[3]

---

① 司马迁:《史记》,北京燕山出版社,2018,第319页。
② 班固撰、罗文军主编《汉书》,太白文艺出版社,2018,第365页。
③ 白寿彝:《中国通史》,团结出版社,1999,第75页。

一、徐福东渡

秦始皇在统一后的11年中曾5次到外地巡游。第一次是在原秦国境内，其后4次是巡游旧齐、楚、燕、赵、韩、魏等地。在秦王政二十八年（前219年），秦始皇东巡，封禅泰山，立石碑谴责六国旧贵族的黑暗统治，歌颂秦代统一功业。又东至芝罘，南至琅琊，筑琅琊台（今青岛市黄岛区琅琊台西北），立石颂德。还曾命方徐市（即徐福）入海求蓬莱仙境。《史记·秦始皇纪》记有："齐人徐市等上书，言海中有三神山，名曰蓬莱、方丈、瀛洲，仙人居之。请得斋戒与童男女求之。于是发童男女数千人，入海求仙人。"①

渤海及其东面的黄海，是燕、齐两国长期渔猎和交通活动的海域，或因航行中直接接触，或因海市蜃楼景象的诱惑，激发两国的人们寻求世外桃源的热情。齐威王、齐宣王和燕昭王在位时代已经使人入海求三神山，可见秦始皇派徐福入海并非什么创举，应当说是继战国时期探索海上航路的继续。

徐福之行一去数载，并未有所获。《史记》记有："方士徐福等入海求神药，数岁不得。费多，恐谴，乃诈曰：'蓬莱药可得，然常为大鲛鱼所苦，故不得至，愿请善射与俱，见则以连弩射之'。"②徐福的第二次航行也没返回秦国。《史记》则记有："又使徐福入海求神异物……遣振男女三千人，资之五谷种种百工而行。徐福得平原广泽，止王不来。"这是史籍对徐福带上三千童男童女、大批能工巧匠以及粮食、纺织品和各类生产工具，到达一片宽广的平原之地，并在那里称王立国终不归秦的最早记载。

为纪念秦朝方士徐福，在日本和歌山县新宫市，建有徐福公园。公园大门是一座中国式的牌坊，这是按照中国的建筑风格所建造的，上面铺盖的是台湾地区所制造的琉璃瓦。在日本平成六年（1994年）8月，和歌山县政府为了推动观光旅游，以徐福像为中心，重新整理徐福墓碑周边并建造牌坊之后，徐福公园正式对外开放。

中外文献对徐福航海并东渡日本、对中日文化交流的重大贡献都给以肯定性评价。虽然徐福是受秦始皇之命入海求三神山，觅长生不死之药，但是，如果注意到秦始皇致力于开拓陆上和水上交通的诸多事例，便能透过寻仙觅药的神话迷雾，窥探古人对发展海上交通的向往和追求。

二、北方航路开通

汉初曾有燕人卫满侵入朝鲜半岛北部，灭了箕氏朝鲜，自立为王，史称卫氏朝鲜，建都王险，即今平壤附近。卫氏朝鲜对于半岛中部的真番及南部的辰韩等邻国进行侵略，而且破坏了他们与汉帝国的交通与联系，使汉帝国在渤海以东的

---

① 司马迁：《史记》，北京燕山出版社，2018，第256页。
② 司马迁：《史记》，北京燕山出版社，2018，第256页。

航运受阻。

汉武帝在收复百越后两年，即西汉元封二年（前109年），遣海陆两军征讨卫氏朝鲜，打通北方航路，即史载"上募天下死罪为兵，遣楼船将军杨仆从齐浮渤海，左将军荀彘出辽东，以讨朝鲜"。^①经过两年艰苦卓绝的征战，"遂定朝鲜，为乐浪、临屯、玄菟、真番四郡"。^②通过上述几次战争，汉帝国东面和南面整个的海上交通线，北起渤海，南至今越南沿岸，都畅通无阻了。

《汉书》记有"乐浪海中有倭人，分为百余国，以岁时来献见云"。^③这是说汉武帝攻占朝鲜后，得以与日本建立了正常的海上交往。日本虽在中国的东方，但限于当时的航海知识和技术等条件，双方只能沿着传统形成的绕经朝鲜的沿岸航线。这是自汉武帝以后直至曹魏时期的中日交往的主要航线。近代在日本弥生时代的文化遗址发掘中，发现很多中国的古镜、璧、玉及王莽时代的货帛，这当然是汉代中日间海上交往的有力见证。

《后汉书》记有光武帝"建武中元二年（57年），倭奴国奉贡朝贺，使人自称大夫，倭国之极南界也。光武赐以印绶"。^④由此可见，到东汉初年，中日双方的交往更加密切了。日本于天明四年（1784年）在筑前国糟屋郡志贺岛发掘到刻有"汉倭奴国王"的金印。联系到历史文献，这无疑是东汉光武帝赐给倭奴国王的印绶。按汉代印绶之制，天子玉印，诸王和宰相为金印紫绶，九畿为银印青绶，其下依次为铜印黑绶与木印黄绶。倭奴国王被授以金印紫绶，获与诸王相当的礼遇，足见汉朝政府对日本列岛的亲密关系。

类似的赐印的事例在曹魏时期也还有过。《三国志》载，景初二年（238年），六月倭女王遣大夫难升米等朝献，魏明帝于同年十二月诏封"亲魏倭王"并赐以金印紫绶等，这方金印虽尚未被发现，但在《宣和集古印史》上收有"亲魏倭王"的印样，在日本也收在《好古日录》之中。魏明帝赐倭女王卑弥呼以金印，说明当时中日双方往来的密切。从魏景初二年到正始八年（238—247年），除平常交通往来以外，倭国派到魏国的使节有4次，魏派赴倭国的使节有2次。魏朝使臣以亲身经历，把赴日本沿途所到的地方和行程，都详细记录在《三国志》中。从双方平均一年多便有一次专使来看，中国早期通往日本的航路，发展到曹魏时期，已经是相当方便了。

---

① 司马光：《资治通鉴》，北方文艺出版社，2019，第345页。

② 司马光：《资治通鉴》，北方文艺出版社，2019，第345页。

③ 班固撰、罗文军主编《汉书》，太白文艺出版社，2018，第205页。

④ 范晔：《后汉书》，浙江古籍出版社，2000，第108页。

第二节　开灵渠通水路

一、灵渠

秦王政二十五年（前222年），秦军“悉定荆、江南地，降百越之君，置会稽郡（今江苏苏州）”。[①] 秦王政二十六年（前221年），秦始皇“使尉屠睢发卒五十万为五军，一军塞镡城（今湖南县境）之岭，一军守九嶷之塞，一军处番禺（今广州）之都，一军守南野之界，一军结余干（今江西省东北部信江下游）之水，三军不解甲弛弩”。[②] 秦军长驱直入，在今浙江南部和福建置闽中郡（今福州），甚至占领了番禺。只是秦军在西线遇到西瓯人的顽强抵抗，秦军统帅尉屠睢也战死南方，在若干年后才不得不再次组织向南进军。

秦王政三十三年（前214年），秦王“发诸尝逋亡人、赘婿、贾人为兵，略取南越陆梁地，置桂林（今广西桂平）、南海（今广东省）、象郡；以谪徙民五十万人戍五岭，与越杂处”。[③] 在进军中，为了转运粮饷，秦始皇二十八年（前219年），令史禄通运粮水道，史禄在今广西兴安县境内，修33千米水渠，联通长江水系的湘江和珠江水系的漓江。[④] 此项水利工程是在湘江上游筑石堤，堤形像犁头，分湘江为南北两渠，南渠注漓江，北渠汇湘江。北渠占水量十分之七，南渠占水量十分之三。南渠所经都是高地，工匠采取了两种技术措施保障，一种是选择迂回路线，增加渠道长度，降低了河床的比降；另一种是在比降大的处所建置若干个斗门，即今日船闸的先导。当船舶由低水位上溯高水位时，先将船舶后方的斗门关闭，打开船舶前方的斗门，待两个斗门间的水位相平时，船舶即可入前方斗门的水域。

灵渠，是古代中国劳动人民创造的一项伟大工程，是世界上最古老的运河之一，有着“世界古代水利建筑明珠”的美誉。

二、汉代南海航路开辟

汉武帝刘彻于建元三年（前138年）派遣张骞出使西域，开辟了一条中西贸易的交通大道，这就是载誉中外的丝绸之路。但是这条通路经常受到北方匈奴的骚扰而中断，于是在元狩元年（公元前122年），刘彻派使者从四川开辟经过印度通往西方的新路线，但未获成功。因此，彻底征服岭南以开辟海上的航路就提上了议事日程。

---

① 司马迁：《史记》，北京燕山出版社，2018，第257页。
② 刘安：《淮南子》，北方文艺出版社，2018，第187页。
③ 司马迁：《史记》，北京燕山出版社，2018，第257页。
④ 刘安：《淮南子》，北方文艺出版社，2018，第187页。

秦始皇虽征服过百越,但在秦以后,百越各族又相继拒汉。为了开辟海上交通线,汉武帝曾派遣严助、朱买臣等吴人,建立海上武装。建元三年(公元前138年),闽越出兵进攻东瓯,汉武帝派遣严助发会稽兵浮海往救。元鼎五年(公元前112年),汉武帝借平定南越吕嘉叛乱之机,"遣伏波将军路博德出桂阳,下湟水(今广东连江,北江支流),楼船将军杨仆出豫章,下浈水(今广东省境,北江支流)……皆将罪人,江、淮以南楼船十万人"。①第二年冬季攻克番禺。吕嘉入海逃亡,被汉水军追杀。"遂以其地为南海、苍梧、郁林(今玉林)、合浦、交趾、九真、日南、珠崖(今海南海口市琼山区东南)、儋耳(今儋州西北)九郡"。②元鼎六年(前111年),东越王余善又叛汉,汉武帝用九路兵将反击,其中还有由句章(今浙江余姚市东南)出发的水师,浮海南征。《资治通鉴》记:"上乃遣横海将军韩说出句章,浮海从东方往;楼船将军杨仆出武林(《汉书》为出豫章),中尉王温舒出梅岭,以越侯为戈船、下濑将军,出若邪、白沙,以击东越。"③

从汉武帝南征百越的几次用兵中可以发现,当时水师对于季风已有了相当的认识。"两次的船军和海军都在秋季出发南航,顺利获胜,显然是在航行进军中充分掌握和利用了秋冬季节北来的季风的。"④

汉武帝在攻克番禺之后在南越所设九郡,除在海南岛的珠崖、儋耳两郡之外,就是在今广东、广西南部的南海、苍梧、郁林、合浦四郡和在今越南境内的交趾、九真、日南三郡,号称交趾七郡。此七郡与中原和北方的交通主要取道于海上。《后汉书》记有:"旧交趾七郡贡献转运,皆从东冶泛海而至,风波艰阻,沈溺相系。"⑤东冶在今福州,由东冶向南则航抵今广东、广西及今越南沿海,向北则可达句章、会稽。

东汉建初八年(公元83年),大司农郑弘奏开零陵、桂阳峤道(岭路),⑥即增开通往今广东、广西的陆道,但海上航路仍然畅通。《后汉书》有桓晔、袁忠诸人自会稽浮海到交趾的记录。《三国志》也曾记许靖等"浮涉沧海,南至交州"。

第三节　南越王船

秦汉时期,用于水战的主要是楼船。汉武帝元鼎五、六年(前112年,前

① 司马光:《资治通鉴》,北方文艺出版社,2019,第216页。
② 司马光:《资治通鉴》,北方文艺出版社,2019,第216页。
③ 司马迁:《史记》,北京燕山出版社,2018,第474页。
④ 章巽:《章巽文集》,海洋出版社,1986,第123页。
⑤ 范晔:《后汉书》,浙江古籍出版社,2000,第248页。
⑥ 范晔:《后汉书》,浙江古籍出版社,2000,第372页。

111年），平定南越国的叛乱时，用"楼船十万师"。①东汉建武十八年（42年），光武帝遣伏波将军马援率领楼船南击交趾、九真，有"楼船二千余艘，士二万人"。②此外，还有众多的戈船、下濑（双船）南下，并在番禺等地修造补充，其也推动了岭南修造船业的发展。

《造船史话》所描述的楼船为作战用的楼船，每一层外面都建有约3尺的"女墙"作为士兵防御敌方弓箭、矢石用的掩体。有的女墙上还开着箭孔用于向敌方射击。楼船的周围还用坚硬的木材制成"战格"，要害部分还蒙上皮革，作为船上的保护装置。

一、汉代楼船

汉代最著名的船舰当属楼船。楼船是汉代水师的主要战船，也是中国早期出现的战船之一，它的主要特征是具有多层上层建筑。

根据东汉刘熙所著《释名·释船》记载，汉代楼船设有甲板，甲板之上布置3层上层舱室：庐、飞庐和爵室。甲板下供棹卒划桨之用。棹卒是划桨的士兵，在舱内的棹卒具有良好的保护，可以免受敌人的攻击。楼船甲板上的战卒手持刀剑，以与敌人短兵相接，进行接舷战。在汉代楼船的舷边设有半身高的女墙，以防敌方的矢石。在甲板上女墙之内，设置上层建筑，称为庐，庐上的周边也设有女墙，庐上的战卒手持长矛，有居高临下之势。在庐上面的上层建筑，称为飞庐，弓弩手就藏于飞庐内部。弓弩手发射箭矢，是远距离进攻。最高一层为爵室，相当于现代舰船的驾驶室和指挥室。

汉代楼船是汉代楼船军的主要战船，汉代楼船军队拥有数千艘楼船。公元42年，伏波将军马援南征，曾率大小楼船两千艘，战士两万余人，可见汉代楼船军队规模之大。

楼船作为水师的指挥舰，拥有较高的船楼，一则便于瞭望和指挥，二则有以不战而吓退敌人的作用。如《史记》卷三十所记："治楼船高十余丈，旗帜加其上，甚壮。"③楼船在舰队中的作用虽可大壮军威，但因上层建筑较高，受风面积较大，常带来负面效应。唐代李筌所著兵书《太白阴经》对楼船有全面而公允的评价："忽遇风暴。人力不能制，不便于事。然为水军，不可不设，以张形势。"④

二、"南越王船"船型

南越王船是广船早期的典型代表。最早记载建造南越海船的是南朝宋沈怀远

---

①　班固撰、罗文军主编《汉书》，太白文艺出版社，2018，第472页。

②　范晔：《后汉书》，浙江古籍出版社，2000，第372页。

③　司马迁：《史记》，北京燕山出版社，2018，第308页。

④　李筌：《太白阴经》，广西民族出版社，2003，第147页。

撰写的《南越志》和清朝梁廷楠撰写的《南越五主传》。南越由赵佗开国传五主，五主赵建德在现福建漳浦造大船，是有历史记载的。史述"其大千石"（约25.5吨）、"废县在郡之东，东接泉州，北连山数千日月藏藏，昔建德伐木为船"。又称，造大船"溺人三千"时①，相吕嘉挑动赵建德反汉，为汉武帝平，赵兵败入海西逃，造的是海船，逃时用的也是海船。南越国以番禺为都，可见南越时期在番禺除了经商的海船外，还有为数不少的战船也是海船。

通过对"南越王船"的研究可以发现许多有较之以前的船型独特的结构：艏有锚（碇），甲板上有桅杆、有桅必有帆，甲板下有隔舱壁，艉有舵。这些装备是中国造船史上的"佼佼者"。可见"南越王船"是广东、岭南造船技术迅速发展的成果，由简单的艏低艉高两头尖的珠海高栏岗宝镜湾船到"南越王船"是中国造船业的一个重大进步。"南越王船"是秦汉或至迟是西汉初年的南越土生土长的战船，是广船中的杰出代表。

关于"南越王船"的称谓在学术界有"南越王船"与"越南王船"之争，即有学者提出南越王墓出土船形饰纹所代表船型并非南越国所造，而是越南所造。

（1）学者论述。

有学者研究提出，南越王墓出土船形饰纹上羽人纹饰与广西壮族羽人纹饰相似，从纹样分析了广州地理人文的历史变迁与周边地区的关系。②

杨豪《岭南青铜冶铸业与相关问题探索（上）》一文有"按赵眜出土器上刻船上羽人行猎首祀祭纹图显示，船与羽人纹都属云南与越南铜器上常见刻镌纹饰……也见于云南石寨山所出铜贮贝器上刻作。典籍中，岭南东汉初年的乌浒人也有也都有此行俗……见于赵眜统治权力的攫取和或由交趾、合浦族人奉献有关。"③

麦英豪、黄淼章、谭庆芝的《广州南越王墓》提道：提筒上"4条船的船头都有一个倒挂的首级（秦法，斩下敌人一个人头，加爵一级以奖励战功——作者注）……它集中反映的一个主题是描绘海战胜利，凯旋的情景。"④

（2）南越国的疆域。

南越国是西汉初年岭南地区建立的第一个封建诸侯王国，它的疆域大致是秦代岭南一郡的范围，东抵福建西部，北至南岭，西达贵州和云南东部，南濒南海，西南抵越南北部地区。由谭其骧主编、中国地图出版社出版（1982年版）的《中国历史地图集》载"秦朝岭南（桂林、南海、象郡）三郡的地图，其中南

---

① 沈怀远：《南越志》，商务印书馆，民国十九年，第38页。

② 林晓燕：《南越王墓出土铜提筒羽人纹饰与广西壮族羽人纹饰的关系分析》，《美术教育研究》2019年第1期。

③ 杨豪：《岭南青铜冶铸业与相关问题探索（上）》，《东南文化》1993年第4期。

④ 麦英豪、黄淼章、谭庆芝：《广州南越王墓》，生活·读书·新知三联书店出版，2018，第178页。

越国的南界在顶峰时期还直至越南中部"。①上述三文在提筒与南越的关系论述中竟然是不约而同、异曲同工，据此，提筒出自南越的可信度还是非常高的。

《大越史记（上）·越史略卷上》述："秦末赵佗居郁林、南海、象郡以称王，都番禺，国号越，自称武皇。时安阳王（居越南越裳，号安阳王——引者注）武皇知之，乃遣其子始为质，请通好焉……（始）因毁其（安阳王）（神弩）机……武皇逐破之。（安阳）王衔生犀入水，水为之开，国逐属赵。"②

又据史述，越南到丁朝时期才为"脱离中国之始"。③可见自秦始，越南北部就在南越的版图之内。越南多铜鼓，广西有铜鼓，那么，广东也有，则不足为奇。

（3）广东的青铜器铸造。

据《岭南汉代文化宝库》记述："东耳室……有十四件一套的青铜钮钟，五件一套的青铜甬钟，八件一套的铜句鑃，上还刻着'文帝九年乐府工造'……及大型铜钫、铜壶、铜缶、铜提筒……"，"西耳室……铜器有鼎、壶、钫、缶、盆、提筒、匜、臼、杵、熏炉、吊铃、牌饰……"。④以"文帝九年乐府工造"此八字，说明南越国可能在番禺，即当时的广州铸造青铜器是不言而喻的事了。

"南越王船"所反映的历史年代当是赵佗统一岭南的战争，而非秦越之战。南越文王墓东耳室出土的铜提筒之一，刻有船纹饰，显然也是古代的一种记事方式，它记述了一个战役的结束。但这场战争无海战，有的也只是内河和内海之战。这是内海战船的写照。

"南越王船"是内海（比如当时的珠江口）战船，提筒船上的战船图案是经过艺术家加工的船形图，但就此图案来看，"南越王船"的多项造船技术及工艺已达到当时中国乃至世界领先水平。

三、"南越王船"的特点

船史界和考古界根据"南越王船"的形制，将其归纳为以下几个特点。⑤

（1）隔舱壁。

"南越王船"，首尾上翘，头低尾高，航行于内河（内海）。船的甲板、底板、隔舱板、尾楼、前桅、绞车、锚（碇）、后桅及拖桨清晰、明确，一览无余。这是一艘制作、技术、工艺、装备极其精湛、精良、先进的木板船。据史料称，木板船始见于西汉（或更早的春秋时期），那么这艘"南越王船"无疑就是木板船中最典型的代表之一。

①　谭其骧：《中国历史地图集》,中国地图出版社,1982,第123页。
②　越南史馆：《大越史记》,人民出版社1961,第48页。
③　陈重金：《越南通史》,戴可来,译,商务印书馆,1992,第78页。
④　甘叔：《岭南汉代文化宝库——广州象岗南越王墓》,《岭南文史》1987年第3期。
⑤　金行德：《"南越王船"研究》,《广东造船》2009年第2期。

（2）锚（碇）。

金行德在《"南越王船"研究》一文中，将垂挂于船首的东西称作"锚"，或者称为"碇"——锚的前身。[①]

（3）舵（拖桨）。

对于"南越王船"尾部的舵，《广州南越王墓》一书曾述"南越王船"："推进的动力是3帆1橹"，"尾部架设一把弓形大橹"[②]。东汉陶船模尾部设有一方形桨舵。"南越王船"尾部架设的是一把桨舵（舵的最原始形状），这种形式的拖桨，当今在我国内河还偶有出现。

（4）风帆与桅。

"南越王船"的桅靠形似一台绞车，既可以用来绞锚，也可用来升降帆，可减轻士兵的劳动强度。桅靠位离锚较远，况且"南越王船"的操帆和锚泊作业人力充足，不必用机械，认为此桅靠兼作系缆柱也是一种可能。

第四节　汉时船模与造船场所

汉代的造船业已经非常发达。据古籍记载研究，汉代已能根据不同的用途和需要制造各种类型的船，有客船、货船、战船等。[③]客船中又有官船、民船；民船中又有舸、艑、艇、扁舟、轻舟、舲舟、舫舟等。战船有很多是从民用船只发展而来的。制造战船比制造民船要求要高得多。战船的结构、性能的要求都很高，首先要坚固，能防御敌人的进攻；还要有攻击性，要配备能进攻的武器；要求速度快，灵活，进退自如。所以战船代表了当时的造船能力和技术水平。战船也有很多种类，如戈船、桥船、斗舰、艨艟（méng chōng，蒙冲）、楼船等。

从考古发掘中也可证明汉代造船业的发达和造船技术的先进。

1973—1974年，在湖北江陵凤凰山上西汉墓中出土了木质船模，长71厘米，舯部最宽处为10.5厘米，头部较窄，艉部稍宽，底部平坦呈梭形，两端呈流线型上翘。与船模同时出土的木简中也有记载舟船的资料。

1951—1952年，在长沙发掘的西汉203号墓中发现一只两头小、中间大、船型狭长的船模，有16支划桨，船模两侧边沿及艏艉甲板上都有规则的钉眼。说明这种船已采用当时世界上先进的钉接技术了。

1955年，在广州郊外的东汉墓椁中出土了一只陶制船模，船分前中后3舱，舱上都有盖顶，船首两旁有桨架3根，船舱有横架梁橹8根，船的两侧设有撑篙用的边走道，有舵锚，是一只有部分甲板的中型内河客货船。

①　金行德:《"南越王船"研究》,《广东造船》2009年第2期。

②　麦英豪、黄淼章、谭庆芝:《广州南越王墓》,生活·读书·新知三联书店出版,2018,第123页。

③　刘熙:《释名》,商务印书馆,1939,第75页。

1975 年，在广州发掘出一处规模巨大的古代造船工场遗址，发现了三个大船台，可同时建造数艘重五六十吨的木船。据考证，这是秦汉时期的造船遗址。此外，在川、陕、闽、浙、赣也有秦汉造船工场。

西汉有很多水师基地。水师常备军皆驻扎在沿江傍海各要地，属于所在郡守统辖。西汉的水师主要基地有豫章（今江西南昌市）、浔阳（今江西九江市）、庐江（今安徽庐江西南）、会稽（今江苏长江以南）、句章（今浙江余姚市东南）、博昌（今山东博兴县）等处。庐江、会稽等郡同时也是重要的造船基地。

汉武帝凭借其强大的水师完成了对东瓯（今浙江省东南部）、闽越（今福建部分地区）、南越（今广东大部分地区）等地方封建割据政权的统一，巩固了海疆，为东南与南方沿海航路的畅通打下了基础，从而开辟了海上丝绸之路。

在广州的考古发掘中，船模是一类特别的发现。尤其在两汉时期的墓葬中，这类明器流行，展现了丰富的汉代船舶形态，也是当时岭南地区造船与航运发达、商业贸易繁荣的见证。

一、广东汉代船模

广东汉代考古出土的木、陶船模制作精良、工艺精湛，全国少见，而且还是典型的组合式木板船，这证明在汉代存在着独木舟，且木板船已逐步发展并成为广东最重要的水上交通工具了。

1956 年，在广州西村黄帝岗发现一西汉木椁墓，同时出土了两艘木质船模，其中一艘仅存残片，残片上绘有花纹和图案，但已无船型。据《广州汉墓》记载："船底用薄木板构合，腐朽较甚……船中舱各部分结构零件也散佚不全，无法并合复原。从所残存板可知，这船的规模较大，为楼船的结构，有方形舱口盖板四块，其中的三块近方形，顶作四坡式。"[①] 图 7-1 为广州出土东汉陶船模。

广州地区出土的汉代船模有 22 件，附近的佛山澜石、德庆高良也有出土。这些船模材质多样，其中出土于 6 座西汉墓中的 8 件西汉船模，均为木制；16 件东汉船模除一件木制外，均为陶制。这些船模材质多样，表明当时航行于珠江的船舶已有多种类型，以适应不同用途。根据船模样式，当时广州的船舶类型分为六类：[②]

第一类是大型楼船。以 1958 年广州西村增埗冷冻厂西汉中期墓中出土的一件木船，以及 1953 年广州在东郊龙生岗东汉前期墓中出土的木船为代表。遗憾的是，这两件木船的保存状况都比较差，前者更是已经腐朽，无法复原。"从现存残板可知，（西村木船）有方形舱盖板 4 块，其中 3 块近方形，顶作四坡式。另一块较小，顶作三脊三坡式，应为艉舱盖顶，据此推测此船有 4 个舱室"，可以

---

① 中国社会科学院考古研究所：《广州汉墓（上）》，文物出版社，1981，第 178 页。

② 何培：《从广州汉代墓葬出土船模看汉代船舶形制》，《青年文学家》2012 年第 14 期。

约略看到"秦汉楼船"的雄伟身影。

第二类是大型客货混载内河航船。以1955年在广州先烈路十九路军坟场附近的东汉后期墓中出土的陶船为代表。这条全长54厘米的陶船，船头两边各插桨架3根，"船前系锚，船后有舵，两边为司篙的走道。船内分前、中、后三舱"，前舱低矮宽阔，舯舱略高，呈方形，后舱稍狭特高，为舵楼。后舱两侧设有厕所。船上还塑有6个形态各异的人俑。

第三类是一般交通用船。以1956年广州西村水厂皇帝岗西汉中期墓出土的木船为代表。船中有两舱，船尾有个矮小的艉舱，船上的设施比较完备。

第四类是内河货艇。以广州东郊红花岗出土的陶船为代表，船身短而且宽，设备也比较简单，适合在一般的浅窄河道上行驶。

第五类是农耕运输小艇。以佛山澜石东汉墓出土的陶船为代表。这种船附于水田旁边，船内仅有前后两道坐板，没有舱也没有篷。

第六类是游玩小艇。以广州梓元岗出土的东汉陶船为代表。这种船船体轻巧，拱篷上开天窗，船上的人俑姿态悠闲，好像在赏玩景色一般。

图7-1　广州出土东汉陶船模

二、汉代造船地点分布

汉代的造船地点分布全国，在内地有长安（今陕西西安西北）、洛阳、巴蜀、湘州（长沙郡和洞庭湖附近一带）、庐江郡（今安徽庐江县一带），《汉书·地理志》谓庐江有楼船官，可见西汉时已设船官于此。又其所属寻阳为汉时楼船集中

之地）、豫章。沿海地区有渤海郡、琅琊郡、东莱郡、会稽郡、永嘉郡（今浙江温州）、南海郡（郡治番禺，今广州市）、合浦郡（郡治徐闻，后移至合浦）、交趾郡、日南郡。

《南越志》载："王（注：此处指赵建德——笔者注）曾派人往绥安（现在福建漳浦县，当时属广南东路——笔者注）的连山伐巨木，建造一种能载千石的'越舟'。"[1]这些船也许后来有了用武之地。南越丞相吕嘉、五主赵建德反汉兵败，于番禺沦陷后与其属百人逃亡入海，以船西去。汉军乘船追捕，卒获两人首级而还。据此可知，南越时期在与东越接壤之处有一个颇具规模的造船工场（船宫）。

1983年秋，在广州市区北面的象岗山顶发现一座西汉初年大型的石室墓，是南越国第二代王的墓，出土的九件带纹饰的提筒中，其中有一件为船纹饰，这艘船应是由南越国在广州建造的内海战船，这也是南越时期广州有造船工场的例证。

东汉建安二十二年（217年），吴国交州刺史步骘将治所迁至番禺，并造海船。[2]三国赤乌五年（242年），孙权派将军聂友率将士3万余人，大小战船300艘，从海路进军珠崖、儋耳（在今海南岛），[3]可见吴国时广州的造船实力已相当雄厚。

据史料称，在化州、怀集也有汉代的独木舟工场。根据中国社会科学院考古研究所对广东化州鉴江下游石宁地段化州县长岐石宁村和下垌村间冲出独木舟十多艘的断代，这批独木舟为东汉时期所造，距今1800多年。这些独木舟无异于化州本地建造。

1983年8月30日在怀集城北出土独木舟，有关专家认为该舟属汉以前的产物。

据《水经注·叶榆河》转引《交州外域记》记载，交趾安定县"江中有越王所铸铜船，潮退时，人有见之者"。[4]《太平御览》卷七百六十九引《交州外城记》也说有此事："安定县有越王铜舡，潮退时有见者，合浦四十里有潮，阴雨日，百姓樵采见铜舡出水上。"[5]而《合浦县志·金石·铜船条》则另有所说："旧石康县有铜船湖，汉马援铸铜船三只，一横于此，故名。旧有石刻，今佚。"[6]

① 沈怀远：《南越志》，商务印书馆，民国十九年，第39页。
② 陈寿：《三国志》，北京出版社，2008，第167页。
③ 陈寿：《三国志》，北京出版社，2008，第167页。
④ 郦道元：《水经注》，江苏广陵古籍刻印社，第315页。
⑤ 李昉、李穆、徐铉：《太平御览》，北宋，卷七百六十九。
⑥ 潘东远主编《合浦县志》，广西人民出版社，第178页。

第五节　秦汉海丝

西汉时在开通沿海航路之后，造船技术和航海技术的持续发展，促进了经南洋到今日印度洋的海上丝绸之路的开通。

一、西汉时期南海航线开辟

最早具体提到从中国沿海经南洋诸岛到达今日印度半岛这条海上丝绸之路的是《汉书》。"自日南障塞、徐闻、合浦，船行可五月，有都元国；又船行可四月，有邑卢没国；又船行可二十余日，有谌离国；步行可十余日，有夫甘都卢国。自夫甘都卢国船行可二月余，有黄支国，民俗略与珠崖相类。其州广大，户口多，多异物，自武帝以来皆献见。有译长，属黄门，与应募者俱入海市明珠、璧流离、奇石异物，赍黄金杂缯而往。所至国皆禀食为耦，蛮夷贾船，转送致之。亦利交易，剽杀人。又苦逢风波溺死，不者数年来还，大珠至围二寸以下。平帝元始中，王莽辅政，欲耀威德，厚遗黄支王，令遣使献生犀牛。自黄支船行可八月，到皮宗；船行可二月，到日南、象林界云。黄支之南，有已程不国，汉之译使自此还矣。"[1]

在上述航路中，起、迄的地名或国名，经中外学者考订，大都有明确一致的结论。诸如日南郡的治所即地处今日越南平治天省广治河与甘露河的合流处。徐闻，即今广东省徐闻县，汉时属合浦郡。合浦郡即今广西壮族自治区合浦县。

该航路以黄支国为终点，该国地域辽阔、人口众多、物产丰富，其民俗与当时的海南岛相仿，自汉武帝时代便多次遣使朝贡。黄支被认为是今印度南部东海岸泰米尔纳德邦首府马德拉斯西南的康契普腊姆。黄支之南的已程不国，即为今斯里兰卡，古代被称为狮子国。该地盛产珍珠、宝石，又是南亚、西亚海上贸易中心地区，汉使既然是以黄金、丝绸"市明珠、璧流离、奇石异物"[2]为旨，该地是非去不可的。船舶离黄支南航，也非常方便。汉代皇帝的黄门近侍中有专门通晓蕃语的官员，在整个航程中充作译员。

返航时，从黄支出发，经已程不国，历时8个月可到皮宗。对皮宗的考订，虽不尽一致，但多数专家认为位于马六甲海峡的东端一带，也有人认为是今新加坡西面的比实岛。自皮宗船行二月则返抵日南郡的象林县界，约在今越南蚬港湾之北，为当时西汉帝国所经略的最南境。

在此航路中所经历的都元国、邑卢没国、谌离国、夫甘都卢国4处，各家的考据结果相差很大，因此所考订的航线也差别很大。

西汉时代海上丝绸之路航路及所到地点和国名有待进一步考订，但是西汉时

---

① 班固撰、罗文军主编《汉书》，太白文艺出版社，第216页。

② 班固撰、罗文军主编《汉书》，太白文艺出版社，第216页。

代，由中国通向印度的从太平洋进入印度洋的海上丝绸之路已经开通则是不争的事实。当时汉使和应募的商人、船工主要携带黄金和丝绸，途中常有蕃舶前来交易，贸易的收益虽十分丰厚，但也很危险，除不时有海盗抢掠以外，遇风浪翻船死人之事亦非罕见。航路开通以后，海外物产也源源不断地进入中国。《汉书》卷十二记有"（平帝元始）二年（公元2年）春，黄支国献犀牛"①。同书卷九十九记有"黄支自三万里贡生犀"。看来航路开通之初，朝贡贸易性质的交往较多。及至东汉，类似的交往更加频繁。

自西汉商人到达印度之后，得知自印度有海道通安息（波斯）和大秦（海西，罗马帝国），也有人随印度商使远赴罗马。罗马帝国时代的史家在公元1世纪的史书中还对中国人的到达有所记载。在中国与西域大秦的交往中，安息人图谋以经纪人身份从中盘剥。《后汉书》卷八十八记有："与安息、天竺（今印度）交市于海中，利有十倍……其王常欲通使于汉，而安息欲以汉缯彩与之交市，故遮阂不得自达。"②

二、东汉时期海上交通

在海上丝绸之路未开通之前，横亘中亚、西亚的陆上丝绸之路与以南亚为中介的东、西亚海上航路，使中国与西域诸国建立了交通与贸易关系。但是这种关系是很不稳定并代价沉重的。因为，一方面陆路交通十分困难，沿途多峻岭荒漠，马匹与骆驼的运载能力十分有限，加上受政治形势变化的影响，在东汉时期就曾"三通三绝"，③显得很不稳定；另一方面，居于印度半岛与西亚之间的安息人从中作梗、盘剥，图谋以经纪人身份，操纵并垄断东西方之间的商品交易。当时，在欧亚大陆上，东方的汉王朝与西方的大秦国是国力最为强盛两个的国家。东汉时，大秦是罗马帝国东部，其统治中心在今埃及的亚历山大，辖域辽阔，广及欧、亚、非三大洲，诸如小亚细亚、叙利亚、埃及、埃塞俄比亚、红海两岸、阿拉伯半岛等地区，均在其势力范围之内。这片广大区域的人民，如埃及人、希腊人、罗马人、腓尼基人、阿拉伯人都素有优秀的航海历史传统。

为了打破这种被动的交通格局，东汉王朝一方面从陆路上派遣班超与班勇先后三次出使西域，力图恢复丝绸之路的畅通，另一方面从海上积极探索经由南亚与中亚直接沟通波斯湾、阿拉伯海与红海的航路。据《后汉书》载，"和帝永元九年（97年），都护班超遣甘英出使大秦，抵条支。临大海（波斯湾）欲渡，而安息西界船人谓英曰：海水广大，往来者善风，三月乃得度。若遇迟风，变有二岁者，故入海人皆赍三岁粮。海中善使人思土恋慕，数有死亡者。英闻之乃

---

① 班固撰、罗文君编《汉书》，太白文艺出版社，2018，第245页。
② 范晔：《后汉书》，浙江古籍出版社，2000，第346页。
③ 范晔：《后汉书》，浙江古籍出版社，2000，第346页。

止"。① 由此可见，甘英此行即图谋从条支起航，入波斯湾，再绕阿拉伯海，经曼德海峡进红海，然后由尼罗河直达大秦帝国中心地区——埃及。然而，由于安息人危言耸听，故意夸大航行的困难，加上当时中国人对波斯湾与阿拉伯海一带的航行经验尚缺，故而甘英没有完成预期的航行计划。尽管如此，他此行已"穷临西海"到达了"皆前世所不至，《山经》所未详"②的区域，看到了波斯湾与阿拉伯海岸，并第一次写下了"自安息西行三千四百里至阿蛮国。从阿蛮国西行三千六百里至斯宾国。从斯宾国南行渡河（今幼发拉底河），又西南至于罗国九百六十里。安息西界极矣。自此南乘海，乃通大秦"③的珍贵文献记载。

据考，阿蛮国，即当时安息国中部的埃克巴坦那城，亦今伊朗的哈马丹，古名 Hagmatana，阿蛮乃其音译。也有学者认为阿蛮国是今阿曼国，但察其路程与方位，似乎有误。斯宾国，故地在今伊拉克首都巴格达东南的底格里斯河西岸。于罗国，在今伊拉克幼发拉底河下游，或有认为即今巴拉。尽管对这一交通线路及其走向尚待进一步考证，但有一点可认肯定，即东汉时期中国人已了解到，从波斯湾出发，由海上可直通埃及。这一航海地理认识，对于以后的中国帆船从海上远航西亚海岸，具有重要的历史作用。

大秦方面的西方航海者，也一直在努力寻找直达中国的海上航路。埃及一位无名氏航海家在1世纪末撰成《厄利脱利亚海周航记》一书，其中即有关于"出产丝、丝线和名为丝绸的布"的所谓"丝国"（即中国）的记载。另据约成书于150年的托勒密《地理学》中转引旅行家马利奴斯的记述说，有一位名叫梅斯（或译为底启亚诺斯）的商人，在远航途中，曾派遣几名下人前往"丝国"。在有关中国古籍中，也确实留下了大秦人到达中国的记载。如《后汉书》记载，"永宁元年（120年），掸国（今缅甸）王雍由调复遣使者诣阙朝贺，献乐及幻人，能变化吐火，自支解，易牛马头，又善跳丸，数乃至千。自言我海西人，海西即大秦也。掸国西南通大秦"。④ 有的学者以为掸国所遣的使者及大秦魔术师"其来也或遵陆而非循海"，⑤ 实际上很大的可能性是为航海而来，因地处孟加拉湾的缅甸，古时曾为南洋沿岸航行之重要枢纽，大秦人前往中国，先至缅甸海岸，再参加当地船队续航至汉朝南方海疆，是可行之航路。《后汉书》中就曾说过：永建六年（131年），"十二月，日南徼外叶调国（今爪哇）、掸国遣使贡献"。⑥ 又如，东汉延熹九年（166年），"大秦王安敦（即罗马帝国执政者安东尼）遣使

---

① 范晔：《后汉书》，浙江古籍出版社，2000，第376页。
② 范晔：《后汉书》，浙江古籍出版社，2000，第376页。
③ 范晔：《后汉书》，浙江古籍出版社，2000，第376页。
④ 范晔：《后汉书》，浙江古籍出版社，2000，第376页。
⑤ 陈寿：《三国志》，北京出版社，2008，第198页。
⑥ 范晔：《后汉书》，浙江古籍出版社，2000，第215页。

自日南外，献象牙、犀角、玳瑁，始乃一通焉"。①这条历史记载，一般被认为是东汉与大秦建立海上直接交通关系之开端。

对于3世纪前的东西方之间的这条世界上最长的远洋航路，鱼豢在成书于《后汉书》一个多世纪之前的著名古籍《魏略·西戎传》中做了扼要的记载："大秦道既从海北陆通，又循海而南，与交趾（今越南北方）七郡外夷比，又有水道通益州、永昌，故永昌出异物。"据考，这段文字指出了大秦直接通中国的两条主要海道，一是由地中海东部的大秦，经非、亚两洲间的古运河，循红海而南，转向东方以通交趾七郡，以至今广州一带。二是以今缅甸南部的海口为航行起点，再经伊洛瓦底江等河谷北上，以达我国西南部。

汉代印度洋远洋航路的开辟与东西方海上大动脉的形成，揭开了中国古代航运史上的崭新篇章。它对于增强中国人民与东南亚、南亚、西亚、红海、地中海等广大地区的人民之间的友好合作、贸易往来和文化交流，对于扩大古代中国的国际威望与外交影响，对于推动国内经济生产、科学技术，特别是对于远洋航运事业的发展，具有重大的历史作用与深远影响。

三、秦汉时期航行技术的发展

随着航运实践活动，特别是远洋航运活动的开展，中国古代的航行技术也达到了新的高度。虽然从总体而论，秦汉时期航行水准基本上没有越出沿岸或逐岛航行的范围，但是由于航线漫长、海区复杂，也必然对航行新技术的应用提出时代性的新需求；同样，若干航行新技术的出现，也必然使得中国古老木帆船的长距离航行成为可能。

秦汉，特别是汉朝时期的航行技术的发展，首先体现在天文导航术有了明显的提高。据《后汉书·艺文志》介绍，西汉时的海上导航占星书籍已有《海中星占验》十二卷，《海中五星经杂事》二十二卷，《海中五星顺逆》二十八卷，《海中十八宿国分》二十八卷，《海中二十八宿臣分》二十八卷，《海中日月慧虹杂占》十八卷，总计达一百三十六卷之多。

虽然汉代的占星导航书籍久已散佚，令今人难识其详，但是单从题目探测也可窥其大略，当时的航行天文术很可能已具备如下几个内容：

一是对海洋空中星座的判别与验证。二是对海洋空中五大行星的各种征候与运行规律的认识。三是对海洋空中二十八星宿的地理位置与相互关系的记录。四是对海洋上太阳、月亮、彗星、彩虹等杂类的预测。这里既有航行天文术，又有航行气象术，足见当时近海与远洋航行的兴盛。至于其在航行天文方面所达水平，因资料之所限，目前尚难对当时是否有天文定位术做出明确的判断，但起码可以说，汉代船员已能熟练地利用各种星体，特别是利用北斗星与北极星进行定向导航了。在这一点上，成书于西汉初期的《淮南子》，提出了最早的明确文字

---

① 范晔:《后汉书》,浙江古籍出版社,2000,第215页。

佐证:"夫乘舟而惑者,不知东西,见斗极则寤矣。"①

初步掌握了季风航行技术。秦汉时期之所以能出现较大规模的远航活动,关键在于应用了风帆,并进而利用随季节变化而变化的季风作为取之不尽、用之不竭的驱动力。虽然早在先秦时期,中国人已知道风向与季节之间的相互关系,但是尚未发现有正式利用季风进行长途水上航行,特别是远程航海的证据,对这方面的业绩,只能暂停在推论的阶段。然而从西汉以来,有关史料明显地展示了这种可能性。

一是西汉元鼎五年(公元前112年)秋,武帝遣伏波将军路博德、楼船将军杨仆等,率水陆军队十万人,分五路会攻广东番禺,当时齐相卜式也奏请"愿与子男及临淄习弩、博昌习船者请行"②,试图从山东沿海直驶南越。

二是西汉元鼎六年(公元前111年)秋,武帝"遣横海将军韩说、中尉王温舒出会稽,楼船将军杨仆出豫章",③渡海南下,往攻东越王余善。

三是西汉武帝时期的汉使远航印度洋纪程。

前两次国内的海上军事航行时值秋冬,其航向与东南沿海盛行的偏北季风正好一致。最后的汉使航程,更是颇具特点,若按常规考虑,汉船在冬季十一月前后乘北风举帆启碇,则经五个月航行至都元国大致在次年春四月左右。其后四个月,出马六甲海峡,沿孟加拉湾东岸北上,正好趁夏季南风前进。通过这几段相关史料,可以确信,最迟到西汉时期,中国航海者对于西太平洋与北印度洋上的季风规律已有所掌握,并已将之应用于航海活动了。

这种随季节而变向,往往定期而至的季风,又称为信风,对航海活动极为有利。到东汉年间,有关的文字记载也已见诸文献了,如应劭在《风俗通义》中即提及"五月有落梅风,江淮以为信风。"④这种梅雨季节以后的东南向的"落梅风",即为汉代崔寔在《农家谚》中所谓的"舶棹风",即为航行所借以驱动船舶之恒向风。汉代所首提的"落梅风"或"舶棹风",说明当时中国航海者已能利用信风或季风在江河湖海上进行航行了。这种对船舶远航关系重大的、有规律的恒向季候风,国外航运界称之为"贸易风",足见在机动船诞生之前,船员对它的倚仗之重。

鉴于天文定位技术在汉代尚未得到有力的证实,但从历史记载分析,汉代的地文航行技术已有了重要的进展。

首先,由于在长期反复的航行实践中对航路进一步熟悉,因此人们对航程与航期也开始有了初步的估算与明确的记载。如著名的汉使航程就有这方面的例证。当时的航程是以"月"和"天"(或"日")为航行计程单位的。

① 刘安:《淮南子》,北方文艺出版社,2018,第205页。
② 班固撰、罗文军主编《汉书》,太白文艺出版社,2018,第375页。
③ 司马光:《资治通鉴》,北方文艺出版社,2019,第408页。
④ 应劭:《风俗通义》,上海古籍出版社,1990,第27页。

其次，对海洋地理有了新的认识。东汉杨孚曾对南海之海岸地形有所记载，说"涨海（即南海）崎头，水浅而多磁石，徼外人乘大舶，皆以铁叶锢之，至此关，以磁石不得过"，[①]这说明，当时南海中的航海活动一定颇为频繁。

最后，对海上地形地貌进行精确测量的"重差法"在汉代也已出现。唐人李淳风注《海岛算经》，其中测量和计算海岛距离与高度的数学基础即是"重差法"。[②]这种"重差法"对于后世航海用图的测绘与航程距离的推算，是有深远的历史影响的。

秦汉时期，人们对潮汐的认识已超越表面现象，进而探究潮汐的成因以及与其他事物之间的内在关联。在春秋战国时期，人们对于潮汐升降，特别是通海河口的明显、奇特的潮汐现象虽有所观察，但仍感到难以理解，只得归咎为迷信，如将汹涌的钱塘江口大潮说成是"子胥恚恨，驱水为涛"。[③]这一传说，在《越绝书》《吴越春秋》等古籍中多有记载。然而到了汉代，特别是东汉，人们对于潮汐的认识有了突破。在西汉枚乘《七发》中、东汉王充《论衡·书虚篇》中，都对潮汐现象进行了描述和解释，首次提出了潮汐与月球的关系。

秦汉时期，是中国古代航运史上的第一个大发展时期。随着新生的封建制度的逐步健全与发展，航运在国家政治、经济、军事、外交、文化生活中的重要性日益体现出来。水上交通相对于陆上交通而言具有内在的、明显的优越性，因此，以天文导航与季风驱动为主要背景，中国航海者开辟了对日本列岛与南亚地区的远洋航线，从而使中国古代航运事业跻身于世界先进行列，可与同时代的希腊人、罗马人、阿拉伯人、波斯人等著名航海民族相媲美。连接欧亚大陆的"海上丝绸之路"的形成，正是当时世界航海活动最高水平的标志之一。同时针对观测潮汐和调节水位所分别设置的水碑石刻和船闸也是中国航海者在内河航行领域的伟大智慧结晶。

总之，中华民族以自己的勇敢和智慧，在古代航运史上谱写出了一篇篇光辉夺目的篇章。

本章参考文献

[1]　金行德.广东船研究[M].广州:广东旅游出版社，2012.

[2]　陈建平，关伟嘉，端木玉，等.广东船舶发展简史[M].哈尔滨:哈尔滨工程大学出版社，2018.

[3]　叶显恩.广东航运史:古代部分[M].北京:人民交通出版社，1989.

[4]　交通部珠江航务管理局.珠江航运史[M].北京:人民交通出版社，1998.

[5]　广东省地方史志编纂委员会.广东省志:水运志[M].广州:广东人民出版社，

---

① 杨孚:《异物志》，广东科技出版社，2009，第8页。
② 刘徽撰、李淳风注:《海岛算经》，中华书局，1985，第3页。
③ 王充:《论衡》，上海人民出版社，1974，第312页。

2006.

[6] 广东省地方史志编纂委员会.广东省志:船舶工业志[M].广州:广东人民出版社，2000.

第八章 魏晋南北朝及隋唐时期

魏晋南北朝，又称三国两晋南北朝，是中国历史上政权更迭最频繁的时期，主要分为三国（曹魏、蜀汉、东吴）、西晋、东晋和南北朝时期。由于长期的封建割据和接连不断的战争，这一时期中国的发展受到特别严酷的影响。其突出表现则是玄学的兴起、佛教的输入、道教的勃兴及波斯、希腊文化的羼入。

581—960年，这380年是中国封建制度继续发展并达到繁荣昌盛的隋唐五代时期，亦即中国封建社会的第二个鼎盛期。隋唐社会宏大的格局、开放的气势、壮阔的场面，为历朝历代所无法比拟的。在当时，中国处在世界的前列，是最文明先进、最繁荣发达、最富庶强大的国家。

文明先进而富庶强大的中国是当时世界，特别是亚洲各国经济文化交流的中心。隋唐时期的中国与世界的联系进一步加强，长安成为当时的国际大都会，在长安有各国使臣、商人，有胡人所开的店铺。

汉唐都有中西交流的丝绸之路，而汉代中外直接交往还只限于中亚、印度，最远的是班超副使甘英到达波斯湾。隋唐时，尤其是唐代，中国与中近东、印度、日本、南洋群岛的联系大大加强。商人、使臣来往不绝。满载货物的商船在南中国海和印度洋上扬帆驶航，大队的骆驼、马匹奔驰在丝绸古道之上，中国的丝绸、瓷器、造纸术、印刷术西传，印度、中亚文化也给中国文化发展以深远的影响，如服饰、习俗、饮食、语言、艺术、科学、历法、数学、医药、各种物产纷纷传入中国，勇于并善于接受有益新鲜事物的隋唐王朝和中国人民，通过吸收域外文化，丰富和发展了中华传统文化。

第一节 魏晋南北朝及隋唐时期航运与造船概况

三国至南北朝期间（220—581年），除西晋（265—317年）实现了短暂的统一以外，中国大部分时间都处于分裂状态。在此期间，北方连年战乱，南方则相对稳定。北方士族和中原百姓为躲避战火和北方少数民族政权的迫害，大量南迁，这样不仅促进了南北方文化的交流和融合，也促进了南方农业的发展和手工业技术的进步。在这个南北政权对峙近四百年的时间里，各个实力雄厚的政治集团都认为自身才是完成国家统一的天命所归，于是相互征伐、战火连天。在这一时期，内河航运的发展也是围绕军事战争的需要展开的。各种战船的建造及造船技术的进步促使水军战斗力不断提高，内河航道的治理和开凿，以及运河的修建也无一不是以实现军事目标进行的。

一、经济与航运重心南移

三国魏晋南北朝是我国中原地区处于战争频繁、封建割据的状态，这极大地阻碍了社会生产力的发展。相对北方混乱的地方割据与军事纷争而言，南方特别是东南沿海的政局较为稳定。随着北方兵祸频起，生产力受到极大破坏，大批幸存者背井离乡，流徙到江南与东南沿海一带。这些南迁的人带来了较为先进的科学知识与生产技术，使原来相对落后的南方后来居上，成为经济、文化较为发达的地区。

早在三国孙吴时期，长江下游的太湖流域与浙东沿海的钱塘江流域，就已成为经济最为富庶的"三吴"区域，其粮食生产、丝绸织物以及铜镜业、青瓷业等均十分兴旺，一度出现了"煮海为盐，采山铸钱，国税再熟之稻，乡贡八蚕之绵"①的繁荣景象。经济的繁荣与相对安定的社会环境，为东南沿海，特别是南海地区的远洋航行提供了重要的物质基础，中国古代航运事业重心也开始向南方转移。

南迁的中原人与南方当地人一起，抓住南方偏安的环境时机，不断发展航运、开发长江、开拓航道，使南方的航运事业在战争与和平不断交替的环境中，曲折发展。随着军事、政治、经济等形势的不断变化，长江及其支流沿岸港口随之兴起，如三国时期，江西境内的浔阳、豫章都是东吴重要的运输港埠；两晋南北朝时期长江及其支流沿岸的各港口，如江陵、襄阳、夏口、南京等也成为重要的水上运输中转站。港埠的繁荣带动区域经济地不断发展，造就了南方地区的富庶。

二、海内外航运与贸易活跃

在三国至南北朝时期，南方各政权，即所谓吴、东晋、宋、齐、梁、陈"六朝"，为巩固统治，追求享受，偏安江南与东南沿海，尽量利用濒江临海的优越自然条件与海内外的地区与国家，建立各种政治、军事、经济、文化等方面的海上联系。同时，在某些历史时期，沿海人民也以航海为手段，反抗封建政权的残酷压迫。因此，南方的航运事业仍在继续向前发展。

在孙吴时期，南方地区社会比较安定，为扩大土地、发展经济、增加人口数量、补充兵源，孙权多次征讨百越，强迫他们与汉人杂居，利用赣江、湘江与长江的有利水运条件，加强中原地区与岭南闽粤地区的相互联系。出于军事战略角度的考虑，建设造船基地，建造舟船，训练水师，加强水上防御力量。孙权通过加强对岭南地区的统治，获得了可以出南海与海外各国进行友好往来的重要渠道，促进了国内与海外各国的商品贸易。孙吴时期的航海活动相当频繁，为建立海上军事同盟、开拓海上交通线路、掳掠招诱劳力、扩大与南洋以及西方各国的

---

① 出自西晋左思的《三都赋》。

经济与文化联系，孙权屡次派遣船队活动于沿海与远洋水域。

在东晋时期，各种阶级矛盾十分尖锐，海上农民起义盛极一时，给封建王朝以沉重的打击。统治者为麻痹人民斗志，大兴佛教，并引起了部分高僧西行求法活动。东晋时期的法显和尚至天竺寻求戒律经典并从海上归国的艰苦历程，是中国古代航运史上极为重要的一页。

南北朝时期与海外各国的政治、经济、贸易与文化交流颇为活跃。中国远洋船舶已开始越过南亚，进入波斯湾，直航西亚两河流域。在中日之间开辟了较为便捷的北路南线（即黄海南线航路）。

隋炀帝为了宣扬国威，大搞各种远交近攻的政治外交活动，发动了收复辽东失土，对高丽采取了水陆军事进攻。同时，他又派出使者远航日本列岛与南洋地区。

到唐代，朝廷更是凭借强盛的国力、富庶的经济、先进的科技、灿烂的文化，与海外广大的亚非国家和地区建立了各种性质的航运交往。

在东亚与东北亚方面，唐朝与朝鲜半岛诸国建立了错综复杂的既冲突又友好的海上交往，与日本列岛建立了海上频繁来往的比邻关系，并开辟了东北亚堪察加半岛和鄂霍次克海航线。

在南洋与东南亚方面，唐朝与许多国家发展了传统的航海贸易交往，航线所及几达所有的海岸与岛屿。

在南亚方面，唐朝与今印度与斯里兰卡等地区进行了密切的文化与物资交流，涌现出众多的僧人航海者。

在西亚、东非的古代阿拉伯世界方面，唐朝与大食诸国的远洋交往更是方兴未艾，双方的使者、海商、教徒往来频繁。在巴格达出现了专营唐朝商品的"中国市场"，在中国的沿海大港也出现了外国侨商聚居的"蕃坊"。

在印度洋上，中外海船穿梭往返，大港小埠贾客云集。

三、魏晋南北朝造船业的进步

为了保障各种性质的航海活动的顺利进行，这一时期的造船业在秦汉时期的发展基础上，又出现了新的兴旺景象，航海工具也有了新的进步。这种上升的态势，在南方沿海地区表现得尤为明显。

曹魏在北方，虽以陆军见长，但对造船业也很关注。据史载，当时在山东半岛和渤海沿岸的青、兖、幽、冀四州以及安徽巢县等地，都设有造船基地，还专设典船都尉管理舟船建造。著名的"曹冲称象"典故，就表明当时根据船舶吃水深浅确定载重量的原理，已是相当普遍的常识了。

相对魏国而言，吴国几乎全境濒海临江，其东南沿海人民历来富有造船的优良传统，因此造船业最为兴盛，故建有众多的造船基地。在东南沿海地区，如永宁（今浙江温州）市、横阳（今浙江平阳）、温麻（今福建连江）等处均设有专门营造海船的工厂——"船屯",还在建安(今福建建瓯)设置了管理造船的官员典船校尉。

两晋时期,造船业水平日渐提升。西晋大将王曾在蜀中制造大船,准备伐吴之用,其大船连舫,方百二十步,可容两千人。其他战船尚多,《晋令》中提到的即有飞云船、苍隼船、金舡、飞鸟舡等。

南北朝时期,北魏也拥有相当大的造船能力。据史籍载,魏太武帝拓跋焘神麚三年(430年),听说刘宋将欲伐北魏,"乃诏冀定相三州,造船三千艘"。[①]虽然从数量上与体势上来说,北魏造船业远逊于南朝,但以上情况也不容忽视。

在这一时期,南朝各代的造船势头不减,十分繁荣。如荆州作部,短期内即可造上千艘战船。南朝所造的船舶,载重量大者可达二万斛,为空前的纪录。颜之推曾对当时"北帐南船"评述说"昔在江南,不信有千人毡帐;及来河北,不信有二万斛船,皆实验也"。[②]南朝的舰船,在航速上也颇为迅捷,"去来趣袭,捷过风电"。[③]南齐祖冲之发明的"千里船",据说可"日行百余里"。[④]

四、隋唐造船业的发达

隋唐五代的造船行业十分发达,航运工具工艺先进、结构精良,居于世界领先地位。

早在隋朝统一全国前,隋大将杨素在黄河支流汾河畔的永安(今山西霍县)修造各种战舰。灭陈后,隋炀帝在濒江沿海处大造舟船,数量殊巨。例如,大业元年(605年)八月,他巡游江都(今江苏扬州)时,船队有龙舟、翔螭、浮景、漾彩、朱鸟、苍螭、白虎、玄武、飞羽、青凫、陵波、五楼、道场、玄坛、黄蒉等船舰数千艘,舳舻相接二百余里。

唐代,为了适应繁盛的外交与贸易需要,造船基地的数量大幅度上升。据《资治通鉴》记载,当时主要修造大船的地方有:宣(今安徽宣城)、润(今江苏镇江)、常(今江苏常州)、苏(今江苏省苏州)、湖(今浙江湖州)、杭(今浙江杭州)、越(今浙江绍兴)、台(今浙江临海)、婺(今浙江金华)、江(今江西九江)、洪(今江西南昌)等州及剑南道(今四川境内)的沿江一带;同时,北方沿海的登州(今山东烟台市蓬莱)、莱州(今山东),南方沿海的扬州、福州、泉州、广州与交州亦是著名的船舶建造基地。上述这些地方的造船工场,能承建大量的河船、海舶与战舰。

唐太宗征伐高丽时,一次就发动江南十二州工匠造大海船数百艘。刘晏做江

---

① 王丙杰主编《魏书》,北京燕山出版社,2009 第 23 页。

② 颜之推:《颜氏家训》,曾德明译,崇文书局,2017,第 147 页。

③ 《二十五史》,上海古籍出版社,2018 年影印本。

④ 萧子显撰、周国林、李毅荣:《南齐书·祖冲之传》,张燕萍点校,岳麓书社,1998,第 475 页。

淮盐铁转运使时，在扬子（今江苏仪征）一地就设置了十个造船工场，修建了大批用于漕运的"歇艎支江船"。①《旧唐书》描述唐代舟船之盛，称"且如天下诸津，舟航所聚，旁通巴汉，前指闽、越，七泽十薮，三江五湖，控引河洛，兼包淮海。弘舸巨舰，千舳万艘，交贸往还，昧旦永日"。②另据《渊鉴类函》介绍，唐时曾在关中举行一次各地建造的舟船博览，"每舟署某郡，以所产暴陈其上"③。当时，来自广陵、会稽、南海、豫章、宣城、始安、吴郡之各色船舶"皆尾相衔进，数十里不绝，关中不识连樯挟橹，观者骇异"。④

隋唐时期，中国的造船技艺有了明显的进步，所造船舶结构精良、体势巨伟，适于远航。据史载，隋初杨素在永安大造战舰，其最大者，"名曰五牙，上起楼五层，高百余尺，左右前后置六拍竿，并高五十尺，容战士八百人，旗帜加于上"。⑤即使是次一等的"黄龙船"，也可载兵士百余人。而隋炀帝泛江所乘之"龙舟"，体势也颇见庞硕。据司马光记载，"龙舟四重，高四十五尺，长二百丈。上重有正殿、内殿、东西朝堂，中二重有百二十房，皆饰以金玉"。⑥

唐代的造船技术已相当先进，在世界上居领先地位。据唐代刘恂载，当时"贾人船不用铁钉，只使桄榔须系缚，以橄榄糖泥之。糖干甚坚，入水如漆也"。⑦这种外国的缝合式木船，直到13世纪意大利旅行家马可·波罗航行于印度洋时还比比皆是。其船体脆弱，抗风浪能力较差，时有海难发生。相形之下，唐朝人在造船中早已脱离这种原始的简陋工艺，而大量采用先进的钉榫接合技术了。在钉榫技术的推动下，唐船建有多道的水密隔舱，这就大大地增强了船只的横向强度和抗风浪、抗沉的能力。由于船体结构坚固，帆桅相应增多，也更适于越洋远航。此外，据李鉴介绍，有一种名叫"海鹘"的海船，"舷上左右置浮板，形如鹘之翅，以助船之风，虽风涛怒张，而无侧倾之虞"。⑧这种类似舷侧防浪板的设计，亦属当时造船技术先进的明证。

唐代已出现了结构精良、舱室众多、体势巍峨、帆樯众多的船舶。当时，一般的漕运船，"每船载一千石"。⑨从我国古代主要船型来看，沙船、福船、广船等在唐代均已成型。

对于中国唐舶之盛况，外国学者和旅行家们在古代文献与著作中也多有涉猎。意大利学者非勒斯在《中世纪的中国和非洲》一书中指出，中国大约从600

---

① 欧阳修、宋祁：《新唐书·食货志三》卷五十三，上海古籍出版社，2018年影印本。

② 《旧唐书·崔融传》，岳麓书社，1997年影印本。

③ 张英：《渊鉴类函》，上海古籍出版社，2008年影印本。

④ 欧阳修、宋祁：《新唐书》，卷一百三十四，上海古籍出版社，2018年影印本。

⑤ 魏征：《隋书·杨素传》，吉林人民出版社，2005，第275页。

⑥ 杜宝：《大业杂记》，中华书局，1991，第45页。

⑦ 刘恂：《岭表录异》，商务印书馆，1936，第18页。

⑧ 曾公亮：《武经总要前集》，上海商务印书馆，2017，第27页。

⑨ 邓瑞：《马端临与〈文献通考〉》，山西古籍出版社，2003第312页。

年开始，就建造了具有五层甲板的大吨位帆船，中国帆船的体积很大、抗风浪的能力很强。一位曾在唐代到过中国的古代阿拉伯大旅行家苏莱曼，在其撰成于公元851年的《中国印度见闻录》（又名《苏莱曼东游记》）中记述"中国唐代的海船特别巨大，抗风浪的能力强，能够在波斯湾里畅行无阻"。又说"唐代中国帆船由于体积很大，吃水太深，不能直接进入幼发拉底河口"。可见唐代海船竟然大到波斯湾第一大河都进不了的程度。

五、隋唐大运河

汴河怀古（唐·皮日休）

尽道隋亡为此河，至今千里赖通波。

若无水殿龙舟事，共禹论功不较多。

隋唐时期修建了以洛阳为中心，北至涿郡（今北京），南至余杭（今杭州）的大运河，史称隋唐大运河。后代通过浙东运河延伸至会稽（今绍兴）、宁波。

隋唐大运河跨越地球10多个纬度，纵贯在中国最富饶的华北平原和东南沿海地区，地跨北京、天津、河北、山东、河南、安徽、江苏、浙江8个省、直辖市，是中国古代南北交通大动脉，在中国历史上产生过巨大作用，是中国古代劳动人民创造的一项伟大的水利建筑工程。

2014年6月22日，包括隋唐大运河、京杭大运河、浙东运河在内的三大部分十段河道被列入世界文化遗产，成为中国第46个世界遗产项目。

黄河是中华民族发展的摇篮，黄河流域是华夏文明的发源地。它的中下游中原地区是中国古代经济、文化、科技最发达、最昌明的区域，也是人口最稠密，政治思想最为活跃的所在。黄河自西向东的流向，便于东西横向联系，而不便于南北纵向的联系，因此，纵向经济文化交流受到很大影响，黄河以北不乏富饶之地，黄河以南的东南沿海更是物产丰富之地，但长期得不到开发，这种地理上的缺陷，造成了中国经济文化南北发展不平衡的现象。我们的祖先明智地觉察到这个问题，从而产生开凿南北纵向的人工河的愿望。

在中国历史长河中，封建统治者为巩固政权，战事频繁，征伐不断，为保证军事行动所需之大量粮草的运输，在水运占有主导地位的年代，沟通南北水运，开凿运河无疑对军事行动是十分必要的。由此可见，大运河的开凿，主要是为了当政者便于巩固和发展自己的政权，而军事行动和经济开拓则是最直接的目的。

中国古代很早就有利用自然水源、修筑人工运河、灌溉农田和进行运输的历史。据《左转纪事本末》记载，春秋时期，吴王夫差为了进攻齐国，运兵运粮，征调大批民夫，在长江与淮河之间开凿一条运河，叫作"邗沟"。这就是后来大运河在江苏境内的一段。两汉至南北朝时期，相继修建了众多运河河道。随着南北政治、经济和文化日益发展，修凿的局部运河，已经不能满足社会需要。尤其江南地区在全国经济生活中越来越占重要地位，沟通南北水道已经成为社会经济

交流的迫切需要。从先秦时期到南北朝时期的众多王朝开凿了大量运河河道，其分布地区几乎遍及大半个中国。西到河南，南达广东，北到华北大平原，都有人工运河。这些人工运河与天然河流连接起来可以由河道通达中国的大部分地区。这四通八达的水道为后世开凿隋唐大运河奠定了基础。

第二节　粤北山道和北江整治

隋唐重现南北统一的中央集权王朝，北方地区社会经济在遭受长期严重破坏之后，全国的经济重心已从黄河流域逐渐南移到长江、太湖、珠江流域地区。由于隋唐定都长安（今陕西西安），政权中心仍在北方，而国家的粮赋、军需、财物供应主要仰给于经济富饶的南方地区。传统的外贸通道——"陆上"丝绸之路也由于匈奴、突厥族的梗阻，被迫转向南方的"海上丝绸之路"。于是出现了全国南北物资大量交流、运量激增的局面，成为这一时期经济转换的重要特点。隋唐时期大力开辟南北陆上通道势在必行。

一、粤北山道

唐代由广州至中原内地的交通主要路线有两条。

一是取道骑田岭之路线：从广州至韶州（韶关），过骑田岭至湖南的郴州，再至衡州（今湖南衡阳），潭州（今湖南长沙），达岳州（今湖南岳阳），过长江抵江陵（今湖北江陵）、襄州（今襄阳）、邓州（今河南邓州），过蓝关至长安。

二是取道大庾岭之路线：从广州至韶州，过大庾岭至虔州（今江西赣州），吉州（今江西吉安），洪州（今江西南昌）、江州（今江西九江），然后沿长江顺流至池州（安徽贵池）、宣州（今安徽宣城），润州（今江苏镇江），过长江至扬州，溯大运河至汴州（今河南开封），再由汴州至洛阳出潼关达长安。

这两条交通线都是利用广东的内河北江，故北江是当时的一条十分重要的运输线。韶州是广州通往内地的重要交通枢纽。

皇甫湜《韶阳楼记》说："岭南之属州以百数，韶州为大，贡朝之所途。"在这两条路线中，魏晋南北朝以前，由于大运河未开凿，多通过武水至郴州一线而达中原。自隋代大运河开凿之后，古人为了充分利用水运，所以取道大庾岭一线显得特别重要。盖此线只是在越岭时需要陆运外，其余均有水路可通。

唐开元四年（716年），朝廷派张九龄整治大庾岭道。大庾岭的开凿大大方便了往来的交通，使各国前来贸易的商人畅通无阻，进一步促进了对外贸易。中外史学家对修筑这条道路，曾给予高度的评价，认为大庾岭道路的修建，具有加强国际的经济、文化、科学和技术交流的重大意义。

二、北江整治

隋唐时代对珠江航道整治史籍缺乏记载，但从唐代大文学家韩愈两次谪贬岭南留下的诗文中，对湟水（连江）及武水航道当时险恶状况都有生动的描述，特别是湟水。通过韩愈在阳山任县令三年"甚有政绩"进行分析，其有可能对航道进行过一些整治，尚需进一步考证。

韩愈两度谪贬岭南，都走的骑田岭郴州路，一次是从湟水（连江）坐船至贬所阳山，一次是从武水坐船至韶州，然后转去贬所潮州。在他的诗文中对一路经过的湟水与武水航道情况，留下了可贵的史料。

他在《送区册序》中写道："阳山天下之穷处也。陆有丘陵之险，虎豹之虞；水有江流悍急，横波之石廉利，舟上下失势，破碎沉溺者往往有之"。韩愈对湟水"六潭""十峡"行舟险恶情况有着十分生动的描绘，在《过贞女峡（羊跳峡）》诗中写道："江盘峡东春湍豪，雷风战斗鱼龙逃。悬流轰轰射水府，一泻千里翻云涛。横浪淖泷相搏激，奔湃急疾声怒号。漂船摆石万瓦裂，咫尺性命轻鸿毛。"

韩愈第二次遭贬入岭南是在唐元和十四年（819年），时任刑部侍郎，因谏阻宪宗迎佛骨，被贬任潮州刺史，南下的路线改由武水坐船至韶州，对武水航道他在途中《题临泷寺》诗中写道："南行逾六旬，始下乐昌泷；险恶不可状，船应相舂撞"。武水航道条件当时与湟水同样行船险恶，很不安全。

隋唐时期发达的造船业促进了航运业的繁荣。正如《旧唐书·崔融传》上所记载的："天下诸津，舟航所聚，旁通巴汉，前指闽越。七泽十薮，三江五湖，控引河洛，兼包淮海。弘舸巨舰，千舳万艘，交贸往来，昧旦永日"。可见当时内河航运的盛况。

第三节　岭南造船业的发展

魏晋南北朝有关广东的造船史料少见。《隋书·东夷传》有"大业六年（610年）又命陈棱和张镇州带兵一万多人，从义安郡（今广东潮州）航海出发，到达琉球（即台湾地区）进行'慰谕'……""（常）骏等自南海郡（今广州）乘舟，昼夜二旬，每值便风。至焦石山……"至于广东的考古，还未见到有隋代造船方面的重大发现。

隋唐时代，中国重新统一，经济得到很大的发展，广州是岭南主要造船基地，一次能造船500艘。[①]唐朝建立后，社会经济得到了迅速发展。唐朝是个强盛的国家，造船工业有了长足进步，海外贸易由广州启航经南海到波斯湾，唐史称

---

① 欧阳修、宋祁：《新唐书》卷五十三，上海古籍出版社，2018年影印本。

之为"广州通海夷道"，即"海上丝绸之路"。①

一、卢循与八槽舰

晋代隆安三年（399年）十月，孙恩自海岛起兵，杀上虞县令并攻占会稽，并迅速占有会稽等八郡，"旬日之中，众数十万，""自号征东将军。"是年十二月，孙恩被击败，乃逃入海岛。晋安帝元兴元年（402年），孙恩率众攻临海（今浙江临海），为官军击败，其所率三吴男女，死亡殆尽，恩乃投海自杀。"余众数千人复推恩妹夫卢循为主。"②

晋安帝元兴二年（403年）正月，卢循率众攻东阳（今浙江东阳），八月又攻永嘉，均未得手。晋元兴三年（404年）十月航海南下并攻陷广州。卢循"自摄州事，号平南将军"。

晋义熙六年（410年），卢循由广州北上占豫章（今江西南昌）等郡，率大型船队沿长江顺流而下，直通建康（今南京）。《晋书》记有："乃连旗而下，戍卒十万，舳舻千计，败卫将军刘毅于桑落洲（今九江东北长江中），迳至江宁（今南京附近）。"

晋义熙七年（411年），卢循屡败，再次攻广州未克，又南下奔交州龙编（今越南河内东）。龙编刺史率众军士"掷雉尾俱焚其舰"。③ 兵众大溃，卢循战败而投水死。

孙恩、卢循海上起兵凡十数年，多用水战，且两次航海南下。在多年的争战中，对舟船技术或有发明创造，乃近于常理。

"八槽舰"就是晋代跟随孙恩海上起兵的卢循所建造的，其特点是利用水密舱壁将船体分隔成8个船舱，即使某个船舱破洞进水，船舶仍可保证不致沉没。

在《晋书·孙恩传》《晋书·卢循传》和《资治通鉴》有关于孙、卢两人率舰征战的记述，而且两人均先后沉海而死。孙、卢在历史文献中是被列为贼寇的，诸多文献并未记有卢循所建造的八槽舰，当然更不会褒奖或评价他们的功绩。但是，在某些帝王的言行录里，在某些帝王的纪传里，却透露出卢循所建造八槽舰的一些史实。

《艺文类聚》引《义熙起居注》曰："卢循新造八槽舰九枚，起四层，高十余丈。"《宋书·武帝纪》在记述刘裕镇压卢循水军时，曾说卢循"别有八槽舰九枚，起四层，高十二丈"。④ 卢循所造八槽舰，被认为是用水密壁将舰体分隔成八个舱的舰船。船舶水密舱壁是中国古代造船技术的一项创造。

---

①　欧阳修、宋祁:《新唐书》卷三十七,上海古籍出版社,2018年影印本。

②　刘毅:《晋书》,北京燕山出版社,2010,第275页。

③　刘毅:《晋书》,北京燕山出版社,2010,第275页。

④　沈约:《宋书》卷一,岳麓书社,1998,第1页。

二、粤地造船

秦汉以后，岭南的沿海地区，如番禺（今广州）、合浦、徐闻、琼州、义安（今潮州）等地已是中国对外贸易的主要港口。尤其是番禺，在宋代以前一直是中国的对外贸易中心。在很长的一段历史时期里，岭南的海上对外贸易在全国居领先地位，岭南也成为全国主要造船基地之一。

《宋代广东经济概况》一文述："广州自晋代以来一直是我国海路交通的港口，中唐以后日趋繁盛，同时广州从事与番商贸易的商人，也开始自建大海船经营远洋贸易了，官方民间共造远洋船以适应日益发展的外贸需要。"[1]

唐张九皋任职广州时曾"招募敢勇，缮治楼船"。[2] 据《广州府志》"唐德宗年间岭南节度使杜佑造战船，阔横长短随用大小……胜人多少，皆以米为率，一人重二石。其楫、棹、篙、橹、帆席、緪索、沈石调度与长船不殊，又分为六档，一曰楼船，二曰艨艟，三曰斗舰，四曰走舸，五曰游艇，六曰海鹘。"

唐代，岭南建造的海船主要有"苍舶""木兰舟"。"苍舶"船长20丈，能搭载六七百人。元和十四年（819年），海上丝绸之路始发港之一的潮州，已有巨大的木兰舟出现，可载数百人。咸通二年（861年），润州人陈磻石在廷对时曾提及雷州至福建的海运船"大船一只，可致千石"。[3]

据史料记载，8世纪时中国沿海主要港口城市均有大规模的造船工场，作为第一大港的广州是广东的造船中心城市，造船业也处于领先地位。《新唐书》记载，广州一地一次"能造船五百艘"。

其他有关岭南造船记述主要有：

（1）东晋徐道覆（时任始兴相），在南康山（位于粤湘交界处）伐木造船，且在短期内制造上千艘芙蓉舰、八槽舰及其他内河舰船，可知当时韶关一带造船工场规模之大。

（2）东晋吕岱发兵三千由水路从广州去合浦，[4] 当走的是海道，按常例此三十艘海船也应是在广州造，广州历来是造船基地，造船工场大而多。

（3）隋陈棱和张镇州带兵一万由潮州去台湾地区，造一万兵乘船，[5] 潮州的造船工场应具有相当规模。

（4）唐张九皋在广州任职时造过大批战船。

（5）唐德宗兴元元年至贞元三年（784—787年）杜佑在广州打造六种战船。

（6）民间所造"苍柏"和"木兰舟"，其造船工场应遍布广东各地。

① 于城：《宋代广东经济概况》，《岭南文史》1987年第1期。

② 欧阳修、宋祁：《新唐书》卷六十八，上海古籍出版社，2018年影印本。

③ 出自《旧唐书·懿宗记》。

④ 陈寿：《三国志》，崇文书局，2009，第613页。

⑤ 魏征：《隋书》，吉林人民出版社，2005，第275页。

三、广船发展与主要船型

广东海船发展到后汉已相当成熟。东晋后期，广东造出了有七个水密隔舱的"八艚舰"。这"八艚舰"被认为是用七个水密隔舱壁将船体分隔成八个舱的舰船。东晋封舱密室建造八艚船技术传入福建，对福建造船工艺产生了重大的影响。

隋唐时期，岭南造船技术发展很快。其特点是船板之间用钉、榫连接，因此船体结构比较牢固。使用铁钉工艺，需要较高的捻缝技术，否则铁钉会因接触海水而很快腐蚀。

唐代时期是广船的发育成熟期。由于战争和经济贸易的需要，唐宋时，广东建造了大量的战船和民船。随着造船数量的增加，船舶的建造技术也得以迅速提高，船舶结构和强度也不断地根据需要而改进和提高。

唐德宗兴元元年至贞元三年（784—787年），广州节度使杜佑曾在广州建造六种战船：楼船、艨艟、战舰、走舸、游艇、海鹘。这六种战舰组成混合编队，已然构成水战兵法的一部分。唐时曾任河东节度使、幽州刺史并本州防卫使的李筌，于乾元二年（759年）撰著《太白阴经》十卷。其中《太白阳经·水战具篇》记述：

经曰：水战之具，始自伍员。以舟为车，以楫为马。汉武帝平百粤凿昆明之池，置楼船将军。其后马援、王濬（jun）各造战船，以习江海之利，其船阔狭、长短，随用大小，皆以米为率。一人重米二石，则人数率可知。其楫、棹、篙、橹、帆席、緪索、沉石，调度与常船不殊。

楼船：船上建楼三重。列女墙、战格。树旗帜，开弩窗、矛穴。置抛车、垒石、铁汁，状如城垒。晋龙骧将军王濬伐吴，造大船长二百步，上至飞橹阁道，可奔车驰马。忽遇暴风，人力不能制，不便于事，然为水军，不可不设，以张形势。

艨艟：以犀革蒙覆其背，两相开掣棹孔，前后左右开弩窗、矛穴。敌不得近，矢石不能败。此不用大船，务于速进，以乘人之不备，非战船也。

战舰：船舷上设中墙半身，墙下开掣棹孔。舷五尺又建棚，与女墙齐，棚上又建女墙，重列战格，人无覆背。前后左右树牙旗、幡帜、金鼓，战船也。

走舸：亦如战船，舷上安重墙。棹夫多，战卒少，皆选勇士精锐者充。往返如飞，乘人之不及。兼备非常救急之用。

游艇：小艇以备探候。无女墙，舷上桨床左右。随艇大小长短，四尺一床，计会进止。回军转阵，其疾如飞。虞候居之，非战舶也。

海鹘：头低尾高，前大后小，如鹘之状。舷下左右置浮板，形如鹘翅。其船虽风浪涨天，无有倾侧。背上左右张生牛皮为城，牙旗、金鼓如战船之制。

李筌记述的六种战船，前五种前朝早已出现过，唯有这海鹘船始见于唐代。

海船的主要性能特点是其船"虽风浪涨天，无有倾侧"。就是说这型战船摇摆幅度较小，在风浪中有较好的稳性。

第四节　隋唐海丝与广州港的兴起

隋朝立国后，继承了两晋南北朝时期重视海上交通的传统。

唐代继续推行对外贸易自由开放政策。广东海上运输发展迅速，特别是丝绸、陶瓷、漆器等传统手工业工艺品，工艺更精、品种更多，是当时广东对外贸易的重要商品。随着"广州通海夷道"的开辟和海外贸易地区的扩大，商船往来增多，不少外国商人在广州经营珠宝生意，吸引各地客商前来交易，形成国际性的珠宝市场，广州也迅速发展成为世人瞩目的国际性港市。

唐代的内河运输也有较大发展。唐朝中央政府为了促进广州开展对外贸易，专门下令开辟大庾岭山路。开元四年（716年），为了便利商货转输和贡物的运送，左拾遗张九龄奏请开凿了大庾岭山道（在广东南雄市与江西大余县交界处），使珠江水系的浈江和长江水系的赣江通过大庾岭山道连接起来，组成珠江、长江南段通道与大运河北段通道相衔接，构成贯通中国南北水上交通的大通道。

大庾岭位于粤赣两省边界，北面有赣江及其支流谷地，南面有北江及其支流的河谷，这些河谷和内河水运为南北交通提供了便利条件。在未开新道路之前，大庾岭成为南北交通的障碍，只有蜿蜒小径可以通过，来往商旅只能肩挑背负运输货物，使广州与北方贸易受到了极大的限制。新路开辟之后，人们南下北上方便多了，广州的贸易地位随之大增。

唐代以后，广州和中原地区的陆上交通线，大庾岭山路几乎成为必经之地。大庾岭山道，因有大梅关、小梅关等隘口，所以又被称为梅关道。

广州成为世界性的大港，早在南北朝时期已经形成。唐代，在原有基础上，更加发展并超过了以往任何一个朝代。这是同唐代社会经济的空前繁荣，以及与其在世界上享有的高度物质文明和精神文明的先进大国的崇高地位密切相连的。

早在公元3世纪时，阿拉伯商人从海路东来，开展贸易。广州就逐渐成为中国对外贸易的中心了。到唐代，统治者为了加强对外贸易管理，在广州设置了"市舶使"以及海关。

当时广州和扬州是全国的两大港口，而广州居住的外国人更多，他们都是在指定的区域居住。其时，中国通过广州辐射的贸易范围已经扩展到了南太平洋和印度洋各国，已经有很多华侨在东南亚等地侨居，一直相沿至今。以至于现在许多地方的华侨还自称唐人，而且把自己的祖国称为"唐山"。

唐代时航行在海上的船舶规模已经相当大了。广州是海船的主要产地之一。当时，中国已经有了自己经营的船队进行对外贸易，商船向西航行已经到了印度洋和波斯湾。

此时横贯亚欧大陆的陆上丝绸之路非常兴旺，从广州到西方的海上交通也很发达，在这个东西方水陆交通对外贸易兴旺发达的时代，广州无疑是中国的南大门。

一、唐朝"广州通海夷道"

隋朝统治时间虽然很短，但却是一个承前启后的阶段，为唐朝的崛起作了军事上、政治上、经济上的准备。唐朝的文治武功，在历代封建王朝中，都是有名的。"贞观之治"和"开元盛世"促进了封建经济向前发展和对外交往的空前高涨。

隋唐时期，中国经济重心南移，中国与西方的交通以陆路为主转向以海路为主，海上丝绸之路进入大发展时期。广州成为唐朝最大的海外贸易中心，朝廷设立市舶使，专门管理海外贸易。

581年，隋文帝统一全国，结束了数百年的分裂割据局面。大业三年至六年（607—610年），隋炀帝曾派遣屯田主事常骏、虞部主事王君政等出使赤土国（今马来半岛泰国东南部）。据《隋书·赤土传》记载，他们是从广州出发的。当时东南亚诸国中最重要的有林邑（今越南南部）、赤土（今马来半岛吉打）、真腊（今柬埔寨）和婆利（今印尼）等十多个国家和地区都与隋朝有来往，直接到广州进行贸易。[①]

隋炀帝十分重视对外贸易。国内边疆民族和外国商人进入丰都市（当时洛阳的东市）交易，炀帝即大事铺张。《资治通鉴》卷一八一说："诸蕃请入丰都市交易，帝许之。先命整饰店肆，檐宇如一，盛设帷帐，珍货充积，人物华盛，卖菜者亦借以龙须席。胡客或过酒食店，悉令邀延就座，醉饱而散，不取其直。给之曰，'中国丰饶，酒食例不取直'，胡客皆惊叹。"[②]隋炀帝还令云骑尉李昱出使波斯，波斯也遣使和李昱同来，并与隋朝进行通商贸易。炀帝又派侍御史韦节、司隶从事杜行满出使印度等地，从而带动了阿富汗与隋朝的贸易。

唐王朝建立之后，社会经济得到迅速的发展，特别是丝绸、陶瓷、漆器等传统手工业工艺更精，品种增多，这为进一步发展对外贸易奠定了雄厚的物质基础。

唐代对外贸易分海、陆两条渠道。7世纪唐征讨东西突厥的战争；阿拉伯攻占波斯，灭萨珊王朝的战争；8世纪中叶，陇右、河西相继沦陷于吐蕃之手，加之爆发安史之乱（755—763年），这些都使唐王朝对西域控制力大为削弱。传统通往中亚的丝绸之路经常受阻，对外贸易越发依赖于海运。

唐代的造船业又较前代有了进步，所造船舶的船体更为坚固，更适合远洋航行。因此，海上对外贸易更加发展。从广州启航，经南海到波斯湾的航线更加畅

---

① 魏征：《隋书》，吉林人民出版社，2005，第178页。

② 司马光：《资治通鉴》，北方文艺出版社，2019，第181页。

通，航行的记载愈益具体，唐人称之为"广州通海夷道"。因输出的商货以丝绸为主，后世又称之为"海上丝绸之路"。

这条海上丝绸之路的记载，见于唐人贾耽的《广州通道海夷道》。贾耽把从广州至巴士拉港的航路，作为东路航道。东路航道地点大致包括今越南、马来西亚、印尼、斯里兰卡、印度、巴基斯坦、伊拉克等国境内的沿海据点。把阿拉伯半岛沿岸乃至亚丁湾、红海航道称为西路航道。把乌剌（即奥波拉）作为东西路商道的交会点。奥波拉是波斯湾中早期的贸易中心，有运河和大食重镇末罗（巴士拉）相通。西路航道地点大致包括今天沙特阿拉伯、阿拉伯联合酋长国境内的沿海据点。

贾耽并对这条航线的途次、航期做了详细的记载。其途次，用今天的地域名称说，即船从广州出航，经大屿山以南，扬帆西行二日，到海南岛东北角。南航二日到海南岛东南的独珠山。再折向西南航行三日，到越南岘港东南的占婆岛。又往南二日，到越南归仁以北的燕子岬。再行一日，抵达越南的芽庄。半日到藩朗。又行两天，到昆仑岛。又行五天，到马六甲海峡。海峡南北宽约百里，北岸是马来半岛，南岸是苏门答腊。从苏门答腊东南部的旧港东航，四五天可达爪哇岛。爪哇岛是南洋正中的一个最大岛屿。从苏门答腊旧港一带，西行海峡三日，到布罗瓦尔诸岛，北岸是马来半岛西岸的吉打。复从布罗瓦尔岛西航，抵今棉兰海中。西航五天，到今苏门答腊海岸中的婆罗师洲。续航六天，到尼科巴群岛。转北航行四天，到锡兰（今斯里兰卡）。锡兰的北部和印度南岸只相距百里。西航四天，到今印度西南角喀拉拉邦的奎朗港，这是印度的最南境了。再西北航，进入阿拉伯海，经过十余处小国，到印度西岸。再西北行二天，到孟买附近巴洛奇。继续沿岸北航，再行十天，抵今巴基斯坦境，经过五处小国，抵达海港喀拉奇东部，这是印度河的出海口。又从喀拉奇西行二十天，经过二十来个小国，到波斯湾的巴巴丹一带，当地人在海湾口安置了灯塔，夜间点燃火炬，以作导航信号。据《皇华四达记》记载，由此进入波斯湾，湾内航行一日，到幼发拉底河口的奥波拉。在此转换轻舟，溯河而上，二天就到大食帝国的重镇巴士拉。再由驿道西北行，就是大食国京城巴格达了。自印度南境的奎朗到奥波拉，是沿东岸航行，西岸以西就是大食帝国境内了。

沧海桑田，当年的一些地方，今已在地图上消失。但广州通夷海道，作为当时最长的远洋航线，作为古代中国人民航海活动的辉煌成就的标志，却长留史册。

在南海，东南亚诸国基本上进入以广州为中心的南海海洋贸易圈内。考古发现显示，唐代广州极可能已开辟直航菲律宾的航线。唐朝陶瓷开始成为主要出口商品，湖南长沙窑、河南巩县窑、河北邢窑、浙江越窑、广东潮州窑等地产品远销世界各地，因而海上丝绸之路又被称为陶瓷之路。

从广州港起航，也有通往日本、朝鲜的航线。日本的高岳亲王真如，前来中

国通好访问，于唐咸通七年（866年），就是由广州循此航道返国的。

二、丝路明珠——广州港

当时在西亚有穆罕默德所建的大食国（即阿拉伯国家）屹起。大食国疆土辽阔，航海进步，急需与中国贸易，再之印度洋沿岸和东南亚国家与中国的传统贸易关系，这些因素使唐帝国境内形成了四大国际贸易港。9世纪中叶，阿拉伯地理家伊本考尔大贝在《道程及郡国志》一书中，曾从南向北顺序记述了这四大港：由桑甫（Sand，即占婆）至中国第一港口阿尔瓦京（al-Waking），或航海，或陆程，皆一百法尔桑（Farsangs，古代日本长度单位，一法尔桑相当于五千米）。阿尔瓦京有中国锻炼之精铁、瓷器及米，此为大埠。由阿尔瓦京航海四日，可至康府（Khanfn）。陆行则须二十日始能达。康府产各类水果、菜蔬、小麦、大麦、米及甘蔗。由康府行八日至蒋府（Janfu），出产与康府相同。由蒋府行六日至康图（Kantu），出产亦同前。中国各港皆有一大河，可以航船。河受潮汐影响，康图有鹅、鸭及各种野禽。根据桑原骘藏的考证，阿尔瓦京为交州的龙编，康府就是广州，蒋府即泉州，康图即江都（《东西交通史论丛》）。也就是说唐朝的交州、广州、泉州、扬州四大港是世界闻名的，其中又以广州最为繁盛。

广州港的对外贸易之所以获得如此的发展，除了唐代是当时的世界经济大国之外，其主要的因素是封建统治阶级在对外经济关系方面执行了开放政策，鼓励外商和本国商人开展海外贸易。再加上阿拉伯商人航海的屹起和唐朝与各国的友好关系，造成了国际形势有利于这一政策的执行，所以能够取得辉煌的成果。

广州经济发展，在全国的经济发展中，具有重要的意义。进入中唐以后，商品的生产出现了一个上升的阶段，商业城市不断发展，说明海外贸易在整个商业经济中起了积极的作用。同样地，广州的经济，对世界的影响也是巨大的，"广州通海夷道"不但给世界人民带去了美丽的丝绸，精致的瓷器，而且大规模地交流了东西方之间的物质文明。它把当时世界四大地区（中国、东南亚、印度、阿拉伯）的经济连接起来，互相促进，共同发展。

总之，唐代广州的海外交通和贸易，对古代中国的经济发展和世界文明的贡献，都有着重要的意义，它对世界历史的影响是深远的。

唐代的广州有外港和内港之分。

外港主要有屯门和菠萝庙两地。

屯门在今香港新界青山湾。扼珠江口外交通要冲。港口坐北朝南，九迳山与青山为其东西翼，大屿山为其屏障，是一个天然避风良港。古代凡外国船舶来广州贸易，必先集屯门，然后驶进广州。这些外国船回航返国时，亦经屯门出海，扬帆南驶。贾耽《广州通海夷道》也把屯门列入航线之中。当时的屯门有军队驻防，保护交通，称为"屯门镇"。[1]唐玄宗时，节度使刘巨麟曾以屯门镇兵泛海

---

① 欧阳修、宋祁：《新唐书》，卷三十七，上海古籍出版社，2018年影印本。

北上，讨平骚扰永嘉（今温州附近）的海盗。可见，屯门同时又是沿海的重要军镇。

波萝庙在今黄埔南岗庙头村，古称扶胥镇，即韩愈《南海神庙碑》所称的"扶胥之口，黄木之湾"。李吉甫《元和郡县志》称："自州东八十里有村，号曰古斗，自此出海，浩渺无际。"古斗村也就是扶胥镇。庙头村之西有一小山，建有南海神庙，供奉南海之神。南海神庙建于隋代，但扶胥镇作为广州外港，则始于唐代。古代航海因生产工具落后，带有很大的冒险性，所以船员水手极度迷信，波萝庙刚好是一个出海口，船舶出海或回航都要在这里停靠，以便船员们参拜海神，祈求保佑。唐代海外交通有了很大的发展，船舶经过此地的数量增加了，因此，波萝庙逐渐地形成一个船舶聚泊之地。

内港主要包括光塔码头和兰湖码头。

光塔码头在今广州光塔街一带，是唐代对外贸易的中心，也是主要的码头区，因蕃坊就在附近，所以非常热闹。且建有光塔引航。清初乾隆时，坐落在今海珠北路（即光塔街以南）的元妙观道士黄某，在观西侧挖掘出一艘深埋在地下的洋舶，证明这一带是古代洋舶往来的航道。

兰湖在今广州流花湖公园附近一带，宋以前，流花水道还是交通要道，由佛山、北江、西江来广州的旅客有很多在此登陆。因其离城较近，故是广州西侧一个重要的水陆码头。南海县署从隋代至宋代，都设在这里，到了元代才搬走，可见其地位之重要。这里是唐宋两代广州的水上要地。

三、隋唐市舶制度

为了加强对外贸易的管理，促进海外交通和海外贸易的进一步发展，唐朝最先在广州设立市舶使，负责外贸管理和关税征收等工作。"市舶使"（或称舶使、市舶中使、监舶使、结好使、押蕃舶使）直隶朝廷，专门管理对外贸易事宜。市舶使的设立，标志着对外贸易以市舶为主的时期开始了。

市舶使是管理海外交通和海外贸易的官员。早在隋朝便有互市监的设立。按《唐六典》二十二《互市监》的记载，这些互市监都设在中外贸易比较繁盛的地方。互市监设监一人，丞一人，掌诸蕃交易之事。考证家认为此种互市监仅设于西北边缘的地方，大致上是属于管辖马匹、骆驼贸易的事务。在滨海城市设市舶使，则始于唐代。

顾炎武《天下郡国利病书》卷二二〇，关于唐代市舶法略言："唐始置市舶使，以岭南帅臣监领之。设市区，令蛮夷来贡者为市，稍收利入官……贞观十七年，诏三路市舶司，番商贩到龙脑、沉香、丁香、白豆蔻四色，并抽解一分。"[①]按此说法，贞观时，已有三路市舶司之设。考市舶使之成立，史书没有明确的记载。《新唐书》和《册府元龟》有市舶使名称之初见。尤其是《册府元龟》卷五

---

① 顾炎武：《天下郡国利病书》卷二百二十，上海古籍出版社，2012 年影印本。

四六记载得尤为具体，文曰："柳泽开元二年（714年）为殿中侍御史、岭南监选使。会市舶使右卫威中郎将周庆立与波斯僧及烈等广造奇器异巧，以进。"说明了开元二年以前广州已有市舶使之设。李肇《唐国史补》也有记载市舶使之事，称，"市舶使借其名，纳舶脚，禁珍异，蕃商有以欺诈入牢狱者。"更明显证实了当时的广州有市舶管理机构之设。

终唐一代，市舶使之设立仅广州一地，故广州是我国最早设立市舶管理机构的城市。市舶使的职责，史书没有明文记载，根据一些零星史料分析，大概可以归纳为三点：

第一，加强海外交通的管理。

第二，征收关税。

第三，处理对外贸易事务。

船舶进口时，要履行"纳舶脚""收市"和"进奉"等手续。"纳舶脚"即征收船舶的进口税。据苏莱曼《苏莱曼东游记》所载，"外国商船之抵埠（广州），官吏取其货而藏之，一季之船既全入口，官吏征百分之三十关税后，乃将货交还原主发卖。"

市舶给政府带来大笔的财政收入，张九龄《开大庾岭路记》"上足以备府库之用，下足以赡江淮之求。"苏莱曼的《苏莱曼东游记》载，"以吾度之，每届舶期，则广府（广州）金库，当日进五万典拿。"（"典拿"是当时阿拉伯货币名称，按《新民丛报》1905年第15号《世界史上广东之位置》一文注释，一典拿相当于清末的白银三两）。五万典拿合银十五万两。因此，唐朝皇帝非常重视市舶的收入，唐朝重使轻官，市舶设使亦显示朝廷对此机构之重视。皇帝往往派出心腹太监充当广州市舶使，以便直接控制这笔巨款。《资治通鉴》卷二百二十三《吕太一》条注云："唐置市舶使于广州，以收商舶之利，时以宦者为之。"这些太监的权力，有一个时期还超出了地方行政长官——节度使，他们拥有军权可以调动军队。如代宗广德元年（763年），宦官、广州市舶使吕太一居然发兵作乱，把节度使张休赶出广州。

四、合浦与徐闻古港日渐衰落

随着广州港的日益繁荣，在秦汉时期海上交通要地徐闻和合浦等港口逐渐让位于广州。

唐时，合浦由越州改名为廉州，仍是对外贸易的重要商港。这时的合浦港还没设置市舶使，由于其课税低，并且桂东北兴安县的灵渠得到了进一步的修缮，水上交通更为畅达，合浦的采珠业也非常兴旺，这些有利因素，吸引了大批中外商人的到来，促进了合浦港的发展。此时，合浦港虽让位于广州港，但仍不失为岭南一大港口都会。

隋唐以来，随着造船技术的进步，巨大的船只从廉州沿南流江航行已很困难。因此外商一般从合浦沿海到达海门港（今廉州镇至冠头岭）一带，汇集于廉州镇，然后换小船沿南流江北上，廉州港得到了充分的发展。

至于徐闻、合浦港衰落的原因，一般认为主要有以下几个原因：

第一，东汉后期，政治进入黑暗时期，地方官吏和豪强集团斗争日益加剧，经历了一场大混战，最后形成以曹操、刘备、孙权为首的魏、蜀、吴三国的割据局面。政治上的动荡，必然造成经济衰退，也必然影响对外贸易的开展和贸易政策的改变。同时，在三国时代，交趾（即越南）一度反叛，攻打合浦等地，使徐闻、合浦至东南亚各国的航路受到严重阻碍，以致使徐闻这个繁荣的贸易中转港受到严重影响。

第二，晋代以后，番禺（广州）港已逐渐取代徐闻、合浦，成为我国最大的对外贸易口岸。秦通五岭，珠江三角洲已日渐开发，番禺已成为西江、北江、东江的三江货物集散地，而且梅岭孔道的畅通，使广东与中原的联系和商业贸易往来日益频繁。加上航海技术的进步、船舶吨位增加、抗风能力加强，不必急于舍舟就陆，以至番禺（广州）逐步取代徐闻、合浦成为我国交通海外诸国的主要港口。

第三，远洋航路改变，使徐闻不再成为中转港了。《新唐书·地理志》确切地记载，唐贞观年间（785—805）宰相贾耽记述了从广州出发到印度洋的航路。这条航路，大部分航船乘东北季风从海南岛东部海面经七洲洋直下南中国海，通过马六甲海峡到印度洋。唐代以后，航经徐闻港的远洋船已显著减少，以致使徐闻港逐步衰落。

第四，受自然因素影响。徐闻古港讨网港（三墩港）等旧港逐渐被泥沙淤积，以至日久之后变成荒墟。

本章参考文献

[1] 金行德.广东船研究[M].广州:广东旅游出版社，2012.

[2] 陈建平，关伟嘉，端木玉，等.广东船舶发展简史[M].哈尔滨:哈尔滨工程大学出版社，2018.

[3] 叶显恩.广东航运史·古代部分[M].北京:人民交通出版社，1989.

[4] 交通部珠江航务管理局.珠江航运史[M].北京:人民交通出版社，1998.

[5] 广东省地方史志编纂委员会.广东省志·水运志[M].广州:广东人民出版社，2006.

[6] 广东省地方史志编纂委员会.广东省志·船舶工业志[M].广州:广东人民出版社，2000.

第九章　宋代岭南造船航运业

宋代，无论内河航运还是海洋航运的繁荣程度均远胜隋唐，是中国古代航运历史上的全盛时期。这种态势的出现，是由各种国内外因素促成的。其中最重要的是，宋代统治阶级从当时特定的历史背景出发，积极采取了注重经济内涵的航运贸易政策，使发展航运事业成了稳定政局、维护统治活跃经济、扩大影响的既定国策。

建隆元年（960年），后周禁军统帅赵匡胤发动陈桥兵变推翻后周，建立北宋，定都汴京（又称东京，今河南开封），实现了一定范围内的统一。但在北宋时期，阶级矛盾与民族矛盾一直十分尖锐，特别是黄河以北的辽、西夏与金，先后给北宋朝廷以严重的威胁，迫使后者割地赔款、苟安求和。为了维持国家经济、追求奢侈享受，北宋历朝十分注重发展航运贸易，积极推动对国外的航运贸易，以期"岁获厚利，兼使外蕃辐辏中国，亦壮观一事也"。[①]

南宋朝廷由于边患紧张、国库匮乏，为维持统治阶级的豪华挥霍以及庞大的官僚机构和军用开支，南宋统治者更是竭力推进航运贸易和市舶管理，宋高宗就直言不讳地说过，"市舶之利最厚，若措置得当，所得动以百万计，岂不胜取之于民？朕所以留意于此，庶几可以少宽民力尔"。[②]南宋历届政府还积极鼓励有雄厚资金实力的豪家大姓以私商身份打造船只、购置货物、招聘船员，前往海外经营，并制定了有关的奖惩与税收制度。

在这些积极发展海外贸易政策的驱动下，宋代航运造船业呈现千帆竞发、百舸争流的兴盛景象。

第一节　海上丝绸之路的繁荣

宋代海外私商贸易得到极大发展。中国海商只要在官府挂上号，就可以自由出海，商品交易种类也因此发生变化。这在中外贸易史上是一个重要转折。

宋代海上丝绸之路的持续发展，大大增加了朝廷和港市的财政收入，在一定程度上促进了经济发展和城市化生活，也为中外文化交流提供了便利条件。宋朝在经济上采用重商主义政策，鼓励海外贸易，同中国贸易的国家和地区已扩大到亚、非、欧、美各大洲，并制定了堪称中国历史上第一部系统性较强的外贸管理法则。海上丝绸之路发展进入鼎盛阶段。

宋代，由于海上丝绸之路进口货物当中，香料和药物占据较大份额，所以有

---

① 梁太济、包伟民：《宋史食货志补正》，杭州大学出版社，1994，第238页。

② 梁太济、包伟民：《宋史食货志补正》，杭州大学出版社，1994，第238页。

学者又把该时期的海上丝绸之路称为"香药之路"。

两宋（特别是南宋）的远洋航行空前活跃。以广州（或泉州）为始发港，两宋海舶频繁地驶向广大的亚非海区。

（1）广州（或泉州）—三佛齐。

《岭外代答》说，"三佛齐在南海之中，诸蕃水道之要冲也。东自阇婆诸国，西自大食故临诸国，无不由其境而入中国者。"又说，"三佛齐之来也，正北行，舟历上下竺与交洋，乃至中国之境；其欲至广者，入自屯门；欲至泉州者，入自甲子门"。《文献通考》也说，由三佛齐驶向中国，"泛海便风二十日到广州。如泉州，舟行顺风，月余也可到"。

三佛齐是宋代舶商在南洋进行直航贸易的主要口岸。由于三佛齐地处新加坡海峡东南海口，更成为宋朝与印度洋沿岸航行交往的要冲，东西方的远洋船舶大多在此"修船转易货物"。

（2）广州（或泉州）—阇婆。

《诸蕃志》说，"阇婆，又名莆家龙，于泉州为丙巳方；率以冬月发船，盖借北风之便，顺风昼夜行，月余可到。"《宋史·阇婆传》说，从阇婆出发，"西北泛海十五日至渤泥国，又十日至三佛齐国，又七日至古逻国，又七日至柴历亭，抵交趾，达广州。"《岭外代答》也说"阇婆之来也，稍西北行，舟过十二子石而与三佛齐海道合于竺屿之下。"

宋时的阇婆，其富盛甚于三佛齐，也是宋朝在南洋通商的重要口岸。由广州出发，通常可顺风直航。宋代，阇婆民间航运贸易也是非常发达的。

（3）广州（或泉州）—兰里—故临。

《岭外代答》中"故临"条说，"广舶四十日到兰里住冬，至次年再发舶，约一月始达其国。"《诸蕃志》中"故临"条也说，"泉舶四十余到兰里住冬，至次年再发，一月始达。"

兰里，位于苏门答腊岛西北端班达亚齐，扼孟加拉湾与马六甲水道之交口，地当太平洋与印度洋之航行要冲，是东西方船舶必经的咽喉区域。至于故临国，在宋朝时期则更是中外海船云帆汇集、商使交属之处。该国不但物产丰富，有椰子、苏木等博易商品，而且位于印度半岛西南部著名的马拉巴贸易海岸，故东西方船主都选择在此歇泊补给、换乘适航海舶继续航行。

（4）广州（或泉州）—兰里—故临—大食。

《岭外代答》中说，"中国舶商欲往大食，必自故临易小舟而往，"而"大食国之来也，以小舟运而南行，至故临国易大舟而东行。"大食是中古时代阿拉伯"诸国之总名"。周去非曾说，"诸蕃国之富盛多宝货者，莫如大食国。"赵汝适也说，"其国雄壮，其地广袤。民俗侈丽，甲于诸蕃。"宋廷规定，大食必须"自广州路入贡，更不得于西蕃出入"，海上航路成了宋朝与大食诸国交往的唯一纽带。当时，北宋与阿拉伯世界的海上交通，一般经由兰里与故临中转，这一方面是由

于上述两地航运地位之显要，另一方面也是当时东西航行工具的远洋适航性不同所致。

宋朝的大中型海船，载重量大、吃水深，在西太平洋与孟加拉湾的开阔洋面上航行颇宜，但在抵达故临后，如欲在阿拉伯海与波斯湾沿岸逐港航行，则不够灵便，因此"必自故临易小舟而往"。这里的"小舟"，主要指阿拉伯海区惯用的三角帆小船。它们的操纵性能较好、吃水浅，适于深入港湾河流。

（5）广州（或泉州）—兰里—麻离拔。

《岭外代答》中"大食国"条说，"有麻离拔国，广州自中冬以后发船，乘北风行约四十日，到地名兰里……住至次冬，再乘东北风六十日，顺风方到此国。"《诸蕃志》中"大食国"条也说，"自泉发船，四十余日至兰里。博易住冬，次年再发，顺风六十余日方至其国。"

麻离拔，又称大食麻罗拔，是宋代时阿拉伯诸国中的魁首。周去非曾说，大食"有国千余所，知名者特数耳"，该国地处阿拉伯半岛南部的卡马尔湾头，是中世纪亚丁兴起以前印度洋上"巨舶富商皆聚"的最大港口之一。

（6）广州（或泉州）—兰里—东非。

东非海岸盛产的象牙与香药，对于宋代舶商具有极大的吸引力。据伊德里西的旅游见闻介绍，在12世纪时，"中国人遇国内骚乱，或者由于印度局势动荡，战乱不止，影响商业来往，便转到桑奈建及其所属岛屿进行贸易。"伊德里西所提到的"桑奈建"，其范围很广，几乎包括从今瓜达富伊角至莫桑比克一带漫长的东非海岸及其附近岛屿。从考古资料来看，东非海岸也留下了丰富的宋代文物。

此外，非洲东岸也发现了大量宋钱。如摩加迪沙和布腊瓦出土了自北宋咸平（998—1003年）至南宋年间的铜币。鉴于13世纪以前，阿拉伯商人在东非贸易时大都以姆潘得贝壳作为支付手段，因此，东非海岸所发现的众多宋代铜钱，无疑是其时宋代帆船在那里进行直接交易的遗存。

宋人所经营的阿拉伯与东非航路，在远洋航行性质上具有重大的开拓意义，它是宋代航运事业臻至鼎盛的主要标志之一。宋代横渡印度洋航路，充分反映了宋人对沿途天文、地文、水文和气象的掌握与熟悉的程度，此外，在各种天气下的导航与造船技术等，比前代也有了革命性的重大进步。这不但在中国古代航运史上具有划时代的意义，而且在世界古代航运史上，也是彪炳千秋的一页。

第二节　宋代广州港

宋代的广州仍然是全国重要的对外贸易港，前来贸易的国家也超过了唐代，据宋人赵汝适的《诸蕃志》记载，与中国贸易的"有五十多国"。北宋时期，广州依然是全国第一大港。南宋时期，政治中心虽然转移到临安（今杭州），福建泉州港的地位上升，但广州依然是全国重要的港口之一，在海外交通贸易中仍占有重要的地位。

广州市舶的收入，在整个宋朝的财政收入中占了重要位置，为国家财政的主要来源之一。《宋会要辑稿·职官》记录南宋高宗时，引提举市舶的话说，"广州自祖宗以来兴置市舶，收课入倍于他路。"

北宋初年市舶收入为三十至五十万缗，占国家财政总收入的百分之二左右，而南宋初，全国岁收不满一千万缗，市舶收入就达二百万缗，占国家财政收入的百分之二十。这对弥补朝廷经济开支的困难，起了很大的作用。特别是宋室南渡后，国家财政陷入极度困难，而且连年用兵，军费支出庞大，一切更是依办海舶。南宋政权之所以能支持一百多年，与市舶经济收入有很大的关系。

一、贸易国家和地区

按马端临的《文献通考》卷三三二云，"摩逸国太平兴国七年（982年）载宝货至广州海岸。"考摩逸国在菲律宾群岛。可见，北宋年间广州与菲律宾亦开始有航线相通了。贸易范围大大地扩大了，即东部扩大了摩逸航线，西部远达非洲的桑给巴尔岛和欧洲的西班牙等地。

在各国来华的航线方面，《岭外代答》卷三有记载，"三佛齐之来也，正北行，舟历上下竺（即竺屿，今马来半岛东南方的小岛）与交洋（即交趾湾），乃至中国之境。其欲至广者，入自屯门，欲至泉者，入自甲子门（今陆丰甲子）。阇婆之来也，稍西北行，舟过十二子石（加里曼丹岛以西的卡利马塔群岛），而与三佛齐海道合于竺屿之下。大食国之来也，以小舟运而南行，至故临国，易大舟而东行，至三佛齐国，乃复如三佛齐之入中国。"另《岭外代答》卷二《大食诸国条》中，亦记载有由广州至麻离拔国的航线，即"广州自中冬以后发船，乘北风行，约四十日，到地名兰里，博买苏木、白锡、长白藤，住至次冬，再乘东北风，六十日顺风方到此国。"航线大体和唐代相同，但却有所延伸，即从波斯湾一带延伸到了东非。至于各国往来我国所需的时间，《岭外代答》复指出，"诸蕃之入中国，一岁可以往返，唯大食必二年而后可……若夫默加国（即麦加）、勿斯里等国，其远也不知其几万里矣。"

总之，在宋代，无论是海外贸易和海外交通都远远地超过了以往。

另外，在宋朝的对外贸易方式中，如果把"朝贡"和"交聘"也算作是一种方式的话，那么，广州也是"贡使"进出最多的一个港口。宋人庞文英在其所著的《文昌杂录》中，曾列举了这些朝贡国的名称，除东方高丽、日本等四国及西方夏国、董毡、于阗、回鹘等九国不通过广州外，其余如交趾、渤泥、拂菻、大秦、注辇、真腊、大食、占城、三佛齐、阇婆、丹流眉、陀罗离、大理、层檀、勿巡、俞卢和等都要通过广州。在这些地区，有些远在印度西岸，波斯湾或红海沿岸甚至非洲东岸，只要他们从海道前来朝贡，宋朝就规定他们必须在广州登

陆。关于这点，《续资治通鉴长编》卷八七有如下的记载：大中祥符九年（1016年）秋七月庚戌条"知广州陈世卿言：海外蕃国贡方物至广州者，自今犀象、珠贝、拣香，异宝听赍赴阙，其余辇载重物，望令悉纳州帑，估直闻奏，非贡奉物，悉收税算……并来往给券料，广州蕃客有冒代者，罪之。"①可见这些地区按规定是要从广州出入的。

按照当时与宋朝关系最为密切的占城、三佛齐、大食三国的"朝贡"次数统计，宋代都大大超过了唐代。宋代占城"朝贡"为四十九次，而唐代才二十七次，几乎增加一倍。三佛齐"朝贡"三十次，而唐代的室利佛逝（三佛齐）只有两次。大食"朝贡"三十次，而唐代只二十二次。还有东非的层檀国，也曾在1071年和1083年两次前来"入贡"。《宋史·层檀传》上记载"海道使风行百六十日，经勿巡、古林、三佛齐国，乃至广州。"可以说，在宋代，广州是"万国衣冠，络绎不绝"的一个港口了。

二、贸易货物

（一）进口商品

宋朝的进口商品种类，据《宋会要辑稿》记载，北宋时期有七八十种之多，南宋时期总数有三百三十多种。

在这些输入的商品中，尤以香药为大宗，占进口商品总量三分之一以上，而这些香药在北宋年间，又几乎都是通过广州这一口岸进口的。《续通资鉴治长编》卷三一〇载有元丰三年（1080年）朱初平的话，"广州，外国香货及海南客旅所在。"②戴埴《鼠璞》中载："广通舶出香药。"梁廷楠在《粤海关志》中转引了毕仲衍《中书备对》的一段记录：宋神宗熙宁十年（1077年），广州、杭州、明州三市舶司收购到乳香一共三十五万四千四百四十九斤，其中明州收唯四千七百三十九斤，杭州所收唯六百三十七斤，而广州所收则有三十四万八千六百七十三斤，"是虽三处置司，实只广州最盛也。"所以说广州在当时的对外贸易中占有极其重要的地位。

张铁生在《中非交通史初探》一书中指出，宋时输入广州的香药和象牙，主要产自东非。阿拉伯商人先把乳香运到大食，然后由大食运到三佛齐，最后由三佛齐运到中国。至于象牙，也是大食商人从东非运到麻离拔，然后再从麻离拔转到三佛齐输入中国的。③由此可见，有相当数量的进口商品是从东非通过阿拉伯人转运而来的。

宋代进口的商品的用途，十分广泛。象牙、犀角"解笏造带"，用来制作大臣们上朝时的朝笏和朝服中的玉带。紫矿、苏木为当时的重要染料。硫黄和牛皮

---

①　李焘：《续资治通鉴长编》卷八十七，上海古籍出版社，1986年影印本。

②　李焘：《续资治通鉴长编》卷三百一十，上海古籍出版社，1986年影印本。

③　张铁生：《中非交通史初探》，三联书店，1973，第78页。

筋用来制作火药和军器。沥青和黄蜡是涂敷火器外层所必需的原料。没药可以活血、散淤、消肿、定痛；荜萝能健脾开胃；苏合油可以开郁、辟秽；荜澄茄主治脘腹胀痛、呕吐反胃等症；阿魏用作杀虫、解毒；安息香开窍行血；荜茇治疗胃寒、腹剂、泄泻等等，都是当时中医所需用的药。至于进口最多的香料除了有些品种亦可入药外，有一部分作为饮食方面的重要调料，有一部分供宗教迷信活动的应用，大部分却为满足封建统治阶级穷奢极欲的需要。

总之，在进口的物资中，既有其利于国计民生，促进经济、科学技术发展的积极方面，也有助长奢侈之风，加剧统治阶级压榨民脂民膏的一面，对当时的社会生活有着广泛的影响。

（二）出口商品

宋朝是当时世界上封建社会生产和科学技术最发达的国家，出口的货物也多数以工业品为主。

（1）纺织品：中国的纺织品最受外国欢迎，丝织品中有锦缎、绸、绢、帛等品种。

（2）瓷器、陶器类：主要品种有青白花碗、水坛、大瓮、水罐、盆钵、水埕等。朱彧《萍洲可谈》卷二记载了当时广州海航的情况，"舶船深阔各数十丈，商人分占贮货，人得数尺许。下以贮物，夜卧其上，货多陶器，大小相套，无少隙处。"

（3）金属和金属制品：主要品种有铁锅、铁条、铁块、铁鼎、铁碗和金银器皿、铜器、锡器等。

（4）各种日常生活用品类：主要是漆器、雨伞、草席、针、帘子、木梳、绢扇等。

（5）农产品和副食品：主要是粮食、茶叶、糖、酒等。当时的商船把这些物品运销至三佛齐、单马令（今马来亚境内）、真腊等国出售。

在出口物品中，宋代的铜钱外泄曾经造成经济上的严重问题。铜钱是宋朝的主要货币，当时宋朝政府是禁止使用银钱作为对外贸易支付手段的，历代都严禁铜钱出口。从宋太祖开始，便有诏令"铜钱阑出江南、塞外及南蕃诸国。"同时"差定其法，至二贯者徒一年，五贯以上弃市，募告者赏之。"[1]《续资治通鉴长编》卷一三二亦载庆历元年（1041年）五月。"乙卯，诏：以铜钱出外界，一贯以上，为首者处死。共为从若不及一贯……广南、两浙、福建人配陕西。其居亭资给者，与同罪。如捕到蕃人，亦决配荆湖、江南编管。"元丰八年（1085年），哲宗嗣位，"复申钱币阑出之禁。"到了南宋时，禁令更严，"自临安出门下江海，皆有禁。"宋孝宗淳熙九年（1182年）更进一步下诏宣布，"广、泉、明、秀漏

① 梁太济、包伟民：《宋史食货志补正》，杭州大学出版社，1994，第178页。

泄铜钱，坐其守臣。"① 连地方官也要连坐治罪，但铜钱外泄不但禁止不了，反而越来越加严重。"金、银、铜、铁海舶飞运，所失良多，而铜钱之泄尤甚。法禁虽严，奸巧愈密。商人贪利而贸迁，黠吏受赇而纵释，其弊卒不可禁。"② 宋朝所铸的铜钱，其总数虽比唐朝增加十倍到三十倍，③ 但钱荒却十分严重，出现"商业凋敝，百货不通、市井萧条"④ 的现象，影响了国家的经济发展。到了南宋，统治阶级通过滥发纸币来缓和钱荒，纸币滥发的结果，势必引起通货膨胀，所以南宋理宗时监察御史陈求鲁说，"夫钱贵则物宜贱，今物与钱俱重，此一世之所共忧也。"

　　事实上，当时铜钱外流不仅仅是海道，在北方的陆道方面，也有大批的铜钱外泄。如北方的辽、西夏等国，它们使用的通货就完全是宋朝的铜钱，它们不断用特产，甚至仿铸铁钱，易铜钱出塞。

　　当然，广州是全国最大的贸易港，通过广州港这条渠道外泄的铜钱，自然就最多了。

三、蕃坊

　　广州当时既是最大的海外贸易中心，因此外国人前来经商的也就比其他地方要多。广州在唐代有蕃坊之设，因黄巢陷广州受到影响，到了宋代又空前地热闹起来。宋代的蕃坊仍继承唐制，设蕃长。

　　宋代居住在广州蕃坊的外国商人究竟有多少，因无文献可考证，故无从稽考，但长期居住在蕃坊不归，甚至成了大富翁的，人数恐怕不少。岳飞孙子岳珂所著的《桯史》，曾较为详细地介绍了他们，该书卷十一《海獠》条说他们本占城之贵人，因航海遇风波，脱险后，惮于波涛之苦，乃请于其主人，愿留中国，处理其国的对外贸易事宜。经营了一段时间之后，商业有很大的发展，因此"屋宇侈靡，富盛甲一时"。岳珂曾随他的父亲往当时蒲姓商人家赴宴，见其家"楼上雕镂金碧，莫可名状。有池亭……，曲房便榭不论也。"⑤

　　此外，外商对公益事业和宗教事业的赞助亦有记载。据出土文物《广州重修天庆观记》碑文所载，宋仁宗皇祐四年（1052年），广源州少数民族首领侬智高来犯，天庆观被焚毁。宋英宗治平年间（1064—1067年），三佛齐大首领地华迦罗派遣至罗罗押舶来广州经商，见被焚毁的天庆观，颓垣败瓦，满目荒凉。回国后即将此情况向地华迦罗报告，地华迦罗表示愿出资重建天庆观。到治平四年（1067年），派思离沙文来主持天庆观修复工作，至元丰二年（1079年）全部完

---

①　梁太济、包伟民：《宋史食货志补正》，杭州大学出版社，1994，第178页。
②　梁太济、包伟民：《宋史食货志补正》，杭州大学出版社，1994，第178页。
③　彭信威：《中国货币史》，上海人民出版社，2015，第356页。
④　李焘：《续资治通鉴长编》卷二百七十七，上海古籍出版社，1986年影印本。
⑤　岳珂：《桯史》，吴敏霞校注，三秦出版社，2004，第102-108页。

工。地华迦罗还捐资为天庆观购置了许多地产，作为庙宇的经费。三佛齐大首领重修天庆观，当然不是偶然心血来潮，而是三佛齐与广州贸易往来频繁的结果，其目的是加强与中国的友好关系，以达到进一步扩大彼此之间的贸易。

据《续资治通鉴长编》卷二三七所载，熙宁五年（1072年），广州城外蕃汉杂居已有数万家之多，而且有携带妻儿来华侨居的。[①]《宋会要辑稿·刑法》二云："广州每年多有蕃客带妻儿过广州居住。"

蕃坊有蕃市。《续资治通鉴长编》卷一二八记载，康定元年（1040年），广州知州段少连在上元灯节中宴客，忽报蕃市失火，"少连作乐如故，须臾火息，民不丧一簪，众服其持重，"[②]可见在侨民日益增加的情况下，自然而然地便有蕃市的形成，并且蕃市的管理已然成熟。

蕃坊还有"蕃学"。桑原骘藏的《蒲寿庚考》引蔡絛《铁围山丛谈》（知不足斋丛书本）卷二云，"大观（1107—1110年）、政和（1111—1117年）之间，天下大治，四夷响风，广州、泉州请建蕃学。"南宋龚明之《中吴纪闻》（学海类编本）卷三记有北宋程师孟熙宁间（1068—1077年）任广州知州时的政绩，"程师孟……大修学校，日引诸生讲解，负笈而来者相踵，诸蕃子弟皆愿入学。"可见蕃坊建有学校。

四、广州港短暂衰落

宋亡元兴，元世祖忽必烈统一了全中国，元代的广州港已经不再是全国第一大港了，代替它的是而后而兴起的福建泉州港。

泉州港的兴起和广州港的衰落，并不是突然的，而是宋室南渡之后，中国政治经济形势变化的结果。

早在南宋开禧年间（1205—1207年），泉州便有取代广州之势，当时前往贸易的国家和地区有三十多个。宋理宗宝庆元年（1225年）后，赵汝适任泉州提举市舶编著《诸蕃志》时，前往贸易的国家又增至五十几个。而且在财政收入方面，也逐渐追上了广州，长期与广州处于相等的地位，南宋朝廷更是加强了对泉州市舶的扶植，除了每年犒设蕃商与广州规格相等外，还进一步加强泉州市舶司的职权，规定福建沿海的商船，都须由泉州市舶司领取"官券"才能出海。宋孝宗乾通三年（1167年）还专门拨出二十五万缗给泉州市舶司，作为"抽买乳香等本钱"，以扩大当时的海外贸易。最后，又起用阿拉伯人后裔蒲寿庚为提举市舶，主持舶政达三十年之久，利用蒲寿庚在海外的声望，吸引外商来泉州贸易。所以在南宋中期至末期这一段时间内，泉州海外贸易发展的速度大大地超过了广州，最终取代广州而成为全国第一大港。

分析当时的情况，泉州之所以能超过广州，是有如下几种因素：

---

① 李焘：《续资治通鉴长编》卷二百三十七，上海古籍出版社，1986年影印本。

② 李焘：《续资治通鉴长编》卷一百二十八，上海古籍出版社，1986年影印本。

第一，宋室南渡，杭州成了当时南宋的首都。

京城是政治和经济的中心，又是全国最大消费中心，尤其是香药、犀象、珠宝之类的消费品，京师的消费能力最强。随着舶货消费中心的转移，形势对泉州起了有利的变化，因为从地理距离来说，泉州离都城要比广州近。按南宋的规定，泉州市舶司运舶货到杭州期限为三个月，而广州到杭州的期限却要六个月，路程相差一倍以上。当时的舶货运输成本是巨大的，既有"道涂劳费之役"，又有"舟行侵盗倾覆之弊"。① 因此，缩短运输路程，节约运输时间，就是减少货物损耗、降低运输成本的最好办法。既然泉州的运输时间要比广州节约一半，那么，从经济效益来说，广州当然竞争不过泉州，所以，在南宋期间泉州港的发展速度要比广州快，进而导致对外贸易重心的逐步转移。

第二，由于宋金战争，大批士大夫和宋廷宗室贵族逃往福建避难，引起了舶货市场的变化。

当时连管理宗室贵族的衙门西外宗正司和南外宗正司也都分别迁到福州和泉州两地。舶货在这批上层人物中享有广泛的市场。因此，当时的泉州要比广州拥有更多的舶货消费者，形成泉州市场的繁荣。岳珂的《桯史》中提到，当时广州最显赫的蒲姓商人，在南宋的中后期，"富已不如曩日"了。② 桑原骘藏在《蒲寿庚考》一书中，考证蒲寿庚之身世时，亦谓"寿庚父蒲开宗自广移泉，其与蒲姓之衰有关欤"，可见有大批阿拉伯商人从广州迁往泉州经商，泉州市场比广州更具有吸引力。

第三，广州是宋元最后决战之地。

广州是南宋政权灭亡前最后的一个据点。在宋元交替之际，宋军与元军在这一带经过了多次拉锯战，反复争夺，崖山之役，浮水之尸十万，损失船舰无数。在这残酷的战乱之中，社会经济遭到很大的破坏，不少汉民因不愿受蒙古贵族的统治，纷纷逃亡海外。如陈宜中率部流亡占城便是一例。有些地方的人口也明显减少。减少百分之二十五以下者有韶州路、南思路、南雄路、广州路和封州，减少百分之二十五至百分之五十者，有肇庆和德庆二路，减少百分之五十以上者有惠州路、廉州路、梅州和循州。因而海外贸易受到很大的影响，而泉州，则未罹锋镝。由于蒲寿庚的投降，元军在占领了南宋都城杭州后，兵不血刃地平定了泉州，所以泉州没有受到什么战火的破坏。而且蒲寿庚投降后，也受到重用，并通过他迅速地恢复了泉州的市舶，同时还以泉州为中心，组织了海外贸易。所以泉州的海外贸易不但未因宋元交替影响而停顿，反而得到了更进一步的发展。

第四，全国经济重心向江南转移。

元初，政治中心虽然北移，但食粮、财用还要仰给东南，南北交通仍以海道

---

① 刘琳，刁忠民，舒大刚等对点校：《宋会要辑稿》，上海古籍出版社，2014，第4430页。

② 岳珂：《桯史》，吴敏霞校注，三秦出版社，2004，第185页。

为主。以海道而论，泉州距元大都亦较广州为近。元大都与大食南洋诸国的联系通过泉州港进出，其条件也比广州为优。[①]元朝政府也有意识地对泉州加以扶植，使泉州市舶一直处于特殊重要的位置。如元政府最早在泉州设市舶司，在税收制度上，以泉州的方法为规范，下令各市舶司"悉依泉州例"。同时，在至元十八年（1281年）又规定海外贸易从泉州进口的优待办法，元朝政府还建立自泉州到杭州的海道水站，自泉州发船，上下接递，大大方便了从该港进口的人员和物资运送至全国各地。此外，全国的重要军事行动和使节的出航，都以泉州港为始发港。如至元二十九年（1292年）二月，元世祖忽必烈征爪哇，以史弼总军事，亦黑迷失总海道事，"会福建、江西、湖广三行省兵凡二万，会结于泉州，十二月自后渚启行"。[②]又元世祖至元间，曾多次派杨庭璧出使马八儿、俱兰等国，亦自泉州入海。1292年马可·波罗护送元公主嫁波斯伊儿汗国，也是从泉州乘大海舶出洋的。总之，泉州在当时具有特殊的重要位置，广州是无法与之抗衡的。

第三节　市舶制度日臻完善

宋朝为了加强对航运贸易的管理，在继承前代的基础上，大力建置市舶机构，颁布市舶条例，发展贸易海港，这些措施对后世航运事业产生了深远影响。

一、设置市舶司

北宋初期，在其消灭南汉与吴越割据政权后，即沿袭前制，先后在广州与杭州设市舶司，掌管岭南与两浙路各港的对外航运贸易事务。淳化年间（990—994年），杭州市舶司曾一度迁往明州定海县，但不久又迁回原址。咸平二年（999年），宋廷"又于杭、明州各置司"，与广州市舶司并称"三司"。[③]至元祐二年（1087年）与元祐三年，又增设泉州和密州板桥镇两市舶司。北宋后期，杭、明两州市舶司曾一度罢停，于崇宁元年（1102年）又诏令"依旧复置"。政和二年（1112年）又"诏两浙、福建路依旧复置市舶"。[④]由此至北宋末年，再未废弃过任何一个市舶司。

南宋时期，淮河以北被金国占领，密州市舶司不复存在。宋高宗初政时，曾以"市舶司多以无用之物，枉费国用，取悦权近"为名，一度废弃"两浙、福建路提举市舶司，并归转运司"。在建炎二年（1128年）又诏"依旧复置"，[⑤]与广

---

①　王天良、郑宝恒：《历史上的泉州港》，《复旦学报社会科学版》1980年第1期。

②　《元史》，卷一百三十一，中华书局影印本。

③　刘琳、刁忠民：《宋会要辑要》，舒大刚等点校，上海古籍出版社，2014，第4413页。

④　刘琳、刁忠民：《宋会要辑要》，舒大刚等点校，上海古籍出版社，2014，第4489页。

⑤　刘琳、刁忠民：《宋会要辑要》，舒大刚等点校，上海古籍出版社，2014，第4410页。

南东路市舶司并存。此后，广、泉两市舶司一直较稳定，而两浙路市舶司却变迁甚大。

广州市舶司设有两个附属机构。一是市舶库，储存征收舶货的仓库；二是怀远驿，招待外国贡使的住所。图9-1位宋代广州市舶司位置。

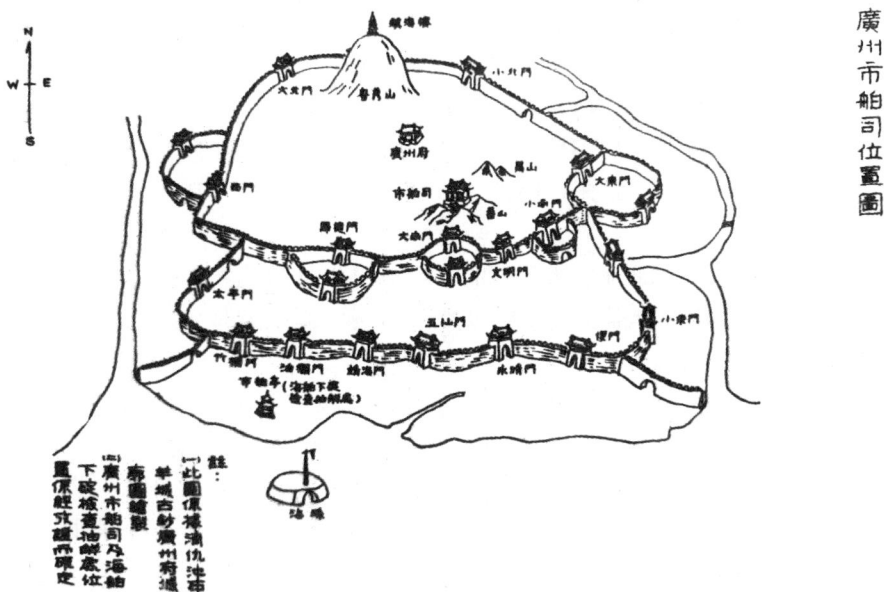

图9-1　宋代广州市舶司位置图

（图片出自《广东航运史》，叶显恩，人民交通出版社，1989）

二、市舶条例

为了维护封建王朝的政治与经济利益，使市舶机构在管理航运和贸易时有法可依，宋代政府还多次制定与修改市舶条例。

在北宋前期，"提举市舶司"在"掌蕃货、海舶、征榷、贸易之事"①时，并无统一的法规，只是遇到具体问题时采取一些临时性的措施，随意性较大。直到宋神宗熙宁九年（1076年），政府下令"详议广州、明州市舶利害，先次删定立抽解条约"。②经过四年的修订，到元丰三年（1080年）才推出《广州市舶条法》并诏令全国诸路市舶照此办理。③

《广州市舶条法》，是中国历史上第一个航运贸易法规，虽不尽完善，但影响深远，后也常称其为《元丰法》。

（1）审批与稽核进出港的海船与货物。

---

①　龚延明：《宋史职官志补正》，浙江古籍出版社，1991，第 181 页。

②　刘琳、刁忠民：《宋会要辑要》，舒大刚等点校，上海古籍出版社，2014，第 4406 页。

③　刘琳、刁忠民：《宋会要辑要》，舒大刚等点校，上海古籍出版社，2014，第 4406 页。

舶商出海，必先向本地官府提出申请，呈报船上所载货物、船员与经商地点，并由富户三人作保，经州官核实后，转送出发港所在州府复审，并由市舶司签发出海贸易许可证——"公据"（"公凭"或"公验"）。①

（2）对进口货物"抽解""禁榷"与"博买"。

"抽解"（或"抽分"），即指从全部货物中抽取若干份，并解赴京城。对这一国家征收的实物关税，朝廷控制极严，规定凡"未经抽解，敢私取物货者，虽一毫皆没其余货，科罪有差"。②宋代抽解，其税率先后不同。

禁榷，即对某些货物专买专卖。北宋太平兴国初期，京师设权易署，几乎所有舶来品均由政府统购，后因民间缺乏香药，才于太平兴国七年（982年）将禁榷物初定为珠贝、玳瑁、犀牙、镔铁、龟皮、珊瑚、玛瑙、乳香八种，后又加紫矿、输石至十种。③

博买，又称官市，即对某些利厚的进口商品以低价强行收购。一方面压低收购价，另一方面又将库存滞销货折价抵算的博买，实际上是变相的抽解。④

进口货物历经抽解、禁榷与博买，所剩"粗恶者"，商人才"得为己物"⑤，方可在市舶司所在地或申请赴外地出售。

（3）禁止权贵官吏参与航运贸易和奖励发展市舶的有功人员。

航运贸易获利丰厚，故权贵官吏时常凭借权势，或"发舶舟，招蕃贾，贸易宝货"，⑥或"以赍付海贾，往来贸市"。⑦为确保航运贸易正常开展并独占市舶收益，宋廷三令五申，严禁权贵官吏参与此事。

宋朝政府在严禁权贵经营海外贸易的同时，对那些能积极招徕外商、发展市舶有功的官吏与纲首等，授予或提升官职以示奖励。

第四节　广南造船与航道

宋代为继唐之后的第二个造船高峰。唐宋两代，尤其到了宋代，中国的造船能力获得很大发展，造船技术又推动了中国乃至全世界航海事业的发展。经过元代较短时间的承前启后，转折演变，中国古代造船技术，便又推进到明代的鼎盛时期。

摩洛哥大航海家伊本·白图泰在其游记中说："来往南海、印度洋、波斯湾

---

① 黄时鉴校：《通制条格》，浙江古籍出版社，1986，第78页。

② 朱彧：《萍洲可谈》，商务印书馆，1941，第20页。

③ 刘琳、刁忠民：《宋会要辑要》，舒大刚等点校，上海古籍出版社，2014，第4412页。

④ 刘琳、刁忠民：《宋会要辑要》，舒大刚等点校，上海古籍出版社，2014，第4412页。

⑤ 朱彧：《萍洲可谈》，商务印书馆，1941，第20页。

⑥ 《二十五史宋史（上）》，上海古籍出版社，2018，第1185页。

⑦ 《二十五史宋史（上）》，上海古籍出版社，2018，第1348页。

间的中国船，皆造于广州、泉州两处。"①《忠穆集》记载，福建、广南的海舶建造技术是很先进的。

一、珠江水系的治理

宋代对珠江水系的治理主要是对灵渠的维修和疏浚，还有就是对珠江三角洲的开发。

宋代对灵渠的维护管理颇为重视，规定"两县（指灵川、兴安）知县系衔'兼管灵渠'，遇埋塞以时疏导"。②这种由地方官直接管理和进行日常维护的制度，为确保灵渠的畅通发挥了重要作用。

北宋政府对灵渠进行过四次较大规模的维修。第一次维修灵渠是在宋太宗兴国二年（977年），由广南西路转运使边翊主持。③第二次是宋仁宗庆历五年（1045年），由衙前司秦晟主持。④第三次是皇祐元年（1049年），由桂林司户参军李忠辅主持，这次维修不仅保持了航运畅通，而且扩大了农田灌溉面积。⑤第四次也是规模最大的一次维修，在嘉祐五年（1060年），由广南西路总狱兼领河渠事李师中主持。由于宋代船舶载重量增加，船舶吃水加深，灵渠原有渠道已不能适应通航要求。为了扩宽航道尺度，李师中"燎石以攻，既导既辟，作三十四日乃成废陡门三十六，舟楫以通"。⑥此即李师中对"石底浅狭"的渠段采取"燎石以攻"的办法，先在渠底的礁石部位筑起围堰，将水戽干，然后堆上木柴烧炼，再泼以冷水，使礁石在骤热骤冷下发生爆裂，再人工清除碎石。

李师中在疏浚渠道的同时，新建陡门十八座，改建唐代遗留下来的废旧陡门十八座，使灵渠陡门数量增至三十六座，从而使灵渠更好地发挥通航功能。史家称，"师征安南，馈饷于是乎出，大为民利"。⑦

南宋时期对灵渠整修过三次。第一次是绍兴二十九年（1159年），由广南西路转运使主持，目的是"俾通漕运"。⑧第二次是乾道六年至八年（1170—1172年），由静江（今桂林）知府李浩主持，"旧有灵渠通漕运及灌溉，岁久不治，命疏而通之，民赖其利。"第三次是绍熙五年（1194年），经略使朱熙颜、提刑张釜等，主持了一次较大规模的整修工程，"凡用缗钱三百万，工五万有奇。"⑨两宋先后对灵渠进行过七次修整，足见对这一通航设施的重视。

---

① 伊本·白图泰：《伊本·白图泰游记》，马金鹏译，华文出版社，2015，第 138 页。
② 《二十五史宋史（上）》，上海古籍出版社，2018，第 678 页。
③ 《二十五史宋史（上）》，上海古籍出版社，2018，第 789 页。
④ 《二十五史宋史（上）》，上海古籍出版社，2018，第 3050 页。
⑤ 《二十五史宋史（上）》，上海古籍出版社，2018，第 3050 页。
⑥ 《二十五史宋史（上）》，上海古籍出版社，2018，第 2890 页。
⑦ 《二十五史宋史（上）》，上海古籍出版社，2018，第 3017 页。
⑧ 《二十五史宋史（上）》，上海古籍出版社，2018，第 2543 页。
⑨ 《二十五史宋史（上）》，上海古籍出版社，2018，第 185 页。

对珠江三角洲的开发是治理珠江水系的另一浩大工程。珠江三角洲河流纵横交错，一遇洪水，横流漫溢，农户往往颗粒无收。宋代三百年间，南迁的北方士民和当地居民一起，沿东、北、西三江干流两岸，陆续修筑大小堤围28条。修筑堤围固定了河床、加速了水流，可收"束水冲沙"之效，对保持河道畅通、改善通航条件大有裨益。

北宋政府对广州河道、北江河道和大庾岭道也进行了整治。

广州濒临南海，"州城濒海，每蕃舶至岸，常苦飓风"。而广州城内濠涌相连，如疏浚加宽，有利于船只避风。北宋祥符七年（1014年），广州知府邵晔"凿内濠以泊舟楫，不为飓风所害"。①邵晔的浚濠之举改善了船只避风条件，因此他深受广州民众和外蕃商人的爱戴。

北江水道英德境内的浈阳峡（今广东英德盲仔峡），两岸悬崖峭壁，荆棘丛生，栈道不通，行人绝迹。宋代嘉祐四年（1059年），荣湮当时在广南东路转运使任内，曾主持修凿沿江道，即从浈阳峡至洸口（今广东英德连江口）间开一"古径，作栈道七十间"。②栈道的修凿虽旨在改善沿江陆行的条件，但在栈道边上建起的起"哨台报警"之用的烟墩，对航行的安全也是起作用的。

湟水（连江）航道最险要之处为楞伽峡（羊跳峡）一段，位于连州城下游约十千米处。峡内水天一线，河谷狭窄，两岸悬崖峭壁，流急浪大，行船至此，稍微不慎即有覆舟之虞。因为"舟行必逾峡矣，然后喜无患"。③只有过了此峡，才算有了安全。嘉定十三年（1220年），新任连州太守杨榕刚到任，适逢一场大雨，倒灌的江水将连州城"漫为湖海"。④杨榕遂下决心疏凿楞伽峡，并令连州司法李华主持疏凿工程。经过一个冬季的艰苦施工，疏凿工程获得成功。终于使"石之为水害者尽平，舟自番禺来集城下，群川众壑，各得所归。老稚聚观，喜极感泣曰：'连始复为郡矣'"。⑤杨榕、李华疏通楞伽峡，不仅恢复了连州至广州之间的航运，而且也保全了连州郡城，其功至巨。

北江、大庾岭道依然是南北水运通道的南端。宋王朝为了保证从广州获得足够的舶来品，尤其是香药运往汴京（今河南开封），淳化三年（992年），广南西路转运使凌策受命规划运输的路线，他一改过去从邮传用人力肩挑运往京师的做法，改为通过大庾岭道，即"陆运至南安（大余），汛舟而北"。⑥此后，根据蒙正的奏请，宋朝需要的香药，从广州至大庾岭的一段，改为水上运输，即从北江

---

① 《二十五史宋史（上）》，上海古籍出版社，2018，第1805页。
② 《二十五史宋史（上）》，上海古籍出版社，2018，第1760页。
③ 叶适：《水心先生文集》，上海古籍出版社，1936，第45页。
④ 叶适：《水心先生文集》，上海古籍出版社，1936，第45页。
⑤ 阮元：《广东通志》卷二三六，江苏广陵古籍刻印社，1986年影印本。
⑥ 《二十五史宋史（上）》，上海古籍出版社，2018，第1213页。

"沂流至南雄，大庾山到南安军……复由水路运送"。①亦即沿着唐代以来的北江—大庾岭道—赣江—长江—大运河这一传统的贯穿南北的内河航道运送。由于香药和商货运输的需要，大庾岭道必须保持畅通无阻。但大庾岭道自唐代张九龄的开凿以后，年久失修。蔡抗、蔡挺兄弟，于嘉祐八年（1063年）共同修治大庾岭道。王巩的《闻见近录》曾记载其事。其原文是"庾岭险天下绝闻。蔡子直（抗）为广东宪，其弟子正（挺）为江西宪，相与协议，以砖甃其道，自下而上，自上而下，南北三十里，若行堂宇间。每数里置邮亭以枞客。左右通渠，流泉涓涓不绝。红白梅夹道，行者忘其劳"。②蔡氏兄弟共同重修大庾岭之举，已成为历史佳话。值得注意的一点，在路的两侧，同时设置了排水渠，以防止山水冲毁路基，广植梅花，使之成为名副其实的梅岭山道。

二、造船技术与造船场所

宋代造船技术比之前代有了突破性的发展。宋代已创造了一套完整的"船壳法"。该法造船以先定龙骨后定底板。再定隔舱板，在隔舱板与外板相接处设肋骨以加固隔舱板和船壳板。

蕃舶的建造更重视纵向强度，以从头至尾的底部龙骨为主干，靠近夹板处的舷部设置一根或多根由艏部到艉部的大撤，架好肋骨和横梁后再铺上木板构成船壳。

船体的连接采用钉接榫合法，是当时世界上最先进的造船工艺。船壳与木板的连接则采用平接与搭接相结合，壳板的上下左右之间大都采用榫合，板与板之间则用铁钉钉接，将构件坚实地连接起来，然后用桐油、石灰、竹麻筋捻缝，确保船舶结构强度、船舱的水密性能和经久耐用。

蕃舶已有升降舵或平衡舵，广东船特有的开孔舵也已用于海船。舵、帆、披水板（或中插板）的联合运用提高了船舶的可操纵性。舵杆、舵板均采用广西钦州的乌婪木或铁力木等木质缜密坚固的上等木料，"长几五丈"，有极强的抗风浪能力。当时的蕃舶是世界公认的具有优秀的结构及采用最先进的建造法建造的。

宋代的海船普遍使用指南针导航。《萍洲可谈》卷二就记录了远航阿拉伯诸国的广州海船："舟师识地理，夜则观星，昼则观日，阴晦观指南针"，徐兢也在《宣和奉使高丽图经》卷三十四中记曰："唯视星斗前迈，若冥晦则用指南浮针，已揆南北。"另外，南宋吴自牧的《梦粱录》曰："风雨晦暝时，唯凭针盘而行。"

宋代的造船工场遍布内陆各州和沿海各主要港埠地区。

两宋朝廷曾在福建路、广东路建造船工场。"福建、广南海道深阔"，不若两浙路如明州一带，是"浅海去处，风涛低小"，因而所造船舶较大，吃水也较深并有较优越的适航性能。"海中不畏风涛，唯惧靠搁，谓之凑浅，则不可

---

① 王巩：《闻见近录》，中华书局，1991，第5页。

② 朱彧：《萍洲可谈》，商务印书馆，1941，第15页。

复脱"。①

宋代造船业有官营和民营两类。为江防、海防打造战船之类任务当由官营造船工场承担。漕运船、客舟之类任务虽也有官营，但民营的分量也不小。甚至朝廷出使国外，也要仰仗民营造船工场并向其"顾募客舟"。

宋代造船业十分兴旺，在濒海临江地区建有众多的造船基地。主要有金州、籍州、潭州、衡州、鼎州、楚州、泗州、赣州、洪州、吉州、温州、明州、秀州、平江府、复州、松江、镇江府、建康、叙州、眉州、嘉州、泸州、淮南路、两浙路、广南路、福建路等处，几乎遍及全国。

广南的造船工场和造船作坊分布于广州、南恩州、琼州、端州、惠州和潮州等沿海、沿江地区。海船的建造趋大型化。据吴自牧《梦粱录》所载："海商之舰，大小不等，大者五千料，可载五六百人，中等二千料至一千料，可载二三百人。"《岭外代答》中，提到宋代的木兰舟"浮南海而南，舟如巨室，帆若垂天之云，柂（舵）长数丈，一舟数百人，中积一年粮，豢豕、酿酒其中。盖其舟大，不忧巨浪，而忧浅水也"。

宋初，朝廷在广州设战船场，配置厢兵造船（大致上相当于新中国成立后的铁道兵修筑铁路），据史载广东各路厢军都设置造船机构，广南路设造船坊，承造国家船舶。仅广州一地就设造船厂指挥75人。伊本·白图泰在他的游记中写了中国海船"皆造于中国的泉州、广州两处"。

宋代造船发展到南宋，各方面都已相当成熟。潮州、潮阳都建有具有一定规模的造船工场，为广州水军建造了大量战船舰，如陈懿"以海舟导张弘范（元）兵济朝阳"的记述（文天祥《文山先生全集》卷十九）。

三、主要船型

北宋时期建都于开封，南北的漕运占据相当重要的地位。在船舶种类中漕运船也称纲船为大宗，其他也有座船（客舟）、战船、马船（运兵船）等类。到了南宋时，运河的漕船锐减，漕运船产量随之下降，同时江、海防的任务较突出，战船的产量逐渐提高。

宋代广东的造船业比唐代有了进一步的发展。绍兴年间（1131—1161年），广东水军的战船称作"海船"，这种船"面宽三丈，底宽三尺"，载重2 000石。船上配有望斗、箭隔、铁撞、硬弹、石炮、火炮、火箭等。据《武经总要》，广南东路用渔船作战船，船长6丈，宽1.6丈，可载50人。

北宋咸平年间（998—1003年），沿海货船由广州西经新会、崖门往来琼州，向东越过闽、浙远航山东，潮州海船穿行于漳、泉乃至登、莱各州，都是载重一二千石的浅海货船。南宋时，广州建造的"客舟"，航行于广州至浙江定海、江苏镇江，载重量高达5 000石，比唐代的沿海货船大1～4倍。

① 刘琳、刁忠民：《宋会要辑要》，舒大刚等点校，上海古籍出版社，2014，第3789页。

　　唐志拔的《中国舰船史》中记述了一种宋代大海船"宋朝还出现了一种专门适用于东海和南海海域作战的战船称'海船'，分大、中、小型。大型阔两丈四尺以上，面阔而底尖，面阔与底阔之比约为十比一……"（《续资治通鉴》卷一百八十四）按此述，该项"海船"船长30~45米，并标有底阔为面阔的1/10，也就是说该"海船"是一种小平底的战船。①

　　宋代最有名的海船是木兰舟。木兰舟，据考证就是这种船型发展成广船型海船。《辞源·木兰舟条》记载"南朝梁任昉《述异记》卷下：'木兰洲在浔阳江中，多木兰树，昔吴王阖闾植木兰于此，用构宫殿也。七里洲中，有鲁班刻木兰为舟，舟至今在洲中。诗家云，木兰舟出于此。'后常用为船的美称，并非实指木兰木所制。"唐柳宗元《柳先生集》中《酬曹侍御过象县见寄》"破额山前碧玉流，骚人遥驻木兰舟。"记述的就是当时的木兰舟。但《广东通史》对木兰舟注释则为"木兰舟，本外国大船，周去非《岭南代答》不过借其名言中国海船之大而已。"作为广州的一种大海船，它的设施在当时的海船中是较为完整的，设有瞭望、操舵、作缭（操作帆）的地方，有供居住的房间和生活设施，是能满足较长时间在上面生活的远洋航海船只。

　　席龙飞《中国造船通史》记述"我国的海船到元明时，基本上已形成了三大船型，就是广船型、福船型、沙船型三类。"②到元明期时广船作为一种船型大、结构坚致的海船（战船和民船）而定型。其主要特征为：

　　第一，面宽底尖，头低艉高；

　　第二，向大型化发展，大者3 000~5 000石；

　　第三，在船体结构上底部有龙骨，舷侧顶部设置纵横大擸，船体设多道水密隔舱，增强了抗沉性；

　　第四，船傍板已改进为拼接，采用了平行舵、升降舵、开孔舵，出现了中央拔水板（即中插板或称腰舵）；

　　第五，中插板、桅帆、艉舵联操，大大提高了船舶的操纵性和航向稳定性。

　　宋朝后期，北方的放样造船技术也传入岭南，广东的造船技术如虎添翼，能建造更大更坚实的海船，为元明时期广船的定型打下了坚实的基础。

本章参考文献

[1]　金行德.广东船研究[M].广州:广东旅游出版社，2012.

[2]　陈建平，关伟嘉，端木玉，等.广东船舶发展简史[M].哈尔滨:哈尔滨工程大学出版社，2018.

[3]　叶显恩.广东航运史·古代部分[M].北京:人民交通出版社，1989.

[4]　交通部珠江航务管理局.珠江航运史[M].北京:人民交通出版社，1998.

---

①　唐志拔:《中国舰船史》海军出版社，1989，第185页。

②　席龙飞:《中国造船通史》，海洋出版社，2013，第265页。

[5] 广东省地方史志编纂委员会.广东省志·水运志[M].广州:广东人民出版社，
      2006.

[6] 广东省地方史志编纂委员会.广东省志·船舶工业志[M].广州:广东人民出版
      社，2000.

第十章　元承宋制下的广东航运船舶业

至元十六年（1279年），元军攻灭南宋，统一全国。元朝以空前辽阔的疆域，以及远播欧、亚、非的强大国威为背景，使中国古代航运事业继续保持鼎盛的发展势头。源自蒙古草原游牧部落的元朝统治者，历来注重商业贸易。对于既能招财进宝又能扩大朝廷声威的航运贸易，自然格外重视。在元朝灭宋的同时其领导集团即着手接管并组织对外航贸事务。至元十四年（公元1277年），元世祖在攻占浙、闽，初定江南后，立即招降并重用在海外有广泛影响的南宋泉州提举市舶使兼大海商蒲寿庚，并设置海外诸蕃宣慰使与市舶使。

第一节　海上丝绸之路的巅峰

在元代，政府对海外贸易继续实行开放、鼓励政策。元世祖至元十六年（1279年）刚平定江南，就于当年派广东招讨使达鲁花赤杨庭璧从广州起程出使俱蓝国（今印尼南岸奎隆）招徕贸易。至元二十三年（1286年）在广州设市舶提举司，以通诸蕃贸易。阿拉伯旅行家伊本·白图泰在《伊本·白图泰游记》中说："秦尼克兰（广州）是一大城市，街市美观，最大的街市是瓷器市，由此运往中国各地和印度、也门。"[①]

一、继承丝路政策

元代通过"海上丝绸之路"，进行东西文化交流，也是频繁的。宋代周去非的《岭外代答》、赵汝适的《诸蕃志》把欧洲、非洲情况介绍给中国。

在元代，西方基督教士也纷纷从"海上丝绸之路"来到中国。

在宋元时期，支撑海上丝绸之路的主要大宗商品，已由原来的丝绸变为瓷器。沿线国家也开始以陶瓷代称中国。自丝（seres）到陶瓷（china）的称谓变化，从另一个方面佐证了陶瓷在海上丝路中的主导地位。那时，海上航行的大都是中国的商船，船中装载的大都是瓷器商品。

元世祖在至元十四年（1277年）首先准许重建泉州市舶司。又命唆都、蒲寿庚"诏谕诸蕃"，委蒲寿庚长子蒲师文为正奉大夫宣慰使左副都元帅兼福建路市舶提举，旋又命为海外诸蕃宣慰使。从此，泉州海外交通贸易进入黄金时期。海上贸易东至日本，西达东南亚、波斯、阿拉伯、非洲。海舶蚁集，备受称赞，"刺桐是世界上最大港口之一"。[②] 出口陶瓷、绸缎、茶叶、金银等，进口香料、

---

① 伊本·白图泰:《伊本·白图泰游记》,马金鹏译,华文出版社,2015,第125页。

② 马可·波罗:《马可·波罗行纪》,张晗译,哈尔滨出版社,2009,第108页。

胡椒、药材、金银、珠贝等。

元世祖忽必烈在位时由于连年对外征战失败，因而先后进行了四次海禁：

第一次海禁，从至元二十九年（1292年）到至元三十一年（1294年）止。

第二次海禁，从大德七年（1303年）到至大元年（1308年）止。

第三次海禁，从至大四年（1311年）到皇庆三年（1314年）止。

第四次海禁，从延祐七年（1320年）到至治二年（1322年）止。

至治二年（1322年），复置泉州、庆元（宁波）、广州市舶提举司，之后不再禁海。中国大航海家汪大渊由泉州港出海航海远至埃及，著有《岛夷志略》一书，记录所到百国。

元朝除了官方直接出面招诱海外诸国外，还从至元二十二年（1285年）起，采取"官本船"政策来推动航运贸易。所谓"官本船"，即由政府"具船、给本，选人入蕃，贸易诸货。其所获之息，以十分为率，官取其七，所易人得其三"。[①]这种由国家投资民间海商或船主经营的做法，虽然想要垄断海外贸易，但在实际上并未行得通。"官本船"政策却一直维持下来，直到元末顺帝时，还曾专门发"两艘船下番，为皇后营利"。[②]元朝统治者为维护中央特权、掌管市舶实惠，采取了控制中开放与开放中控制相结合的政策。元朝严禁市舶官员"拘占船舶，捎带钱物下蕃货卖"，[③]而对"诸王、驸马、权豪、势要、僧道、也里可温、答失蛮诸色人等下蕃博易"，[④]只要他们"依例抽解"，不借特权隐匿物货，便也在准许之列。由此，一些官僚贵族竞相去海外经营，以"巨艘大舶帆交番夷中"。[⑤]然而，由于权贵参与航运贸易以及市舶官员巧取豪夺，"长吏巡徼，上下求索，孔窦百出"，[⑥]朝廷利益受到冲击。为此，元朝政府曾严令"凡权势之家，皆不得用己钱入蕃为贾，犯者罪之，仍籍其家产之半。"[⑦]元代著名的航海巨子如朱清、张瑄、蒲寿庚等人即由此以悲剧告终。

对于民间私商与国外来舶的航运贸易，历届政府虽因某些政治需要而曾于至元二十二年（1285年）至延祐七年（1320年）间四次海禁，但均为时短暂，禁后即行复开。自至治二年（1322年），元英宗"复置市舶提举司"，至元末，就再也没有变化。于是，"往者富民，往诸蕃商贩，率获厚利"，"商者益众"，尽管"海外蕃夷之国，去中国数万里，舟行千日而后始至，风涛之与凌，蛟龙之与

①　《元史》卷九十三,中华书局影印本。

②　《元史》卷三十八,中华书局影印本。

③　黄时鉴校:《大元通制·通制条格》卷十八,浙江古籍出版社 1986 年影印本。

④　《元史》卷十九,中华书局影印本。

⑤　《元史》卷十一,中华书局影印本。

⑥　姚桐寿:《乐郊私语》,中华书局,1991,第 3 页。

⑦　《元史》卷九十四,中华书局影印本。

争"，然而，"嗜利者必之焉"。①

二、优秀航海家

元世祖忽必烈灭宋以后，收纳了许多南宋与航海事业有关的人才，这些人不仅受到朝廷的优厚待遇，有的还在元朝位居要职。其中最著名的有曾在南宋时任提举泉州市舶使30年、拥有大量海舶的蒲寿庚。此外，还有南宋末年长江口的崇明人朱清和嘉定人张瑄。

元朝重视对外的经济与文化交流，海外来中国的各界人士甚众，同时，元朝也不断派出使节、游历家等至海外通好。其中影响较大的有亦黑迷失、杨庭璧、周达观、汪大渊等。

亦黑迷失是元初的著名航海家和外交家。他曾任兵部侍郎，荆湖、占城等处行中书参知政事，两次奉诏参与元朝对东南亚的军事行动。至元九年（1272年）起，屡次出使僧伽剌（今斯里兰卡）、八罗孛国（今印度东南部泰米尔纳德邦境）等，并"偕其国人以珍宝奉表来朝"。②以后又至占城（今越南南部）、南巫里（今苏门答腊西）、苏木都剌（苏门答腊）等国。密切了元朝与海外诸国的关系，扩大了元朝在海外的影响。

杨庭璧三使俱兰。杨庭璧，是元代出使海外的外交家中成绩最为显赫的一员。"（至元）十六年（1279年）十二月，遣广东招讨司达鲁花赤杨庭璧招俱兰（今印度西南端的奎隆）。十七年三月，至其国。国主必纳的令其弟肯那却不剌木省书回回字降表，附庭璧以进，言来岁遣使入贡。"③在杨庭璧等屡次出使俱兰及南海诸国的影响下，到至元二十三年（1286年），与中国建立航海贸易关系的已有马八儿、须门那、僧急里、南无力、马兰丹、那旺、丁呵儿、来来、急兰亦带、苏木都剌等10国。

周达观出使真腊。元贞二年（1296年）周达观随使臣出使真腊，前后3年，谙悉其俗，返国后遂记其闻，撰成《真腊风土记》一书，记载了柬埔寨13世纪末叶社会生活的情景，而且对元朝前往真腊的海道与针路记录尤新，为研究中国古代航运史留下了宝贵资料。

汪大渊两次远洋考察。在周达观赴真腊30多年后，又有汪大渊两下西洋之举。在长期的远航活动中，汪大渊所到之处，凡"其目所及，皆为书记之"。④据两次经历，撰成《岛夷志略》，记载他所到达之地有200余处，几乎包括现在越南、柬埔寨、泰国、新加坡、马来西亚、印尼、菲律宾、缅甸、印度、斯里兰卡、马尔代夫、沙特阿拉伯、伊拉克、也门、索马里、坦桑尼亚、肯尼亚等国家

---

① 吴海：《闻过斋集》，文物出版社，第23页。

② 《元史》卷一百三十，中华书局影印本。

③ 《元史》卷九十七，中华书局影印本。

④ 汪大渊：《岛夷志略》，远方出版社，2005，第137页。

的广大地区。《岛夷志略》，内容宏富，分条细致，记载翔实，可补正史之缺，纠前人之偏，诚为中外海上交通之珍贵史料。这也正标志着元代海外交通的发达。

元代中国船舶、商旅较之唐宋时期，更为频繁地进出与往返南海至东、西洋之间，也大大增进了中国对西方国家的了解，无怪乎元顺帝曾遣外国人为使赴欧，其诏书提到"咨尔西方日没处，七海之外……"①

三、马可·波罗中国行

马可·波罗（1254—1324年），在至元八年（1271年）夏，随父、叔离开故乡威尼斯，至元十二年（1275年）由陆路丝绸之路到达元朝的上都，见世祖，深得世祖之宠信，留仕元朝17年。至元二十八年（1291年）初，为护送阔阔真公主一行，分乘十四艘四桅十二帆、配备两年食物的大船，从刺桐（今泉州）港起碇，赴伊儿汗国。

马可·波罗在他的游记中说道："我郑重地告诉你们吧，假如有一只载胡椒的船去亚力山大港或到奉基督教国之别地者，比例算起来，必有一百只船来到这刺桐港。因为你们要晓得，据商业量额上说起来，这是世界上两大港（广州和泉州）之一。"关于中国船舶在结构上的特点和优点，《马可·波罗行纪》记载："船用好铁钉结合，有三厚板叠加于上。""若干最大船舶有大舱十三所，以厚板隔之，其用在防海险，如船身触礁或触饿鲸而海水透入之事，其事常见……至是水由破处浸入，流入船舶。水手发现船身破处，立将浸水舱中之货物徙于邻舱，盖诸舱之壁嵌甚坚，水不能透。然后修理破处，复将徙出货物运回舱中。"②

马可·波罗对中国元代船舶的描述，已为泉州湾出土的沉于宋末（1277年）的远洋海船所证实，由此更能领会舟船有"元承宋制"。

第二节 元代市舶制度

一、市舶司演变

元代上层统治阶级历来重视海外贸易。至元十四年（1277年），元军在攻取浙、闽等地后，即在泉州、庆元、上海、澉浦四处设置市舶机构，"每岁招集舶商于蕃邦，博易珠翠香货等物"。③后来，又陆续增设了广州、温州与杭州三处市舶司。大德二年（1298年）将澉浦、上海两处市舶司并入庆元市舶司。至元三十年（1293年）九月，又于海北、海南设立博易提举司，但次年即罢。此后，虽然市舶司屡有兴废，但总体而言是以兴为主。而在所兴的市舶司中，亦以泉

---

① 《元史》卷三十八,中华书局影印本。
② 马可·波罗:《马可·波罗行纪》,张晖译,哈尔滨出版社,2009,第108页。
③ 《元史》卷九十四,中华书局影印本。

168

州、广州与庆元"三司"为主，这种情况与宋代基本相同。

元代市舶司的官吏配置，与宋代的有所不同。初期，常由达官显人充任或监督。例如，至元十四年（1277年）初建四处市司时，泉州市舶司由福建行省相"忙古得领之"，另外三处则"令福建安抚使杨发督之"，[①]又以唆都之子、蒙古管军万户伯家奴为"宣慰使兼福建道市舶司提举"。[②]与此同时，元初还曾设斡脱总管府，管理替帝王贵族经商的斡脱商人。至元二十七年（1280年），又升立泉府司。至元二十一年（1284年），入户部。至元十二年（1285年），复立。至元二十三年（1286年）八月让市舶司隶属泉府司。大德十一年（1307年），升行泉府司为泉府院，秩正二品。至大二年（1300年），罢行泉府院，将市舶归属行省。至大四年（1311年），罢泉府司。[③]延祐元年（1314年），"改立泉州、广州、庆元三市舶提举司。每司提举二员，从五品；同提举二员，从六品；副提举二员，从七品；知事一员"。[④]这些专职市舶官吏统辖于地方最高行政当局——行省。

二、元代市舶条例

元初改制后，基本上沿袭南宋市舶条例。管理制度不严，导致徇私舞弊、贪赃枉法之事屡见不鲜。《元典章》中就说，市舶官员们"船每来呵，教军每看守着，将他们的船封了，好细财物选拣要了。为这般奈何上头，那壁的船只不出来有，咱每这里去来的每些小来（指进口缩减）。为那上头，市舶司的勾当坏了有"。[⑤]这样，就直接影响了被朝廷视为"大得济的勾当"的市舶收益。[⑥]

为扭转混乱局面元廷在至元二十八年（1291年）即着手咨访集议新的市舶法令，并于至元三十年（1293年）八月颁布了以"亡宋市舶则例"为基调的《整治市舶司勾当》二十二条。以后，又在延祐元年（1314年）重开市舶时，颁布了经过修改的市船则例则二十二条。

（1）海船与货物的进出港制度。

海船起航前，舶商必先"经所在舶司陈告，请领总司衙门（泉府司）元发下公据、公凭"，并由"物力户"与"保舶牙人"作保，船员也要五人具结作保。元代的出海贸易许可证统称公据，分公验、公凭两种，"大船请公验，柴水小船请公凭。"每艘大船可带柴水小船和八橹船各一艘随行。公验内须"开具本船财主某人、直库某人、梢工某人、杂事等某人、部领等某人、碇手某人、作件某

---

①　《元史》卷九十四,中华书局影印本。

②　《元史》卷一百二十三,中华书局影印本。

③　翁独建:《斡脱杂考》,燕京大学哈佛大学燕山学社,1941年影印本。

④　《元史》卷九十一,中华书局影印本。

⑤　中国书店编《元典章》,中国书店,1990,第435页。

⑥　中国书店编《元典章》,中国书店,1990,第435页。

人，船只力胜若干、樯高若干、船面阔若干、船身长若干"，还须填明"所往是何国土经纪，不得诡写管下洲岛别名，亦不许越过他国"。①

元代对货物进出港控制很严。同时海船在外航行经商，必须严格按照公验中的许可活动范围。船舶返航途中，不许以避泊、被劫、补给等借口中途卸货"渗泄"，否则"尽没入所有而罪其人如律"。

（2）抽分与舶税。

元代对进口货物收取的实物关税与宋代相比，有所差异，它取消了禁榷与博易，但增加了舶税。②

（3）严禁权贵营私舞弊。

至元二十一年（1284年），曾推行"官自具船、给本，选人入蕃贸易诸货"的"官本船"政策，规定"凡权势之家，皆不得用己钱入蕃为贾，犯者罪之，仍籍其家产之半"。③但后来在至元三十年（1293年）市舶法则中做了变动，改为严禁权贵在航运贸易中营私舞弊，并立款四条。

（4）保护与奖励舶商、船户积极经营航运贸易。

条例规定，凡出海经商的船户，官府不得随意支差，妨碍航行贩运经纪。舶商、船员及其家属，可在所属州县免除差役，以示优待。至元三十年（1293年）市舶法则规定，"舶商、梢水人等，皆是赶办课程之人，落后家小，合示优恤，所在州县，并与免除杂役"。④海舶返商，市舶官员必须在回帆时月前往办理有关事务，不得违期，滞留舶商，以免影响航行周期。

第三节　第三个造船高峰

元代是继唐宋后的第三个造船高峰。元代的造船业有两大特点：其一是造船数量多，速度快；其二是船舶体型大、尺寸长，创新多，各种新船层出不穷，名目繁多。

元代的造船基地主要有扬州、泉州、广州、湖南、赣州、汴梁、襄阳等，造船数量极为可观，动辄数千艘。如"至元十年（1273年），刘整请教练水军五六万及于兴元（陕西汉中）、金州（陕西安康）、洋州（陕西洋县）、汴梁等处造船二千艘"，"至元十九年（1282）九月壬申，平滦、高丽、耽罗、扬州、隆兴、泉州，共造大小船三千艘。"⑤当时造船种类繁多，按地域分已有江船、黄河船、江海船、海洋船。长江流域有淮船、楚州船、合肥船、吴船、越船、秀船、魏塘

---

① 中国书店编《元典章》，中国书店，1990，第435页。
② 黄时鉴校：《大元通制》卷十八，浙江古籍出版社，1986年影印本。
③ 《元史》卷九十四，中华书局影印本。
④ 中国书店编《元典章》，中国书店，1990，第438页。
⑤ 《元史》卷十二，中华书局影印本。

船、松江船、余杭船、浙江船、湖船、严船、鹜船、衢船、徽船、温州船、台州船、池州船、楚船、鼎州船、入峡船、嘉州船、蜀船等不同种类的船型。

元代广东海船更趋大型化。意大利旅行家马可·波罗于至元二十九年（1292年）乘中国船回国后，在他的著作中记述："当时海船之往来波斯湾、中国海间者，华船最大，多为广州、泉州所造。"

阿拉伯人伊本·白图泰于元顺帝至正六年（1346年）来到中国，在其著《异域奇游胜览》（又称《伊本·白图泰游记》）中说："当时所有印度、中国间之交通，皆操于中国人之手。中国船舶共分三等，大者曰擱（Junk），中者曰艚（Zao），第三等曰喀舸姆（Kakam）。大者有三帆至十二帆，一只可载千人，另有小艇三只附属之。"①

伊本·白图泰在其游记中记载，中国船只在当时共分三类：大的称作艟克，复数是朱努克；中者为艚，小者为喀舸姆。大船有十帆至少是三帆，帆系用藤篾编织，其状如席，常挂不落顺风调帆，下锚时也不落帆。每一大船役使千人：其中海员六百，战士四百，包括弓箭射手和持盾战士以及发射石油弹战士，随从每一大船有小船三艘，半大者，三分之一大者，四分之一大者。此种巨船只在中国刺桐城建造、隋尼凯兰即隋尼（即广州，别名也译茶克兰）建造。船的桨大如桅杆（指橹，编者注），常以十至十五人站着划船。船上有甲板四层，设有普通舱、官舱、商人舱。船上还设有种植蔬菜鲜姜的木槽，可供长期生活用。

元代对灵渠也进行过三次维修。第一次是至元十年至十八年（1276—1281年），为阿里海牙进军桂林时期，出于军运之所需。第二次是至正六年（1346年），系广西廉访使阿里不花倡修。第三次是规模较大、耗资较多的一次，是至正十五年（1355年），由广南西道肃政廉访副使也兜吉尼主持。虽经再三修补，但屡修屡毁。继也兜吉尼之后，静江府判官王惟让等又对灵渠进行修整，历时一年，"铧堤之制加于初，灌溉之利成复其旧。"②灵渠的通航与灌溉功能方得以恢复。

本章参考文献

[1] 金行德.广东船研究[M].广州:广东旅游出版社，2012.

[2] 陈建平，关伟嘉，端木玉，等.广东船舶发展简史[M].哈尔滨:哈尔滨工程大学出版社，2018.

[3] 叶显恩.广东航运史·古代部分[M].北京:人民交通出版社，1989.

[4] 交通部珠江航务管理局.珠江航运史[M].北京:人民交通出版社，1998.

[5] 广东省地方史志编纂委员会.广东省志·水运志[M].广州:广东人民出版社，2006.

---

① 伊本·白图泰:《伊本·白图泰游记》，华文出版社，2015，第78页。

② 出自陈王连纂修的《桂林郡志》。

[6] 广东省地方史志编纂委员会.广东省志·船舶工业志[M].广州:广东人民出版社，2000.

第十一章　明代海禁与郑和下西洋

明代是中国封建王朝由极盛转衰的阶段。但由于历史的惯性，明王朝在文治武功、经济发展和对外交流等方面依然保持着相当的高度。明初的官营手工业如冶铁、铸铜、造船、制瓷、织染、军器火药的制作，以及特种手工艺如土木建筑，在质量上已超过了前代的水平。

明朝政府在永乐、宣德时曾经派遣大批使臣出使亚、非各地。从永乐三年（1405年）到宣德八年（1433年）之间，中国杰出的航海家郑和曾率领船队七次下西洋，前后访问了亚、非30多个国家。明初郑和七下西洋的盛事，是中国古代航海史上空前绝后的盛事，也是中国古代造船技术和航海技术空前发达的集中体现。

在明代，还出现了《天工开物》《南船纪》《龙江船厂志》《漕船志》《筹海图编》《武备志》《船政》《船政新书》等一系列有关造船的著作。在《武备志》中对各类舰船有图有论，第240卷总名"航海"，收录了一幅名为"自宝船厂开船从龙江关出水直抵外国诸番图"的图，后人称之为《郑和航海图》。该图是我国历史上流传至今最早的远洋海图，也是反映明代初期航海技术的百科全书。

纵观明代，中国沿海深受倭患，山东、江苏、浙江、福建、广东五省等地遭受严重骚扰。致使洪武七年（1374年）为抵御倭寇，"防止奸民私通倭"，废除了于洪武三年新设的宁波、泉州和广州三处市舶司，严禁出洋贸易，史书称之为"片板不准下海"，与海外的交往和贸易大减。这种情况直到永乐元年（1403年）明成祖朱棣才下令重开泉州、宁波和广州三个市舶司，且于永乐三年（1405年）还在三市设专门接待外商规模相当可观的驿所。自此，对外贸易又重新发展起来，可惜好景不长，倭寇的反复不断的侵扰，造成了时禁时放的局面。

而与此同时，欧洲人却在进行着全球性海上扩张活动，开启了大航海时代，特别是地理大发现，开辟了世界性海洋贸易新时代。长期活跃在东方海域的亚洲海商，在"仗剑经商"的西方商人的竞逐下纷纷退出历史舞台，或者沦为次要的海商群体；中国商人在东亚海域国际贸易领域里虽然仍占据重要地位，但已很少越过马六甲海峡与印度、阿拉伯商人做生意。

西欧商人的海上扩张，改变了传统海上丝绸之路以和平贸易为基调的特性，商业活动常常伴随着战争硝烟和武装抢劫。在内政和外患的双重因素下，中国从秦汉开始兴起的海上丝绸之路受到了极大的挤压和破坏，从此走向了衰败，东西方文明和经济的天平开始倒向了西方。

第一节　郑和下西洋

明代基本继承了宋、元以来繁盛的海上交通传统，明代的海上交通事业，仍有较坚实的基础。明代初年为了要保证北平、辽东的军需，仍沿元代的传统方式经营"海运"，把江南的粮食运往北方。成书于嘉靖庚戌年（1550年）的《海道经》，详细记述了明初经营的五条"海运"的航线，这些航线反映了明初沿海航行采取了离岸较远的直航航道，充分体现当时海船航海技术的水平。

永乐（明成祖朱棣的年号）年间，"三宝太监"郑和七下西洋，"造大舶，修四十四丈，广十八丈者六十二"，[①]这就是明代造船繁荣、航海业发达的具体表现。船史界认为，明初郑和通使西洋，远洋航海，海外贸易，耀武异域，是促进明代造船业发展的重大原因之一。

一、郑和下西洋的背景条件

郑和下西洋绝不是个别历史人物心血来潮的偶发事件，而是中国封建社会与航运事业发展到15世纪初期的历史产物。它的出现有着深刻的历史背景和特定的时代动因。

（1）经济条件。

明初国内经济得到迅速恢复与发展。在农业生产发展的同时，手工业也呈现上升势头。广大手工业者的人身自由得到相对恢复，增强了他们的劳动积极性，从而使冶矿、纺织、陶瓷、造船等行业有了较大的发展。当时作为纺织业中心的长江三角洲一带，织机声昼夜不停，响彻街道，有明代谚语"买不尽松江布，纺不完魏塘纱"[②]之说。著名的制瓷业中心景德镇，窑火烛天，所产瓷器洁白如玉、光莹鲜艳、驰名中外。

而沿江濒海地区的造船业则更加发达，不但造船的批量多、质量高，而且在传统木帆船的制造技术方面达到了空前绝后的地步。明代造船厂遍及全国沿江濒海地区，主要有宝船厂、龙江船厂、卫河船厂、清江船厂等，其中最负盛名的应当是建造大海取宝船舶的宝船厂。

明初国内经济的发展，特别是造船业的繁荣，给永乐时期郑和下西洋的大规模远洋航运，提供了雄厚的物质基础。郑和船队下西洋时，"造巨舰通海外诸国"，"供亿转输以钜万万计"，每次都要"费钱粮数十万，"[③]如果没有强大的经济实力做后盾，是无法进行的。

---

① 张延玉：《明史》，岳麓书社，1996，第4419页。

② 宋如林：《松江府志》，江苏广陵古籍印刻社，1988年影印本。

③ 张延玉：《明史》，岳麓书社，1996，第2225页。

（2）科技条件。

宋元时期的航运事业曾长期处于鼎盛状态，并居于世界领先地位，这一切为明初郑和下西洋这一旷世盛举奠定了基础。

从航线水平与航行范围来看，宋元人已开辟了横渡印度洋的远洋航线，并遍航亚非一百多个国家与地区。经前人不懈努力，通过世代相传或著书立说，中国人对异域各国的各种情况已相当了解，如宋人的《岭外代答》《诸蕃志》，元人的《大德南海志》《真腊风土记》《岛夷志略》等，都为明初的远洋活动提供了丰富的历史资料和航行指南。

从航行技术来看，宋元人已将古代航海技术由"定性航海"推进到"定量航海"。他们对于西太平洋与北印度洋上的气象、水文态势及变化规律，已有相当清晰的认识并能熟练的应用。他们掌握了全天候的磁罗盘导航技术，并将其与惯行航线有机地结合起来而形成了"针路"，[①] 还提供了各种行之有效的航路指南与航用海图。他们已拥有通过观测天体的方位和高度来基本判定船舶所在纬度的天文定位技术。他们在船艺方面，在各种风向下的驶帆术以及测深、用锚、使舵等各种航行技术，都已达到相当高超的水平。

（3）时代动因。

明初的经济恢复与发展，宋元时期丰富的航运文明遗产，都为郑和下西洋提供了必要的条件。但是，明成祖朱棣之所以不惜耗巨资，接二连三地派出大规模的远洋船队对海外进行"赍赐航海"，[②] 还有其特定的时代动因。

首先，为了维护明成祖在国内的最高统治地位、巩固永乐政权的需要。永乐初期，国内的政治形势极为严峻，统治阶级内部矛盾重重。朱棣派遣郑和船队数下西洋"赍币往赍之"，正是为了争取海外地区的承认和归附，造成"万邦臣服""祯祥毕集"的外交盛况，来转移国内政治视线，提高个人的政治威望，以巩固其最高统治地位。

其次，为了彰显明王朝的国际声威，满足封建帝王"君主天下""御临万方"的虚荣心。朱棣在交由郑和于海外开读的玺书中，一再声称"朕奉天命君主天下，一体上帝之心，施恩布德"，要求海外各国"尔等只顺天道，恪守朕言，循理安分，勿得违越"，[③] 其居高临下、妄自尊大之意溢于言表。

最后，郑和七下西洋对于满足封建朝廷与上层贵族在追求异域珍奇方面的享受欲望也至关重要。上层统治者已对一般的国内产品感到不合胃口，而处心积虑地追求海外的珠宝、香药及珍禽异兽。朱棣派郑和宝船远航，其目的之一是以大量的中国财富和商品去为少数统治阶级换取海外怪异与稀罕的"宝物"。

总之，郑和船队是由明朝皇帝亲自指派到海外进行特定政治、外交与经济活

① 汪大渊：《岛夷志略》，远方出版社，2005，第101页。

② 《明史》，岳麓书社，1996，第4419页。

③ 李士厚：《郑和家谱考释》，云南正中书局，1937，第18页。

动的官方船队。郑和下西洋作为"朝贡贸易"与"海禁政策"的一种补充，其活动的根本宗旨也是为上层少数统治阶级服务。正因如此，明初的中央政府才愿意且能够调动和集中全国的财力、物力与人力，去造就郑和下西洋这样空前绝后的远航盛举。

二、郑和七下西洋航线

（1）第一次。

永乐三年六月十五（1405年7月11日），郑和第一次受命下西洋。途经麻喏八歇国时，该国东西二王交战，西王误杀郑和船队登岸人员。在三佛齐旧港，郑和招谕当地海盗陈祖义，陈祖义诈降，图谋袭击郑和船队。郑和击败了他，杀敌五千余人，烧毁敌船十艘，俘获敌船七艘，生擒陈祖义等三人。其后，郑和任命广东华侨施进卿为旧港之主。永乐五年九月十三（1407年10月13日），郑和船队携诸国使者、押陈祖义等俘虏还朝。

（2）第二次。

郑和回国后，立即进行第二次远航准备。这次远航的主要是送外国使节回国，规模较小。郑和船队在永乐五年（1407年）奉命出发，访问了占城（今越南中南部）、暹罗（今泰国）、爪哇和苏门答腊北部，再一次驶往印度洋，以柯枝和古里为目的地。回国途中有一部分船队访问了暹罗和爪哇。到锡兰时，郑和船队向有关佛寺布施了金、银、丝绢、香油等。永乐七年二月初一（1409年2月15日），郑和、王景弘立《布施锡兰山佛寺碑》，记述了所施之物。此碑现存科伦坡国家博物馆。永乐七年（1409年）夏，郑和船队还朝。

（3）第三次。

永乐七年九月（1409年），成祖命正使太监郑和、副使王景弘、侯显率领官兵二万七千余人，驾驶海舶四十八艘，从太仓刘家港启航，敕使占城、宾童龙、真腊、暹罗、假里马丁、交阑山、爪哇、重迦罗、吉里闷地、古里、满剌加、彭亨、东西竺、龙牙迦邈、淡洋、苏门答腊、花面、龙涎屿、翠兰屿、阿鲁、锡兰、小葛兰、柯枝、榜葛剌、卜剌哇、竹步、木骨都束、苏禄等国。费信、马欢等人会同前往。

此次航行，《明史》及《明实录》均作永乐六年（1408年）九月成祖派遣郑和等出发，且《明史》将此作为郑和第二次下西洋。

（4）第四次。

永乐十年（1412年）十一月，成祖命正使太监郑和，副使王景弘等奉命统军二万七千余人，驾海舶四十，出使满剌加、爪哇、占城、苏门答腊、柯枝、古里、南渤里、彭亨、吉兰丹、加异勒、勿鲁谟斯、比剌、溜山、孙剌等国。船队于永乐十一年（1413年）出发，使团中包括官员868人，士兵26 800人，指挥93人，都指挥2人，书手140人，百户430人，户部郎中1人，阴阳官1人，教谕1

人，舍人2人，医官医士180人，正使太监7人，监丞5人，少监10人，内官内使53人，其中包括翻译官马欢，陕西西安羊市大街清真寺掌教哈三，指挥唐敬、王衡、林子宣、胡俊、哈同等。

（5）第五次。

永乐十四年腊月初十（1416年12月28日），明成祖命郑和等人护送古里、爪哇、满剌加、占城、锡兰山、木骨都束、溜山、南渤里、卜剌哇、苏门答腊、麻林、剌撒、忽鲁谟斯、柯枝、南巫里、沙里湾泥、彭亨各国使者及旧港宣慰使归国。据"郑和行香碑"，永乐十五年五月十六（1417年5月31日），郑和在泉州行香。同年秋后，郑和率船队出发，随行有僧人慧信，将领朱真、唐敬等。郑和船队约在永乐十七年（1419年）七月回国，当年七月十七（1419年8月8日），朱棣下诏，按等级对下西洋将士进行赏赐。

（6）第六次。

永乐十九年正月三十（1421年3月3日），明成祖命令郑和送十六国使臣回国。为赶东北季风，郑和率船队很快出发，到达国家及地区有占城、暹罗、忽鲁谟斯、阿丹、祖法儿、剌撒、卜剌哇、木骨都束、竹步、麻林、古里、柯枝、加异勒、锡兰山、溜山、南巫里、苏门答腊、阿鲁、满剌加、甘巴里、幔八萨。永乐二十年八月十八（1422年9月3日）郑和船队回国，随船来访的有暹罗、苏门答腊和阿丹等国使节。

（7）第七次。

宣德五年六月初九（1430年6月29日），明宣宗朱瞻基命郑和出使西洋忽鲁磨斯、锡兰山、古里、满剌加、柯枝、卜剌哇、木骨都束、喃渤利、苏门答腊、剌撒、溜山、阿鲁、甘巴里、阿丹、佐法儿、竹步、加异勒等二十国及旧港宣慰司（据《天方至圣实录》等书记载，七月二十七日（8月15日），宣宗还曾就制造舟船等事下诏），随行有太监王景弘、李兴、朱良、杨真，右少保洪保等人。第七次下西洋人数，根据明代祝允明《前闻记·下西洋》记载，有官校、旗军、火长、舵工、班碇手、通事、办事、书弄手、医士、铁锚搭材等匠、水手、民梢等共27 550人。宣德六年二月七日（1431年3月20日），明宣宗因获悉满剌加国王欲亲自前来朝贡、但被暹罗阻碍，故令郑和向暹罗国王传达敕谕，要求暹罗与邻为善。二月二十六日（4月8日），郑和船队抵达福建长乐港，在长乐停留约半年。

这次航行，郑和船队从竹步西行，最远到达非洲南端，接近莫桑比克海峡。一说郑和在这次航行的过程中去世。

三、郑和船队

郑和下西洋，每次船队都有大小海船200余艘，是一支结构精良、种类齐全的特混船队。据《崇明县志》与《太仓州志》称，郑和首下西洋时，有船208艘之众，在海洋上航行时，"维绡挂席，际天而行"，[①] 蔚为壮观。

在郑和船队中，充任中坚力量的大型海船叫宝船。据资料记载，此类宝船中，可有立九桅、张十二帆者，据郑和随行人员巩珍目击纪实，其"篷、帆、锚、舵，非二三百人莫能举动"，"大者长四十四丈四尺，阔十八丈；中者长三十七丈，阔一十五丈。"宝船的尺度如此庞硕，确实"体势巍然，巨无与敌"，堪称明代造船家们的惊世杰作。[②]

除宝船外，郑和船队中还有其他种类的船舶。据明人罗懋登所撰《三宝太监西洋记通俗演义》中介绍，郑和船队有五种船舶类型。第一种叫"宝船"，即上述之大型宝船。第二种叫"马船"，又名"马快船"，长三十七丈，宽十五丈，有八桅，即上述之中型宝船。《明会典》中称马船为"备水军进征之用"，《续文献通考》则称马船"专司供送官物"，可见它是作战与运输兼用的一种海船。第三种叫"粮船"，长二十八丈，宽十二丈，有七桅，主要用来运载粮食和后勤供应物品。第四种叫"坐船"，全称"战座船"，长二十四丈，宽九丈四尺，有六桅。《南船记》中说，"战船曰座，即边营陆寨之帅幕也，号令之所以整齐者也，""桅标大纛（dao），屯营以准。"可见坐船是郑和船队中屯存水师、安营扎寨的主要船只。第五种叫"战船"，长八丈，宽六八尺，有五桅，是专司护航作战的快速战舰。此外，还有一些如"水船"之类的辅助性船只，如巩珍提及的"海水卤咸，不可入口，皆于附近川洋及滨海港汊，汲取淡水，水船载运，积贮仓内，以备用度；斯乃至急之务，不可暂弛"。[③]

郑和率领的这支船队是 15 世纪规模最大的远洋船队，与西方地理大发现时代几支最著名的西方远洋船队比较，便知大小。如 1492 年横渡大西洋到达美洲的西班牙哥伦布船队，只有 90 名水手，3 艘轻帆船，其中最大的旗舰"圣·玛丽亚"号载重不过 250 吨，仅为郑和宝船的十分之一。1497 年绕过好望角航达印度的葡萄牙达·伽马船队，只有 160 人，4 艘小帆船，其主力旗舰仅 120 吨，全长不到 25 米。1519 年进行环球航行的西班牙麦哲伦船队，也只有 265 人，5 艘小帆船，其中 2 艘 130 吨，2 艘 90 吨，1 艘 60 吨，加起来的总吨位也不过是郑和 1 艘大型宝船的五分之一。由此可见，郑和下西洋在世界航运史上占据的领先地位，是当时任何的西方海上强国所望尘莫及的，不愧为中国航运史上的莫大骄傲。

四、郑和下西洋历史意义

明初郑和下西洋，是标志着中国古代造船和航运事业达到顶峰阶段的重大事件。在永乐与宣德年间，航海家郑和先后七次奉皇帝之命，统率一支堪称 15 世纪世界上最庞大的远洋船队，纵横于西太平洋与北印度洋的广阔水域，遍访了亚

---

① 黄省曾:《西洋朝贡典录》,中华书局,1991,第 9 页。

② 马欢:《瀛涯胜览》,中国旅行出版社,2016,第 89 页。

③ 巩珍、何达校注:《西洋番国志》,中华书局,1961 年影印本。

非几十个国家与地区。这一空前的远洋盛举，不但是中国航运史上一座光辉灿烂的不朽丰碑，而且对中外历史的进程产生了极其深远和复杂的影响。

（1）政治影响。

建立政治秩序。在外交及军事方面，郑和下西洋颇有建树。在总体保持和平的同时，郑和船队也使用武力，打击了斯里兰卡锡兰山国亚烈苦奈儿的统治，消灭了篡夺王位的苏门答腊君主苏干刺，惩治了海盗陈祖义，并在东南亚扶植由施氏华侨统治的旧港宣慰司。有学者认为，郑和下西洋，使明王朝在东南亚全面建立起华夷政治体系；由于这种政治秩序是基于传统的"王者无外""怀远以德"①的观念，故总体上是非侵略性的。

拓展朝贡体系。在下西洋的过程中，郑和船队展示了明帝国的政治和军事优势，加之经济利益的刺激，明朝主导的朝贡体系的规模大为扩展。这种朝贡体系是非霸权（无论是军事、政治、经济，还是宗教、意识形态等方面）的强国国际政治体系。郑和也被视为明朝的和平使者。

（2）经济影响。

开拓海外贸易。郑和下西洋在一定程度上改变了自明太祖朱元璋以来的禁海政策，开拓了海外贸易。郑和下西洋包括朝贡贸易、官方贸易和民间贸易等形式。朝贡贸易以奢侈品（例如香料）为大宗，甚至有学者认为寻找海外香料、满足国内需求，是促成郑和下西洋的一个根本原因。官方贸易是在官方主持下展开的，遵循平等自愿、等价交换等原则，其使用的"击掌定价法"传为美谈。民间贸易则由私人自发展开，例如据考证郑和船队的官兵便可以携带商品在沿线国家展开贸易。

改进国内生产。学界有观点认为，郑和下西洋为中国输入了新的工艺产品、原料、技术，从而影响了中国国内的手工业生产。例如，性坚质细的海外硬木因郑和下西洋而进入中国，使中国匠师们对于硬木操作逐渐积累了丰富的经验。在陶瓷生产方面，明朝工匠们使用由郑和下西洋而进口的苏麻离青（又称"苏勃泥青"）为呈色剂，形成了永宣青花颜色浓重、晕散的风格；又吸收伊斯兰文化、波斯文化的因素，产生了新器型（如扁壶、花浇）和新纹样。另一种说法，景泰蓝的发展也与郑和下西洋有关。

引发财政危机。郑和下西洋以朝贡贸易为主，"政治挂帅"而忽视经济实力，有"厚往薄来"之说，从而也使得远航难以为继。有记载称，郑和下西洋以及朱棣对这些外邦朝贡者的大量赏赐，仅耗费银两一说即达600万两，还不包括对两万官兵的嘉奖。由于船队携带铜钱出国收购商品，致使铜钱大量外流，造成国内"钱荒"，严重消耗了国库储备，引起钱币的大规模贬值。

（3）文化影响。

郑和下西洋加强了中外文明的交流，也留下了介绍沿岸国家、地区情况的地

---

① 左丘明：《左传》，时代文艺出版社，2000，第321页。

理著作以及航海图。

宗教文化。有观点认为，郑和下西洋促进了伊斯兰教在印度尼西亚以及东南亚其他地区的传播，《三宝垄华人编年史》被认为是这方面的一项证据。在伊斯兰教的输入方面，郑和船队的分船队曾经到达天方国，带回了该国大清真寺的写真画本，加强了中国和伊斯兰教文化区的联系。郑和船队也在海外传播佛教，《布施锡兰山佛寺碑》就是这方面的例证。还有推测称，以天妃信仰为代表的道教也随郑和船队在海外传播。

地理著述。郑和下西洋促进了明朝对外界的了解。航海的参与者中，有马欢《瀛涯胜览》，费信的《星槎胜览》，巩珍的《西洋番国志》，介绍了西洋途经诸国的情况。在地理认识上，郑和下西洋后，"西洋"一词的含义更为扩大，有了泛指海外诸国、外国之意。

郑和下西洋，还留下了《郑和航海图》。原图呈一字形长卷，明代中晚期茅元仪将之收录在《武备志》中，改为书本式，自右而左，有图20页，共40幅，最后附"过洋牵星图"二幅。海图中记载了530多个地名，其中外域地名有300个，最远的东非海岸有16个。标出了城市、岛屿、航海标志、滩、礁、山脉和航路等。其中明确标明南沙群岛（万生石塘屿）、西沙群岛（石塘）、中沙群岛（石星石塘）。

《郑和航海图》是世界上现存最早的航海图集，也是远洋航行的宝贵资料。与同时期西方最有代表性的波特兰海图相比，《郑和航海图》制图的范围广，内容丰富，虽然数学精度较其低，但实用性胜过波特兰海图。

第二节　明代倭患与海禁

自明代以来，中国沿海倭患严重，山东、江苏、浙江、福建、广东等五省沿海地区深受倭寇骚扰。洪武七年（1374年）为抵御倭寇，"防止奸民私通倭"，废除了新设的三处（宁波、泉州和广州）市舶司，严禁出洋贸易，史书称之为"片板不得下海"，与海外的交往和贸易大幅度减少，致使海船的建造大大受挫。直到永乐元年（1403年）明成祖朱棣才下令重开泉州、宁波和广州三个市舶司，且于永乐三年（1405年）还在三市设专门接待外商规模相当可观的驿所。广州的驿所称之为怀远驿。

一、明代倭患与海禁

明代海禁是14世纪时明朝政府对海事进行的一系列限制政策的统称。

明初，沿袭唐、宋、元的制度，继续实行政府控制经管的朝贡贸易政策。朝贡贸易不断赔本，以致"库藏为虚"，给明王朝带来了越来越沉重的财政负担。朱元璋认为明朝的根本在于农业，而农业的产值足以养活大明王朝。加上江浙一

带的百姓，甚至当时居住在泉州一带的外国商团曾经协助过张士诚、方国珍等人与之争夺天下，使明太祖朱元璋对海上贸易产生了恐惧。为了打击民间私人海外贸易和猖獗的倭寇，明太祖确立了严格的禁止政策。

明朝建立不久之后发生了所谓胡惟庸"通倭叛国"的大案。这件大案的节点是胡惟庸暗中勾结倭寇妄图推翻明政权自立为王。虽然后世史家对此结论多有质疑，但当时倭寇作为一股威胁明朝的外部势力却是毋庸置疑的。

在这一时期，日本进入南北朝时期，许多日本浪人徘徊于中国沿海，从事海盗活动，频频袭扰明朝沿海地区。从元代以来，倭寇为患早已见诸记载，"元之盛时，外夷外贡者，至千余国，可谓穷极天地，罔不宾服，唯有日本，倔强不臣。阿拉罕以师十万从征，得还者仅三人。"[1]至明初，日本国仍是"不服王化，冥顽如初"，明朝派使臣赵秩往谕其君，但令人没想到的是日本天皇竟然对赵秩戏言相向，并且杀害了他。

曾经进兵收复海南的大将廖永忠因此向朱元璋建议彻底消灭倭寇，加强海防。于是，朱元璋对日本国下了通牒："日本国虽朝实诈，暗通奸臣胡惟庸，谋为不轨，故绝之。命信国公汤和经略沿海，设备防倭。"[2]同时，为了防备沿海奸民与倭寇勾结，朱元璋下令"片板不得下海"，禁止老百姓私自出海。

早期海禁的主要对象是商业（商禁），禁止中国人赴海外经商，也限制外国商人到中国进行贸易（进贡除外）。明永乐年间，虽然有郑和下西洋的壮举，但是放开的只是朝贡贸易，私人仍然不准出海。而后随着倭寇之患，海禁政策愈加严格，虽起到了自我保护的作用，但大大阻碍了中外交流发展。

隆庆年间明政府调整政策，允许民间赴海外通商，史称"隆庆开关"。海禁的解除为中外贸易与交流打开了一个全新的局面。

二、海禁影响

明朝的海禁政策自洪武年间开始到明末海禁的废弛经历了一个多变的过程。明初严厉的海禁政策，永乐年间海禁的松弛，永乐后（洪熙—弘治）海禁政策的再强化，嘉靖年间严格的海禁政策，隆庆开放和海外贸易的迅速发展，明末海禁的废弛。这些政策对明朝历史发展都产生了深远的影响。

这里要强调的是海禁并不完全等同于"闭关锁国"。海禁是以打击倭寇、走私为目的，进行的一场经济领域的管控，而"闭关锁国"则是指闭关自守，不与外界接触的一种国家政策，是典型的孤立主义，严格限制了对外经济、科技、文化等方面的交流。

明代民间贸易虽被禁，但官船、南洋船、近海船并未禁绝，对于民间沿海船只也仅强迫其改为不利远航的平底船及严禁民造双桅船（渔船不可能大到有双桅

---

① 谢肇淛:《五杂俎》卷四,中央书店,1935,第 186 页。

② 朱元璋:《皇明祖训》,北京图书馆出版社,2002,第 21 页。

船），明代沿海船只真正被禁绝的时间并不多，严格来说是从未禁近海船只，仅规范远洋船只。并可以有效制止粮食因无德商人因贪图东洋银货而外流，以及违禁品比如铜及铜制钱外流，造成国内物价不稳定及米价等民生必需品高涨的情形，甚至引发粮食危机。海禁实施的目的是防止走私和打击海盗，但实际上，真正受到打击的是本地渔业及国内的沿海贸易，海盗和走私商人的活动反而因为海禁的存在，而更为猖獗，对中国及其周边国家的社会和经济发展，产生相当消极的影响。

三、抗倭名将

明代东南沿海抗倭之战是中国历史上第一次反侵略战争。嘉靖三十四年（1555年）五月，由汉、壮、苗、瑶等族人民组成的抗倭军队，在明朝爱国将领张经领导下，于王江泾（今浙江嘉兴北）大破倭寇，斩敌两千。这是抗倭战争以来最大的一次胜利，被称为"自有倭患来，此为战功第一"。①次年，倭寇劫掠福建福安等地，遭到当地畲族人民的奋起抗击。嘉靖四十二年（1563年），败走福建的倭寇，窜犯台湾鸡笼（基隆）一带，被高山族人民赶走。而民族英雄戚继光率领"戚家军"，与其他明军配合，多次打败倭寇，最终取得了抗倭战争的最后胜利。

俞大猷。俞大猷的一生几乎都在作战。早在抗倭之前，俞大猷便曾参与抗击蒙古的战争。先后参加了浙东战役、浙西战役、伪倭战役、兴化战役、潮州战役等重要战役，可谓战功赫赫。

胡宗宪。胡宗宪祖上都是锦衣卫出身，早在嘉靖十七年，他便考中进士，前往山东青州任知府。胡宗宪培养出俞大猷、戚继光等年轻将领，并将大文人徐文长纳入麾下，在对倭战争中取得了较大成功，浙江一带的倭寇基本上被平息。胡宗宪堪称明朝的抗倭四大名将之一。

戚继光。戚继光得到张居正的推荐，成为掌管山东沿海二十五卫所的署都指挥佥事。嘉靖三十四年，戚继光被任命为浙江都司佥事，前往东南沿海平定倭乱。先后参与了岑港之战、台州之战、福建之战、兴化之战、仙游之战等战役，屡屡得胜。后来倭寇平定后，戚继光还被调往北方修建长城，抵御蒙古族的入侵。戚继光堪称明朝的抗倭四大名将之首。

杨文。杨文的名气稍微逊色一些。先后参与了平海卫、仙游等重要战役，并攻破了盘踞在台州的倭寇"苟稷寨"，消除了当地的一大祸害。

第三节　海禁下的广东沿海航运

明代初期一改前朝的对外开放政策，实施严厉的海禁措施。其目的是抑制敌

---

① 　张廷玉:《明史》,岳麓书社,1996,第 2978 页。

对势力的颠覆和反抗。"申禁人民，无得擅出海与外国互市。"①并在法律上明确规定："擅造二桅以上桅式大船，将带违禁货物下海，前往番国买卖，潜通海贼，同谋结聚，及为向导劫掠良民者，正犯比照谋叛已行律处斩，仍枭首示众，全家发边卫充军。"明洪武二十七年（1394年）命礼部对"敢有私下诸番互市者，必置之重法。凡番香番货，皆不许贩鬻，其见有者，限以三月销尽。民间祷祀，止用松柏枫桃诸香，违者罪之。其两广所产香木，听土人自用，亦不许越岭贩卖。盖虑其杂市番香，故并及之"。②企图通过禁番货在市场流通的办法，扼杀民间与海外贸易，进而达到其镇压民众巩固政权的政治目的。

明代朝贡贸易和"私人"贸易的兴盛，推动了珠江水系尤其是珠江三角洲及两广沿海造船业的发展，官舶和商舶随着市场的兴旺而日益增多，市舶司机构也随之完善并加强对官、商船舶的管理。明代的海外交通和贸易兴起给珠江流域的社会经济带来的影响是巨大和深远的。

一、朝贡贸易

所谓"贡舶"，贡即朝贡，舶即市舶。明朝以前的朝代，虽然也有朝贡，但因推行对外开放政策，所以并不显得突出。明太祖海禁才把它作为一种主要的对外贸易形式。

据载，明代初期，与中国有朝贡关系的国家有朝鲜、日本、琉球、安南（今越南）、真腊（今柬埔寨）、暹罗（今泰国）、苏门答腊、爪哇、锡兰山（今斯里兰卡）、满剌加（今马六甲）等近20个国家。对朝贡国规定有限贡年限，不同的国家有不同的年限，短的二年一贡，如琉球；长的十年一贡，如日本；一般的国家都是三年一贡，如安南、朝鲜等国。允许入贡国有一定的船舶随贡使同来，并"许附载方物，与中国贸易"③。这些船舶称为贡舶。实际上贡舶是以贡为名而行市之实，也是市舶的一种形式。同时还规定贡使进贡的入境口岸和进京路线，不得随便选择。当时，广东、福建、浙江都设有入境口岸。嘉靖元年后，浙、闽两地的市舶司撤销，只剩广州一个口岸。当时，贡船抵达广州后，必先转舟至南雄；然后舍舟登陆，越过梅岭经南昌等地而抵南京或北京。朝贡完毕后，准许贡使将携来的货物在会同馆开市3至5天。但不许民众将官方规定的违禁品与贡使交易，贡使所受的赐品也能在开市时出售。

朝贡贸易最盛的时期是永乐至宣德年间，当时正值郑和船队七下西洋。除了船队直接与海外诸国贸易外，前来朝贡的国家也大大增加。这种鼎盛时期只维持了30多年。到了正统年间，随着闭关锁国政策的再次执行，朝贡贸易便衰落下来。

---

① 怀效锋：《大明律》，法律出版社，1999，第135页。

② 怀效锋：《大明律》，法律出版社，1999，第135页。

③ 张延玉：《明史》，岳麓书社，1996，第1134页。

贡舶制度，是朱明王朝实施闭关主义政策的体现。贡舶贸易主要目的不是从经济利益着眼，而是具有施惠于人、维系藩属的一种政治意义。对于允许来朝贡的国家，是根据其对中国的友好态度规定其朝贡年限。

朝贡的货物，以"回偿"的形式代替"给价收买"。这种回偿往往比贡物本身优厚，附带之货物，在正德之前，也免税给价收买，说明重于政治而不讲求经济效果。正如邱浚（1420—1495年）所说"盖用以怀柔远人实无所利其入也"。①市舶（互市），是以贡舶为前提的。未允许来朝贡者，是不能持货物来与中国互市的。实际上，贡舶是以贡为名，行市之实。它也是市舶的一种形式。所以两者又是一回事，明人王圻曾经指出"贡舶与市舶，一事也。"②这种官办商业，不仅不能如私商那样锱铢必较，而且往往大慷国家之慨，讨好外商，以从中渔利。经营上的腐败，势必给国家带来损失。贡舶贸易的出发点，旨在"通华夷之情，迁有无之货"，③亦即与四邻通好，搜求海外奇珍玩巧。入贡期限与贡舶数量，是根据统治者的贪欲而规定的。

这种由官方统治下限量的市舶，严重地禁锢了商品交换的发展。贡舶、市舶（互市），又是在市舶司或由其代理人牙行商人的控制下进行的。牙人充买卖双方之中介人，左右价格，影响了商人的竞争。缺乏竞争的海洋帆船贸易，是不能趋向繁荣的。

贡舶制度使始自中唐的日益发展的中国海洋贸易受到了严重的挫折。这种制度暴露了明王朝以天朝大国自居，视四邻国家为藩属的妄自尊大的面目。

二、私人贸易

在这种官方统治下限量的市舶，严重地禁锢了商品交换的发展，从而催发"私人贸易"的产生。

因海禁不允许私人经营对外贸易，沿海居民中有势力的团伙，便通过"走私"的方法，搞"私人贸易"。这在明代是一种非常重要的对外贸易方式，对促进明代资本主义经济的萌芽，具有重要的作用。明代朝廷虽然长期坚持海禁政策，但私人贸易从未间断。

《明太祖实录》记载了洪武六年（1373年）占城国王入贡时，于途中遇见海寇张汝原、林福等人，"国王败之……获其舟二十艘，苏木七万斤。"这是以海寇形式出现的大规模海外贸易活动。又据《闽粤巡视纪略》记载，洪武二十六年（1393年）香山县三灶岛吴添进就已"通番"。永乐、宣德年间（1403—1435年），海禁有所松弛，私人贸易亦获得进一步的发展。《明会要》记载苏门答腊

---

① 邱浚:《大学衍义补》,京华出版社,1999,第305页。
② 王圻:《续文献通考》卷二十六,现代出版社,1986,第978页。
③ 郑晓:《郑端简公今言类编》,商务印书馆,民国二十五,第98页。

"四方商贾辐辏，华人往者，以地远价高，获利倍他国。"① 到了成化、弘治年间（1465—1505年），私人贸易更为活跃。《东西洋考·饷税考》载："成、弘之际，豪门巨室，间有乘巨舰贸易海外者，奸人阴开其利窦，而官人不得显收其利权。"说明官家富户也参加私人贸易活动。到了明代后期，私人海外贸易更趋高潮，珠江三角洲和沿海一带成了冒险家的乐园。《筹海图编》卷十二曰："浙人多诈，窃贾丝绵水银生铜药材一切通番之货，抵广变卖，复易广货归浙，本谓交通，而巧立名曰：走广。"

这种私人贸易，当其演变至15世纪末16世纪初期，实质上已经是对外贸易的主要形式，由私人经营的贸易额大大超过了朝贡贸易额。当时，广州私人贸易的商船络绎不绝。《广东新语》中说："在昔州全盛时，番舶衔尾而至……豪商大贾，各以其土所宜相贸，得利不资。"至于广人往海外贸易的，据《广东新语》云："广州望县，人多务贾与时逐，以香、糖、果、箱、铁器、藤、蜡、番椒、苏木、蒲葵诸货，北走豫章、吴、浙，西北直达长沙、汉口，其黠者南至澳门，至于红毛、日本、琉球、暹罗、斛、吕宋，帆踔二洋，倏忽数千里，以中国珍丽之物相贸易，获大赢。"当时，位居珠江下游珠江三角洲核心区的广州府，国内外贸易一直处于非常繁荣的状态，在全国对外贸易中，长期处于垄断地位。

国内外贸易的发展，促进了珠江流域农业和手工业的更大发展，改变了珠江三角洲一带农业生产结构，由过去的生产粮食为主，转变为多种作物同时经营。广东的桑基鱼塘就是在这种情况下出现的。甘蔗种植和果木、花卉种植面积也迅速增加，从单一的经营变为多种经营，这为海外贸易提供了丰富的出口商品。手工业也有很大发展，特别是冶铁业、纺织业、陶瓷业、造船业和食品工业的繁荣，使珠江三角洲成为全国主要手工业基地。

三、市舶司的恢复

明代市舶司的设立，是适应当时政治、经济形势的需要应运而生的。最初设在太仓黄渡，后改在宁波、泉州、广州三地设司。洪武三年（1370年）由于进一步严格海禁，三司同时废止。直到永乐元年（1403年）才重新恢复三市舶司的设置，隶布政司直接管辖。嘉靖元年（1522年）因倭寇猖獗，再加上葡萄牙人在沿海的骚扰，为了严申海禁，罢浙、闽两市舶司，只留广州市舶司。据《明史·职官志》记载：市舶司掌管"海外诸番朝贡，市易之事"，"禁通番，征私货，平交易。"② 其职权大致是：负责海外诸国来华的朝贡事务；掌管贡舶互市和抽分；执行海禁政策；禁止军民人等通番；负责市舶的管理。可见，明代市舶司的建立是为朝贡贸易服务的。因朝贡贸易手续十分烦琐，非设专门机构处理不可。隆庆以后，海禁开放，市舶随之兴起，市舶司的主要任务从过去的专管朝贡

---

① 龙文彬：《明会要》，《明史列传》卷二百一十三，上海古籍出版社。

② 张廷玉：《明史》，岳麓书社，1996，第1008页。

贸易事务转而负责市舶的管理事宜。

尽管其他的市舶司有罢革之时，广州市舶司却一直未曾被关锁。市舶司设有"提举一人，从五品，副提举二人，从六品。其属吏目一人，从九品"。① 广州市舶司在今十八甫路建置怀远驿，备房舍一百二十间，以招待贡使和随从商人。

四、殖民者东来与澳门港市

西方殖民主义者的发迹，是同航海业联系一起的。随着新航路的发现，葡萄牙、西班牙、荷兰和英国的武装船只相继东来，企图在东方建立殖民地。中国，就是他们争夺的对象。

在东来的西方殖民者中，葡萄牙捷足先登，充当了打头阵的角色。它于正德六年（1511年）占据满剌加。当时，港湾内停泊着6艘巨大的中国帆船。葡萄牙殖民者在满剌加建立据点，站稳脚跟后，便排斥中国来的海商，并中断当地与中国传统的贡舶贸易关系。正德九年（1514年），葡萄牙殖民者首航广东屯门，与当地居民贸易，获重利而去。正德十二年（1517年），以佛朗机国进贡为名，以皮来资为使节，率船8艘航至屯门，要求通商。经行贿港口哨官，于九月得入广州。但经广州官府查明，无佛朗机进贡之"旧例"，拒绝贸易。葡萄牙殖民者于是退回屯门，树栅立寨，企图盘踞于此。他们被驱逐后，又再窜入新会西草湾，也遭到同样的下场。他们继往福建骚扰，又被朱纨所击败。一再撞鼻之后，葡萄牙殖民者转回广东沿海活动。广东香山的澳门，便是其蓄意占据的目标。

澳门，本是南海诸国朝贡贸易船只的临时停泊所。明初起，被允许朝贡的国家，要按照期限、朝贡路线及指定的居留地前来进行贡舶贸易。安南、真腊、暹罗、占城、苏门答腊、爪哇、彭亨、三佛齐、浡泥、满剌加、蒲甘等东南亚国家，每年共约有30多艘贡舶抵达广州。当这些船舶进入珠江口之前，必须停泊在各澳（泊口）接受澳官的检查。澳，或称泊口，就是番舶过往的临时停泊之所。当时有新会之广海、望峒，奇潭，香山之浪白、十字门、蠔镜，和东莞之虎头门、屯门、鸡栖诸澳。蠔镜，即澳门。葡萄牙殖民者，千方百计，用欺骗贿赂的卑劣手段，于嘉靖三十二年（1553年），通过中国人周鸾买通广东海道副史汪柏，"托言舟触风涛缝裂，水湿贡物，原借地晒晾"，② 得以入居澳门。经过四年时间，即至嘉靖三十六年（1557年），澳门终初具城市的规模。成书于万历二十五年（1597年）的王士性《广志绎》卷四中记"（澳门）今则高居大厦，不减城市，积聚万矣。"观此得知初具城市规模的澳门，经过40年后即到万历二十五年，已发展成具有万户的城市了。万历二十九年（1601年），来广东办理司法案的王临亨在其《粤剑篇》卷三中说："西洋之人，往来于中国者，向以香山澳（即澳门）中为舣舟之所，入市毕则驱之以去。日久法驰，其人渐蚁聚蜂结，集

---

① 张廷玉:《明史》,岳麓书社,1996,第1073页。

② 张廷玉:《明史》,岳麓书社,1996,第3750页。

穴澳中矣。当事者利其入市，不能尽法绳之，始从其便。而严通澳之令，俾中国不得输之米谷，种种，盖欲坐而困之，令自不能久居耳。然夷人金钱甚夥。一往而利数十倍。法虽严，不能禁也。今聚澳中者，闻可万家，已十余万众矣。"王临享在此叙述了澳门从泊口转变为城市的情形。他和王士性都是当事人，其言当属可信。

葡萄牙殖民者取得澳门为据点之后，便建立起西自印度果亚东至日本长崎的东方商业网。他们把欧洲的工业品，运至南洋群岛，换取香料、白檀、宝石等物品，然后通过澳门这一贸易港口取得中国的丝织品，转运到日本换取金银。又以金银换取中国的麝香、珍珠、象牙精制品、细木器及陶器等运回欧洲。

澳门随着贸易的发展而日趋繁荣。从嘉靖后期起，广东沿海的泊口多被废弃，唯以澳门为番舶停泊的主要泊口，原先夏秋间番舶停澳门者只两三艘，到嘉靖四十三年（1564年）的前几年来此贸易的船舶，已增至20多艘，有时甚至加倍，人数达万人。澳门已发展成为西欧国家在东方进行国际贸易的中继站，成为广州的外港而分享了广州部分的海外贸易。

第四节　明代广船

随着明代社会生产力的发展，明代的造船技艺日趋完善。作为岭南造船技术的集大成者的"广船"也最终定型，并被最后命名为"广船"。广船型制颇多，仅战船就有二十多种。所谓"广船"是对广东地区所造海船的总称，不同地区所造的海船名称各不相同，船种多、名称繁复，较著名的战船有大战船、新会的尖尾船、东莞的乌头船。

一、明代舟船文献

明代有多种有关船舶、船厂的著作问世。这些著作，对船舶的形制及其法式，叙述较为细致、深入，而且图文并茂。对船舶的生产量以及用料、用工、造价等记述颇为详尽。对船厂的生产管理也有述及。从这些文献可以看出，明代的船舶技术较前代又有长足的进步。

《天工开物》，明代宋应星撰成并刊刻于崇祯十年（1637年）。其第九卷"舟车"记有"凡舟古名百千，今名亦百千。或以形名，如海鳅、江鳊、山梭之类。或以量名（载物之数），或以质名（各色木料），不可殚述。游海滨者得见洋船，居江渭者得见漕舫。若趣居山国之中，老死平原之地所见者一叶扁舟、截流乱而已。"

《南船纪》，明代沈启撰，成书于嘉靖二十年（1541年）。沈启曾主持龙江船厂多年。他以实际经历和诸多数例撰成此书，共四卷。第一卷篇幅最大，历数龙江船厂所承造的20余类船舶的图式构造名称及尺寸；第二卷为各卫、所应备船舶数量；第三卷记述都水司、提举司的组成及人员；第四卷记述各型船舶的用料、用工和船价。

《筹海图编》，明少保新安胡宗宪辑，曾孙庠生胡维极重校，共 13 卷。书成于嘉靖年间。主要记述嘉靖时抵御倭寇事略，上溯追述明代前和明初中日交通情况。书中附有对沿海布防形势图及战船、武器详图。其对船舶的记述和所附船图可新人耳目。

《武备志》，明代茅元仪撰，成书于天启元年（1621 年），共 240 卷。茅元仪之祖茅坤，曾任职兵部，做过胡宗宪的幕僚，熟悉海防，茅元仪出于将门并曾亲历战争，讲求韬略，博采历代兵书 2 000 余种，经 15 年辑成，约 200 万言。《武备志》应当说是阐述古代水陆军事装备的专著，对河漕、海运、海防、江防及航海也有论述。其中 116 卷及 117 卷，图文对照详述各型各类战船的特点及其应用。其第 240 卷为《郑和航海图》。《武备志》中对前朝早已有之的游艇、艨艟、楼船、走舸、斗舰、海船等均有详述。

二、明代广船

明代总督沿海军务的胡宗宪撰著的《筹海图编》和茅元仪的《武备志》均附有战船的图式。至于民船，有粤东地区潮州的白艚，珠海三角洲的东莞米艇、乌艚，新会的横江，新会造的尖尾船（属横江系列）、洋舡、大龙艇等等。

（1）广船定型。

"广东船两旁搭架摇，风篷札制俱与福船不同。"[1]

"广船今总名乌艚，又有横江船各数号。其称白艚者皆福建船式也。""广船，视福船尤大，其坚致亦远过之。盖广船乃铁力木所造，福船不过松杉之类而已。二船在海若相冲击，福船即碎，不能挡铁力之坚也。倭夷造船亦用松杉之类，不敢与广船相冲。广船若坏须用铁力修理，难乎其继。且其制下窄上宽，状若两翼，在里海则稳，在外海则动，此广船之利弊也。""广东大战船，用火器于浪漕中，起伏荡，未必能中贼。即使中矣，亦无几何，但可假此以吓敌人之心胆耳。所恃者有二：发佛郎机。是唯不中，中则无船不粉，一也。以火球之类于船头相遇之时，从高掷下，火发而贼船即焚，二也。大福船亦然。广船用铁力木，造船之费加倍福船，而其耐久亦过之。盖福船俱松杉木，楸虫易食，常要烧洗，过八九汛后难堪风涛矣。广船木质坚，楸虫纵食之，亦难坏也"。[3]

明代广船比福船巨大且坚实，船首尖体长，"其制下窄上宽，状若两翼，在里海则稳，在外海则摇"，吃水较深，梁拱小，甲板脊弧不高，有较好的耐波性。在结构上，横向密距肋骨于隔舱板构成，纵向强度依靠龙骨和大㰍维持，船体材

---

[1] 茅元仪：《武备志》，世华出版社，1984，第 2673 页。

[2] 茅元仪：《武备志》，世华出版社，1984，第 2673 页。

[3] 张廷玉：《明史》，岳麓书社，1996，第 123 页。

料多为荔枝木、樟木和铁力木。船上配橹 6 ~ 16 支,树 2 桅,桅杆上设望斗,网以藤,蒙以皮革棉被,以防敌人弓箭。望斗中可容 3 ~ 4 人,以监视敌人动静,亦可向敌人射箭、投掷犁头镖等兵器。船舷两侧装佛郎机炮、霹子炮、神炮,以及火砖、灰罐、烟球等武器。[①] 图 11-1 为明代广船的主要船型形式。

图 11-1 明代广船之乌艚船

(资料来源:来自网络)

(2)明代造船场所。

明代广东建造海船的工场,分布于广州、南海、东莞、新会、香山澳(今澳门)、高州、吴川、琼州、潮州、南澳等地,建造的出海帆船,在型制上大同小异,统称为"广船"或"广东船"。

明代广东造船的数量、品种之多可谓前所未有,造船业的布局也非常广,但具体阐述造船地点的资料却并不多。据史载有潮州船、广州船、高州船、海南船等。也就是指造船比较发达的地区主要集中于广州、潮州、高州、海南这四个地区。

(3)明代主要船型。

明代广东战船除承袭前代七八种船型外,还出现了多种新船型,其中福船、广船是全国有名的战船。明初,广东战船以福船为主,计有一号福船、二号福船、哨船、冬船、鸟船和快艇 6 种船型。这些战船虽有定式,但采用杉木制造,做工粗糙,不堪使用,后改用广船。

广船原系民船,由于明代东南沿海抗倭战争的需要,将其中东莞的"乌艚"、新会的"横江"增加战斗设施,改成为良好的战船,统称"广船",主要指新会县尖尾船及东莞县乌头船。

---

① 唐志拔:《中国舰船史》,海军出版社,1989,第 102 页。

新会县在广州之南，东莞在广州之东，两地相距50~70千米。此两船只是广东船的一种变型而已。

本章参考文献

[1] 金行德.广东船研究[M].广州:广东旅游出版社，2012.

[2] 陈建平，关伟嘉，端木玉，等.广东船舶发展简史[M].哈尔滨:哈尔滨工程大学出版社，2018.

[3] 叶显恩.广东航运史·古代部分[M].北京:人民交通出版社，1989.

[4] 交通部珠江航务管理局.珠江航运史[M].北京:人民交通出版社，1998.

[5] 广东省地方史志编纂委员会.广东省志·水运志[M].广州:广东人民出版社，2006.

[6] 广东省地方史志编纂委员会.广东省志·船舶工业志[M].广州:广东人民出版社，2000.

第十二章　清代闭关锁国下的船舶航运业

　　清代是中国封建社会走向衰亡的时代。15世纪中叶至19世纪中叶，在世界历史上是封建主义崩溃、资本主义产生与发展的重要时期。处于这一时期的明清封建王朝，因循守旧，反对变革，逆时代潮流而动。面对资本主义在西欧的兴起和在世界范围内的扩张，清朝封建统治者在政治、经济、思想上顽固地维持晚期封建主义统治，拼命地压制资本主义萌芽在国内的成长，竭力推行闭关锁国的落后政策，一次又一次地错过了历史发展的大好时机，并在鸦片战争失败后，逐步沦为半殖民地半封建社会。

　　虽在清朝前期，特别是雍正至乾隆年间，国内内河造船与内河运输业的发展一度超过明代，显示出一种封闭经济环境下的内扬态势，但是明清木帆船的航运业却在迅猛崛起的世界资本主义殖民航海浪潮冲击下，显得苍白无力、相形见绌，开始走上了由盛转衰的下坡路，并最终不可避免地陷入全面落后挨打的悲惨境地。

　　清初为了镇压以郑成功为主力的反清复明武装力量和浙闽粤人民的反清斗争，清廷实行了一系列的禁海政策。从顺治十二年（1655年）到康熙十四年（1675年）的20余年间，先后5次颁布禁海令，直到康熙二十三年（1684年）才宣布解除海禁，足足禁了40年。迁界又毁船，各省的航运、造船业遭受致命一击。仅广东就毁了99%的船只，《新安县志》（即现深圳宝安）记：在康熙二十二年（1683年）撤销禁海前夕"其船只不及先年百分之一"，可见情况的严重性。

　　海禁是清政府出于防汉制夷的政治考量，同时为了打击和彻底毁灭反清复明实力而配套施行的一套空前绝后的闭关锁国政策。清朝于1655年首次下达了严格的禁海令，"片板不得出海"，顺治、康熙年间采取一系列强化措施，直到清朝平定台湾的第二年（1684年）才重新开海，但对海上贸易仍有一系列的禁令和限制。鸦片战争之后，直至清政府于1842年签订《南京条约》，海禁才彻底结束。

　　海禁有利于维持清政府的统治，但给中国的对外贸易带来了严重的负面影响，妨碍了海外市场的开拓，大大破坏了沿海地区的经济，扼杀了资本主义萌芽。中外交往和发展受到阻碍，使中国与世隔绝，没能及时与西方先进科学知识和生产技术进行交流，最终，中国逐渐落后于世界潮流。

　　马克思在1853年为《纽约每日论坛报》写的《中国革命和欧洲革命》一文中，接受了英国商人关于中国"闭关锁国"的观点。这一观点于20世纪50年代纳入了当时中国的主流意识形态，写入了教科书。

第一节　"一口通商"与广州

康熙二十三年（1683年），清朝统一了台湾，三藩之乱业已平息。这为废除海禁创造了条件。在闽、粤、浙、苏各省地方官吏的一片开海呼声下，康熙皇帝顺乎时势，于康熙二十三年（1684年）正式停止海禁，开海贸易，史称"今海内一统，寰宇宁谧，满汉人民，俱同一体，令出洋贸易，以彰富庶之治。得旨开海贸易。"[①]康熙二十四年（1685年），即开海贸易的第二年，清廷宣布广东的广州、江苏的松江、浙江的宁波、福建的泉州为对外贸易港口。同时设立粤海关、江海关、浙海关及闽海关等四个海关，负责管理海外贸易事宜。

一、"一口通商"

"一口通商"多指中国1757—1842年签订《南京条约》之前，清朝规定西洋商人只可以在广州通商的政策。

乾隆二十二年（1757年），英国商人多次违反清政府禁例，引起了清政府的警觉，认为会对其统治不利。因此，乾隆皇帝首先下令增加浙海关税收，使其无利可图而返回广东。但虽然增税，仍然没有效果。于是，清政府宣布封闭闽、浙、江三海关，仅保留粤海关对外通商。也有学者指出，这一"常识"是误判，乾隆不曾下令关闭江、浙、闽三海关。经过仔细查阅上谕档和《清高宗实录》认定："下令关闭江、浙、闽三个海关，只留下粤海关负责对外贸易，似乎是乾隆二十二年十一月初十（1757年12月20日）的一则上谕"。这一上谕只是让"外洋红毛等国番船""番商"只在广东通商，不得再赴浙江等地，而不是关闭江、浙、闽三海关，更不是"广州一口通商"。谕令针对的只是西洋各国，特别是英国人与荷兰人，中国商人不在前述限制之列，由四海关出海赴东洋日本、朝鲜、琉球以及前往南洋各国贸易，都是允许的。"海关"不等于港口，以省命名的海关（清为"海关"，明为"市舶司"）并不等于一个港口（或关口、口岸、卡口）。清代江、浙、闽、粤四大海关如现代省级海关一样，总领全省所有海关关口，通常下辖十几至几十个"口"。

在历史上广州有过三次"一口通商"。第一次是在1523—1566年（明嘉靖年间），共43年；第二次是在清初（康熙年间）1655—1684年，共29年；第三次是1757—1842年（清乾隆二十二年至道光二十二年），至签订《南京条约》止，共85年。

清初为防范台湾郑氏反清势力，在东南沿海"围海迁界"，实行海禁，广州又成为唯一的外贸口岸，时断时续直至1842年。

广州港是中国对外贸易的第一大港。从1523年起，直到1842年签订《南京

---

① 邓瑞：《马端临与〈文献通考〉》，山西古籍出版社，2003，第307页。

条约》为止的320年间，除个别地区和特殊情况外，基本上是广州"一口通商"，垄断了全国的对外贸易。

二、粤海关

粤海关设在广州。这是中国历史上正式建立海关的开始。粤、闽、浙、江四海关设置之时，唯粤海关的关务专设监督一职进行管理。《粤海关志》记载，"我朝厘定关权，官制有兼管、有简充。天下海关，在福建者，辖以将军；在浙江、江苏省，辖以巡抚；惟广东粤海关专设监督，诚其重任也。"监督的全称是"钦命督理广东沿海等处贸易税务户部分司"。充任监督的多是满族人。例如第一任粤海关监督就是内务府郎中宜尔格图。所以监督也就是"皇帝的直接代表"，它由清帝任命，权力甚大。"地位与行省的督抚大员相等"，粤海关掌管的职能范围也很广泛，大凡近海、远洋的中外商船均在其管辖之内。

（1）征收关税。

征收关税是粤海关最重要的职能。粤海关征收的关税大致有船钞、货税、规银三种。前两种是清廷规定的正税，后一种本属陋规，但雍正四年（1726年）以后也归公，刊入例册。①

"船钞"，亦称船料或船税。这是按照货船体积分等征收的税金。一般而言，所有东、西洋进口船只都必须缴纳船钞银。但也有例外，"仅载运米粮进口的船只免交船料。"②

"货税"即商税，根据货物的价值和数量征收，基本上是一种从量税。税率较低。如康熙末年至雍正年间，生丝、丝织品、甘草、大黄、铜、糖、茶叶、生锌等货物每担的货税率，最高的是生锌，为7.7%，最低的是茶叶，为0.4%，平均为4%。

"规银"包括放关入口银、放关出口银、签押人员规银、各项规礼银、解京补平银、普济堂公用等。进口规银不分等次，一律完纳。每船额收一千一百二十五两九钱六分，九折库平扣算，随同正税解部。

应该指出，粤海关除了征收上述则例规定的巨额税银外，其官吏上自海关监督，下至书吏巡役，还对外国船只进行种种额外的勒索。诸如"分头""缴送""验舱""轿金""花钱"等名目繁多。乾隆四年（1739年），就有人在奏折中指出海关的陋规达90余条之多。③外国船只饱受粤海关的苛求勒索之苦，这是清代前期经常引起外商不满的原因之一。

（2）引水挂号。

各国船只一到万山群岛附近海面。粤海关就派出引水人员上船看验。一看是

---

① 《清代外交史料（道光朝）》卷三，北平故宫博物院，民国二十二年。

② 聂宝璋主编《中国近代航运史第一辑（1840—1895）》，上海人民出版社，第29页。

③ 军机处录付奏折，关税，乾隆四年都玉麟、隆升："为恭折奏明以恤运夷事"。

否确有货物，二问来自何国，三验有否所在国的批照。如确系货船，而又带有批照，就允许该船到澳门同知处挂号，发给印照，注明船户姓名。然后由引水人员引入虎门口报验，守口员弁验照放行，并将印照移回缴销。如无印照，不准进口。虎门口放行后，引入黄埔湾泊。等待粤海关官员丈量征税，开舱贸易。当外国船只回程出口时，亦将批照赴沿海营汛挂号，守口官弁将船号人数、姓名逐一验明，申报督抚存案，方始放行。至于外国船只出入送信的小舢板，也须赴税口挂号查验，给与照票。然后由税口知会就近炮台放行。①引水人员均属海防衙门管理。承充引水必须有保甲亲邻的担保，取具结状后，由县丞详加甄别，确实良民，则加结申送海防衙门。海防衙门验无异后，给发腰牌执照，批准充当，并列册通报查考。引水定期出口等候，若有外国船来，每船派引水两名。一个上船引入，一个"星驰禀报县丞申报海防门"。②

（3）监督修船。

外国船只需要修理，多在澳门进行。但外船修理所需的船料如铁钉、木石等又必须在广州购买。铁钉、木料是清代严禁出海的物品。因此外船修理前必须禀报粤海关，由粤海关衙门发给照票放行。乾隆九年（1744年）规定，"夷人采买铁钉、木石各料在澳修船，令该夷目将船身丈尺数目、船匠姓名开列呈报海防衙门。即唤该船匠估计实需铁斤数目，取具甘结，然后给与牌票印照，并报粤海关衙门给发照票在省买运回澳。经由沿途地方汛弁验明放行，仍知照在澳县丞查明。如有剩余，缴官存贮，尚该船所用无几，故为多报买运、希图夹带等弊，即严提夷目、船匠人等讯究。"③可见外国船只的修理是在粤海关的严格监督下进行的。与此同时，粤海关还征收一定数量的修船费。"夷船大修例收归公银二十四两，小修收归公银一十二两。"④如此掌握和限制外船的修理数量。

（4）协助稽查。

清代各国货船所带护货兵船（当时以英国国王货船所带护兵船为最多），是不准擅入十字门（旧澳门水域）及虎门各海口的。如敢擅入，守口员弁报明驱逐。粤海关立即停止其货船的贸易。货船入口，兵船只准停在虎门以外，待交易后，即随同货船回国，不准少有逗留。⑤即便是货船商人，在广州交易后也必须尽快回国。乾隆年间，外国商人"多有藉称货物未销，潜留省会"者，粤海关因此负起"夷船到粤销售后令其依限回国"的责任。如有债务未清，亦令其在澳门居住，将货物交洋行代售，并于次年顺搭回国。此外粤海关还拨出一些专款支助营员弹压稽查。例如黄埔地方，聚泊外船，"每船夷稍多至百余名或二百名

---

① 梁廷枏：《粤海关志》，广东人民出版社，2014，第 341 页。
② 梁廷枏：《粤海关志》，广东人民出版社，2014，第 540 页
③ 梁廷枏：《粤海关志》，广东人民出版社，2014，第 540 页
④ 梁廷枏：《粤海关志》，广东人民出版社，2014，第 540 页。
⑤ 梁廷枏：《粤海关志》，广东人民出版社，2014，第 556 页

不等。"①

粤海关所具有的对外国船只的管理职能，使粤海关在清代前期广东航运史上占据着举足轻重的地位。

三、清"十三行"

1757年，随着乾隆皇帝仅留粤海关一口对外通商上谕的颁布，清朝的对外贸易便锁定在广州十三行。位于珠江边上的中外交易场所，十三行口岸洋船聚集，几乎所有亚洲、欧洲、美洲的主要国家和地区都与十三行发生过直接的贸易关系。这里拥有通往欧洲、美洲、南洋、东洋和大洋洲的环球贸易航线，是清政府闭关政策下唯一幸存的海上丝绸之路。

（1）皇帝的财源。

创立于康乾盛世的广州十三行，是清政府特许经营对外贸易的专业商行。对于宫廷来说，在中国大陆南端，出现了一个富饶的"天子南库"。

洋船到港数目直接影响粤海关的税收，而海关贸易税收，一向是清廷的可观财源。为此，皇帝每年都要过问洋船数目，从而了解进出口货物品种及贸易税收情况。从广东大吏历年进呈的奏折、清单中可以看到，十三行年上缴税银超过百万，其中有一部分作为皇室的经费开支，通过粤海关输送宫中，而皇室每年开销白银约为60万两白银。所以为了广州行商的利益，在制定"一口通商"政策之前，乾隆曾试图加重浙江海关关税，以迫使洋船集中在广州贸易。他说："来浙者多，则广东洋商失利。"②然而，该策略并不能阻止北上的洋船。于是，乾隆断然实行封关，仅留广州一口对外开放。其原因既是为维护东南海防，也是为保证广州洋行生意。

（2）历史沿革。

自唐代以来，广州一向是我国最重要的商港之一。广州十三行，在17世纪后期至19世纪中叶这一段期间，是我国对外贸易中的一种特殊的组织。十三行商馆集中在广州城郊西南角，紧靠珠江，那里是一个繁忙的水码头。1684年，广东政府招募了13家较有实力的行商，指定他们与洋船上的外商做生意并代海关征缴关税。1757年，清朝实行闭关锁国政策，仅保留广州一地作为对外通商港口，而十三行则是当时中国唯一合法的外贸渠道，其真正名号是"外洋行"。

初时，公行没有法定的共同领袖，也没有取得完全统一的部署，组织相当松散，时散时复。一直到乾隆四十五年（1780年），广东巡抚李湖等奏请明立科条，建议"自本年为始，洋船开载来时，仍听夷人各投熟悉之行居住，惟带来各物，令其各行商共同照时价销售，所置回国货物，亦令各行商共同照时定价代

① 梁廷枏：《粤海关志》，广东人民出版社，2014，第341页。
② 《清高宗实录》，华文书局股份有限公司，1969，第45页。

买",① 这是说要复设公行。两年后,经清政府批准,公行正式恢复,从此一直延续到1842年《南京条约》签订前,再也没有解散过。

十三行成立之初行商家数变动不定,少则四家,多时二十多家,其真正名号是"外洋行",但"十三行"始终是这个商人团队约定俗成的称谓。到乾隆二十二年(1757年),乾隆下令"一口通商",四大海关仅留广东一处。此后的一百年间,十三行向清朝政府提供了约40%的关税收入。

乾隆二十五年(1760年),洋商潘振成等九家向粤海关请求成立公行,该行具有亦官亦商的职能。1770年公行裁撤,众商皆分行各办。直到1782年公行制度才最后确立下来。公行对官府负有承保和缴纳外洋船货税饷、规礼、传达官府政令、代递外商公文、管理外洋商船人员等义务,在清政府与外商交涉中起中间人作用。另一方面,它享有对外贸易特权,所有进出口商货都要经它买卖。初为牙行性质,后也自营买卖。

(3)对外贸易。

作为对外贸易的物流中心,十三行为皇家生活提供了大量的珍奇洋货。广州十三行被认为是华南商贸繁荣的源头,它给皇家生活带来了无尽的享乐,成为帝后倚赖的"天子南库"。这也是清朝在全国实行闭关锁国政策,而唯有广州一口例外的原因之一。

广州十三行一带有5 000余家专营外销商品的店铺,涉及漆器、银器、瓷器、纺织、绘画、雕刻等各个行业。根据经营商业的项目,明清时期的广东商人可分为牙商、盐商、铁商、米商、糖商、丝绸商、陶瓷商、烟草商、典当商、布商、药商等,其中以牙商最为著名。

洋行数量并不是固定的13家,从康熙五十九年(1720年)至道光十九年(1839年)纳入统计的38个年份中,共有行商400多家,行商最多的年份为乾隆二十二年(1757年)的26家,最少的年份为乾隆四十六年(1781年)的4家,实数为13家的就只有嘉庆十八年(1813年)和道光十七年(1837年)两个年份。而行名也常改变,保持较长的有兴隆、联兴、德兴、正兴、同兴、源昌、晋源、怡和、宝顺等行。

(4)文化交流。

十三行曾是在华外国人的集散地,通商贸易使最初的贸易货栈发展成为中外文化交流的窗口,洋行商人成为吸纳西方科学文化的先行者。

许多行商都能以流利的英语与外商打交道,洋行还设有从事外语翻译的专业人员。1762年,乾隆为使"远人日用有资",特许十三行贸易的外国商船各夹带2 000斤丝织品出口,洋行货栈的外商不禁"欢呼感戴"。在举国上下一片封禁的时代,十三行作为令人称羡的"海上丝绸之路"的起点,无疑是中国文化走向世界的通道。

---

① 《清史稿》卷三百二十四,吉林人民出版社。

在18至19世纪初期，广州海珠区、西关一带曾涌现出由十三行商人兴建的规模宏大、雍容华丽的私家园林，包括潘家花园、伍家花园、海山仙馆在内的众多名园，被称为"行商庭园"。它们不仅是岭南园林的巅峰之作，还引发了清代时期欧洲各国模仿"中国式"园林的盛况。外商们经常到行商庭院聚首，中外画家对园林精心描绘，并向全世界发行风景"外销画"，让广东园林漂洋出海，声名远播。1742—1744年，英国建筑家钱伯斯曾两次来到广州考察庭园建筑。钱伯斯将中国建筑设计风格带到了欧洲，极大地影响了18世纪西方建筑"中国风格"的发展，使中国式园林在欧洲风靡了近百年。

随着清代广州国际贸易繁荣，洋画师也来此谋生，并收徒授业，培养出第一批中国油画师。19世纪30年代，英国画家乔治·钱纳利来华传授水粉画技法，大大提升了广州"外销画"水准，林呱即为其高徒，是最早在欧洲画展上亮相的中国画家。当时知名外销画家有煜呱、林呱、廷呱、新呱等。呱字洋文写作Qua，从葡萄牙语词Quadro而来，欧洲人看见商行的呱字招牌，便知道店里做的是洋画生意。

十三行也曾创造出中西合璧的商贸文化。为了便于外商开展商务，洋行商人在行栈区另辟了一片供洋人经营、居住的商馆，被称为"十三行夷馆"。各国夷馆在外观建筑、室内装饰及生活方式上都带有各民族风格。这里俨然是一个世界商务机构的博览会，与十三行中国商馆遥相对映，构成了一幅中西合璧的人文景观。

第二节　清前中期广东航运与造船

康熙二十四年（1685年），取消禁海令，设立粤海关，开海贸易之后，广东水运方获转机。尤其乾隆二十二年（1757年），广州被指定为独口通商口岸之后，全国进出口商货在此吞吐，广东水运呈现繁荣的景象。广东的对外海上贸易，无论是远航帆船的艘数、吨位，抑或是进出口货物的品种和数量，都比明代有显著增加。在对外贸易的刺激下，广东沿海、内陆的水运，也出现前所未有的繁盛。平民百姓日用百货等商品流通量空前增大。

一、沿海运输空前活跃

清代前中期，在内河客货运输繁盛的同时，广东沿海运输亦以空前活跃之势迅速发展。雍正皇帝曾指出："粤东三面皆海，各省商民及外洋番估（贾），携资置货，往来贸易甚多。"[①] 在出海口众多的珠江三角洲一带，"沿海村落，户足人稠，商船络绎。"[②]

---

① 《广州府志》卷首，雍正七年谕。
② 《广州府志》卷五十八，雍正七年谕。

清代前中期，广东沿海的运输路线从广州出发的有三路：

一是东路。据《粤海关志》载，由虎门沿东北海岸经汕尾（属海丰）、甲子（属陆丰）、神泉（属惠来）、海门（属潮阳）、沙汕头（属澄海）、澄海、南澳、柘林（属饶平），到福建厦门、泉州乃至上海、天津，往返皆然。澄海是东路的中转站，"千艘万舶，悉由澄分达诸邑。"

二是南路。由虎门沿西南海岸经澳门、或由江门出崖门、经上下川岛（属新宁，今台山）、博贺（属电白）、芷蓼（属吴川）、赤坎（属遂溪，今湛江市）、雷州、海安（属徐闻），南渡琼州海峡到海口，再沿岛岸东南行，可到清澜（属文昌）、博鳌（属琼海）、崖州；沿岛岸西南行可到新盈（属临高）、王五（属儋县）。往返皆然。

三是西路。由虎门或江门出至海安段与南路相同，从海安继续沿海岸西北行，到廉州、合浦、钦州、防城，乃至安南、暹罗，往返皆然。

循着这三条海路，广东沿海各地以广州为中心，进行着交叉往复的大规模客货运输。

《大清律例》第二百二十五条规定："一切官员及军人等，如有私自出海经商者，或移往外洋海岛等，应照交通反叛律处斩立决。"清王朝施行海禁，对官员、军人出海经商的禁制极为严厉。因此，沿海客运的航线是不可能正式开辟的。然而，清代前中期"闽粤之轻生往海外者，冒风涛蹈复溺而不顾"，相习成风。粤人的渡海外出，亦成为沿海客运的重要内容。

粤人渡海外出最重要的路线，是沿粤东、粤中海岸西行，经过琼州海峡，到安南、暹罗和南洋群岛的新加坡、爪哇等地。当时渡海之人，广东沿海各县皆有，而以潮人为多。雍正二年（1724年）广东巡抚年希尧发现，暹罗国来船的梢目（水手）徐宽等九十六人"均全系广东、福建、江西等省人民"。[1]据《粤海关志》卷二十一贡舶一记载："因该国民人不谙营运，是以多请福潮船户代驾。"

还有一条路线是从潮州府澄海、南澳、饶平直渡台湾。渡海多为潮、嘉二府之人。清代前期，嘉应州"地狭人稠，雍乾间半渡台耕种"。[2]其中又以镇平人最多，康熙年间，镇平县"地窄人稠，多就食于台湾"。但当时海防禁例甚严，往往"苦无以渡"。康熙六十年（1721年）镇平知县魏燕超请准上官，凡到台湾耕作者，由本籍县官给照至泉州厦门海防同知验放，准予渡海。这就使镇平人赴台湾成为合法行为。于是镇平人富者走厦门渡台，贫者"往往在潮州樟林径渡台湾"。到嘉庆、道光年间，镇平县赴台湾耕佃者已达"十之二三"。[3]可见渡台粤人之多。

---

① 阮元：《广东通志》卷一七〇，江苏广陵古籍刻印社，1986年影印本。
② 袁昶：《广东便览》卷一。
③ 黄钊：《石窟一征》卷三。

198

当时粤人的渡海方式主要有两种：一是游贾不归，二是偷渡。商人合法经商，乘船游贾于外，见海外有利可图，于是留寓该国不归，此类商人在清代是很多的。至于偷渡，是买通船户，偷偷搭上商船，瞒过官府稽查，漂洋而去，"存留不归"。雍正年间，广东、福建、浙江一带商船出洋，往往运多报少。每船所报人数七十人左右，"其实每船皆私载二三百人。到彼之后，照外多出之人，俱存留不归。"更有一种嗜利船户，略载一些货物，腾出舱位，"竟将游手之人偷载至四五百人之多，每人索银八两或十余两。载往彼地，即行留住"。当时估计噶喇巴（今印度尼西亚）有移民数万，吕宋也有"百数千人"。而其中"粤省与江浙等省居十之三四"。① 可见到南洋群岛的粤人主要是以偷渡方式进行。渡海到台湾之人，除镇平人在康熙末年曾一度取得合法移民许可外，也是以偷渡为主。

清代前期广东沿海合法与非法客运是大批华侨移居海外的重要途径。

二、官办造船业

清代延续明代的做法，战船依旧由官府制造和维修。清初"两藩"踞粤时期，因军事的需要，广东开始大批制造"厚板长钉双出海战船"。三藩削除，战争平息后，虽然大批制造战船、河船的工程逐渐减少，但随着开海贸易后广东沿海航运和远洋贸易的迅速发展，为保护商船安全航行以及海防安全起见，也需要一支具有相当威慑力量的水师船队。因此对水师船只进行维修、更新，成为广东官府长期承担的任务。

雍正三年（1725年），广东官府设立"河南、庵埠、海口、芷蓼四厂"，② 又称广州府厂、潮州府厂、琼州府厂和高州府厂，它们与运司厂合为清代广东五大官营造船厂。广府厂设在广州珠江南岸；潮府厂设在潮州庵埠；高府厂设在高州芷蓼；琼府厂设在琼州海口。上述造船厂均由道府的文官和所在造船厂附近的副将、参将等武官会同管理。道员中选派佐贰之牧令；副将参将方面选派都守，组成"厂员"，协同处理造船事务。

清代广东战船的修造，按沿海地区划分给五大官营造船厂承修。早在雍正三年（1725年），广东官府就将当时所设的外海战船137只，分给河南、庵埠、海口、芷蓼四厂修造。后来加上运司厂，沿海战船便按五厂分派承修。清代前中期，当时出海缉捕的140只米艇，就分由"运、广、潮、琼、高五厂就近承修。以专责成"。当时派定，运司厂应修25只，广州府厂45只，潮州府厂30只，琼州府厂30只，高州府厂10只。③

乾隆二年（1737年），因高州府芷蓼厂附近木场已尽，缺乏造船材料，遂将芷蓼厂原承修的龙门协战船，"于龙门地方（今广西钦州）另设子厂专管修造。"

---

① 卢文迪主编《华工出国史料江编第 1 辑》，中华书局，1985，第 1—2 页。
② 阮元：《广东通志》卷一七九，江苏广陵古籍刻印社，1986 年影印本。
③ 阮元：《广东通志》卷一七九，江苏广陵古籍刻印社，1986 年影印本。

"乾隆十八年（1753年），又将芷蓼厂原承修的"吴川、电白、硇州三营战船更造，归于省城河南厂。惟大小修理仍归芷蓼厂办理。"嘉庆二十年（1815年）后，因芷蓼厂所需材料必须赴省购买，"盘运维艰"，遂把硇州、吴川、东山三营米艇的修理也"改归广州府厂承修"①。至此，芷蓼厂完全停止了修造出海战船，只修造内河巡船等小型船只。全省出海战船的修造，以后逐由其他四厂承担。

除上述五大官营造船厂以外，各府州县都有规模略小的造船厂，以修造内河巡船。清初广东曾设有橹桨快船急跳等内河巡船334只，由"所属各府厅州设厂分办"。②

三、民营造船业

清代广东的私人造船业也有发展。

早在康熙二年（1663年）疍民周玉、李荣反叛于海上，其"所辖缯船数百，其上可以设楼橹、列兵械。三帆八桌，冲涛若飞"。③可见其海船相当巨大。嘉庆十一年（1806年）十一月御史严烺也奏称："广东惠、潮两府奸民，违例制造大船，以取鱼为名远出外洋，接济盗匪水米火药。州县官利其港规，不加查禁。请饬广东督抚将归善等县现有之违式大渔船查明若干，印烙字号，造册申报督抚存案。"④能制造违例大船，其船厂规模一定不小。澄海县曾先后出土了两艘清代双桅商船，一艘身长39米，另一艘身长28米。可见商船颇具规模。澄海县还出一种牵罾船（牵风船），每出必双。这种牵罾船，显然是民间私人制造的。清代前期，广东各地民间制造的渔船，比比皆是。

至于民间内河船只的修造，亦应不少。据《清刑部抄档》记载，嘉庆六年（1801年），连州（今广东连县）有"开船厂生理者"，因向其雇工追债，被雇工砍死。可知连县有民间开办的造船厂。道光年间，在封川县黄岗山中有"船筋厂"，当是生产内河船零部件的厂家。

四、主要船型

清代的船舶种类、名称不下百余，比明代多，但在记述中往往是只留其名而形制不清，所以只能择其部分，至于形制不清的也只能留个名了。

广东各厂建造的战船种类较多：外部战船有赶缯船、艍船、米艇、哨船、拖风船、大八桨船、快桨船、长龙、巡船等；内河战船有快哨船、快船、桨船、快桨船、橹桨船、橹船、急跳船、古艚船、快马船、舢板、巡船等。

---

① 阮元：《广东通志》卷一七九，江苏广陵古籍刻印社，1986年影印本。
② 阮元：《广东通志》卷一七九，江苏广陵古籍刻印社，1986年影印本。
③ 阮元：《广东通志》卷七，江苏广陵古籍刻印社，1986年影印本。
④ 梁廷枏：《粤海关志》，广东人民出版社，2014，第680页。

（1）沿海商船类。

艚船。是较大的沿海商货船。既可出洋贸易又可沿海运输。屈大均《广东新语》记载："其漂洋者曰白艚、乌艚，合铁力大木为之，形如槽然，故曰艚。艏艉又状海鳅（鲸），白者有两黑眼，乌者有两白眼。海鳅远见，以为同类不吞噬"。铁力木是广东西部山区出产的优质材料，坚硬如铁，故称铁力。用铁力木制成的船，坚固耐用。故有"广船视福船尤大，其坚致亦远过之"之说。可见艚船的制造与铁力木有密切关系。由于大量利用铁力木为原材料，清代"广船造船之费倍于福船，而其耐久亦过之"。① 粤东沿海所称的"广艚""凸艚""盐艚""潮州白艚""海南乌艚"等船，均属此类。艚船制作坚固，但行驶缓慢。载重量自100~400吨不等。

拖风船。是沿海轻便的商货船。船身宽阔，艏尖艉胖，单桅。角前帆，艉设升降舵。吃水浅，航速快，回转灵活。船长四丈六尺，宽一丈三尺，深五尺。载重量40~50吨。海南岛一带尤多。由于以上特点，拖风船在清代前期被用作广东水师巡船。

米艇。不少米艇亦是沿海轻便的商货船。有大、中、小号三种。大概此种船其先专以载运米谷，故称米艇。因米艇轻便快捷。清代前中期亦被用于军事。米艇成为嘉庆、道光年间广东水师巡船的主力舰艇。

快蟹艇。亦称扒龙。是道光年间珠江下游地区制造的一种专门用以走私的船只。这种艇，船身狭长，长五丈六尺，宽九尺六寸。两边各设木桨数十枝。船上又有"以席竹和藤做的主帆和前帆来增加推动力量"。② "炮械毕具。每艇壮丁百数十人，行驶如飞。兵船追拿不及。"③ 后亦为广东水师所仿造，用以沿海缉拿。

（2）内河商船类。

艨艟是数量最多、行驶水域最广的内河船。一般而言，从梧州而下的西江河道、从韶关而下的北江河道、从惠州而下的东江河道，江面宽，河道较深，行驶的商船较大，大艨艟是这里最常见的商船。其船有帆有橹，人力风力兼而用之。艨艟载货颇多，是广东内河运输的主力。艨艟根据载货品种的不同，又可称为米谷船、柴炭船、盐船等。

除艨艟外，各江有各江的船形，甚至同一江上游和下游的船形也有很大的差异。

泷船，又称双船。行驶于武水。"舟自宜章下平石者曰单船，自平石下大泷

---

① 《广州府志》卷十四，雍正七年谕。

② 聂宝璋主编《中国近代航运史第一特辑（1840—1895）》，上海人民出版社，1983，第68页。

③ 梁廷枏：《粤海关志》，广东人民出版社，2014，第430页。

至乐昌者曰双船。"①

北江上游还有一种平底樟木船，行驶于"滩高峡峭，水多乱石"的武、浈、湟、凌诸水。②

怀集船，行驶在西江支流的绥江。用松木制成，载重十余吨。每船九人，八人撑篙，一人掌舵。船上有帆，顺风时亦可利用风力前进。多载广宁、怀集出产的柴炭。怀集船无船舷，但船头宽周。

西北江下游三角洲河道纵横，经济富庶，船艇形制更多。

九江艇，是行驶在南海九江涌一带的货艇。船形窄长，最长可达三丈，最宽却不超过四尺八（根据清代建的园围上的九江闸宽度）。

鱼花艇，是南海九江人用以载运鱼花的专船。船上有水舱，船旁有两水车。鱼花在舱中则昼夜转水，"使新水入舟，故水不留，而后鱼花不病也。"③

绸艇，是行驶南海、顺德水乡专以装运生丝的船只，亦可载客。经常成群结队来往于城乡之间。

西瓜船，是行驶广州河面来回装运货物的轻便小艇。构造特别。船沿和舱板作圆形，扁平，恰似半个西瓜，故又称"西瓜扁"。

"追死雀"，是行驶九江河面的一种舢板，载重约10担，客货两用。来往于鹤山县沙口和南海九江之间。行走如飞，故称"追死雀"。

纸艖，是流溪河专以运纸的船只。"从化流溪一堡，男女终岁营营，取给于纸……专设二艖以运纸，名为上流纸艖，下流纸艖。"④

东江行驶的船种也颇多。燕尾船，是较大的一种，船尾两板伸出，形如燕尾。龙川艇，行驶于老隆至河源之间，载重1.5吨，为客货两用船。还有梭子船，行驶于永安县（紫金）秋乡江，两头尖，形似织布的梭子，故名。

高头船，是行驶于梅江、韩江和不窟河的较大的船种。

清代观赏性的船有大洲龙船、紫洞艇等。大洲龙船（又称大良龙凤船），在顺德水乡，属于龙舟类船。紫洞艇（画舫）多在广、佛河面，为粤省最豪华之游船，珠江风月赖此游船点缀其间。

珠江三角洲下游地区还有一种禾艇，载重500～2 000斤不等，是水乡家家必备的运输工具。

图12-1为清代晚期制作的广船代表船"耆英号"。

① 屈大均：《广东新语》卷十八，"舟语"。
② 屈大均：《广东新语》卷十八，"舟语"。
③ 屈大均：《广东新语》卷二十二，"鳞语"。
④ 范端昂：《粤中见闻》，汤志岳校，广东高等教育出版社，1988，第259页。

图12-1　"耆英号"广船

（资料来源：网络）

五、航行技术

清代前期广东帆船的航行技术，较明代有了进一步的发展。主要表现在掌握季候风规律、熟悉海河岸貌（地形、地物），使用罗经和掌握航行速度几个方面。

掌握季候风规律是古代航海最重要的知识。（康熙）《饶平县志》卷十海汛有"占风"的口诀，其中有"长夏南风轻，舟轻最可行""风雨带来潮，防船人难避"，"七月上旬争秋风，稳泊河南人莫开船。八月下旬候潮时，风雨随潮不可移。""月尽无雨来，月初必有大风雨。俗云二十五六若无雨，初三初四莫行船"等句，说明广东沿海人民对信风已积累了丰富经验。凭着这种看风的经验，他们利用风力来往沿海各省。

熟悉海河岸貌是海船、河船舵公（引水）的重要技能。据外国人记载，清代广东往新加坡的贸易船只，不用航行图，沿着海岸行驶，并走着几乎完全相同的路线。海船自离开广州之后，"即沿海岸行驶，直至东经一百二十度左近，即驶向位于海南岛东北方的一群岛屿，然后沿海岸而进，达到海南岛的极南端，才从那里向几近于正南方的方向开往安南海岸。他们于是沿着陆地航行直到过了巴达兰角（Cape Padaran），即一直驶往新加坡。他们回航时所走路线几乎与此完全相同。"① 因此识别沿海地貌岩角便成为船上舵公的重要技术。当时中国贸易船的舵公（或引水）多是识别海岸的专家。

至于内河行船，也需观察沿岸地形地物。清代各江均有"行水歌"（滩路歌）。行水歌是船家根据所在江河的沿岸岩石、滩峡的特征和所经村圩地名编成

_____

① 顾家熊、聂宝璋主编《中国近代航运史第一特辑(1840—1895)》，上海人民出版社，1983，第68页。

的歌谣。下水每三十里一句，上水每十里一句，易于背诵，是内河行船的重要参考资料。由于行水歌把两岸地名与地貌相串成歌，船家就以背诵行水歌，作为世代相传的航行知识。

航行速度，是判断航行技术的一个重要指标。它可以反映船只的性能和航行能力。清代广东出洋船只从广州至新加坡，一般需二十或三十日，有时需四十日不等。[①]

从上可见，清代前期广东帆船的航行技术，还停留在经验主义阶段，而且依靠使用较多船员进行操作。但此时，西方的航行技术有了长足进步，多桅船迅速增加，吨位不断增大，而船员却在逐渐减少。例如1829年，新加坡的英国人看到广东一艘350~400吨的帆船，需海员80~100名，认为"其人数至少足以驾驶同样吨位的欧洲船五艘"。中国帆船不仅在造船技术方面落后，在航海技术方面，也已经被西方帆船拉开了距离。

第三节　晚清航运与造船业

道光二十年（1840年）鸦片战争爆发后，外国资本蜂拥侵入，封建制度开始解体，中国逐步沦为半封建半殖民地的国家。清政府被迫签订一系列不平等条约，香港被英帝国主义所侵占，九龙被租借，新界被蚕食。随着中国门户的洞开，珠江流域的广州、三水、江门、梧州、龙州、南宁等地相继被迫开放为对外通商口岸；被迫开放西江及珠江三角洲内河航运。继葡萄牙、西班牙之后，英、德、法、美等欧美资本主义国家的商船，相继涌入珠江水域，控制广东水运，争夺珠江流域市场。珠江水系的民族航运业，在这样的历史背景下，曲折地斗争、艰难地发展。至咸丰四年（1854年），抵达广州的外国商船有18个国家300艘船舶共15万多吨。其中英国船舶约占一半，独占进出口总额的三分之二。广州至香港航线的运输，几乎为洋商洋船所控制。由此，香港的航运业得到迅速发展，成为远洋与广东内水运输的主要转运港，而广州港在海上运输中的地位日益下降。

1840年前后，帆船虽然还大行其道，但洋人的"飞箭式"帆船绝非中国的单桅式双帆船可以与之对抗的，这种对抗亦犹如当年坚致的广船与松衫制作的倭船一样。洋人船坚炮利，"大清王朝"却还停留在以小抗大，玩着鸡蛋碰石头的"游戏"。"广船"的衰弱，必然有另一种新船崛起，这种船就是逐渐吸收洋船"船坚炮利"的先进之处所建造出来的战船和民船。

---

① 顾家熊、聂宝璋主编《中国近代航运史第一特辑(1840—1895)》，上海人民出版社，1983，第68页。

一、广东水运土崩瓦解

鸦片战争以清朝失败并赔款割地告终。中英双方签订了中国历史上第一个丧权辱国不平等条约——《南京条约》。中国开始向外国割地、赔款、商定关税，严重危害中国主权，开始沦为半殖民地半封建社会，丧失独立自主的地位，并促进了小农经济的解体。同时，鸦片战争也揭开了近代中国人民反抗外来侵略的历史新篇章。

鸦片战争以后，外国商船开始操纵广东海运并渗入内河。外国商品像潮水般涌入广东，特别是罪恶的鸦片贸易和"苦力"贩运，构成鸦片战争后的20余年内，外国对广东"自由贸易"的最主要部分，给广东社会造成极大的破坏。同时广东内河水运也发生了若干重要的变化。这主要表现在北江丧失全国进出口贸易重要通道的地位和珠江三角洲对港澳木船贸易的兴起。

由于内河航行权的丧失，列强外轮可以长驱直入西江内地及珠江三角洲各地，原来脆弱的民族航运业遭受沉重的打击，被迫奋起抗争，在艰难曲折中力求生存和发展。

从19世纪70年代起，世界上一些主要的资本主义国家进一步加剧了对中国的侵略，广东的航运权进一步丧失。外国轮船可以在广东的内河自由通航，特别是西江，这条广东航运价值最高的内河被迫开放，就使得外国的轮运势力进一步控制了广东的沿海和内河的航运，排斥和压迫着广东的民族轮运业，并且造成广东对帝国主义经济越来越深的依赖。

自从乾隆年间清朝政府采取独口对外贸易的政策之后，广州港成为中国对外贸易的唯一口岸，广州港的经济腹地延伸到了北方的一些省份。第一次鸦片战争，清朝政府被迫割让香港和开放上海等处为通商口岸，从此，广州港的航运和对外贸易发生了明显变化。随着开辟五口通商和香港转口贸易的兴起，广州港的对外贸易不仅不再居于中国唯一对外贸易口岸的地位，而且香港在很大程度上取代了广州港。

广州港的对外贸易在鸦片战争后日趋衰落，除了丝、茶叶从产地就近从上海港和福州港出口，不再绕道经广州港出口之外，还有其他原因。

第一，外商在广州港的贸易受到一定的限制。战前，广州港的对外贸易紧紧地掌握在清政府指定的十三行手里。战后，虽取消了行商制度，但由于原来的贸易习惯和距离丝、茶产地较远，外商一时还很难直接操纵出口货源和交易市场，在很大程度上仍要依赖中国商人。而且由于帝国主义在广州的侵略暴行，引起广东人民的强烈反抗，外商不敢到广州港以外的地方去，就连广州城内，也很长时间不让外商进城开店，外商的活动范围受到一定的限制。

而在上海，外国商人可以随便在城内设店开业，不受约束地进行商业活动，并且可以雇佣中国员工，驾驶大小船只，沿小河深入丝、茶产地进行收购，当地官府听之任之,毫不阻止。于是"自海口通商以来,洋商雇人分赴产茶各省地方,收买红茶,行销各国"。^①由于外国商人可以直接到丝、茶产地收购,许多外国商人便纷纷涌到上海争夺这一有利可图的市场。

第二,上海港的经济腹地比广州港广阔优越。由于受交通和地形的限制,广州港的经济腹地主要是珠江三角洲以及广西、贵州、云南部分地区。而上海港有长江这条交通大动脉的贯穿,经济腹地不仅有江苏、浙江、安徽三省,而且可以经由长江延伸到江西、湖北、湖南以至四川等省,实非广州可以比拟。同时,以上海为中心的长江三角洲,不仅农副产品丰富,手工业也发达,是销售外国原料和其他商品的理想市场。

第三,从道光二十年(1840年)至同治十年(1871年)的31年间,广东经历了两次鸦片战争和咸丰四年(1854年)爆发的红巾军起义的长期内战,经济受到严重摧残,从咸丰末年开始的恢复、发展时期也不过十余年,所以这31年的对外贸易不可能有较大的增长。此外,珠江三角洲各地对香港、澳门直接开展贸易,部分商品不再经广州转口;汕头开为通商口岸之后,使福建西南部和广东东部潮州、嘉应州、惠州(一部分)的对外贸易改在汕头,这些也是广州对外贸易地位下落的一个原因。

二、两次鸦片战争期间造船业

鸦片战争结束后,外国资本乘虚而入,先后在广州黄埔及汕头开办修造船业。同治初年,广州外资修造船业向香港、九龙转移。洋务运动期间,广东官办军火工业也兼修造大小轮船,张之洞督察创设船局专事修造兵轮。民间修造船业从手工业作坊向近代工业过渡,但延续时间较长、规模也不大。

据《皇朝文献通统考》:雍正二年(1724年)定下的四类战船,即水艍船、赶缯船、双篷船、快哨船(原都为民船船型,加火力装备后作官府的战船——笔者注),到道光年间,"主要战船船型基本如旧",另外增加了福建同安船。这些船"多为单桅或双桅木质帆船"。1840年5月16日两广总督林则徐检阅新军时见到的"大多数船只只宜作沿海航行的沙船,作战能力很低"的中小型木质帆船。

在魏源《海国图志》卷八十四中提道:"林公到镇海,论及战船,检箧中(取出——笔者注)绘存图式以授(龚振麟、汪仲洋等人——笔者注),计凡八种,而安南船所其半。一种广东师营快蟹船……一种知河碧船……与英夷船同……一种花旗船,三桅与英夷同;一种安南国大师船图……竖式现英夷同……一种车轮船图,前后各舱,装车轮二辆,每轮六齿,齿与船底相平,车心六角,车轮长三尺,传船内两人齐肩,把条用力攀转则轮齿击水,其走如飞,或用脚踏转如车水一般。"^②

---

① 姚贤镐:《中国近代对外贸易史料(1840—1895)》,中华书局,1962,第969页。

② 魏源:《海国图志》卷八十四,岳麓书社,第1997页。

鸦片战争前后，广东不少爱国官绅志士，自动捐资仿造西方新式战船。其中，在籍刑部郎中潘仕成于道光二十一年至二十二年（1841—1842年）捐资伪造西洋二桅战船4艘，船长13.36丈①，宽2.94丈，深2.15丈，舱分3层，共安1 000～4 000斤火炮40门，子母炮数十杆，可容300余人，船体"极其坚实"。道光皇帝曾谕沿海7省在广东造船，由潘仁成一手经理，仅广东计划制造六七十艘。据《嘉庆道光两朝上谕档》记载，道光二十二年（1842年）春，绅士潘世荣试制的小火轮船也极为引人注目。同年，福建监生丁拱辰在广州制造火轮船模型1艘。鸦片战争以后，清政府一再强调火轮船"毋庸觅夷匠制造，亦毋庸购买"，以致在酝酿中的广东近代造船工业又陷于停顿。

三、洋务运动中的官办造船业

洋务运动，又称自强运动。是19世纪60年代到19世纪90年代晚清洋务派所进行的一场引进西方军事装备、机器生产和科学技术以挽救清朝统治的自救运动。

1861年1月11日，爱新觉罗·奕訢会同桂良、文祥上奏《通筹夷务全局酌拟章程六条》，推行了一项以"富国强兵"为目标的洋务运动。1861年辛酉政变后，慈禧重用洋务派，洋务派大规模引进西方先进的科学技术、兴办近代化军事工业和民用企业。1894年在甲午中日战争中，北洋海军全军覆没，标志着历时30余年的洋务运动破产。

洋务运动虽然在客观上刺激了中国资本主义发展，并且在一定程度上抵制了外国资本主义的经济输入，但并没有使中国走上富强之路。

（1）以"自强"为旗号，引进西方先进生产技术，创办新式军事工业，训练新式海陆军，建成北洋水师等近代海军。其中规模最大的近代军工企业是在上海创办的江南制造总局，除此以外，还有福州船政局、天津机械制造厂等一系列军用工业生产厂。

（2）以"求富"为旗号，兴办轮船、铁路、电报、邮政、采矿、纺织等各种新式民用工业。如在上海创办的最大的民用企业是"轮船招商局"。同时推动近代中国民族工业的发展。

（3）创办新式学校，选送留学生出国深造，培养翻译人才、军事人才和科技人才。1862年在北京设立的京师同文馆，就是中国最早的官办新式学校。

洋务运动中，洋务派中央代表人物为恭亲王奕訢和文祥，地方代表人物有曾国藩、李鸿章、左宗棠、张之洞等，此外还有崇厚、沈葆桢、刘坤一、唐廷枢、张謇等。他们主张学习西方的声、光、电、化、轮船、火车、机器、枪炮、报刊、学校等，打出"自强"和"求富"的旗帜。认为要富强，使中国"有备无患"，必须学习西方资产阶级的自然科学甚至社会政治学，因此提倡兴"西学"、

---

① 1丈≈3.33米

提倡"洋务"、办军工厂，生产新式武器、建立新式军队，达到"自强"目的。

"洋务运动"，提倡"师夷智慧以造炮制船"，[①] 以办海军建海防建设军事工业为中心，引进西方工业。

广东的军事船舶工业是在洋务运动期间逐步建立起来的。同治五年至七年（1866—1868年），两广总督瑞博、广东巡抚蒋益澧，从英、法两国购买大小巡轮船7艘，因轮船需要修理和建造补充，遂于同治十二年在广州创设机器局。此后，广东又陆续开办军火局、水雷局、鱼雷局和黄埔船局，由兼修造轮船发展到专事修造兵轮。

（1）洋务运动下的官办船业—广东军装机器局。

同治八年（1869年），两广总督兼署广州将军瑞麟、广东巡抚李福泰等人筹集资金，在广州交明门外聚贤坊，用旧常平仓地，并购买濒临南河边的民铺10余间，作为拟建机器局的地址。同治十二年（1873年）初，委任在籍绅士江苏试用道员温子绍任总办，开工兴建厂房，同年4月从香港购进车床、刨床和机具等，共用银14 985两。温子绍试制的"蚊子船"大获成功，其性能基本接近英国制造的同型船，但成本仅为一半。见图12-2。

（a）温子绍　　　　　　　　　　　　　（b）蚊子船

图12-2　温子绍与蚊子船

光绪十年（1884年）底，机器局迁至增埗与军火局合并，改名广东制造局，不再兼修造轮船。

（2）洋务运动下的官办船业——广东军火局。

光绪元年六月（1875年7月），署两广总督、广东巡抚张兆栋为扩大军火生产，在省城西门外增埗兴办建造广东军火厂一所，由批验所潘露奉文办理，征地建房，购买机器共支银7.4万两。光绪四年五月（1878年6月）竣工，后扩大为军火局，附设有船厂，兼修造100~200吨小轮船。光绪八年元月（1882年2月），

---

① 曾国藩：《遵旨复奏借俄兵助剿发逆并代运南漕折》，载朱东安选注《曾国藩文选》，2019，辽宁人民出版社，第140页。

建造"肇安号"内河炮艇完工。该艇为木壳，用进口的蒸汽机，排水量150吨，造价用银7 864两。

光绪十年（1884年）冬，两广总督张之洞整顿广东军事工业时，决定将南门的机器局迁增埗与军火局合并，统名广东制造局，并加以扩建，专造枪炮火药，不再兼修造轮船。

（3）洋务运动下的官办船业——黄埔船局。

光绪十一年（1885年）初，张之洞"因粤省现无水师兵轮，六门海口内外扼守无具"，[1]决定于"闱姓捐款"（从赌博抽取的捐饷）内提取洋银20万元，广东水师提督方耀为督办，臬司沈镕经、候补道施在钰为会办，在黄埔设船局。

宣统三年（1911年）辛亥革命期间，魏瀚因故离粤，船坞及机器设备由刘义宽等留守人员设法保全移交民国政府。

（4）洋务运动下的官办船业——黄埔水雷局。

光绪九年（1883年）秋，两广总督张树声根据珠江各要口守备需要，派员"赴外洋订购守口沉浮各种水雷、电线等项，暨延订洋教习，在黄埔地方设局，考取学生，选募水勇，派委员弁、管带入局，从洋师学习"。[2]水雷局与后来设立的鱼雷局时合时分，光绪十九年至二十七年（1893—1901年）曾照料黄埔船坞和修船业务。

（5）洋务运动下的官办船业——黄埔鱼雷局。

光绪八年（1882年），两广总督向德国订购"雷龙""雷虎""雷中"3艘双管鱼雷艇。光绪十年，张之洞向德国购买"雷乾""雷坤"等以八卦命名的单管鱼雷艇8艘，与此同时，由前署两广总督曾国荃派赴北洋鱼雷厂学习的员牟、学生结业也回到广东，于是在黄埔设鱼雷局。鱼雷局建有仓库，储藏水雷、鱼雷，并有一所机器厂，内设压气机，备鱼雷充气以及校定之用；有车床、钻床等各种机器，以备修理鱼雷机件之需；还有起重架机及支船台，鱼雷舰艇航行归来，即吊上支船台停放，以减少船体锈蚀。光绪二十七年起，由黄埔总办兼任鱼雷局总办。

第四节　晚清民营和洋人船业

鸦片战争后，广州及沿海的潮州、惠州、高州、雷州、琼州等地仍建造出北洋木帆船，行驶于东南亚及日本等地区。主要的船型有乾隆年间始建，近代续造的乌艚、白艚、捞缯、米艇、红单船、拖风、广艇、快蟹、八桨等；道光年间始建的远洋大帆船、大盐舡、海波船、罗咋船、草乌船等。这些2~3桅的海船，大者载重千余吨，小者载重10多吨。光绪年间，沿海木帆船有：朝阳包帆、汕

---

① 张之洞:《广东海图说》,清光绪十五年石印本。

② 张树声:《张靖达公奏议》,清光绪二十五年影印本。

头至汕尾的横拖、粤中七艚、北海大拖、东海钓艚以及海南清澜、三亚、榆林的拖风和子母红鱼钓船等。

一、民族船业的艰难发展

道光十六年（1836年）初，英国的木质蒸汽机明轮船驶抵黄埔，从此轮船修理的数量逐渐增加，同时也有了"修理明轮蒸汽船（包括船上铁架、锅炉）及引擎的经验"。道光二十五年（1845年）起，外资在黄埔兴办船厂以后，黄埔原有的木帆船修造业就逐渐衰落。

咸丰年间，广东已有航商租用或购买外国轮船，悬挂外国旗帜，行驶于广东内河及沿海，也有个别粤商暗地雇请在外资船坞工作的华工，伪造轮船。咸丰五年（1855年），宁波商人以白银7万两向粤商购得"宝顺号"轮船一艘，"该船系粤商仿西洋式制造，唯火轮（指蒸汽机——编者注）不能仿制，由粤人买自西洋。"①

咸丰年间，民间以轮船拖带木船可以避免风涛和盗贼之虞为理由，获得合法存在。咸丰五年（1855年），浙江巡抚何桂清在奏折中提道："粤东商人，尝购买商火轮，以资护送，东南洋面，在在皆有"。

同治十二年（1873年），广州外资船厂自黄埔迁至香港以后，广州民办的船舶工业开始缓慢地发展起来。19世纪70年代，在广州珠江东部北岸（今大沙头、二沙头一带）出现朱林记、林顺和、林兴昌等船厂，对岸的河南尾有万利、利贞、全利、兴利等船厂，这些船厂以建造木帆船、驳船、渡船，以及酒舫、花艇等非机动木船为主。

光绪初年，珠江河面经常出现民用"火船仔"（蒸汽机小轮船），随着这种可以拖带货船、客渡的轮船的需求量逐步增加，轮船修造业也逐渐发展，规模较大的有久负盛名的陈联泰机器厂和均和安机器厂。这些机器厂从制造缫丝机、修理蒸汽机和锅炉等业务，发展为增设船坞兼修造小火轮船的工厂。光绪十年（1884年）汕头也创设顺利船厂。光绪二十四年（1898年）起，广州又出现了几家专业的轮船制造厂。这段时间，有的航商取珠江画舫的特点，在广州建造一种珠江特有的用轮船拖带的定期班船"花尾渡"。

（1）陈联泰机器厂。

该厂原为南海县西樵良登乡人陈澹浦于道光十九年（1839年）在广州十三行豆栏街开办的修理机器什件的小铺陈联泰号，后来自制木质脚踏车床，发展成为半季节生产的手工业工厂。19世纪五六十年代，省港间外轮往来频繁，轮机时有故障发生，常到陈联泰工厂修理，业务不断扩大。光绪二年（1876年），陈澹浦之子陈濂川、陈桃川将工厂迁至十八甫，又从香港购回机器车床数台。光绪八年改名为陈联泰机器厂（下简称陈联泰厂）。为掌握蒸汽机制造技术，陈濂川

---

① 董沛所作的《宝顺轮始末》碑记。

派其次子陈子卿前往福建船政学堂学习轮机制造，四年业成回厂负责技术工作，并开始仿制蒸汽机及小火轮。该厂在南关设置一个工厂叫东栈，工人近百人，在河南尾设一南栈，有泥坞两座，工人数十。图12-3为陈联泰机器厂旧貌。

19世纪90年代初，陈联泰厂建造的第一艘内河蒸汽机小轮竣工，定名"江波"。其后，陆续建成"江飞""江电""江民""江元""江苏""江利""江永"等。这些轮船"快捷省煤"，"比诸洋来的一般轮船还胜一筹"。其中，"江苏号"蒸汽机最大高压缸直径为10英寸[①]，性能最佳，航速和拖力较好，于光绪二十五年（1899年）被粤海关收购，用作巡航缉私，其余各轮为航商订购或租用。宣统元年（1909年），"江利""江水"两轮被官府征用，改装成兵轮，改名"善丰""善富"。光绪二十九年，陈联泰厂承筑广州长堤工程，因缺乏水工建筑经营管理的经验，工程进展缓慢，光绪三十三年两广总督周馥饬令停工查办，该厂所有厂房、机器设备、火轮船等皆被查封，后上诉北京，被判为错案，但价值10余万两白银的产业仅判还4万两了事。陈濂川的第三子陈泳江分得1万元，在顺德开办德祥机器厂，以制造缫丝机和轮船为业，规模不大。

（2）均和安机器厂。

该厂为陈澹浦次子陈桃川创办。陈桃川（图12-4）早年从师于广东机器局总办温子绍，学习轮机制造技术，是温氏的得力"首徒"，深受器重。光绪十二年（1886年），陈桃川与其兄陈濂川分家，并向温子绍借得一笔资金，在广州十三行附近创办均和安机器厂，以生产缫丝机和修理蒸汽机为业。光绪十四年（1888年），在河南洲头嘴兴建厂房，增添部分设备，工人学徒百余人，邀请陈联泰厂工程技术总管陈子卿主持生产工作。光绪二十三年，陈子卿参照航行于西江的英国尾明轮船"西南号"设计建造一艘平底尾明轮船，该轮可航行浅水河流，颇受航商欢迎。此后，续造"均利""均笋""樵西"等单行轮船，航行于陈村、佛山等地。光绪二十七年制造8马力煤油机。

图12-3　陈联泰机器厂旧貌

图12-4　陈桃川

（资料来源：网络）

---

　　① 　1英寸=2.54厘米

二、洋人资本入侵

道光二十三年七月一日（1843年7月27日），广州的中英贸易恢复，大量的鸦片和商品倾销，使来华商船数量激增。道光二十五年（1845年）在黄埔停泊的外国商船已达302艘，黄埔的船坞业务也随之繁忙起来。这一年，大英轮船公司第一艘来华铁壳轮船"玛丽·伍德夫人号"到黄埔修理，负责监修的苏格兰人约翰·柯拜看到修船有利可图，便在黄埔租泥船坞，雇佣当地工人，开办柯拜船坞，开创外国资本在中国办工厂的先例。

于是英、美等国商人接踵而来，先后在广州黄埔开办9家船厂和船坞公司。同治二年至同治九年（1863—1870年）是黄埔修造船业最繁盛的时期。同治九年，在黄埔的船坞公司先后被香港黄埔船坞公司吞并。

在汕头开埠通商后，先后有4家洋行在汕头设厂修理船只。

19世纪70年代，外商远洋轮船大多长达300英尺[①]以上，吃水超过25英尺，而当时黄埔的船坞仅有两座超过300英尺，坞内水深则都不足25英尺，显然不能适应船舶修理的需要。这时香港九龙的船舶修造业已经兴起，黄埔的外资船舶业务遂向香港转移，黄埔的坞厂也于光绪二年（1876年）为广东官府收买，汕头的修船厂则延续一段时间。

其间外资在广东开办的船舶修造厂（坞）达13家以上，主要有5家。

（1）柯拜船坞。

道光二十五年（1845年），柯拜船坞由英国苏格兰人约翰·柯拜创办，租用黄埔原有的泥船坞修船。不久，柯拜积累起巨额资本，为了扩大经营，咸丰元年（1851年）在黄埔长洲平岗建造一座花岗石船坞。咸丰四年竣工。坞长300英尺，宽80英尺，坞闸门宽75英尺，可进吃水17英尺的船只，造价约洋银7万元。船坞后面的小斜坡放一条滑道，在滑道建造的新船下水须放绳将船滑下坞内。坞闸为硬木箱型，配有蒸汽机带动的水泵。大石坞建成后，主要承修大英轮船公司、英国皇家海军、海运公司和外国船舶，也自行建造船只。

第二次鸦片战争结束后，于咸丰十年底，柯拜的儿子约翰·卡杜·柯拜从清政府战败赔款中获得12万银元的"赔偿费"，重建柯拜石坞，扩充机器设备，成立柯拜船坞公司。柯拜大石坞于同治元年（1862年）竣工。该坞长550英尺，宽70英尺，深17英尺，有两道浮闸门，分内外两区，可供两艘千吨级轮船同时入坞，也可合供一艘5000吨的轮船进坞修理，在19世纪60年代，被称为"中国最大的船坞"。同治二年（1863年）该公司已拥有4座船坞，除上述大石坞外，新洲有一座木坞、两座泥坞，同年7月该公司的全部坞厂设备被香港黄埔船坞公司（下简称黄埔船坞公司）收购。

---

① 1英尺＝30.48厘米

（2）旗记船厂。

道光三十年（1850年）美国人汤马斯·肯特（Tgomas　Hunt）在黄埔长洲开办旗记船厂，是一间造船厂兼码头供应店。咸丰二年（1852年）购买诺维的坞厂后，旗记船厂成为黄埔的大型船厂之一。有船坞3座，配有固定抽水设备，成立不久就不断为美国琼记洋行装配船只。咸丰六年为自己装配一艘"升发号"轮船。该厂于同治五年售给黄埔船坞公司。

（3）香港黄埔船坞。

该公司由经营远东航运和鸦片贸易发了横财的几家英国轮船公司和洋行（包括怡和洋行、德忌利士火轮公司、大英轮船公司等）的大资本家合资，于同治二年五月十六日（1863年7月1日）在黄埔成立。

这些大公司由经营海运到联合兼营船舶修造，成立时拥有资本24万元。起初，先购买黄埔的柯拜公司全部坞厂设备，过了两年，同治四年（1865年）收买了香港的榄文船坞和何伯船坞，一年以后，又收买了美商旗记船厂。同治六年资本已扩充至75万元，同治九年增至100万元，同时兼并了于仁船坞公司和香港九龙的几个大船坞，垄断了华南和香港地区的修造船业。

该公司是当时设备最完善的船舶企业，在黄埔有5座船坞，其中石坞三座，各船坞都装备有浮箱闸门、蒸汽抽水机、蒸汽机推动的车床、刨床、钻床、剪板机和冲孔机等设备，还有锅炉厂、炼铁厂和造船厂等附属工厂。

同治九年（1870年）以后，由于黄埔的船坞不能满足日益增大尺度和吨位的大火轮船进坞修理的需要，同时香港已发展成为国际港口和增加了船坞设施，尤其是九龙兴建大型船坞之后，那里也可以获得充足的淡水，至香港的商船已不必专到黄埔补充淡水和用淡水冲刷船壳，所以华南的修造船业务逐渐由黄埔向香港转移。

面临新形势的黄埔船坞公司也改变了自己的经营方针，于同治十二年七月（1873年9月）放弃了黄埔的业务，全力发展香港九龙的船坞。光绪二年（1876年）秋该公司把黄埔的全部坞厂、楼房和设备以8万元卖给广东官府，另在九龙红磡建造1座大型船坞，并且沿用黄埔船坞的名称。

（4）其他。

除上列船坞公司外，在广州黄埔还有道光二十七年（1847年）美国人诺维开办的长洲船坞公司，道光三十年（1850年）美商社团合建的赖德船坞，同治二年（1863年）英商开设的高阿船厂和同治六年香港福格森船厂开设的黄埔分厂。在汕头，有同治二年英商巴特福洋行，光绪六年（1880）英商梅耶洋行、哈雷斯洋行，光绪十二年（1886年）英商李弗斯商行等，分别附设修船厂或兼办修船业务。

本章参考文献

[1] 金行德.广东船研究[M].广州:广东旅游出版社,2012.

[2] 陈建平,关伟嘉,端木玉,等.广东船舶发展简史[M].哈尔滨:哈尔滨工程大学出版社,2018.

[3] 叶显恩.广东航运史·古代部分[M].北京:人民交通出版社,1989.

[4] 交通部珠江航务管理局.珠江航运史[M].北京:人民交通出版社,1998.

[5] 广东省地方史志编纂委员会.广东省志·水运志[M].广州:广东人民出版社,2006.

[6] 广东省地方史志编纂委员会.广东省志·船舶工业志[M].广州:广东人民出版社,2000.

第十三章　民国时期的广东水运与船舶工业

辛亥革命推翻了清王朝，中华民国（以下简称民国）的建立在一定程度上为中国资本主义的发展开拓了道路。但是，帝国主义同清政府签订的不平等条约，在民国以后并没有废除，中国半殖民地半封建的社会性质并没有改变。因此，第一次世界大战结束后，列强的航运势力又马上卷土重来，并进一步扩张。这就使得在民国初期刚发展起来的珠江民营轮运业，在同国外航商的抗争中，其总体处境依然处于困难与衰退状态之中。

1937年7月7日的"卢沟桥事变"，日本帝国主义发动大规模侵华战争。从此，中国人民进入全国性的抗日战争时期。由于华北、华中相继沦陷，广州又成为中国对外贸易最重要的口岸。华中和西南广大地区的货物集中于广州出口，大量进口物资也经广州再运往大后方各地。因此，抗战初期，广东的民营轮运业又陡然兴旺起来，承担起支援抗日战争和供应大后方人民日常生活需要的重任。

抗战胜利后，广东航运和船舶工业在国民政府的官僚资本和买办势力的控制下，虽有短暂的恢复，但根本无法扭转没落的命运。

第一节　民国时期广东水运

当广东民营轮运业在辛亥革命推动下出现新的生机之时，1914年又恰逢爆发了第一次世界大战，欧洲各帝国主义国家忙于厮杀，不但无力加强对广东航运的侵略，反而不得不从广东撤出部分船只赴欧参战。这些都让广东民营轮运业获得了一定的发展空间。

从民国二十七年（1938年）10月广州沦陷到民国34年（1945年）8月日本无条件投降期间，广东的水上运输形成侵略与反侵略两种力量的消长，两种势力的相互争夺。一方是日军控制的沦陷区的水上运输，为其侵华战争服务；一方是广东抗日后方的水上运输，为中国人民的抗日战争服务。

民国三十四年（1945年）8月，日本无条件投降。抗战胜利之初，广东民营轮运业恢复较快，并呈现短期的繁荣。抗日战争胜利后，外国轮船暂时未进入广东内河，减轻了对广东民营轮运业的压迫。与此同时，颠沛流离的粤民，战后纷纷从外省或省内各地返归故土，恢复旧业，重建家园；而广大侨胞亦纷纷汇款回乡，增强了社会购买力。这些，都有力地推动了广东内河轮运业的恢复和繁荣。

但随着外国势力的强势进入，国民政府的水运业送走了豺狼，又迎来了虎豹。

一、抗战前的珠江民营轮运业

（1）珠江中下游的民营轮运业。

这段时期，以广州为中心的珠江中下游轮运业发展主要特点体现在四个方面。

一是轮船数量大增。[①]

二是广东吨位数较大的轮船迅速增加，已成为民营轮运业的骨干力量。[②]

三是民营轮运企业大批涌现，规模较大的轮船公司已占重要地位。[③]

四是新辟众多航线，全省轮运网络基本形成。

从20世纪20年代初起，自然条件可航行轮船的珠江各流域河道，绝大多数都有轮船行走。至于沿海方面，以广州和江门为中心，新开辟的轮船航线也有6条以上，同时将旧有分段的短途航线延伸为连贯的长途航线。再加上香港华商经营的和中国北方各口岸来往的华商轮船，以广州、江门、梧州为中心的内河航线，以广州、江门、北海为中心的沿海航线，以及省外通往两广的航线交叉联结，组成和沟通了华南内地和沿海颇为庞大的民营轮船航运网络。

（2）三大民营轮运公司。

珠江民营轮运业的蓬勃发展，得力于三大民营轮运公司的崛起。

粤航公司。民国二年（1913年），以陈少白为首的广东商人联合华侨和香港华商，集资60万元在广州设立粤航公司。[④]

四邑轮船公司。民国三年（1914年）前后，四邑（即台山、开平、恩平、新会）旅美华侨联合香港四邑商人，在香港设立四邑轮船公司。[⑤]

粤海航运公司。民国七年（1918年），原三水县西南镇航商梁墨缘与广州协同和机器厂，于广州合组粤海航运公司。[⑥]

尽管民国初年广东沿海民营轮运业已初具规模，但它毕竟又是脆弱的。首先，广东沿海的民族轮运业是在外国航运势力暂时部分撤出的隙缝中发展起来的，其发展的时间很短，基础极其薄弱。其次，从事沿海航运的粤商轮船企业大都规模很小，资本不足。再次，从事专业性沿海航运的民营轮船较少，而把沿海

---

① 关庚麟主编《交通史航政编》，交通部铁道部交通史编纂委员会，1931，第132-137页。

② 关庚麟主编《交通史航政编》，交通部铁道部交通史编纂委员会，1931，第132-137页。

③ 关庚麟主编《交通史航政编》，交通部铁道部交通史编纂委员会，1931，第132-137页。

④ 《中国海关华洋贸易报告》，《中国海关华洋贸易统计册》1911年第2期。

⑤ 莫应溎：《英商太古洋行近百年在华南的活动》，载全国政协文史资料委员会主编《淘金旧梦：在华洋商纪实》中国文史出版社，2001，第28页。

⑥ 《中国海关华洋贸易报告》，《中国海关华洋贸易统计册》1911年第2期。

航运当作内河航运副业来经营的轮船则较多。因此，民国初年发展起来的广东民营沿海轮运业，以其资本少，轮船小，很难和资本雄厚和轮船又大的外国航运势力做有力的竞争。且兼航沿海和内河，而把沿海航运作为内河航运副业经营的轮船占多数，这样就不免兴废无常，难以形成稳定的沿海航运力量。

二、日占时期的广东水运业

日占期间的广东水运业主要分为沦陷区和敌后区。水上运输主要是围绕着斗争展开，水运事业服务于战争。

（1）沦陷下的珠江三角洲水运。

民国二十八年（1939年）3月，以广州为中心的日军占领区已扩展到东起深圳，西达三水，北起增城，南抵江门、中山的整个珠江三角洲地区。

日军为巩固自己在广州地区的统治，一开始便对交通运输极其重视。一方面抢占广三铁路全线以及广九铁路广州、深圳段，粤汉铁路广州、花县段以为己用；另一方面立即宣布封锁珠江，禁止各国船舶进出广州。

从广州沦陷初期，日军劫持广州大批民船，加上日军的严厉封锁，使昔日繁盛的珠江下游停航达四个月之久。日伪政府成立所谓的"广东民船总公所"，日伪把持下的"广东民船总公所"[①]成为日军侵占华南的工具。

"广东民船总公所"辖下的民船，随时被日军征用，运送兵员和军用物资。日军当局不仅利用广州地区的民船从事运输，更对民船征收奇重的船舶税。

与筹组"广东民船总公所"、开展在日伪控制下的民间航运的同时，日军当局还组织企业，直接从事水上运输。起初，日军当局通过广州的经济汉奸，组建起诸如荣进、海安、利群等多家航运公司，交由日本福大公司船舶部、南洋仓库船舶部、协同组合船舶部共同支配。随着汉奸经营的航业机构不断增多，日军当局又将所有汉奸经营的轮船企业合编为自己直接调配的"广州内河营运组合"和"广州航业同业组合"。

日军独占省港澳航运。广州沦陷初期，日军出于军事目的严密封锁珠江，不仅华商轮船，外国轮船也不准航行省港、省澳航线。

民国二十八年（1939年）3月，珠江局部开放，"广东内河营运组合"即派出"白银丸""广东丸"两轮行驶省港线，每三天来往一次。日军当局为限制英、葡轮船的营业，以便日轮独占省港澳间的航运，于同年7月分别与英葡两国驻广州领事签订协定，规定"佛山""升昌"两轮"不准运输货物，仅准载运旅客及粤垣欧美人士之家用物品"，且此种物品，"照章纳税方准放行"，但日本商轮却不受此限制。[②]在日军当局种种阻挠下，英、葡两艘轮船业务不振，日商轮船在省港、

---

① 陈樵：《广州沦陷初期的航运》，载文史资料研究委员会主编《广州文史资料第8辑》，1963，第173页。

② 据1939年的《中国海关华洋贸易统计年刊》。

省澳运输中居于垄断地位。

（2）日本独霸广东沿海航运。

在广州沦陷后，日本独占广州沿海运输。汕头一时成为广东乃至华南国民党统治区最大的对外贸易港口。当时粤北、江西、湖南以及中国中西部各省进出口货物，都以汕头为转运枢纽。

民国二十八年（1939年）6月21日，日军进犯并占据汕头，随即"港口封闭，贸易完全停滞"。①

民国三十年（1941年）12月香港沦陷后，日伪随即接管汕头海关，行驶汕头港的他国轮船终于绝迹。至此，日本已将广州以东的沿海运输全部控制在手中。

民国三十二年（1943年）3月日军占领广州湾，取代法国的殖民统治。至此对于广东沿海运输，日本一家独占。

（3）广东航运在逆境中的撑持。

民国二十八年（1939年）2月，广东省国民政府迁至韶关。此时的韶关，不仅是战时广东省会，全省的政治、军事、经济和文化中心，而且也是广东省大后方、国共合作抵抗日本侵略的南方大本营。

在广东军民共同抗战中，日本侵略军只能据守广州、汕头、海口等几个大中城市和一些主要交通线，无力扩大占领区，广东大部地区在较长时间内仍掌握在中国人民手里。敌后水运区域的相对稳定，保证了广东大后方的航运业得以维持和开展。

（4）开展以韶关为中心的水陆联运。

广东省政府北迁韶关之后，为了维持粤东北社会经济生活和大后方的物资供应，当时以韶关为中心开辟了三条主要水陆联运交通线。

第一，韶关—歧岭—汕头线。

打通韶汕交通，方便汕头沿海食盐和外国货及时输入粤北和大后方，以及内地土特产品运销海外。

第二，韶关—惠州—沙鱼涌—九龙线。

民国二十八年（1939年）6月，由于日军占领汕头，粤东最大的对外贸易通道中断。为此，广东省政府决定开辟韶关—惠州—沙鱼涌—九龙水陆联运交通线。该线的开辟，使得粤东的对外贸易能够勉强维持。

第三，韶关—沙坪—三埠线。

自从民国三十年（1941年）3月，经粤中、粤北的进出口货物多由韶关—沙坪—三埠交通线对流。该线不但担负起越来越多的军公运输，而日益频繁的进出口货物和粤、湘二省的盐粮对流也愈来愈依赖这条交通线。据估计，每月经韶关运入的湘米达三四万担，从三埠北运的食盐和其他海产品，每月也不下于三万

---

① 据1939年的《海关中外贸易统计年刊》。

余担。

随着广州和珠江三角洲地区的沦陷，三水被日军占领，三水、肇庆河段常遭日军飞机威胁，仅肇庆以上西江能自由通航。在广东省政府特别是广大航商船员职工的努力维持下，肇庆以上的西江河道遂成为大后方交通动脉。

三、战后的广东水运业

广东水运业在抗战胜利初期的得到短暂恢复。民国三十六年（1947年）初，西江、珠江三角洲民营轮船又有增加，并有更多的航线复航。

（1）内河航运业转为繁荣。

据《广州工商年鉴》记载，是时省港线计增"广东""华贵"两轮；省澳线增"广祺""广鸿"两渡；穗梧线增"联兴""广兴"两艘拖驳船；穗江线增"民安"柴油机船和"源利"渡；广州、石岐线增"中山"渡、"顺利"电船；广州、肇庆线增"樵安"柴油机船；广州、市桥线增"中兴"渡；新恢复通航计有广州、白泥线，"源记"渡；广州、新造线，"民众"渡、"大明"渡；广州、陈村线，"顺兴"渡；广州、高明线，"西安"电船；广州、鹤山线，"祥安"渡、"利记"渡；广州、容奇线，"德兴"柴油机船；广州、官山线，"粤利"柴油机船；广州、官窑线，"航安泰"柴油机船。

北江和东江的民营轮运业也恢复较快。抗战胜利后，粤汉铁路一时尚未修复，于是北江在"民国三十四年冬至民国三十五年春两季之间，航运一时勃兴"。[1] 当时新兴起的航业公司有8家，最主要的是亚东航业公司，拥有小轮船19只。据统计，民国三十五年（1946年）北江轮船货运总量达5万多吨，载客量126 407人。实已超过战前水平。

抗日战争后期，东江的机动船几乎全部被日机炸毁，但战后恢复很快。民国35年（1946年）初，行驶广州、石龙、惠州、河源、老隆的小轮船已达50余艘，其中"皇后"号和"海强"号等6只轮船最大，载重100多吨。

潭江战后民营轮运业也不亚于战前。潭江轮运以三埠、广州线为最盛。此外，到民国三十五年（1946年）4月，广州、香港线有8艘小汽船，广州、澳门之间有21艘汽船和机帆船行驶。[2]

从抗战胜利到民国三十五年（1946年）底，短短的一年多时间，珠江下游（包括西江下游、珠江三角洲、东江、北江、潭江）民营轮船数量已恢复到战前的77.9%，总吨已达战前85.1%。

韩江、榕江、练江民营轮运业战后恢复也很快。自汕头循韩江、经梅溪、博士林，过横陇洲河入东溪，经仙美溪至东陇的航线已开辟。至此，汕头已成为韩江新的航运中心，把韩、榕、练三江的轮运连接了起来。

---

① 《运输周刊》1945 年第 90 期。

② 据 1946 年的《广州工商年鉴·商业》。

抗战胜利之初广东民营轮运业似有繁荣景象，但这种繁荣只是表面现象。首先，是船舶整体质量差；其次，船舶分布不合理；最后运营资本薄弱，分散经营。

（2）沿海轮运业复苏缓慢。

抗战时期，广东沿海民营轮船损失最为惨重。抗战胜利后，保留下来的民营海轮已经是寥寥无几，再加上外轮和官僚航业资本对粤沿海航运的争夺和垄断。因而广东沿海民营轮运业恢复很慢。

广州是抗战前广东最大的民营沿海航运业的中心。可是，抗战结束后直至民国三十五年（1946年）6月，仍未见任何商轮行驶沿海航线。7月以后，始有"丰利号"机帆船从广州出发，直航汕头。随后又有"和利""和昌""长太"三艘机帆船从广州起航湛江，"龙山号"机帆船从广州行驶海口。到民国三十六年（1947年）4月，广州航行沿海的民营机动船大小共43艘，以机帆船为多数。

抗战胜利之初，以汕头为中心的沿海航运仅有机帆和小汽船。由于没有大型海轮，汕头商人只好将旧木船改装成机帆船，来往汕头、香港、台湾。虽一时生意兴旺，获利颇丰，但改装的机帆船，制作简陋，以致事故时有发生。除香港、台湾、厦门线外，还通航附近的神泉、甲子、碣石、汕尾以及福建的诏安等港埠。

抗日战争前，江门曾是南路沿海航运的中心。抗战结束后，除以"天星"汽轮行走阳江、电白等港外，只有较大的木帆船行驶广州湾和海口间，远未恢复到抗日战争前的水平。

抗战胜利初，湛江市（1945年9月，广州湾改名）的沿海航运恢复较好。继民国三十四年（1945年）11月1日招商局"仁泰"客货轮从香港首抵湛江港后，顺昌航业公司的"台山"客货轮随之航行该线。此后，华商轮船纷纷来往湛江。1946年，湛江港进出入轮船661艘次，合计147 772吨。[①]

（3）官僚资本和英美势力回归。

抗战胜利后，四大家族控制的招商局实力猛增。同时英美等作为对日战胜国的列强姿态又牢牢地把控着中国的命运。

官僚资本的膨胀，以四大家族控制的招商局为代表的国家官僚资本、以广东实业公司为代表的地方财团和地方豪绅，构成广东航运业官僚资本的立体控制体系。抗战结束后，官僚、豪绅投资航运业，不是航运业的新肌，而是广东航运业的毒瘤。正如当时有人所指出"官僚资本是一种非法的过份利得，绝不是为服务社会而投资的正常企业，反而却是贼害正常企业的毒素，侵蚀民族资本的恶魔"。[②]

英国航运势力卷土重来。港英"远东联航局"抢占广东沿海航运。日本投降

---

① 据《越华报》1946年3月1日刊载。

② 《运输周刊》1945年第37期。

后，英国不顾中国的国家主权，于1945年9月，公然在香港地区组建"远东联航局"，统一调派从日本人手中收回的原属太古、怡和、昌兴等公司的所有轮船，以帮助中国运送救济物资为名，率先开进中国沿海口岸。在广东沿海，"远东联航局"在取得国民党第二方面军（张发奎部）的"许可"后，于同年10月派出"永生""怡生""贵阳"3艘轮船行驶香港、汕头间，又以"和生""济南"两艘轮船行驶香港、汕头、上海线。[①]此后，以香港为基地，行驶南洋各线的英商轮船多经湛江、海口、北海各口，"继续享受'沿海贸易'之权利"。[②]英商轮船开始时以帮助中国载运救济物资为幌子，兼揽商货。后来，救济物资运输结束，英商轮船在广东承运的完全是一般进出口商品。

美国势力成广东航运新霸主。第二次世界大战结束后，美国把战时大批退役残旧的登陆艇和各种战舰，利用联合国善后救济总署的名义，转租给国民党政府行政院善后救济总署，设立"水运大队"，全队共有大小船舶200余艘。表面上"水运大队"是以专运"联总"给中国的救济物资为目的，但实际上却是美国在中国的别动商船队。"水运大队"船舶悬挂中国旗帜，自由航行在我国沿海和内河各口岸，不仅严重损害我国民族航运业的利益，更是变相地侵犯我国航权。

第二节　民国时期官办船业

宣统三年（1911年）辛亥革命，推翻清朝封建统治。民国三年（1914年）第一次世界大战爆发，至民国七年结束。在此期间，西方列强忙于战争，无暇东顾，放松了对华航运的控制，并抽走部分轮船。

广东民间造船工业乘隙发展，广南船坞、静波船厂、协同和机器厂等都得到发展。战后，外国洋行又重新控制华南沿海航运，造船工业也受到抑制。军用的黄埔船厂和鱼雷局处境困难，时开时歇。陈济棠在广东主政期间，政局相对稳定，船舶工业有所发展，在广州及潮州等地相继筹建一些修造汽船的工厂。

抗日战争期间，广州、潮州沦陷后，有一批船厂、船铺迁往珠江和韩江上游。日本侵略军在广州、海南岛等地设立小船厂和船舶修理所。

抗战胜利后，国民政府海军接收日伪军用的船所，民间船厂同时也得到一定恢复，也有新坞厂开办，如广州的裕国船坞、华南船坞、新中国机器厂、同生机器厂等。汕头、江门等地也开办了许多小船厂。其间，国民党发动内战，导致国家在政治、经济上陷入严重危机，到1949年前夕，许多船厂破产倒闭，剩下的船厂也是奄奄一息。

---

①　据1945年的《潮州志·交通志》。

②　莫应溦:《英商太古洋行近百年在华南的活动》,载全国政协文史资料委员会主编《淘金旧梦:在华洋商纪实》,中国文史出版社,2001,第28页。

一、黄埔船坞局

宣统三年（1911年）辛亥革命，广东黄埔船坞局总办魏瀚因故离粤，船坞、厂房及机器设备由刘义宽等留守人员设法保全移交广东政府。民国3年（1914年），广东都督龙济光委派刘义宽任黄埔船坞局局长，该局以修理广东江海防（含水上警察厅）的舰船为主，也建造舰艇，民国四至五年（1915—1916年），为粤海军建造"东江""北江"两号浅水炮舰，排水量各约200吨。该船坞局占地面积6.6万多平方米，有石坞2座、泥坞1座，有发动机、车床、刨床、蒸汽锤机、钻孔机等大小机械设备160台，职工近千人。

民国五年（1916年）秋，黄埔船坞局被广东省实业厅接管，改名黄埔船厂，仍为海军修理舰船。金熔、黎庆芬、苏从山先后任厂长。由于粤桂军阀争夺，战争不断，业务时有时无，经费来源拮据，难以维持正常生产。民国十年（1912年）以后，两座石坞长期失修，漏水严重，先后停用，泥坞也崩塌废弃。民国十四年（1925年）厂务工作停辍，民国二十年（1931年），部分设备拆迁至海军广南造船所。

民国二十三年（1934年）掌管广东军政大权的陈济棠决定由广东省建设厅负责将黄埔船厂扩建为可以建造万吨级船舶的广东造船厂，任命刘百畴为广东造船厂筹备处主任，伍景英为总工程师，对厂区进行地质勘探。后因广东江防舰队有异议，于民国25年（1936年）初工程停止，筹备处裁撤。

广州沦陷期间，该厂为日本侵略军占据。

民国三十四年（1945年）抗战胜利，国民革命军新编第一军进驻黄埔船厂。同年11月，海军粤越区特派员办公署派员接收，设立黄埔海军造船所，隶属海军总司令部，吴趋时、邹振鸿、谭刚、张钰、柳炳容、程璟、赵以辉先后任所长。民国三十六年（1947年）进行小规模基建和培训学徒，职工人数最多时约300人。主要设备有：石坞2座（漏水待修），50吨船排3道，可停泊1 000吨级舰船木码头4座，皮带车床、牛头刨床、刨木机等机床设备共101台。其中大部分是日本赔偿物资，因缺乏动力或零件，能使用的仅44台。民国三十八年（1949年）2月，从厦门接收8500吨水泥浮船坞附工作船1艘，编为三号船坞，可单独修理4 000吨级舰船。该所除承修海军舰船外，还修理招商局及港务局的船只，为地方修理过4 000吨级吸扬式挖泥船的主机。由于海军常年不拨经费，为海军修船先报价，待中央批下款项物价已上涨，所以承接地方工程的盈利不足以弥补为海军修船的亏损，惨淡经营，处境艰难。民国三十八年（1949年）6月，三号船坞及工作船被运往台湾地区，其他主要机器设备则由广州运往海南。

二、海军广南造船所

海军广南造船所的前身是航商谭毓秀、谭礼庭于国民三年（1914年）创设

的广南船坞。该船坞于民国十二年（1923年）为海军建造过1艘运输舰和4艘铁壳舰。民国十三年（1924年）秋为广州军政府收购后，改名为海军广南造船所，先后隶属建国军粤军总司令部舰务处、国民革命军海军局、广东军事委员会舰务所。该所以修理海军舰艇为主，也建造一些小型舰艇。民国十四年（1925年）建造1艘木壳鱼雷艇，命名"中正"号。民国十九年（1930年），该所由南京国民政府海军部接收，改名为国民革命军广南造船所，伍景英、杜衍庸先后任所长。民国二十年（1931年），该所隶属陈济棠的第一集团军舰队，并改称第一集团军广南造船厂，员工最多时有四五百人。

民国二十一年（1932年），广南造船厂建成浅水炮舰1艘，命名"海维号"。该舰采用钢板铆钉船壳，排水量约200吨，主机是蒸汽机，完工后拨给两广盐运司作缉私舰，后拨广东江防司令部。

民国二十二年（1933年），第一集团军舰队呈报第一集团军总司令部核准，将广南造船厂交由海运公司经营，半年多毫无起色，遂取消合约，将该厂移交广东省建设厅管理，民国二十三年（1934年）7月20日，由省建设厅派伍自立、李应濂负责接收。后来，该厂经营不善，江海防舰队的船多到香港修理，厂务废弛，遂于民国二十五年（1936年）7月停工。12月，由谭玉珩接主厂务，虽经多方努力，终未挽回局面。民国二十六年（1937年）将船坞租给商家修船。民国二十九年（1940年）日本侵略军利用该厂留存设备，修补厂房，增添机器，制造浅水轮船。两座船坞由于长期失修而崩塌，民国三十四年（1945年）抗战胜利时只剩一座废弃的泥坞，由当地人搭棚作修造小木船用。

三、其他军用船厂

（1）黄埔船用水鱼雷局—雷舰基地。

民国初年（1911年），黄埔水鱼雷局设有局长主事，隶属广东省水上警察厅，后隶属江防司令部。该局附设工厂负责水雷、鱼雷艇的保养维修工作。民国十二年（1923年）3月14日，孙中山任命谢铁良为鱼雷局局长。同年9月，谢铁良参加讨伐陈炯明，20日在博罗梅湖因水雷失事爆炸，不幸殉职。26日，孙中山指令撤销鱼雷局，由长洲要塞司令代管，由其派员负责水雷、鱼雷及鱼雷艇的维修保养，至民国二十一年（1932年）业务停辍。

民国二十三年（1934年）陈济棠为扩充海军实力，向英、意两国购买鱼雷快艇各2艘建立雷舰队，并在黄埔鱼雷局原址建雷舰基地，设有雷舰陆上仓库、地下仓库及鱼雷工作厂。民国二十五年，陈济棠下野后，由广东江防司令部接收设立水鱼雷队。民国二十七年，鱼雷快艇及水雷分队在珠江六门各处布下水雷后向西江撤退，鱼雷快艇被日机炸沉或自沉堵塞河道。

（2）曲江造船所。

民国二十九年（1940年），广东军政当局根据国民政府交通部的指令，在曲江设立曲江造船所，以制造木船为主，兼造浅水小轮，供后方运输军民物资。该所与设在重庆的川江造船所是抗战期间后方两大造船所。民国三十二年（1943年），曲江造船所改组为交通部造船处，承造中央和广东省属各机关所需木船。民国二十八至民国三十四年（1939—1943年），曲江、川江两造船所共建造木船2 671艘、23 914吨。曲江造船所还装造较多的小轮船，因当时材料设备供应困难，船体多为木壳，并以旧汽车发机和煤气机为动力。民国三十年（1941年），在韶关养伤的我国著名飞机制造专家华文治，悉心研制浅水轮船发动机——“摩打”发动机成功，安装在小轮上试验，航速达每小时16千米，为曲江造船所造船提供较为先进的动力设备。

（3）日伪开办船厂。

民国二十八年（1939年），日本侵略军运输队在广州黄埔船厂内设有第八战船修理所，以修理小炮艇、运输船为主，也建造浅水轮船和机帆船。设有3道50吨船排，员工有125人。同时，在该厂内设有一间“仕上制作所”，制造8匹单缸柴油机。

民国二十七年（1938年）10月，日本侵略军饭岛部队占据广州芳村大冲口的协同和机器厂。民国28年初转归日商“福大公司”，同时并吞了相邻的静波船厂及附近的广南船坞的场地与设施，建造浅水轮船、机帆船和修理日军舰艇。日商在河南洲设有武田船厂、台拓船厂，也为日军修造小型船艇。日军占领广和兴机器厂，改作渔修船厂，以后全部设备被搬走。

据不完全统计，1940—1945年，日侵略军在广州共建造小电船20余艘，机帆船30多艘。

据《海南岛之现状》记载，日本日产株式会社在海南岛榆林、安游各建1个小船厂，专造机帆船。台拓海南岛产业株式会社在三亚附近的新村也设造船厂1家，专门制造木帆船。日本海军还在海口市设有1家修造车船的小船厂。

（4）榆林海军修理所。

抗日战争胜利后，国民政府海军粤越区特派员办公署于民国三十四年（1945年）11月派黎启旦接收榆林日本人开设的小船厂，作为海军修理所，隶属海军第四基地司令部。

第三节　民营船厂及船用机器厂

民国初年，能建造出海木帆船的工场作坊主要分布于广州、番禺、南海、顺德、东莞、新会、香山——后改中山市（石岐和湾仔）、阳江、北海、潮安、汕头、南澳、潮阳（海门）、惠来（神泉、澳角）、澄海（东里、卡路、外沙）、饶平（汫洲、黄冈）、海丰、汕尾、合浦、北海、海南岛等手工业作坊。

民间船舶工业和船用机器业在民国初年有较快发展，但多数为小型船厂和机

器修配厂。

一、广南船坞

民国三年（1914年），航商谭毓秀与其子谭礼庭，为加速航运业务的发展，投资白银80万元，在广州西南面的东望（土名大黄滘）购地250余亩①，租地120亩，购置机器设备，创建广南船坞。

民国三年（1914年）夏，开工建两座泥船坞，聘请广州金源机器厂负责人兼工程师李威义负责工程设计及洽购机械器具等项。在建坞的同时，开工建造木壳轮船，建坞期间雇工人千余人。

民国四年（1915年）冬，两座船坞竣工。大坞长250英尺，宽60英尺，深15英尺；小坞长180英尺，宽40英尺，深14英尺。同时建有机器房、材料房、铸料车间、锯木车间、铁料车间以及办公房等建筑，这是近代广东民间最大的造船厂。

民国四年（1915年）冬，广南船坞装造的第一艘1 000吨级木壳轮船"南和号"完工出坞，主机系用旧汽船发动机改装，功率200马力，航速每小时7海里，船体用坤甸、柚木及其他坚韧木料制造。谭氏原拟建造钢壳轮船，但是香港的英商拒绝出售钢板和机器，所以接受老工人的建议，采用木料和搜购旧机器造船。

第二艘"北合号"为1 800吨级，主机采用日本大阪生产的新油渣发动机，320马力，航速每小时8海里，这是近代广东民间建造的最大的轮船。第三、四艘"东成""西就"两号均为1 200吨级。这4艘轮船航行于天津、青岛、上海、河内、西贡等地。不久，又建造一批内河轮船，30～40吨级4艘，50～60吨级5艘，100～250吨级3艘，分别用于小北江、西江、东江、西邑和北海等地运营。

广南船坞自民国三年至民国六年（1914—1917年）共建造大小轮船16艘。此后，转以修船为主。

民国十一至民国十二年（1922—1923年），广南船坞被广州军政府征调30～100吨的轮船20多艘，支援北伐。后来，谭礼庭干脆把这批应征轮船全部送给孙中山以充军用。民国十二年（1922—1923年），该船坞为海军建造运输舰1艘和铁壳舰4艘。

民国十三年（1924年）秋，广州军政府需要一座略具规模的船坞，以供海军修理舰艇使用。孙中山和苏联顾问鲍罗廷亲自到广南船坞巡视，认为其规模和设备都符合海军船坞的要求，孙中山提出政府将广南船坞收购。经过多次协商，决定船坞（含两座船坞、厂房设备及所有大小船只）计毫银45万元，由政府先行接收，以后陆续付还价款，工人留用，职员由政府给资遣散，该坞由政府接收后，改名"海军广南造船所"。民国十四年（1925年），孙中山在北京病逝，过渡政府财政部迄未将该价款付清。

---

①　1亩≈667平方米

二、协同和机器厂

该厂前身是宣统三年（1911年）由何渭文、陈沛霖、陈拔廷、薛广森和陈德浩5人合股，在广州芳村大涌口创办的协同和米机厂。陈沛霖、陈拔廷原是均和安机器厂的领班，是陈桃川的门徒，薛广森曾在香港铎也船厂当过机技工，这3人都是技术行家。民国元年（1912年）改营机器业，改厂名为同和机器厂，资本为白银3万元。民国三年（1914年）开始制柴油机，于民国四年（1915年）仿制英式30马力船用二冲程柴油机成功，这是华制的第一台柴油机。该机安装在"海马号"客轮上，性能良好，引起广东航商的瞩目。

民国六年（1917年），航商梁墨缘等20多家航运公司和米机厂的老板加入协同和股份，股东增至100多人。该厂获得雄厚资本，生产模迅速扩大，以28万元添置新式镗床、车床、试验台等设备，兴建木样间、铸造间等工场。同年，试制100马力柴油机成功，安装在"海日号"浅水客轮上，运转良好。

民国七年（1918年），该厂试制160马力船用柴油机成功、该机采用压缩空气启动，正倒车灵活，安装在"柏林号"客轮上，质量可与外国同类型柴油机媲美。是年，生产船用柴油机10台，共875马力。还生产榨糖机、榨油机、水泵、采矿机械等设备。民国十九年（1930年）在香港瓜湾设立分厂。

民国二十二年（1933年）引进国外各种机床设备85台，包括当时华南地区仅有的槽铣、偏心铣、斜齿铣床、炮筒车床等先进机床及200马力的动力设备3台，生产效率提高三百倍，工人多达400名，产品远销南洋、美洲各地，成为华南最大的机器厂。民国二十五年（1936年）产机28台，共1 891马力。

民国二十七年（1938年）10月，广州沦陷，该厂被日军饭岛部队抢占。民国28年转给日本垄断资本"福大公司"，批量生产10马力及7.5马力单缸柴油机，供日式木艇使用。工厂大部分设备被劫运海南，到抗战胜利时仅剩简易设备20多台，并被当时政府当作"敌产"接收，几经周折上诉，于民国三十六年（1947年）6月才收回产权。同年7月，组成协同和机器有限公司，聘林志澄为总经理，组织修复机器设备，并从香港分厂抽调资金，正式复业，工人由10多人增至200多人。民国三十七年（1948年）因通货膨胀、民不聊生，该厂业务又趋衰落，至1949年前夕，仅有工人学徒50多名，破旧机器20多台，已濒临破产的边缘。

三、新中国机器厂

新中国机器厂地址在今天广州河南南华中路，厂房连同一间关帝庙在内只有两间半铺面，江面有一个土船台，原址在日本侵略军占领时期是日商的武田船厂。民国三十五年（1946年），归侨关辰生、张炳洲等人，用港币10万元向广东省敌伪产管理处投购，开办新中国机器厂，有车床、钻床、龙门刨床、牛头刨床等机床设备10多台，职工20多人，生意旺盛时临时雇工近百个，修造蒸汽机船、

柴油机船、渡船等。

四、其他船厂和船用机器厂

辛亥革命至抗日战争前夕，广州、汕头、潮州、中山、阳江、江门等地建立许多民营厂，从事修造蒸汽机轮船（俗称"火船"）和内燃机轮船（俗称"电船"）。民国二十年（1931年），广东的造船厂共有45家，其中广州25家，汕头3家，中山14家，阳江3家；船用机器厂（含修造蒸汽机、柴油机、锅炉及铸造）广州有78家。民国二十四年（1935年），广东中小民营造船厂广州有30家，汕头5家。民国二十五年（1936年），广州有制造轮船机器零件工厂7家。

民国元年至二十七年（1912—1938年），先后设立的船厂有182家，其中广州56家，黄埔20家，汕头7家，中山38家，顺德1家，潮安27家，江门30家，阳江3家；先后开办的船用机器厂共148家，其中广州146家，顺德和黄埔长洲各1家。

抗战期间，广东沦陷区的造船业遭受日本侵略者的严重摧残，部分船厂、船铺迁至内地，部分关闭歇业。民国二十八年（1939年）夏，广东军政当局实行贷款优惠，扶持造船的政策，北江、东江和韩江中上游各地，纷纷设立民办木船厂，如潮安的林伍船铺迁至梅县松口，民国二十九年（1940年）获得政府贷款后，造出第一艘小轮船"海通号"，该船长15米，宽3米，深0.8米，吃水0.3米，采用美国产的"头号力劲"汽车引擎作动力。此后续造"华南""捷通""德兴"等机动船3艘和木船多艘。民国三十年（1941年），广东各县造船厂合计128家，建造电船、木船共7216艘。这些船厂在曲江有54家，合浦25家，惠阳15家。其余分布粤东、粤西、粤北13个县，每县一二家，五六家不等。

抗战胜利后，广州复兴的船厂有16家，新开24家，共计40家，船用机器厂41家。其他地方开设的船厂，中山有6家，江门14家，汕头20多家。这些新设的船厂，除新中国机器厂外，规模较大的有伍德韶在广州河南开办的下渡船坞（后改称华南船坞）和裕国船坞，拥有可修理500吨船舶的船坞。梁伯鸿在广州开设的同生机器厂，也兼修造铁壳船舶。

民国元年至三十八年（1912—1949年），广东各地先后开办船厂共366家，船用机器厂、锅炉厂130家，其中，有厂名可查的船厂146家，机器厂130家。

广州，有大小船厂100家：梁悦利、成兴、泗和、永德祥、永泰兴、永泰安、永泰林、利成、静波、何永记、协安祥、新兴祥、协兴、兴发、海兴、广南、兴德利、志和、泰兴隆（洲头嘴）、泰安隆（公正大街）、顺益、安行、鸿发、生合、维溥、就行、合和祥、利贞、广兴隆、树记、溢成、贞成、昌泰、广发祥、合利、合和鸣、永记和、合和隆、朱林记、万利、林顺安、林顺和、林兴昌、全利（河南尾）、明利、兴利、广安（石涌口）、广合成、源利、协记、大昌隆树记、复兴、新记、新中国、下渡（华南船坞）、裕国、利成隆、泰兴隆（海珠桥脚)、泰安隆合记、顺成隆、新利和、润发祥、兆泰、生兴隆、广安满记、永兴隆、何锦记、陈滔记、中华、协和隆、广发祥、永记、合祥兴，公安隆、泗和合记、广德兴、福顺、友发、广泰、莫成兴、协安隆、祥和、新祥泰、长风、广州、广成发、太平洋、德安泰、梁顺隆、泗和载记、合利隆、祥和、李炳记、协兴祥、永兴祥、东成兴、合益、明记、德兴隆、德安。

广州，有船用机器厂128家：均和安、同生、利昌、恒昌泰、艺新、义和祥、义兴祥、泗兴、广源、协同和、广同安、伯洲、艺坚、广和兴、宏艺、德祥、义合祥、谢润记、顺发祥、同兴，元发、德安祥、林敬记、陈慎记、任佑记、陈培记、谢当记、广永新、日升、诚兴、大华、钜发、协安隆、裕华、南兴、聚源、裕兴祥、永同安、均兴祥、顺安祥、祥记（锅炉厂）、绍发、协成昌、广同发、均安隆、顺利祥、佑兴祥、永和祥、安兴、和兴、生昌和、永兴、德隆兴、同德、盛昌、成合、应记、信兴隆、利兴、万祥、艺兴、义兴隆、和金记、广兴隆、邓记号、协兴隆、鸿益号、玉记号、粤生、南强、和记、公和祥、义隆、协和祥、梁义记、岭记、祥记（机器厂）、源利、生记隆、荣合、林海记、李林记、胡球记、永裕隆、艺民号、文桂昌、联合号、同德号、益记、辉记、祥兴、梁华记、李辉记、生记祥、成发号、永昌和、恒安号、张祥记、昌兴、河南号、同记和、振兴、胜利兴、合作、东兴、泗兴祥、林新记、德安号、宏源、艺和、鸿兴、洪昌、生记号、致和祥、德兴号、全源号、宏兴号、瑞源号、余永记、联发号、勤昌、陈流记、合兴祥、陈牛记、建国、永合祥、柏记、苏英记、南发。

黄埔，有光记修机厂，全利、皆记、海兴船坞。

顺德，有乐从德祥机器厂兼修造船，民国14年（1925年）迁广州芳村，改为锅炉厂。

汕头，有船厂7家：荣兴、森利、康记、翼臣、顶和、益盛、联集兴。

阳江，有船厂3家：均隆、积利、荣隆。

中山，有船厂26家：泗兴，利栈、佑生、永合、和生、德和、宏昌、义生、义和、满金、广生、广胜隆、广兴、锦合、金合泗德、坚合、祥兴、森记、南屏、溢造；祥盛、合和、永兴、长发、唐家、香洲。

江门，有船厂7家：万源、佑源、广协祥、义利、合兴、永成兴、合益隆。

潮安，有林伍船铺。

第四节　航行在珠江上的花尾渡

光绪三十四年（1908年），一种新型木质客货渡船——花尾渡在广东省珠江三角洲问世。这种独具特色的花尾渡之所以产生于珠江下游，有其特殊的自然和社会条件。自然条件是水网纵横交错，水道比较宽深，水量充足，涨落差不大，

水流舒缓，构成了特殊的水道水文条件。社会条件是珠江三角洲人口最为稠密，商品经济较发达，商旅往来活跃。清末民初，在铁路、公路尚属初步开拓的情况下，水运仍是珠江三角洲客货运输的主要方式。当时，木帆船已逐渐衰落，大轮船只能行驶省河和西江干流，单行小轮船载量不大，唯独小轮拖渡以其吃水浅、载客较多、载量较大的优势，保持着继续发展的前景。这就是新型先进的小轮拖带的木质客货渡船——花尾渡产生的条件。

一、花尾渡出现背景

19世纪中后期，广州行商为厚利所诱，把原供自己享用的画舫投入商业性客运，兼载少量货物。此举获得很好的经济效益和社会效益，深受达官贵人和商贾的欢迎，乘搭者众，收入甚丰。这就引起精明航商，特别是拖渡航商的关注，纷纷将简陋的拖渡改装成像画舫一样舒适雅致、平稳安全、层楼结构、客货兼载的渡船。于是，综合中西船舶结构的花尾渡，便在清末民初诞生，并在珠江中下游逐步推广。

花尾渡是一种特殊结构的轮拖客船。当时，出于商业竞争的需要，各航业公司将轮渡改进，拆去其脚踏明轮装置，扩大舱面建筑。并将船尾加高，扩建楼厅。船厅内设置厢房、卧铺、餐室、浴室、卫生间，并有膳食、点心、茶水供应。船楼三层半，底层称底舱，专载货物，又起压舱作用；二层称大舱，有客载客，无客载货；三层称公舱，全载旅客；最顶半层为船员宿舍，其后部为梢公掌舵处。经过扩建改装后的拖渡，外形看上去很像凤凰，于是按凤凰的形状和色彩，涂上绚丽的油漆，画上艳丽夺目的奇花异兽，故称"花尾渡"。花尾渡一般船长22~39米，宽6~9米，型深1.3~2.4米，可载客90~400人。花尾渡的特点是航行平稳，远离拖轮，没有噪声和震动，旅客起居方便，供应齐全，设施完善，旅客办事和旅游两不误。因此，花尾渡一出现就大受旅客欢迎，是较为理想的轮拖渡船。

自清末民初出现轮拖客渡以来，由于柴油机船的竞争，这种渡船发展很缓慢，一般不定期行走广州附近短程线。自20世纪20年代中期起，有些航商乘柴油机船收缩之机，租赁或装购较大的汽船以拖带客货渡行驶长途线，甚至装造新式客货渡船——轮拖花尾渡投入运行。最先经营轮拖花尾渡长途定期航班的是永成航业公司。

民国十五年（1926年），高要县航商苏耀宸在广州设立永成航业公司，随即以自置的大汽轮"星南号"（54.36吨）拖带新购的"西安"花尾渡（395.96吨），首航广州—梧州航线，每四天分别由广州、梧州两地对开。稍后，桂利航业公司以"星东号"汽轮（47.26吨）拖带"桂利"花尾渡（367.56吨）；同德公司以"又泰东号"汽轮（49.58吨）拖带"均益"花尾渡（322.45吨）也加入广州—梧州线行驶。以上三对轮拖渡船定期航行穗梧线，中途靠泊陈村、勒流、九江、三水、肇庆、都城、封川各埠，行旅方便。这种花尾渡除载客外，所载货物，上行以洋纱布、小五金和各式日用品为多，下行以广西的青黄麻、桐油、沙田柚、猪牛、鸡鸭鹅及云南、贵州的山货为大宗。

民国十六年（1927年）鸿记航业公司把原行驶江门、肇庆间的"利记"渡和行驶江门、西南间的"鸿记"渡改由租来的大汽轮拖带，将原航线延长为江门、梧州线，中途经九江、三水、肇庆等埠。除载客外，上行货物以四邑的葵扇、葵扫，肇庆的草席，西南的元宝纸为主；下行以西江和广西的土货为多。此外，兴业实业公司将原行广州、三水的"安盛"渡，由"广福"汽轮拖带，改航广州、都城线，又将原行广州、清远的"广安"渡"民安"渡用汽轮拖带，前者航行广州、江门线，后者在广州、三埠间往来，都为定期航班。

二、花尾渡快速发展

抗战胜利初期，珠江下游客货运输量增大，船舶短缺，但大多数航业公司在战争中元气大伤，还未恢复，无力购买或制造较大的轮船。因此，成本较低、经济效益较好的轮拖渡船，尤其是花尾渡便乘时发展，进入鼎盛时期。为及时抢拉货客，一些航业公司（如利源）将普通渡船或驳船改装客位，权充临时客货渡，以小轮船拖带，行驶珠江下游各线。另有一些航商将保存下来的花尾渡进行装修，迅速复业。更有一些航商则投资制造新式花尾渡。此时的花尾渡运输形成以广州为中心的五大航线，即广州—梧州线，广州—肇庆线，广州—江门，广州—三埠，广州—石歧线。到民国三十六年（1947年）中，珠江下游约有花尾渡40多艘，其中行驶广州、梧州线约15艘，广州—三埠线8艘，广州—江门线4艘，广州—石歧线，广州—肇庆线各两三艘。此外，广州至都城、石龙，江门至梧州、澳门、石歧也有花尾渡投入营运。至此，花尾渡已成为珠江中下游主要的客运船舶。这种客渡船为其他水系所无，珠江独有。图13-1为民国时期花尾渡。

图13-1　民国时期珠江花尾渡

抗战胜利后，花尾渡无论是制造工艺还是性能都达到更高的水平。主要特点是：

一是吨位大。战前的花尾渡长不过30米，宽在7米以内。一般总吨在200吨以下。战后的花尾渡长在30米至40米之间，宽在7米以上，总吨一般在300吨以上。最大的"新兴利"花尾渡，总吨达603吨，载客达480人，载货量达120吨。

二是客位更舒适，装饰更华丽。战后改装或新造的花尾渡，十分注意美观、舒适。如号称"西江皇后"的共和船务行所属的柚木花尾大渡，就以"新型装置、华贵堂皇、床位舒适；电灯、光管，播音、风扇"而吸引大批旅客。又如荣业行所属的"新兴利"渡，由广州协安祥船厂在澳门泰益船坞建造，民国37年（1948年）10月建成，行驶广州—三埠线。该花尾渡长39.62米，宽7.82米，深2.38米，总吨603吨，载客量480人。整只渡船用柚木制造，色彩鲜艳，图像清晰，霓虹灯管装饰，厅楼阔大，可放映电影或跳舞，因而被誉为"花尾渡之王"或"水上宫殿"。

三是速度更快。战后花尾渡多改用速度快的汽轮拖带，还有一部分用功率大的柴油机船牵引，速度更快。如驰誉广州—三埠航线的"新发利"渡，使用80吨级大汽轮牵引，航速每小时可达18千米，比一般的快1倍以上。而在广州—江门行驶的"新昌利"渡则以60马力新式柴油机作为动力的"新恒发"轮拖带，每小时航行21千米以上，速度更快。

本章参考文献

[1] 广东省地方史志编纂委员会.广东省志·水运志[M].广州:广东人民出版社，2006.

[2] 广东省地方史志编纂委员会.广东省志·船舶工业志[M].广州:广东人民出版社，2000.

[3] 蒋祖缘.广东航运史（近代部分）[M].北京:人民交通出版社，1989.

[4] 广东航运史（现代部分）编委会.广东航运史（现代部分）[M].北京:人民交通出版社，1994.

[5] 陈建平，关伟嘉，端木玉，等.广东船舶发展简史[M].哈尔滨:哈尔滨工程大学出版社，2018.

[6] 叶显恩.广东航运史·古代部分[M].北京:人民交通出版社，1989.

[7] 交通部珠江航务管理局.珠江航运史[M].北京:人民交通出版社，1998.

第十四章　新中国成立后船舶工业的恢复与发展

中华人民共和国成立后，鉴于广东地处南疆，濒临南海，发展船舶工业是保卫海疆、发展航运和渔业的迫切需求，中央和有关部、委以及地方各级政府都十分重视和支持，新建、扩建了一批大中型船厂，小型船厂则是星罗棋布，遍设于沿海、沿江各地，建立了一批船用配套厂及造船科研、设计院（所），为航运、渔业等部门建造了大批船舶，为人民海军建造多种类型的战斗舰艇和辅助船只，还为援外和外贸提供相当数量的船舶。从此广东造船工业发展走向康庄大道，形成了以广州地区为主的我国六大造船基地之一。

第一节　恢复与发展概况

1949年10月，广东解放，处于停滞状态的船舶水运工业亟待恢复和发展。

一、恢复阶段

1949年10月至1952年，广东各地军管会陆续接管国民党海军的修造船所和官僚资本的船厂，划归江防部队作修理厂（所）和航运等部门作船舶维修场。各地区为数较多的私营小船厂，大部分是场地简陋、设备陈旧的手工作坊式工厂，只能修造小木船，船用机器厂也寥寥无几，在广州市修造船业也相对集中。

广州市有船厂46家，船用机器厂24家，锅炉厂19家，油漆木模等厂5家，从业人员1 000多人。这些私营厂在各地人民政府成立以后分别归属省或当地工业、交通、水产等厅（局）管理。

海军的修船厂、所，早期由中国人民解放军广东军区江防司令部直接管辖，后由中南军区海军舰艇修造部领导，一些小型修理厂（所）直属基地（水警区、巡防区）管理，并接受军区舰船修造部的领导。

这段时期，中国人民解放军动员原海军船所职工，修复机器设备、恢复生产，并动员一些私营船厂修造舰船，为支援中国人民解放军解放海南岛和沿海岛屿做出了贡献。各地区也迫切需要恢复航运和渔业生产，在各级人民政府的领导下，各地船厂在抢修、抢造货驳、拖轮、渔船和机帆船的过程中逐步恢复了生气。在此阶段，主要的船厂有海军黄埔修造船厂、省交通厅内河船舶修造厂等。

二、发展阶段

1953—1978年，广东船舶工业是从修到造，从小到大，按照"建设和修造并举，以修为主""军民并举，以军为主，以军带民"的方针，逐步发展起来的。

　　20世纪50年代初期，中南军区海军（1955年10月更名为海军南海舰队）急需一定数量的舰艇执行巡逻、剿匪、护航、护渔和训练任务，而华南地区造船力量十分薄弱，只能组织维修力量将起义、俘获、打捞的旧舰艇和从香港等地购回的旧船抢修、改作为舰队的主要舰艇；而同时，在广州、汕头、海南、西营（湛江霞山）等地也需要建造一批木质25吨交通船和50吨机帆船，供沿海和岛屿间运输使用。

　　为尽快提供中南海军装备，中央军委决定在广东制造苏联转让的02型木质鱼雷快艇，并于1954年8月在广州河南凤凰岗新建广州造船厂。（1956年12月，更名为广州第一造船厂）。同时，于1954—1955年组织江南造船厂、大连造船厂和武昌造船厂分别在广州黄埔设立"广州工地""四〇四工地"和在凤凰岗设立"广安工地"，建造中国自行设计的沿海炮艇和苏联转让的04型猎潜艇、05型基地扫雷舰等。

　　20世纪50年代，海军在华南的主要修造船厂有黄埔、榆林、汕头3家。海口原有的修理所改为码头修理所。此外，还在太平、清澜、龙门、东营、黄埔、新湾、上川等地设立码头修理所，规模都很小，只能从事简单的修理工作。

　　在第一个五年计划期间，广东省造船工业依据中央与地方造船分工的精神，将珠江水系所需的一部分中型船舶交由交通部所属船厂修建；水产部门所需的木质渔船，由水产部所属船厂自行修造；新建钢质渔船则由船舶工业局承建。至于船舶修理，除各用船部门自行承担一部分修理任务外，船舶工业管理局则承担舰艇及大、中型船舶的检修任务。

　　黄埔修造船厂于1955年建成为华南海军舰艇修理基地。此后，积极发展造船。试制0110型高速炮艇和05基地扫雷舰。1960年1月，该厂划归一机部九局领导，定名黄埔造船厂，以生产中型潜艇和水面舰艇为目标，进行大规模扩建。同年，海军在黄埔长洲和湛江另组建两家修理厂，并扩建榆林、汕头两家修理厂。其中，湛江修理厂于20世纪80年代初建成3万吨级船坞，当时为华南最大的船坞。

　　1955年，广东军区后勤部设立一家修船厂，即今七八一七工厂。

　　1955年初，交通部将设在广州东望的珠江航运管理局船舶修造厂（广南船坞旧址）和广州港务局修船所合并，设立广州海运局广州船舶修造厂。

　　1955年6月，珠江航运管理局船舶保养场并入18家私营厂，组成公私合营广州船舶修理厂，1958年9月改为广东省航运厅广州船舶修理厂。该厂于1959年迁至黄埔文冲。1962年12月，交通部将该厂收归部直接管理，更名为交通部黄埔船舶修造厂（后改成文冲船舶修造厂）。1963年3月，该厂经国务院批准建造1.5万吨级和2.5万吨级船坞各1座，成为华南地区最大的修船基地，并且逐步发展造船。

　　1958年初，广州第一造船厂下放归广州市领导，同年4月与交通部下放的广州船舶修造厂合并为广州造船厂。1961年7月，该厂收归第一机械工业部第九工业管理总局领导，并进行扩建和改造，至1970年，已具备造千吨级军舰和万吨级轮船的能力，成为华南地区最大的造船厂。

1963—1974年，交通部第四航务工程局、广州海运局、广州航道局、广州救助打捞局、广州远洋运输公司，先后在广州黄埔、沥滘等处立船舶修理厂或航修站。1977年，广州海运局又在湛江兴建湛江霞海修船厂。此外，广州、汕头、湛江、海口的航务局都先后设立船舶修理厂、外轮航修站、船舶保养场或船舶维修车间。

1963年，省航运厅新中国船厂由新中国机械厂和广东省航运厅船舶保养场合并组建而成。交通部将文冲船厂收归部属后，于1964年给广东省投资2 278.8万元，在广州新造岗建设新厂。1976年，六机部又规划该厂为千吨级军辅船定点生产厂，对该厂进行投资扩建，成为省属最大的船厂。1959年，省航运厅先后接管了江门船厂、粤中船厂，并对两厂进行改造和扩建，成为省属骨干船厂。1965年，省航运厅又于肇庆创建西江船厂，当时是作为新中国船厂的战备后方厂兴建的。

省航运厅和属下珠江、东江（惠阳）、西江（肇庆）、北江、广州、佛山、湛江、汕头、梅州、韶关、海南等航运管理局也都先后设立修造船厂或船舶保养场。

省农业厅水产局和属下市、县水产部门，在20世纪五六十年代设立的渔船厂有19多家，如省渔轮厂、广州市渔船修理厂和香洲、阳江、港口、汕尾、湛江、广海、汕头、蛇口、三亚、东方、海口等渔船厂。其中，广东省水产厅渔轮修造厂（今广州渔轮厂）原为南海水产公司于1953年收购5家小厂组成的渔轮修造工场，1954年秋迁至郊跃洲建厂，1958年将3家私营厂并入。1958年，该公司迁海南岛詹县白马并另设新厂，该厂由省水产厅直接管理。到20世纪60年代末，该厂已发展成为华南地区最大的渔轮修造基地，并成为中国三大渔轮厂之一。1959年，广东省水产厅另在湛江设立渔轮修理厂。1962年，广东省水产厅还接收了一批地方船厂为广东省属渔船厂，主要有：汕头配件厂（广东省渔船修造一厂）、汕尾渔船厂（二厂）、惠阳港口渔船厂（三厂）、珠江渔船厂（四厂）、台山广海渔船厂（五厂）、北海渔船厂（六厂）、阳江渔船厂（七厂）、海口渔船厂（八厂）。

在1953—1958年合作化和对资本主义工商业进行社会主义改造期间，为数众多的私营小船厂，先后合并、改造，成为地方国营船厂、公私合营船厂或集体所有制造船厂（社）。如汕头船厂、揭阳船厂、东莞船厂、道滘船厂、江门船厂、新会船厂、香洲渔船厂、珠江船厂等，都是由数家至二三十家小厂所组成。广州船舶修理厂（文冲船厂前身）则是由61家合营和单独经营的小厂所组成。

1963年8月，国家计委提出，造船工业具有军民结合、修造结合这一特点，

必须统筹规划，合理分工，全国一套，不能各搞各的，提出成立造船工业部，对全国修造船实行统筹的建议。同年9月，国务院撤销第一机械工业部第九工业管理总局成立第六机械工业部。

1966年9月，六机部为加强与地方的联系和船舶工业统筹管理，在广州成立华南造船指挥部，1968年8月改名为华南生产建设办公组，负责对华南（广东、广西、湖南三省（区））地区造船工业的调研、统筹、规划及统管上级交下来的计划产品，同时反映船厂的需求。

1971年4月12日，中共中央批准中央军委国防工业领导小组《关于国防工业管理体制的报告》，对国防工业实行中央和地方双重领导。同年8月，六机部撤销华南生产建设办事组，六机部在广东的直属厂广州造船厂、黄埔造船厂、华南机械厂、长征机械厂、万里机械厂和新成立的华南物资供应站同时接受部和省的双重领导，以部为主。同年，各渔船厂除省水产厅直接管理之外，其他各厂下放地方管理。

1973年2月，国务院成立全国船舶工业统筹规划办公室，负责研究全国造船统筹方案。六机部和交通部在造船统筹办公室的领导下，各自模拟造船、水运发展规划和确定重点建设项目，并采纳地方政府的意见，从产品生产统筹着手，与地方政府协商，将其主要企业的船舶生产纳入国家统计计划，而企业原有隶属关系不变。此后，六机部给地方下达部分造船计划，并给予部分钢材指标，统一分配，受到地方船厂的欢迎。

1973年11月，广东省军区将国防工办移交省革委会，在广东省革委会下设立军工局（即第二机械工业局），统一管理广东省军工企业及六机部属下的船厂和配套厂。

1974年4月，广东省成立造船统筹领导小组，负责修造船的统筹工作。1975年，省造船统筹领导小组对广东省主要船厂包括中央各部门在广东的船厂和配套厂的技术改造、扩建、新建进行全面规划，建立军舰、海洋船舶、内河船舶、渔轮、工程船舶等5个修造网，制定造船配套规划和船舶标准化等工作。在此期间，新中国船厂、江门船厂、粤中船厂、广州柴油机厂、建设机器厂等都进行了扩建。另外，新建了永红阀门厂、佛山锚链厂等一批配套厂。

1974年7月，六机部将广州、黄埔等厂下放，由地方和部双重领导，以地方为主，由省军工局管理。1976年冬，广东省将中央和省属企业下放当地市、县管理，广州、黄埔、新中国等船厂下放广州市机电工业局管理。1977年春，又交回省军工局和广东省航运厅管理。1978年7月，六机部将原来下放的企业收回。

广东船舶配套网点的建立，到20世纪50年代末已经开始。20世纪60年代初，船舶工业部门贯彻执行"自力更生、奋发图强"的方针，逐步走上立足国内、自行研制和建造现代化军用与民用船舶的发展道路。20世纪60年代，六机部投资数千万元，积极扶植一批船舶配套专业厂和定点生产厂。到1969年，全省已有55个工厂承担造船配套产品，其中有10多家机电工厂归口六机部管理，较具规模的有：广州柴油机厂、永红阀门厂、广州航海仪器厂、广州建设机器厂、广州向东机械厂、佛山船机厂、德庆阀门厂、西江航仪厂、西江机械厂、顺德船舶机械厂、南海船用锅炉厂等。

这一阶段，船舶工业以军品为重点。海军为加强对军工产品的控制、监督、检查和验收等工作，从1955年起，先后向广州造船厂、黄埔造船厂、广州柴油机厂等生产军用舰艇及舰用设备的工厂派出驻厂军代表，设立军代表室。1967年成立海军装技部广州工作组，具体领导华南地区海军驻厂军代表工作。

各船厂，特别是军工厂，经过多年建设和自我武装，拥有较大型和先进的设备，技术工种比较齐全，技术人员比较充实，材料物资供应条件较好，有比较丰富的生产管理经验。1965年，广州6家大船厂（广州造船厂、黄埔造船厂、文冲船厂、新中国船厂、广州渔轮厂和珠江船厂）建立每月一次的技术交流会。后来，在省政府的关怀下，由省经委牵头，将交流会扩大为"广东省主要船厂厂际协作会"，各厂轮流主持，互相调剂劳力余缺，开展生产协作及技术交流，克服设备所限的加工困难和技术、管理方面存在的问题，确保船舶建造的质量和周期。至1984年，参加厂际协作的船厂达24家，配套厂3家，对促进广东船舶工业的发展起了有益的作用。

在困难时期，为了克服木材和钢材供应不足的困难，1959年由珠江船舶修造厂试制成功广东省首艘30吨钢丝网水泥船。此后，在广州、南海、顺德、汕头、揭阳、汕尾、江门、湛江、台山等地的船厂和水泥制品厂，相继大批建造水泥船，仅佛山、湛江两地就有水泥船厂24家，职工约1 200人。后经省统筹协调，实行布点分工，重点扶植，在广州，中山小榄、顺德勤流、东莞石龙、斗门、湛江、汕头、揭阳等地形成专业厂，批量生产。这些工厂分属当地航运、交通、二轻或水产部门管理。最大的水泥船厂是位于南海县黄岐镇的广东省水泥船制造厂，有职工约千人，可制造千吨级钢丝网水泥驳船。

1975年9月广东省造船工业会议统计，全省共有大、中、小船厂497家，职工6.5万人，其中国营船厂81家，其余为集体所有制厂（社），另有配套厂73家。从造船能力来看，能造500吨以上船舶的有10家，职工2.49万人；能造100～500吨船舶的44家，职工1.3万人；能造100吨以下机动船的有122家，职工1.35万人。另外，修造小木船、小渔船的集体所有制厂（社）近300家。

船厂和配套厂分属各部门。其中，属六机部的船厂2家（职工1.25万人），属交通部的8家，属海军的4家，属广东省军区的1家，属广东省航运系统的28家，属水产系统的21家。配套厂属广东省一机系统的38家，属广东省二机系统的16家，属广东省电子系统的4家，属轻工系统的9家，属建材系统的2家，属公安系统的1家。

1975—1976年，六机部和省国防工办将新中国船厂、江门船厂、揭阳船厂、粤中船厂、东莞船厂、道滘船厂和新塘船厂列为归口厂，由六机部或省投资进行技术改进，并作为定点生产厂。

到1978年，广东建造的军用舰艇有：木质炮艇、"55"型高速炮艇、木质和铝制鱼雷快艇、"0110"型和"0111"型高速护卫艇、"05"型和"10"型扫雷舰（登陆艇）、"037"型反潜护卫艇、"65"型护卫舰、"33"型潜水艇、"051"型导弹驱逐舰等战斗舰艇，以及多种规格型号的军辅船，包括600~1 000吨油船、水船、布缆船、潜水打捞救生船和运输船等。

民用船舶有：2 000吨级以下驳船、50~3 000吨沿海货轮、13 000吨远洋货船、"红星号"内河和沿海客货船、"红卫""广亚""琼沙"等型沿海和近海客货船；40~1 000立方米挖泥船、100~1 960马力内河拖轮和沿海拖轮、5~120吨起重船等多种工程船；有多种型号的木质渔船和"96"型、"8003"型、"8004"型和"8104"型等钢质渔轮。

1953—1978年，造船产量共60.005万吨。从1970年前的年均造船产量1.07万吨，到1978年增加到7.62万吨。随着造船产量增长，船舶产品趋向大型化，提高了技术档次，职工队伍的素质在实践中也不断得到提高。

第二节 民用船舶恢复与发展

新中国成立以后，由于国内政治和经济的发展在不同阶段具有不同的时代特点。广东民用运输船舶的发展也深深打上了时代的烙印。

根据民用运输船舶的装运对象，将民用运输船舶分为客船（客货船）、驳船、水泥船、干散货船、液货船、集装箱轮和渡轮七个类别。

一、客船（客货船）

（1）概况。

20世纪五六十年代，珠江水系客（货）船是以"花尾渡"为代表。花尾渡产生于清末，是当时航行于珠江下游的一种较为理想的新式木质客货驳船。但花尾渡需由拖轮拖带，航速较慢，明显满足不了发展要求。

1968年，粤中船厂首制钢质自航内河客货船，有220个卧位，平均吃水1.6米，单机，单螺旋桨，航速约每小时19千米，取名"红星123"。此后，陆续建造20多艘，主尺度及其载客量不尽相同，但皆取名"红星×××"。这是第一代"红星"型内河客货船，其代表产品为"红星247"。第一代"红星"型货船因其吃水较深，不能常年航行于东平水道，故经济效益欠佳。

为此，省船舶设计研究所经过调查研究，改进设计出浅吃水、双机、双桨、隧道线型的内河客船。

1975 年，广州造船厂设计、建造珠江水系第一艘双体船，主尺度 33.05 米×10.8 米×2.9 米×2.0 米，片体宽 3.4 米，满载排水量 240 吨，可载客 1 200 人（座位），主机 2 机×240 马力，航速每小时 19.5 千米，此后，黄埔造船厂、文冲船厂和省渔轮厂等相继建造类似交通船。

1967 年初，汕头船厂设计建造 90 客位沿海短程客货船。1969 年，文冲船厂建造 1800 吨级沿海客货轮"红卫七号"。1971 年，汕头船厂设计建造 115 客位沿海客货船。1975—1979 年，文冲船厂续造"红卫七号"改进型船"红卫九号""红卫十号""红卫十一号"，排水量为 2 235 吨，载客位 525 人，载货量 250 吨。

（2）主要沿海客货船和航线简介。

"红卫七号"：本船由上海船舶设计院设计，于 1969 年文冲船厂建造，为沿海航行的柴油机客货船。钢质，双螺旋桨，艏柱前倾，巡洋舰式船尾，具有双层连续甲板，船机近艉部，船体结构为横骨架式，满足中国 1968 年钢质海船建造与入级规范中航行于二类航区的要求。船东广州海运局将本船用作航行于广州到海口之间定期航班。客舱设二、三、四等，二等舱 8 人、三等舱 204 人、四等舱 104 人，共载客 316 人，前后货舱可载杂货 200 吨，货舱口设有 1.5 吨起货机。主机为 GM12-278A 型二冲程柴油机，1 200 马力 2 台，航速 14.6 节，续航力为 1 000 海里。这是广东建造的第一艘沿海钢质客货船。

"广亚"型客船：本船为 1976—1978 年广州造船厂修改设计和建造。稳性满足 1974 年中国海船稳性规范 Ⅱ 类航区的要求，抗沉性满足一舱制要求，选用民主德国制造的柴油机造的柴油机 8NVD48—2U（增压），1 320 马力 2 台。配置 250 千瓦发电机组 2 套，6.5 吨一米液压舵机 1 台。客舱分成：二等舱 4 间，每间 4 人，共 16 人；三等舱 22 间，每间 6～8 人，共 166 人；四等舱 14 间，每间 10～36 人共 206 人；五等舱 2 间，分别为 60～72 人。总共可载客共 510 人。客舱前后各有一货舱，可载货 250 吨，货舱口设有 1.5 吨起货机 1 台，航行于广州、海口、三亚之间，船东为广州海运局。

（3）典型船型和航线。

1968 年，粤中船厂首制自航内河客货船"红 星 123 号"，此后，陆续又建造了 20 多艘系列船，均以"红星"系列命名，这是第一代"红星"型内河客货船，以"红星 247"为代表。

1945 年以后，沿海客运也得到了长足的发展。沿海客船主要有以下几个航线。

潮梅汕线：1967 年初，汕头船厂设计建造 90 客位和 115 客位沿海短程客货船。

穗海线（"红卫"型）：1969 年，文冲船厂建造的"红卫 7 号"轮，是航行于广州到海口之间的班轮，为广东建造的第一艘沿海钢质客货船。1975—1979 年，文冲船厂又陆续建造了"红卫 7 号"的改进型。

广亚线（"广亚"型）："广亚"型客货船为1975—1978年由广州造船厂设计制造，航行于广州、海口、三亚之间，船东为广州海运局。

琼沙线（"琼沙"型）："琼沙"型客货船为I类航区钢质柴油机运输船，兼作临时医疗船，由广州造船厂1978—1981年建造。该型船为三桨，双舵，可载客219人，载货200吨，载淡水150吨，续航力3 000海里，自持力12昼夜。航行于海南岛、西沙、中沙和南沙群岛之间。

二、驳船

（1）概况。

广东省内河驳船数量众多，有拖轮拖带或用机动驳顶推。20世纪60年代中后期，大批量发展动机驳船，多数为"一顶一"，少量尾"一顶二"型式的运输船组。因受航道的限制，驳船尺度小，吃水浅，长宽比小。据1984年统计，广东建造的驳船有甲板驳、半仓驳和仓口驳3大类，共48个品种。若按载货种类分，可分为货驳、煤驳、囤驳、油驳、泥驳、石驳、集装箱驳等。

油驳以所载货油品质不同而分为重油驳、柴油驳、汽油驳、粮油驳。油驳除设置油舱外，还设置有动力舱、泵舱、输油管及阀箱。有些装载原油的驳船，还设置有低压锅炉，便于给原油加热后泵输出驳外。

泥驳有开口、开底和开体三种类型。泥驳上设有发电机组，由发动机带动机械开、关泥门，有80、120、200、250、280、500、1 000立方米等多种规格。20世纪80年代后期开发的500、1 000立方米开体泥驳用电液压机械使泥驳门的两半体呈八字形分体，提高了卸泥效率。

煤驳和石驳多为甲板型驳船，其中有65吨变吃水煤驳、450立方米自动抛石驳。自动抛石驳设置有特殊结构的水舱，抛石时只需打开阀门，让水自动进入舱内使石驳倾斜到35度左右，甲板上的石块即可自动滑落水中，完成卸石任务。这种自动卸石驳于1966年由广州造船厂建造。

海洋驳船按其用途分为两种：一种是以港口装卸作业为主的港口驳，其船长受到一定限制；另一种是以运输货物为主的运输驳，其尺度无甚限制。其代表作品：港口驳有新中国船厂建造的600吨、1 200吨舱口驳，黄埔造船厂建造的2 000吨舱口驳，珠江船厂建造的1 000吨囤驳。运输驳有500、1 000吨货驳、1 800吨双壳驳、500吨油驳等。这些驳船，广州造船厂、黄埔造船厂、新会船厂、西江船厂、粤中船厂、揭阳船厂、汕头船厂等大中型船厂都有建造。

1959年，珠江船舶修造厂试制成30吨钢丝网水泥船后，广州、南海、顺德、汕头、揭阳、汕尾、江门、湛江、台山等地的船厂及水泥制品厂相继制成5吨、10吨、20吨水泥驳船和200吨沿海氨水泥驳船。广州地区还有25、30、35、60、120、200、240吨级水泥货驳船，都是定型批量生产。

（2）典型驳船。

广东省处珠江水系中下游，河道纵横，航运发达，内河之中，驳船众多。驳船一般由拖轮拖带或用机动驳顶推。20世纪60年代中后期，大批量发展机动驳船，多数为"一顶一"，少量为"一顶二"型式的运输船组。

20世纪50年代至70年代初，珠江水系的货运船舶以拖驳船队为代表。这个时期，广东内河基本上仍使用1949年前遗留下来的蒸汽机拖轮，以木质居多，钢质甚少，比较著名的钢质蒸汽机拖轮以大"东风"为代表，其蒸汽机和锅炉的体积质量较大，拖带力强，可以拖带1 000吨级货驳逆水上行西江，也是拖带广州五大客运航线（广州至梧州、肇庆、江门、三埠、石岐）花尾渡的主力。

三、水泥船

由于三年自然灾害，国家资源紧缺，同时为了减少木材的使用，国家大力推广钢丝网水泥船的发展，在20世纪六七十年代，水泥船在广东得到了很好的发展和使用。

1959年，珠江船舶修造厂试制成功首艘钢丝网水泥船后，广州、南海、顺德、汕头、揭阳、江门、湛江等地船厂相继制成水泥驳船。1969年，南海船厂建造出广东省第一艘250客位的水泥客货船"红星228号"。1970年揭阳船厂建造出广东省第一艘沿海水泥货船，载重量为600吨的"奋进号"（1980年改称为"粤海501"号）。1972年，南海船厂建造出全省第一艘108匹马力的水泥拖轮。

四、干散货船

新中国成立以后，随着广东造船造机业的发展，内河机动驳的出现，极大地推动了珠江水系内河货船的发展，进而带动了沿海货轮和远洋货轮的进步。

（1）内河机动货船。

内河机动货船分为甲板、半舱、舱口、顶推四种类型。据1984年统计，共有65种型号。

20世纪70年代设计的"一顶一"顶推船组共有五种类型，这些船组适航于浅水航道，实用面广，经济效益高，深受用户欢迎，成为珠江水系货运的主要船型。由于广东航道复杂，水位各异，流急弯多，曲率半径小，对分节驳顶推船组的使用和操纵都存在困难，码头、泊位的条件又不具备，因此"一顶一"顶推船组具有广东特色的优良船型。

随着造船技术的进步，广州地区出现了造型别致的专业货船，例如，番禺造船厂建造的50吨散装水泥卧式贮罐气动输送专用船；珠江船厂制造的全国第一艘螺旋输送自航自卸300吨散装水泥运输船和500吨散装水泥运输船、200、300吨A级航区自航自卸运砂船等。江门船厂建造550立方米散装水泥货船。

（2）主要远洋货船简介。

"阳"字号13 000吨远洋货船：1972年3月，广州造船厂开工建造"阳"字号万吨级远洋货船，标志着广州船舶工业跃上了一个新台阶。该船以上海江南造船厂建造的"岳阳号"图纸为基础，按船东广州远洋运输公司的要求，由广州造船厂做了修改设计，主要是增加纵向强度及机舱结构强度；将主机功率从8 800马力增加到12 000马力，航速亦从原来的17.4节增加到18.6节；船上装有国产的751型雷达2台，航海I型电罗经、测向仪、计程仪、测深仪、定位仪等多种导航设备；采用上海704研究所设计、广州造船厂自行制造的65吨一米转叶式液压舵机等。该船机舱设备共13项25台，甲板机械8项28台，通风导航设备13项16台，合计34项69台。除主机、发电机组进口外，其余皆由国内配套供应。本型船共建造7艘，其中第三艘"揭阳"号的主机是广州市柴油机厂1975年试制的6ESD75/160B型低速柴油机，12 000马力。另外，第七艘船的通讯导航设备，改用了进口设备。

（3）典型船型。

内河机动货船主要有甲板、半舱、舱口和顶推四种类型。

20世纪60年代中后期，针对东江和北江浅水河道的特点，建造出50吨级水焗型机动甲板驳货轮；针对西江干流和珠江三角洲河道较深特点，建造出120吨级水焗型机动甲板驳货轮。

内河顶推货船，20世纪70年代设计出优良的"一顶一"顶推船组，主要有五种类型："团结—胜利"船组（50吨货船顶65吨甲板驳）；"大团结—胜利"船组（80吨变吃水货船顶100吨变吃水甲板驳）；"前进—粤江"船组（110吨货船顶625吨甲板驳）；"大前进—粤江"船组（200吨货船顶400甲板驳）；西江上游干支流顶推船组（40吨货船顶50吨甲板驳）。"一对一"顶推船组是具有广东特色的优良船型。

新中国成立初期，沿海运输货轮主要是原招商局和民营轮船公司船舶，其中招商局"登禹轮"，3 200吨载重量，是当时广东最大吨位的货轮。随着国内造船业的发展，广东沿海干散货船也得到了长足的发展。1955年汕头船厂建造1艘100吨级木质沿海货船。20世纪60年代广州造船厂、文冲船厂、江门船厂等船厂批量建造了50、100、150和200吨级沿海、近海货船。1968—1970年，广州造船厂建造800吨级沿海货船，批量共9艘。20世纪70年代，新中国船厂、文冲船厂等船厂批量建造了400吨、600吨、1 000吨等沿海货船。1975年从香港益丰接收的"红旗101、103、104、105、106"5艘三岛式柴油机货轮，是广州沿海运输中最早出现的万吨级货轮。

远洋运输货轮，在新中国成立后也开始由无到有、由进口到自己制造。20世纪70年代，广东沿海及远洋货轮主要是"红旗"系列，其中"红旗163"轮为大连船厂制造，是广东最早的远洋国产货轮。1971年，广州造船厂开工建造

"阳"字号万吨级远洋货轮,标志着广州船舶工业跃上新的台阶。该型船共建造
7艘,为13 000吨级。

五、液货船(油船)

新中国成立前,广东沿海基本没有油轮运输。新中国成立后,直到1967年,
上海沪东船厂为广州海运局建造了"大庆202""203""204""205"4艘300吨级
油轮,是广东最早拥有的油轮。"大庆"系列油轮是广东油轮主力船型。1971
年,广州远洋运输公司接受退役2.05万吨油船"大庆230"轮是广东最早的万吨
级油轮。1976年,中国远洋移交给广州远洋的"大庆250""251"油轮,是广东
最早的4万吨级以上沿海油轮。1977年,天津远洋移交广州远洋的7.1万吨级
"大庆252"号油轮是当时国内载重吨最大的沿海运输油轮。广东本土建造的液
货船(油轮)主要有油船、供水船、成品油船、化学品液货船等几类。1957年,
广州造船厂首次开工建造300吨沿海油轮。1957—1965年,黄埔造船厂建造了
600吨油船、水船各一艘。1966—1968年,粤中船厂、省渔轮厂建造援越的50吨
级油船共80多艘。1967年,广州造船厂建造600吨供水船,1970年建造600吨油
船,1974年建造1 000吨油船。同期,新中国船厂建造600吨油船和600吨水船。
1976年,六机部指定新中国船厂为1 000吨级油船的定点批量制造厂,在1976—
1982年,共建造1000吨级油船24艘,1 000吨级水船8艘。汕头、江门、新塘、
西江、粤中等船厂也分别生产500、600或1 000吨油轮。

1988年,广州造船厂按英国劳氏规范设计,承造香港万邦海运公司的25 500
吨成品油轮。该船满足16种有关国际公约、规则及条例要求。主机采用国产
HD-MAN,B&W5L60MCE,MCR8400马力,服务航速14节,装载石油产品及14
种闪点在60摄氏度以下的货油。该船最大的特点是对货油舱及其管系选用英国
公司的CAMREX公司的CAMKOTEA2油漆为特种涂料,以保护钢材免遭成品油
腐蚀,同时使货油不受污染。该船大部分采用进口机、电、通信、导航设备,占
总量81%。该船型跨至1991—1992年各完工1艘。

六、渡轮

新中国成立以后,作为接驳渡口的小型机动渡轮得到迅猛发展。这些小型渡
轮,各地方船厂都有生产。代表性的有1967年,广州造船厂建造了2艘42米火
车渡轮。其后,湛江、江门、汕头、揭阳、新会等船厂,分别建造了4车、8车、
12车渡轮,其中江门船厂建造出21车轮渡,排水量1 006吨,882马力。

第三节　渔业船舶与工程船舶

一、渔业船舶

广东省建造的渔船有木帆渔船、机帆渔船、木质渔轮、钢质渔轮、水泥渔轮、玻璃钢渔船等。

（一）木帆渔船

20世纪50年代，广东沿海各地建造的渔船，以木帆渔船为主。据广东水产厅1956年调查统计，木帆船有5万艘，其中5吨以下占79%，5～10吨占8%，10～20吨占6%，20吨以上占7%。广东木帆渔船共分6大类124种：

（1）拖网渔船35种。如粤东的包帆、横拖、开尾、粤中的七艖、虾罟，粤西的三角艇、外罗和北海大拖，海南的临高拖风等。这些渔船大部分为近代船型。20世纪50年代，汕头、汕尾发展有七帆七一式拖网船。

（2）围网渔船11种。如湛江、佛山地区的索䑩。

（3）刺网渔船32种。如宝安的三黎、江门的罟仔、海南的飞渔船等。

（4）钓鱼船18种。如海南的母子式红鱼钓船和红骨钓船。母子式红鱼钓船等有小艇22～24艘。

（5）定置网渔船14种。如海南的张网船。

（6）其他渔船14种，如西沙特产船、䑩母等。

（二）机帆渔船

20世纪50年代开始，广东各地发展了一批木质机帆渔船，主要船型有：

（1）大罟仔型机帆船（刺网渔船）：江门造。2桅，排水量44.7吨，载重量10～20吨。

（2）五四式机帆船（拖网渔船）：北海、澄迈造。3桅，排水量94.5吨，载重量50～60吨，主机有的达到90马力，航速6节。

（3）五八式机帆船（拖网渔船）：北海造。3桅，排水量137.5吨，载重量60吨，航速6节。

（4）鲜拖型机帆船（拖网渔船）：珠海造。3桅，排水量36.3吨，载重量10～25吨。

（5）挖䖙艇型机帆船（其他渔船）：台山、新会、珠海等地造。3桅，排水量94.2吨，载重10～30吨，一般安装有90马力主机，航速6节。

此外，广州造船厂于1957—1962年建造90马力拖网机帆船4艘；惠东港口渔船厂建造135马力、载重量40吨渔船20艘，80马力、载重量25吨渔船30艘，60马力、载重量20吨渔船45艘，另建造大批机动小渔船；海康县企水造船厂也建造91吨和145吨机帆渔船。

（三）木质渔轮

南海水产公司渔轮修造厂批量建造木质机动渔轮。1954年建造250马力对拖网渔轮2艘，排水量各223.6吨，载重量65吨，航速9.7节；1954—1957年建造104型拖网混合式（单拖网渔船）渔轮6艘，排水量246.7吨，载重量80吨，主机功率250马力，航速9.75节；1955—1957年建造200马力对拖网渔轮22艘，排水量188.2吨，载重量55吨，航速9节。

1960—1962年黄埔造船厂建造木质机动渔轮4艘，其中600马力、排水量210吨、航速10节2艘，120马力、排水量80吨、航速7.81节2艘。

惠东港口渔轮厂建造250马力，载重量100吨木质渔轮。

珠海香洲船厂建造890马力，载重量180吨木质渔轮。

汕尾渔船厂主要产品为185～250马力、100～300吨木质渔轮。

海口渔船厂主要产品为200～300马力、载重量20～90吨木质渔轮。

阳西县沙扒渔船厂建造600马力木质渔轮。

（四）钢质渔轮

武昌造船厂（现武昌船舶重工集团有限公司）1955年在广州广安工地为南海水产公司设计建造钢质拖网渔轮"南海102号"，主功率250马力，排水量238吨。这是广东省建造的第一艘钢质渔船。

1957—1961年广州造船厂建造250马力钢质拖网渔船13艘，300马力2艘；1961—1964年建造400马力钢质武装渔船6艘。

广州渔轮厂自1959年起，设计建造钢质渔轮并开发多种型号，包括1959—1963年建造96型拖网渔轮15艘，排水量272吨，主机功率400马力，航速10.5节；1965年与华中工学院（现华中科技大学）共同设计远海冷藏混合式（拖钓混合）渔船1艘，排水量372吨，主机功率600马力，航速11节；1970年建造8003型尾拖网渔轮，1974年改进为"8004"型，排水量403吨，主机功率600马力，航速12.1节，共建造48艘；1976建造"8104"型冷冻尾滑道拖网渔轮，排水量487吨，主机功率600马力，航速12节，以后不断改进为A、B、C、D、E、F、G、H等8个品种。

二、工程作业船舶和特种船舶

工程作业船舶种类甚多，设备复杂，专业性强。工程船舶按用途可分为拖轮、挖泥船、起重船、布缆船、航标船、浮船坞、海洋调查船、打桩船、救助打捞船以及特种用途工作船等。

（一）拖轮

拖轮按作业区域可分为内河拖轮、港口拖轮、沿海拖轮、近海拖轮等多种

类型。

1952年，广州船舶修造厂建造200马力钢质铆钉结构拖轮"建运222"，其蒸汽机从木质拖轮上拆下，锅炉由上海张华浜船厂来广州建造。此后，直至1963年1月，广州造船厂建造电焊钢质蒸汽机拖轮10多艘，其功率为100、180、280、560马力，以后就不再建造蒸汽机拖轮了。1959年，江门船厂建造2艘60马力钢质拖轮。1964年初，汕头船厂建成90马力煤气机钢质拖轮"韩江15号"。

1966年，广东省建造了240马力柴油机浅水拖轮共12艘，该拖轮双机、双桨、双轴、配导管螺旋桨。

（二）挖泥船

（1）抓斗式挖泥船：黄埔修造船厂于1957年建造1艘，排水量180吨；广州造船厂于1961—1966年共建造120立方米、60立方米两种挖泥船10艘；汕头、揭阳、江门、新中国、四航局等船厂，先后建造不同规格抓斗式挖泥船。

（2）绞吸式挖泥船：新中国船厂、广州造船厂、文冲船厂、珠江船厂、广州航道局船厂、斗门船厂、道滘船厂、汕头和揭阳等船厂，先后建造10多种型号绞吸式挖泥船。其中珠江船厂建造200立方米绞吸式挖泥船1艘，最大挖深10米，排送1 000米，排高10米，排量100立方米/时；新中国船厂建造"新广东三号"350立方米绞吸式挖泥船，最大挖深15米，排送1 500米，排高10米；东莞道滘船厂于1974—1977年建造挖泥船49艘，1975年起为省定点生产厂。

（三）起重船

广州造船厂、黄埔造船厂、文冲船厂、四航局船厂、斗门船厂和汕头船厂建造有5吨、30吨、50吨、100吨、250吨、500吨起重船。50吨、100吨起重船上的起重机为四联杆式高架起重机，可旋转、变幅；250吨、500吨起重船的起重机是把杆式钩10吨，双机，双桨，90千瓦，自由航速4.6节；500吨起重船，主钩250吨2只，副钩25吨2只；100吨以上起重船均为非自航式，需依靠拖轮拖航。

（四）布缆船

1969年，广州造船厂建造一艘布缆船，可装载电缆70千米，适用于江河、港湾内和沿海岛屿间敷设、打捞和修理海底电缆。1974年，黄埔造船厂将3 760吨旧舰改装成布缆船，可敷设海南岛至西沙群岛海底电缆。

（五）航标船

广州造船厂、新中国船厂、江门船厂、西江船厂、鹤山船厂均有建造航标船。广州造船厂建造的航标船，设有12吨液压起重机1台，6吨拉力绞盘机2台，用于沿海港口布设航标及对其维护，并可承担沿海各岛屿灯塔的补给工作。

（六）浮船坞

黄埔造船厂1969年建造举力1 800吨浮船坞。广州造船厂1970年建造举力1 700吨1艘。文冲船厂1978年建造举力5 000吨"越秀山号"。

（七）海洋调查船

海洋调查船主要建造厂为广州造船厂、黄埔造船厂。此种船可航行于一类航区，用于航道测量、气象观察、水文观察、石油勘探、发布水文天气预报。各船按任务不同，配有专用设备及专业技术人员。珠江船厂建有400马力水文调查船1艘，广州造船厂建有"635"型测量船1艘，西江船厂建有浅海测量船1艘。

（八）打捞救助船

1960年，广东省渔轮厂建造打捞船一艘。1969年，又建成400马力400吨浅海打捞船1艘，该船可打捞700吨以下沉船。其后，新中国船厂建造590马力打捞船一艘。船上有25吨及75吨起重机两台。1973年，广州造船厂建成"922"型南海打捞船一艘，该船主要打捞100米水深内的沉船，以浮筒式打捞为主。可根据沉船破损情况，采用封舱打捞。该船配有潜水救生钟，可救援沉没潜艇艇员。

第四节　军用舰船发展概况

新中国成立后，广东军区江防部队和中南军区海军早期的船舰，主要有黄埔造船所和广州20多家民营小船厂、船用机械厂抢修缴获、打捞和购买的旧舰船，以及国民党海军起义的炮艇。自1952年起至1990年。新造的军用舰船有10多种战斗舰艇和多种辅助舰船。

一、水面舰艇

（一）炮艇

（1）木质炮艇。

1951年7月，中南军区海军在广州广安满记船厂建造150吨木质炮艇1艘，1952年完工，命名"先锋二号"。该艇主机由协同和机械厂安装，黄埔造船所安装37毫米炮1门，12.7毫米机枪两艇，这是当代广东省建造的第一艘炮艇。

1954年8月至1955年3月，海军黄埔修造船厂在广州凤凰岗设分厂，建造木质炮艇3艘。该艇由中南军区海军舰船修造部总工程师伍景英设计。主要尺度长28.28米，宽4.57米，型深2.7米，空载排水量80吨，主机为GM8-268A1台，500马力航速13节。主要设备：37毫米炮1门，12.7毫米机枪四艇，深水炸弹架1个，装弹4枚。

（2）50吨炮艇。

1954年4月到11月，上海江南造船厂在黄埔修造厂设工地，建造"53"甲型炮艇12艘、"54"甲型炮艇4艘，主尺度为长24米，宽4.25米，型深2.44米，排水量50.19吨，钢质，全电焊。

（3）"55"甲型高速炮艇。

1956年11月，广州造船厂建造钢质、全电焊"55"甲型高速炮艇。该艇由上海设计院二室设计，主尺度为长25.4米，宽6米，型深3.4米，满载排水量80吨，配主机2台300（部分2×150）×1 200马力，4个螺旋桨，航速23节。配双管37毫米炮2门，双管12.7毫米机枪2艇。至1959年共建造34艘。

（4）"0110"型高速炮艇。

该型艇于1958年8月由海军南海舰队修理部与黄埔修造船厂联合设计，由黄埔修造船厂建造。该艇满载排水量120吨，主要武器装备为双管37毫米炮和12.7毫米高射机枪，并配有小型深水炸弹、沉底水雷。至1963年共建造3艘。

（5）"0111"型高速护卫艇。

该型艇是由船舶设计院八所参照原有四型高速炮艇（"0105""0108""0109""0110"）重新设计，黄埔造船厂于1963年8月建造，并发展为甲型、D型和丙型舰。该艇排水量120吨，至1977年共建造53艘。

（二）鱼雷快艇

（1）"02"型鱼雷快艇。

1955年8月广州造船厂新造苏联转让的"02"型木质鱼雷快艇。该艇主尺度为长25.3米，宽6.4米，型深1.7米，主机是4×1 200马力柴油机，航速43节，装备2座鱼雷发射管和双管25毫米火炮2门。至1977年共建造12艘。

（2）123M鱼雷快艇。

1956年6月，海军二〇一工厂（"一号工地"）负责苏式1236MC型铝质快艇改装工程。至1958年5月，共改装6艘。该工程船体大修，更换全部设备、管路，工作量比建造还大。改装后代号"123M"型，正常排水量20.64吨，航速不低于48节，配有鱼雷发射管2座和双管12.7毫米机舱。

（三）猎潜艇

（1）"04"型猎潜艇。

该潜艇也属苏联转让中国制造的五型舰艇之一。1955年7月，由大连造船厂在黄埔造船厂设四〇四工程处建造，1956年9月完工，共建造6艘。该型潜艇排水量319.6吨，主要武备有舰炮、机枪、深水炸弹发射装置和布雷装置。

（2）"037"型反潜护卫艇。

该型艇为中国自行研制的大型反潜护卫艇，由船舶设计院一室设计。首舰由大连造船厂于1962年2月派员到黄埔造船厂建造，并由黄埔造船厂派员参加试制。主要材料和设备向苏联订货。第二艘由黄埔造船厂建造，除主机是从苏联进口外，其余设备都是国内制造。第三艘起由黄埔造船厂批量生产，材料设备全部国内配套。1985年起进行现代化改装，该型艇排水量375吨，配有4座5管火箭式深水炸弹发射装置及布雷装置、双管57毫米和双管25毫米火炮，航速30节。

（四）"05"型、"10"型基地扫雷舰

"05"型舰属于苏联转让中国制造的五型舰艇之一。由武昌造船厂广安工地、广州造船厂、黄埔造船厂于1958—1960年建造。该舰排水量575吨，主机2×600马力，航速15节，装备有舰炮、多种机械及电力扫雷和布雷装置。

1967—1970年，广州造船厂用国产材料建造基地扫雷舰一批，代号"10"。

（五）护卫舰

（1）"海防七"护卫舰。

该舰是利用第二次世界大战中被炸剩后半段的日本残舰重新设计建造的。将该残舰进坞测绘线型，再设计前半段的线型与之相配成一完整线型，上层建筑、舱室布置及武备全部重新设计。该舰由江南造船厂在黄埔修造船厂设工地施工，1955年交船。该船主尺度为长78.3米，宽9.06米，型深5.2米，排水量1 050吨，主机为日式10缸柴油机2台、4 200马力，航速19节，配有100毫米、37毫米火炮各3门，是20世纪五六十年代，海军南海舰队的旗舰。

（2）"65"型护卫舰。

该型舰为中国自行研制配套的护卫舰，主尺度为长90米，宽10.2米，型深6.8米，满载排水量1 198吨，主机2台×3 300马力，航速21节。广州造船厂于1965年8月建造，各项设备及大部分舾装件由江南造船厂成套转让。至1969年共建造4艘。

（六）"051"型导弹驱逐舰。

"051"型导弹驱逐舰是中国自行设计制造的第一代中型水面舰艇，材料和设备全部立足国内，排水量3 000吨。主要武备有舰炮、舰对舰导弹发射架、大型深水炸弹发射装置和其他武器，并有电子控制系统。广州造船厂于1970年开始建造。其中"164"舰于1990年荣获国家银质奖。

（七）登陆艇。

广州造船厂于1962—1966年建造"55"型小型登陆艇67艘，主尺度长17.10米，宽4.47米，型深4.77米，排水量68.6吨，航速8.5节；1970—1974年建造"068"型小型登陆艇23艘；1974—1981年建造"079"型中型登陆艇27艘，排水量730吨。

（八）巡逻艇。

1957年黄埔造船厂建造由该厂自行设计的18吨公安巡逻艇3艘，主尺度为

长16.03米，宽3.3米，型深1.8米，主机为GM6-71柴油机2台×225马力，航速16.5节。

此外，广州造船厂、汕头、揭阳、新塘等船厂都曾建造港口或内河巡逻艇。

二、其他舰船

（一）水下舰艇

"33"型潜水艇是中国自行设计的中型常规动力潜艇，设备由国内配套。1969年由武昌造船厂、江南造船厂和黄埔造船厂联合组成"八二八"工地进行建造。1970年黄埔造船厂完成首制艇，后续批量建造。

（二）军辅船

自1953年起，中南军区海军在广州、海南、西营等地建造25吨木质交通艇、50吨木质机帆船；汕头0951部队造船厂于1953—1954年建造一批机帆船。此后广州造船厂、黄埔造船厂、七八七厂和地方部分船厂（新中国船厂、汕头船厂、江门船厂等），建造多种型号的军辅船有拖轮、油轮、水船、海洋水文断面调查船、水声工作船、布缆船、打捞救生船、潜水工作船、潜水救生船、消磁船、吊杆船、起重船、沿海货驳、医疗船、运输船、打桩船、泥驳等。

第五节　援外、外贸及对外交流合作

新中国成立后，广东船舶工业早期对外贸易和交往，主要是在香港等地购买旧船，船用机械和配件。1950年10月抗美援朝战争后，和苏联等社会主义国家有产品和技术交往活动。1950—1957年先后有24名苏联专家到广州参加修造舰船的指导工作。船舶产品出口，始于1956年，至1978年以援外为主，共出口各种船舶514艘，74 338吨。并派出技术人员为出口产品做售后服务和为受援国培训操作人员。

一、援外出口船舶

1956—1978年，援外出口船舶（包括军援和带援外性质的外贸出口）均由国家下达计划，交由船厂建造，其中以援越产品占首位。

1956年8月，一机部派出援越造船小组赴越南商谈舰船订货规格，包括巡逻艇、引水船、拖船等62艘，大部分安排在广州建造。20世纪60年代，大量增加援越造船。至1975年，广东建造的援越船舶包括"55"甲型高速炮艇、运输船、渔轮、火车渡轮、打捞船、引水船、消磁船、巡逻艇、登陆艇等600多艘。其中，最小的排水量为10吨、40马力内河巡逻艇，最大的为800吨沿海货驳，批量最多的是50～100吨货轮、油轮，共328艘。这些援越产品，大部分由广州造船厂、黄埔造船厂、新中国船厂、省渔轮厂、文冲船厂、江门船厂、粤中船厂和西江船厂等8家船厂建造，共计486艘，65 916吨。这些产品多数是国内设计、国内配套的产品，有的是按受援国的特殊要求作专门设计或按国内产品改装设计。

为加强华南地区备战和援越造船，1965年5月，大连造船厂根据六机部的决定，在广东省湛江市建立造船工地。该工地至1968年共建造援越100吨油驳、100吨内河货驳，100吨和200吨机动驳合计92艘。1966年，沪东造船厂将中国援越的1艘1 000吨货轮拖至广州续造，完工后在广州交船。同年，江南造船厂梧州工地建造的援越39艘149型货船在广州造船厂东部码头交船。

在援越造船的同时，根据国务院关于接受培训越南技术干部和公务任务的通知，广东省委于1966年12月组成培训越南实习生办公室，广东省航运厅内河运输局在接受了培训200马力左右轮船驾驶员和柴油机管理员（相当于轮机长水平）的任务后，成立越南实习生培训队，开办了轮机和驾驶两个专业班。于1967年1月上旬开课至1968年6月上旬结束，为期一年半。

轮机班实习生100名，经过钳工、船舶结构画图及基本训练，对船用柴油机工作原理及主机拆装、技术管理、随生产船值班及顶班劳动等课程及训练以后，具备了独立工作的能力。驾驶班实习生99名，通过有关驾驶知识理论讲解及基本训练后，分别到不同航线的各种类型船舶跟班操作，具备了驾驶员水平。以上199名实习生，均达到了交通部规定的培训大纲要求，全部按期毕业。

新中国船厂也根据交通部及广东省人大越南培训办公室的安排，以该厂为主，与广州造船厂、文冲船厂、广东省水产厅渔轮厂联合组成代越培训队，于1966年1月至1968年9月分两批对越南学员进行渔船铆工技术培训。第一批198人（1966.2—1967.2），学习期限1年；第二批60人（1967.3—1968.9），学习期限1年6个月。经过学习期满考核，均可达到三级工技术水平。

除援越产品外，从1970年起，广州造船厂、黄埔造船厂和省渔轮厂等还建造军援和外贸出口坦桑尼亚、柬埔寨、扎伊尔、喀麦隆、巴基斯坦等国的舰艇、民用船舶、汽车轮渡和渔船。

二、援外建设工程

广东援外船舶建设工程主要有援助刚果人民共和国兴建国家造船厂工程；援助朝鲜民主主义人民共和国建造浮船坞和改装救生船工程。

（1）援建刚果国家造船厂工程。

该工程是交通部第一个成套援外建设船厂项目。于1966年立项，1967年进行考察，1968年中、刚双方签订会谈纪要。该工程由广东省航运厅援外办公室承办，于1970年3月动工，1971年9月竣工并投入试产。1972年3月9日，我方将该船厂连同试产的100客位、载货量20吨的木质客货船移交刚果，刚方将该船厂命名为"国家造船厂"，该船舶命名为"国庆号"。此后，中、刚双方转为技术

合作。

刚果国家造船厂位于布拉柴维尔市姆比拉区刚果河畔洛拜兹角，占地面积27 200平方米，建筑面积4 596平方米。厂内建有办公楼、船台车间、轮机车间（含电工车间）、木工车间、铸工车间、锯木车间、木工车间，并有控制台、放样间、仓库、干木库及露天和室内船台各1座，横向高低轨滑道1座，可生产600吨以下驳船、2×240马力顶推船、客货运输船、渡船等。该厂原以建造木质船为主，后经我国政府再次援助，于1982—1983年进行改造工程，成为制造钢质船的船厂。

中国援建刚果国家造船厂工程，从1966派员考察到1987年结束，历时20年，共派出建设和技术合作人员304人次。1972年转入技术合作后，该厂造船25艘，修理军用、民用舰船一批。锻造、机械加工和锯木车间等，除满足本厂需要外，还对外经营，使该国造船业开创了新的历程。

（2）援建朝鲜浮船坞、救生艇改装工程。

1972年4月，六机部在北京召开广东省国防工办、广州造船厂和七〇八所参加的会议，研究援助朝鲜建造浮船坞事项，决定由广州造船厂和七〇八所提供设计图纸，并配套设备清单，报请国家作为援外重点项目予以解决。

在朝方建造浮船坞时，由广州造船厂派出工程技术人员李昆峰等9人进行技术指导。此项工程经广州造船厂和兄弟企业的努力，以及赴朝人员的辛勤劳动，按时、按质、按量顺利完成任务。

援朝改装救生艇工程，是中、朝两国代表于1974年8月在平壤签订议定书确定的，由广州造船厂援朝改装救生艇一艘，经过广州造船厂和有关单位的通力合作，该项工程按期顺利完成，并移交朝方。

三、对外交流合作

20世纪50年代，广东船舶工业对外技术交流，主要是向苏联专家学习。根据中苏签订的协定，先后有四批苏联专家来广东指导海军建厂和修造船工作。首批4人由苏联专家组长巴甫洛夫少校率领，于1950年10月抵达黄埔，1951年增加专家2名。第二批于1952年到达广州，由米尔尼克海军上校和西行罗夫中校率领，人员9人。第三批于1953—1954年先后到达广州，由克维特洛海军上校率领，人员9人。这些专家主要是作为中南海军的顾问，直接参加修造舰船的设计，提供图纸和现场施工指导，同时还参加了对黄埔两个石坞的勘察。1953年3月，船舶工业局局长程望偕同苏联专家组到广州勘察和选定建造02型鱼雷艇工厂的厂址。1955—1957年，广州造船厂建造02木质鱼雷快艇期间，苏联派出以阿符捷耶夫为组长的专家组9人驻厂指导生产。

1954年6月至1955年3月，海军黄埔修造船厂派出6名干部到大连中苏造船公司学习企业管理。1955年，海军二〇一、二〇二、二〇三工厂派出10名干部到旅顺,向苏联专家学习生产计划管理和财务管理。通过向苏联专家学习,并借鉴苏联工厂管理和修造舰船的先进经验,各船厂的技术管理工作水平有了显著提高。

与此同时,广东的船厂也为其他社会主义国家培训技术人员。1959年和1966年,越南民主共和国两次派出共26人到黄埔船厂学习铸造、消磁技术和船厂企业管理经验。

本章参考文献

[1]　广东省地方史志编纂委员会.广东省志·水运志[M].广州:广东人民出版社,2006.

[2]　广东省地方史志编纂委员会.广东省志·船舶工业志[M].广州:广东人民出版社,2000.

[3]　广东航运史(现代部分)编委会.广东航运史(现代部分)[M].北京:人民交通出版社,1994.

[4]　交通部珠江航务管理局.珠江航运史[M].北京:人民交通出版社,1998.

[5]　广州港集团有限公司.广州港志[M].广州:广东出版社,2016.

[6]　广州远洋运输公司.艰难历程 光辉业绩[M].广州:广东人民出版社,1991.

[7]　马宗梅.光辉的航程:广远成立50周年巡礼[M].广州:广东人民出版社,2011.

[8]　慕安.建国初期民生轮船公司的公私合营[J].钟山风雨,2009(3):4-7.

[9]　唐玉静.上海内河航运业社会主义改造研究(1949—1957)[D].上海:上海师范大学,2018.

[10]　袁森.1949—1956年民生公司的"公私合营"[D].上海:复旦大学,2011.

[11]　苏生文.试论中国近代水运中的帆、轮消长[J].湖北师范学院学报(哲学社会科学版),2010(2):89-89.

[12]　孙国庆.中国内河航运回顾与展望[J].中国水运,2001(1):29-31.

[13]　陈建平,关伟嘉,端木玉,等.广东船舶发展简史[M].哈尔滨:哈尔滨工程大学出版社,2018.

[14]　叶显恩.广东航运史·古代部分[M].北京:人民交通出版社,1989.

[15]　交通部珠江航务管理局.珠江航运史[M].北京:人民交通出版社,1998.

第十五章 改革开放后的广东船舶工业

1978年12月中国共产党第十一届中央委员会第三次全体会议（简称十一届三年中全会）后，广东省船舶工业进入了改革开放的阶段。在这一阶段，各厂转变观念，实行转轨转型；从单纯为国内造船，发展到以国内为主，积极出口，开拓了国际市场；从单纯造船、修船发展到以船为本，多种经营，开发了新的非船产品；从生产型转变为生产经营型，企业获得了自主权，增强了活力；一些以军品为主的船厂，完成了军转民的变革。

第一节 船舶工业发展概况

1978年12月，十一届三中全会提出全国工作重点转移到社会主义建设上来，制定以经济建设为中心，坚持四项基本原则，坚持开放改革的基本路线。据此，国家对船舶工业的建设进行了重大的调整，从过去的"军民结合、以军为主""修造并举、以修为主"，调整为"军民结合、军品优先"及"修造结合、以造为主"的方针，主要发展民用产品；在生产经营上提出"国内为主、积极出口，船舶为主、多种经营"的方针。

一、管理体制转变

为适应改革开放的新形势，六机部于1979年初决定以广东地区为试点，进行管理经营体制改革。3月19日，邓小平指示：六机部可建立上海、大连、广州三个造船专业公司。同年7月，广东省造船统筹领导小组办公室改称广东造船办公室，受广东省计委、广东省经委领导，负责广东省修造船业，包括配套工业的统筹工作。

1980年1月，成立广东造船公司，受部和省双层领导，以部为主，管理六机部在广东的2家直属厂和华南打捞管理处，并归口管理广东省属的24家船厂和配套厂。同年，广东造船公司与新加坡华昌国际有限公司，以合股形式，在香港成立华昌国际船舶有限公司，开拓出口业务。

与此同时，广东省航运管理局于1980年2月1日成立广东省航运船舶工业公司。主管原省航运局所属新中国船厂、江门船厂、粤中船厂、西江船厂、广州船舶机械厂。该公司还归口管理汕头船厂、潮州造船厂、南海造船厂、惠州船厂、惠阳航运公司船舶保养厂、湛江造船厂、顺德造船厂、鹤山船厂、北江船厂、斗门船厂、道滘船厂、新塘船厂、松口船厂。

广东省水产局成立广东省渔船工业公司，主管香洲渔船厂、阳江渔船厂、港口渔轮修造厂、湛江渔船厂、广海渔船厂、蛇口渔船厂、海口渔船厂和汕头渔机厂。

广东省国防工业办公室成立岭南工业进出口公司，主管17家船舶配套专业厂和新会、揭阳、东莞3家船厂。1981年12月，该3家船厂划归省航运船舶工业公司管理，17家配套厂则另行成立联合性质的广东省船舶配套工业公司。

1982年8月，广东地区的海军修造船厂也组成华南修造船公司（该公司于1989年撤销，海军各船厂归属各基地装备修理部管理）。在此前后，各市、县主管船厂的局也改设为航运公司、机电工业公司、渔业公司等。

1982年5月4日，国务院撤销六机部，成立中国船舶工业总公司。5月14日，撤销广东造船公司，成立广州船舶工业公司，管理两广地区原六机部所属的船厂、船机厂及原属交通部的文冲船厂和原属省国防工办的广东船舶设计研究院（后改称广州船舶及海洋工程设计研究院）。

1983年6月，广东省航运船舶工业公司扩大为广东省船舶工业联合公司。1988年2月8日，又成立广东省船舶工业联合（集团）公司，其成员有船厂22家（新中国船厂、江门船厂、粤中船厂、西江船厂、珠江船厂、汕头船厂、惠阳航运公司船舶保养厂、新会船厂、揭阳船厂、潮州船厂、南海船厂、斗门船厂、东莞船厂、惠州船厂、湛江造船厂、顺德造船厂、鹤山船厂、北江船厂、道滘船厂、平洲船厂、礼乐船厂、顺德华兴船厂），船舶配套厂7家（广州船舶机械厂、中山小榄船舶装件厂、顺德船舶机械厂、广州建设机器厂、潮阳船舶配件厂、西江机械厂、佛山锚链厂），船舶教育科研设计单位3个（华南理工大学船舶与海洋工程系、广东省航运科学研究所、广东省船舶设计公司），并有6个经营、生产、销售的公司和经理部，共38个单位。1990年，该集团公司船厂增至27家，包括广东省船舶工业联合公司所属船厂、香洲渔船厂、阳江渔船厂、顺风船厂、黄岐船厂和江门市郊区船厂。

随着经济体制改革不断深入，船舶工业的管理方式也出现了新的变化。其中，属广东省的企业，1987年后大部分都相继下放到所在地的公交系统管理，企业自主权增大。但仍坚持自愿、平等、互利的原则，实行联合经营和统筹协调，以适应市场经济和竞争的需要。船舶工业总公司系统，其企事业单位的隶属关系不变，有一些企事业单位，在系统内外展开了多种形式的横向联合，但主要船舶的生产计划、供销业务、出口贸易以及经营效益等均须上报船舶工业总公司。

二、修造船业务

1985年全国工业普查统计，广东省船舶修造企业及船舶配套产品企业共154家。其中，船舶修造企业110家，包括船舶工业总公司属下船厂3家、交通部属下船厂1家（即航道局船舶修造厂，其余各厂未列入），海军船厂4家，广东军区

后勤部船厂1家。原广东省直属船舶修造厂24家，其余分属市、镇管理的小厂；船舶配套产品企业44家。职工总数3.3万人。

广东毗邻港澳，华侨众多，信息灵通，对外交往方便。广东船舶工业企业充分利用这些有利条件及当地的特殊政策和灵活措施，积极参加国际投标和工贸结合等形式，建造大量出口船舶。其中少数是西欧厂商订购的货船及玻璃钢游艇的产品，绝大部分是港商订货。

1979—1990年，民用产品主要有国际先进水平的2.5万吨级成品油轮、1.65万吨多用途船、1.1万吨集装箱船、自升式钻井平台、万吨级教育实习船、5 000吨级货船，一大批中、小船舶，包括双体高速货轮、铝合金双体侧壁式气垫船、52车双层车渡船，500吨级起重船、60米打桩船等工程船舶，"8152"型、"8106型"、尾滑道施网渔船，综合节能双拖渔船，中国最大型的"8166"型双甲板尾滑远洋渔船以及玻璃钢竿钓渔船等。同时建造新一代的军用舰艇，包括改进型导驱逐舰、改装导弹护卫舰和建造新型导弹护卫舰、大型巡逻艇等。

1979—1990年，广东省造船产量136.5万吨，为1953—1978年造船产量的226.9%。其中，27家骨干企业造船3 058艘、107.5万吨。出口船舶54万吨，约占广东省船舶产量的40%，其中出口香港的船舶占出口总量的94%。

修船也有较大发展，如修理7万级船舶、液化气体船和半潜式大型石油钻井平台。随着形势的发展，各船厂还积极利用自身技术条件开拓大量非船产品。

第二节　民用运输船舶

党的十一届三中全会以后，我国进入了新的发展时期，坚持以经济建设为中心，坚持改革开放，国家经济实力迅速增强。广东船舶逐步从封闭走向开放，立足国内，面向世界，不断扩大与世界航运和造船界的交往，面貌发生了巨大变化，取得了显著成就。

一、客货船

（1）概况。

改革开放后，随着内河客运的兴起，尤其在珠三角经济高速发展的地区，客源逐年增加，广东内河客运船舶发展迅猛。

由于第一代"红星"型客货船吃水较深，不能常年航行于东平水道，1980年江门船厂建造第二代"红星"型客货船，代表船"红星389"。该船主机功率2×180马力，首次采用广东省航运科研所研制的气动遥控双主机装置，改善了操纵主机的条件。该船有卧位350个，仍沿用"花尾渡"的大统舱，但在主甲板下的四等舱内首次采用机械通风，改善了旅客的生活条件。该型船经过较长时间的营运，经济效益较好，成为穗梧航线上的优秀船型，获1983年国家经委金龙奖、交通部优秀船型二等奖。

1985年，广东省船舶设计研究所设计出新一代珠江水系客货船。与第二代"红星"轮相比，其主要不同点是设有空调房间，大大改善了旅客的生活条件，同时也适应了不同层次旅客的需要。该型首制船由江门船厂建造，定名为"粤华号"，航运部门称这种船型为珠江水系第三代客货船。

1987年，省船舶设计所又研制出单头双艉、双机、双桨的第四代珠江水系客货船，设有2人、4人空调房间共52个卧位，大统舱300个卧位，配有空调装置的餐厅可兼做文娱室。由江门船厂建造的该型首制船取名为"荣华号"。该型船不仅旅客生活条件大为改善，而且由于采用单头双尾线型，大大提高了推进效率。

除珠江水系外，粤东地区韩江水系的内河客货船也有不断改进，潮州船厂和汕头船厂建造的50卧位、200客位客船，也受到旅客的欢迎。

1980年，广州造船厂为广州旅游局设计建造一艘双体旅游船，主尺度长38.81米，宽10.8米，型深2.8米，吃水2.1米，满载排水量258吨，设4层甲板，可载客250人，主机2台×240马力，航速每小时22.2千米。

1985年，广州造船厂设计建造2艘穗澳线双体客船，主尺度长42.2米，宽14.0米，型深3.9米，载客194人，主机2×400马力，航速11节，是航行于广州至澳门定期班轮，可航行于广州至深圳蛇口、珠海九州。

20世纪80年代，随着内河客运的兴起，尤其在珠江三角洲经济高速发展的地区，客源逐年增加，促使玻璃钢高速船的进一步发展。玻璃钢高速船客位多为40～60客位，航速20～30节。此类高速船多在深圳江辉船厂、东莞船厂、蛇口船厂、广州造船厂、新中国船厂和粤中船厂建造，投入营运的超过50艘，其中，大型玻璃钢游艇主尺度长16.4米，宽5.08米，型深2.4米，排水量25.2吨，主机970马力，航速22节。广州造船厂于1990年建成一艘40客位内河侧壁式气垫船。

随着玻璃钢船建造技术水平的提高，建造质量得到保证，为玻璃钢小艇出口提供了条件，如江辉船厂、东莞船厂、蛇口船业玻璃钢厂批量出口了不同类型的游艇。

另外，1975—1983年，广州造船厂先后建造"广亚"型、"琼沙"型华南线客货船共13艘；1983年，新中国船厂与上海船舶设计院联合设计，由该厂建造一艘双体海峡客船，主尺度长49米，宽13.6米，型深4米，满载排水量550吨，主机2台×600马力，航速12.5节，载客400人，航行于海安至海口的琼州海峡；1986年，新中国船厂设计建造200客位"上川旅游01号"客船；1986年，文冲船厂建造万吨级远洋教学实习船"育龙号"。

（2）主要沿海客货船和航线简介。

"琼沙"型客货船：本船为I类航区钢质柴油机运输船，兼作临时医疗船。1978—1981年广州造船厂设计建造。该型船为三桨，双舵，艏柱前倾，巡洋舰

式船舰，双层连续甲板，航行于海南岛、西沙、中沙及南沙群岛。稳性满足1974年中国海船稳性规范对一类航区客船的要求，抗沉性满足一舱制要求。船上设首长室1间；二等舱5间，每间2~3人，共16人；三等舱16间，每间容纳10~14人，共202人。可载客总共219人。该船设前后货舱及淡水舱，载货200吨，载淡水150吨，货舱口共装有1.5吨起货机4台。采用德国生产的8NVD48-2U柴油机作主机，3台1 320马力，航速16节，续航力3 000海里，自持力12昼夜。

华南线客货轮：本船由上海七〇八所设计，1983年由广州造船厂建造，船名为"马兰""山茶"，船东是广州海运局。航行于广州、三亚、汕头、厦门等国内各航线。本船艉柱前倾，方艉，二层连续纵通甲板，机舱位于中部稍后，采用德国造12VESDZ50/55柴油机作主机，2台2 250马力，航速15.7节，续航力1 500海里，自持力6昼夜。本船在游步甲板前设一等舱4客位，二等舱32客位，在游步甲板后及上甲板前部设三等舱218客位，在主甲板前部设四等舱154客位，在平台甲板前部设五等舱192客位，合计载客600人。设前后货舱，可载货260吨，舱口各设2吨旋转起货机1台，主发电机6NVD36A/1，3台×450马力。

"育龙号"远洋教学实习船：1986年11月，文冲船厂承建国内首制远洋教学实习船"育龙号"，船东是大连海运学院。该船可兼做航海科研、装运杂货及集装箱之用。本船单桨、单舵、倾斜式船首、方艉，配有实习驾驶室、实习海图室、实习控制室各一间。可供104名学员实习。全船设4个货舱，三层纵通甲板，具有艏楼、艉楼和五层甲板室。主机配有遥控系统，自动化电站。按我国ZC规范建造入级，可装载集装箱140 TEU。

（3）典型船型和航线。

1985年，广东省船舶设计院设计出新一代珠江水系客货船，称为珠江水系第三代客货船。与第二代"红星"轮相比，第三代客货船设有空调房间，大大改善了旅客的生活条件。该型船首制船由江门船厂建造，名为"粤华号"。

1987年，江门船厂建造第四代客货船首制船"荣华"轮。该轮为单头双艉、双机、双桨，设有2人和4人空调房间共52个卧位，大统舱300个卧位，配有空调餐厅。

除了内河客货运的迅猛发展外，广东沿海客货运输更是得到了空前的发展。主要体现为粤港澳航线、广东沿海以及广东与海南的航线运力的提升和船型的更新换代。

华南线客货船：1982年，广州海运局购进日本全通船楼型客货船"紫罗兰"轮，4 000吨级载货量，772客位，续航力17 700海里。这是广东航行沿海南北线的第一艘客货船，也是广东沿海运输历来吨位最大，载客最多的客货船。1983—1984年，华南南北航线新增"华南"型客货船"马兰号"和"山茶号"，为广州造船厂建造，260吨载货，600客位，续航力1 500海里。1984年，沿海南北航线又新增"长征"型客货船"万年红号"和"珍珠梅号",为当年沪东船厂建造,1 900载货吨,720客位,续航力3 500海里,航速17节,是广东沿海客货船中航速最快的船舶。

1985年,广州海运局从希腊建造"红棉号"和"红菊号"滚装客货轮2艘。其中"红棉轮"为1 500载货吨,476客位,可载60辆小汽车。主要航行于广州至海南航线。

港澳线:1978年改革开放后,沉寂多年的港澳客运又重新活跃起来。1978年,首先恢复了中断达30年之久的黄埔—香港航线,之后广州—香港、汕头—香港、肇庆—香港陆续恢复通航。1980年,"星湖"和"鼎湖"客轮投入运营。1981年,"明珠湖"和"银洲湖"双体快速客轮使用。1983年,"南湖"客轮开通湛江—香港、海口—香港航线。以后,"潭江"客轮、"西江"客轮、"流花湖"客轮、"逸仙湖"客轮陆续开通广东各地至香港航线。1985年广州造船厂建造2艘穗澳双体客轮,载客194,航速11节。

1975—1983年,广州造船厂先后建造"广亚型"和"琼沙型"共11艘。1983年,新中国船厂建造250客位沿海客轮"西江号"。1984年,江门船厂建造240客位客轮"潭江号"。1985年,新中国船厂建造一艘双体海峡客轮,载客400人,航行于海安与海口之间的琼州海峡。1986年,新中国船厂建造200客位"上川旅游01号"客船。1986年,文冲船厂建造万吨级远洋教学实习船"育龙号"。

二、驳船

1983—1986年,广州市各航运单位成批建造钢质半舱型货驳,计有80吨级的45艘、120吨有的75艘、200吨级13艘、300吨级有的15艘、500吨级的2艘,共计150艘,20 700吨。其他地区还有建造25、30、40、50、60、65、100、120、150、200吨级等产品。

囤驳与集装箱驳是20世纪80年代开辟广州至香港集装箱运输航线后发展起来的,计有300、650、950、1 000、1 200、1 400吨等多种规格,其中950吨以上的都配有30~45吨长臂起重机。

油驳以所载货油品质不同而分为重油驳、柴油驳、汽油驳、粮油驳。油驳除设置油舱外,还设置有动力舱、泵舱、输油管及阀箱阀。有些装载原油的驳船,还设置有低压锅炉,便于给原油加热后泵输出驳外。

20世纪80年代泥驳也得到了很大的发展,主要在泥驳上设有发电机组,由电动机带动机械来开关泥门。20世纪80年代后期出现了500、1 000立方米开体泥驳用电液压机械使泥驳的两半体呈八字形分体,大大提高了卸泥效率。

由于沿海航运的运力大大提高,沿海驳船也取得了很大的进步。其中大吨位的运输驳建造吨位达到2 000吨级,由黄埔造船厂制造。

三、水泥船

随着国家社会经济的日益发展，钢材市场的逐步市场化，同时船舶建造的吨位越来越大，水泥船的劣势逐步显现，慢慢被淘汰。到20世纪80年代后期，基本上不再有船厂生产水泥船了，水泥船逐步退出历史舞台。

四、干散货船

（1）概况。

干货船的品种较多。20世纪80年代，广州造船厂建造多型万吨级以上的干货船，计有出口美国的11 100吨全集装箱船，出口香港的18 000吨散货船，为国内建造的15 000吨、20 000吨散货船、15 000吨多用途船，以及出口孟加拉地区的16 500吨多用途船等；黄埔造船厂建造1 000吨，2 200吨多用途集装箱货船出口巴布亚新几内亚；文冲船厂建造出口匈牙利3 600吨多用途货船。

18 000吨散货船：船东为香港汇德丰轮船代理公司，技术设计由香港海洋顾问公司承担，施工设计和建造由广州造船厂承担。本船为单螺旋桨，内燃机推进的散装货船，前倾式船首，方形船尾，有一层连续甲板，设艏楼、艉楼及居住甲板舱。住舱、驾驶室、机舱均设于艉部。设有5个货舱，所有货舱均设有顶边舱及底边舱，货舱口间设15（12）吨单臂4钢索液压甲板克令吊共4台，为无限航区远洋货船。技术设计图纸资料由英国劳氏船级社审查，并满足24种规范、规则的要求。1984—1985年，共建造3艘。本船采用沪东造船厂引进专利生产的HD、B&W5L55GA型主机，额定持续功率6 700马力。柴油发电机组3台，发电机376千瓦、60赫兹、450伏，配有废气锅炉、辅锅炉、燃油混合器、分离机、各种泵、造水机等45台，电动液压舵机43吨—米/台，电动液压锚机2台。

16 500多用途货船：本船为广州造船厂建造，是航行于各大港口，装运散装货、包装货、冷藏货、木材及集装箱的远洋货船，能装集装箱408 TEU（含冷藏集装箱12 TEU），货舱容积为23 062.8立方米，冷藏货舱容积为805立方米，续航力12 500海里。由英国劳氏船级社检验，船东是孟加拉国航运公司。本船为偏艉机型船，机舱前配置4个货舱，机舱后为冷藏货舱。货舱间配置有2×12.5吨吊机4台、2×25吨吊机2台，冷藏货舱上设置1台3吨吊机。住舱、消防、救生符合英国DOC（DOC声明是由制造商或者进口商提供的证明）要求，噪声和振动符合国际标准化组织（ISO）标准。在技术经济指标上，即载重量系数、载重量航速与主机功率比、舱容利用系数、吨海里油耗量、总吨位与载重量比值等五个方面，达到或超过日本、西德、西班牙同型船水平。机、电、通讯导航设备国产率约为30%。1987—1989年共建造2艘。

（2）典型船型和船舶。

20世纪70年代末，由于珠三角内部经济互联互动开始频繁，广东珠江内河航道运输繁忙。在"团结"和"前进"号机动货驳的基础上,广东内河顶推货驳得到空前发展。自载110吨的"前进"号机动货驳与300吨(或400吨)"粤江"号货驳、自载50吨的"团结"号机动货驳与65吨"胜利"号货驳、80吨变吃水的"大团结"与100吨变吃水小"粤江""40吨机动驳"与"50吨驳"干支直达船型先后组成顶推船组投入营运。20世纪80年代后期又研制出"200吨货船"顶推"625吨驳"船组。顶推货船组成为广东内河高效运输形式。

改革开放使得区域经济的联系迅速增加,同时内部经济与外部经济的交换活跃。这样对广东沿海运输能力有了进一步的要求。

1978年开始,江南船厂为广州海运局建造了14艘1.6万吨级单甲板尾机舵驾、柴油机散货轮,是广东沿海及至远洋国内新造的万吨级货轮。1980—1981年间,广州海运局从南斯拉夫新建造5艘4300吨级同型杂货船。1980—1985年,黄埔船厂建造的8艘3000吨级同型杂货船包括"红旗167-169"轮和"红旗193-197"轮陆续投入使用。在整个20世纪80年代前期和中期,新增沿海船型主要以千吨级为主。"罗浮山"轮为从瑞典购入的万吨级散货轮,满载排水量为65798吨。

从20世纪80年代中后期,开始大量建造万吨级散货轮。1985—1985年,江南船厂为广州海运局建造了6艘1.85万吨级散货轮,该型船为我国20世纪80年代新造的主力船型。1989—1990年,大连船厂新建的"华蓥山""碧华山""万寿山""东平山"和"沂蒙山",以及渤海船厂建造的"大明山"和"大别山"共7艘3.8万吨级散货轮投入广东海运局运营,称为当时主力经济性船型。1990年从丹麦购入"大罗山",为6万吨级散货轮,是当时广东最大吨级的沿海运输货轮。

20世纪90年代以后,广州海运局在广州造船厂、上海船厂建造了"岭"系列散货轮"威虎岭""梅花岭""仙霞岭""凤翔岭""青云岭"等5艘,为1.9万吨级。1991—1992年,由罗马尼亚建造的"堡"字系列("英堡""星堡"等)共6艘4300吨级多用途杂货船投入使用。以后又有"山"字系列散货船陆续投入广东海运。

而广东远洋运输主要由广州远洋公司管理。20世纪70年代后期,随着中国外贸运量的增加,特别是广东作为中国改革开放后商品进出口重要口岸,提高运力势在必行。从20世纪80年代前后开始,广州远洋公司主要从国外订造大量远洋货轮,广州造船厂在这期间也为广州远洋公司建造了"阳"字系列13000吨级散货轮共7艘,这是广东首次本地建造万吨级货轮。20世纪80年代中,广州造船厂还建造了多型万吨级干散货轮,有出口香港的18000吨散货轮(1981),为国内建造的15000吨、20000吨散货轮、15000吨多用途船,以及出口孟加拉国的16500吨多用途船(1987)。20世纪90年代后,广州远洋散货轮主要以"江"字系列和"城"字系列为主。

五、液货船（油船）

改革开放后，广东沿海油运发展迅速。1978年和1981年，"大庆216""大庆218"轮5 200吨级加盟广东沿海油运。

1985—1988年，"大庆257""柳河""锦河"等国产油轮投入使用，该型油轮为6.1万吨级。其中"大庆257"是大连船厂1985年建造，是广州第一艘国产6万吨级沿海油轮。"柳河""锦河"轮为江南船厂建造。到20世纪80年代末90年代初，广东沿海油轮基本形成"河"字系列和"池"字系列船型。1991年，保加利亚建造的成品油轮"金泉"轮投入广东沿海运营。成品油轮为"泉"字系列。

在广东建造的油轮方面，1988年，广州造船厂为香港万邦航运公司建造25 500吨级成品油轮2艘，这是广东首次出口万吨级油轮。

六、集装箱轮

集装箱轮的兴起主要是由于改革开放经济外联，特别是港澳贸易所致。1979年广州造船厂开始涉足集装箱的生产。广东珠江内河集装箱轮主要是由多用途货船和驳船演变而来。1984年，粤中船厂建造出广东第一艘320吨内河集装箱船。20世纪80年代中期后，由粤中船厂、江门船厂等建造的载重量为300吨至1 600吨，装箱数为24 TEV至80 TEV的集装箱多用途货船与驳船陆续投入使用。其中300吨、600吨级货船，750吨、1 600吨级驳船入选1991—1995年全国内河运输优秀船型，这些集装箱运输船成为航行于珠江水系与港澳航线的重要船型。

远洋集装箱货轮在改革开放之前几乎为零。1973年，中远广州公司购进428标准箱"广河"半集装箱轮，为广东首艘集装箱货轮。20世纪80年代后，广州远洋公司重点发展集装箱船型，主要有"河"字系列船型。20世纪90年代后，加大发展集装箱轮，主要建造了8艘第四代大型集装箱船。1992—1995年，文冲船厂为广州远洋公司建造了4艘700标准箱集装箱船（"盛河""琼河""磐河"和"艳河"轮）。

20世纪80年代和90年代，广东地区制造的出口型集装箱货轮也取得了长足的进步。1981—1984年，广州造船厂建造出口美国公司的11 100吨集装箱船，属于第三代集装箱货轮，是广东省第一次按照国际标准设计、建造的万吨级远洋货船。其后1995年，文冲船厂陆续为德国制造1 200 TEV集装箱轮。

11 100吨集装箱船：该船为经济型全集装箱专用船，航行于西北欧、地中海一带或北美近海港口，是为中、小港口集装箱向大型集散服务的"补给船"，属于第三代集装箱货船，船东是美国普利茅斯航运有限公司及纳尔逊航运公司。本船是广东省第一次按国际标准设计、建造的万吨级远洋货船，满足12项公约、规则、条例的要求。船上电站、机舱自动化程度高，在全速航行时，机舱可16

小时无人值班。本船各项机电导航设备全都选用进口先进产品，首部装有侧推器，转向、靠泊码头方便，可装载集装箱 672 TEU，其中冷藏集装箱 68 TEU。广州造船厂自 1982 年至 1984 年共建造 2 艘。

七、渡轮

改革开放后，随着社会经济的高速发展，广东珠江水系的桥梁建设加快，许多河道渡口逐步停止营运。新中国船厂 1990 年建造广州造船厂设计的"虎门渡轮 52-01 号"，是中国第一艘双体双层汽车渡轮，总长 51.46 米，型宽 15 米，型深 4 米，吃水 2.5 米，片体宽 5 米，排水量 781 吨，载重 250 吨，主甲板可容纳 5 吨解放牌汽车 20 辆，上甲板可载小汽车 32 辆，共载汽车 52 辆。主机功率 2 台×400马力，航速 9～9.5 节。

第三节　其他民用船舶

其他民用船舶产品，按其用途主要有：渔业船舶、工程作业船舶和特种船舶、海洋工程等。

一、渔业船舶

据 1984 年统计，全省有机动渔船 34 275 艘、340 593 吨、938 287 马力，共 45 种船型、96 种机型，其中 400 马力以上 212 艘，200～400 马力 772 艘，120～200 马力 1 153 艘，80～120 马力，930 艘，其余为 80 马力以下。

（1）机帆渔船。

机帆渔船和机动小渔船在 20 世纪 80 年代仍大量建造，仅南澳县 1980 年—1981 年就建造 12～20 马力小机帆渔船 900 多艘。据有关部门统计，1981—1982年，全省增加 20 马力以下机动小帆渔船近万艘。

（2）钢质渔轮。

广州渔轮厂至 1982 年共建造 1123 艘。1982 年建造 8152 型尾滑道拖网渔轮 1艘，主机 1 320 马力，排水量 681 吨，航速 12.5 节。1986—1987 年建造 8106 型尾滑道拖网渔船 2 艘，主机 650 马力，排水量 361 吨，航速 12.3 节。1986—1990 年建造 8166 型双甲板尾滑拖网冷冻渔轮 8 艘，主机 1 300 马力，排水量 751 吨，航速 12 节。该型船为中国首艘采用球首渔轮，按法国 BV 规范建造，获该船级社最高级（13/3E）入级证书。该船布置合理，自动化程度高，鱼舱容积 278 立方米，可载鱼货 240 吨，自持力 50 天。1990 年出口摩洛哥，在非洲西部渔场作业，其技术性能及经济效益受到用户欢迎。

广州市海洋渔业公司船舶修造厂于 1989 年建造 500 马力综合节能拖网渔船 2艘。此型船由华南理工大学船舶与海洋工程系、省渔船工业公司共同研制，采用

球尾船型及其他综合节能措施，节能效果达25%左右，居国内领先地位。

新中国船厂于1988—1990年建造长30米渔船4艘。主机1 050马力，排水量340吨。

珠海香洲渔轮厂1988年建造出口双拖网渔轮2艘，满载890马力，排水量336吨，载重180吨；1990年建造8159型钢质双拖网渔船2艘，满载排水量260吨。

阳江渔船厂主要产品为250～600马力，排水量150～300吨渔轮。

（3）水泥质渔轮。

1982年，该厂开始建造801型拖网渔船，排水量193吨，载重量50吨，主功率200马力，航速9.4节；1988年建造802型拖网渔船，排水量213吨，载重量57吨，主机功率350马力，航速10.5节；1990年，建造805型渔政船，排水量127.9吨，主机功率2台×350马力，航速13.7节；同年，该厂建造的远洋金枪鱼延绳钓渔船排水量212.6吨，载重量15吨，主机功率412马力，航速11.4节。该船开赴贝劳共和国开展国际渔业经济合作。

（4）玻璃钢渔船。

自1985年，湛江、香洲、汕尾、阳江、蛇口等渔船厂制造玻璃钢渔船。蛇口渔船厂还建造渔政快艇。

湛江渔船厂于1985年建造18米玻璃钢拖虾渔船；1986—1987年建造18.5米玻璃钢渔船。

汕尾渔船厂1988年建造竿钓渔船2艘，240马力，排水量75吨，载重25吨。

由于远洋捕捞的需要，由中国水产科学院、省渔船工业公司、香洲渔船厂联合设计，在湛江渔船厂、阳江渔船厂、香洲渔船厂、汕尾渔船厂和蛇口渔船厂建造一批25艘主尺度为19.5×5.6×2.1×1.3米，排水量67.4吨的延绳钓和竿钓渔船。首艘船由香洲渔船厂制造，1987年8月下水，主机功率195马力，航速9节，I类航区。

（5）水产调查船。

1985年，广州造船厂建造南海水产调查船一艘，主机640马力，排水量545吨，航速13.4节。

1985年，广州渔轮厂建造"南丰703"水产调查船1艘，主机2台×900马力，排水量926吨，航速13.4节。

（6）渔业辅助船。

广州渔轮厂为舟山、烟台等渔业公司建造1 000立方米冷藏运输船，为广州水产供应公司建造350吨冷藏运输船5艘。

新中国船厂和广州渔轮厂建造80吨活鲜鱼运输船各2艘；番禺潭州造船厂建造185马力，140吨活鲜渔船1艘；广州造船厂1979年建造活鲜渔运输船2艘；粤中船厂1984年建造140吨活鲜渔船1艘。

二、工程作业船舶和特种船舶

工程作业船舶种类甚多，设备复杂，专业性强。工程船舶按用途可分为拖轮、挖泥船、起重船、布缆船、航标船、浮船坞、海洋调查船、打桩船、救助打捞船以及特种用途工作船等。

（一）拖轮

拖轮有内河拖轮、港口拖轮、沿海拖轮、近海拖轮多种规格。

1979—1980年，各渔轮厂为支援农业生产建造一批150马力，排水量40吨小农拖。在此前汕头、揭阳等船厂亦建造120马力、135马力和240马力内河拖轮。

1983—1984年，江门船厂建造425马力沿海拖轮，排水量112吨，可航行二类航区，续航力7昼夜，系柱拖力7.7吨，该产品荣获国家金龙奖。功率较大的拖轮有广州渔船厂建造的1 200马力海港拖轮，黄埔造船厂建造的1 960马力近海拖轮，珠海船厂和文冲船厂建造的2 640马力拖轮等。据1984年统计，广东建造的拖轮共32种。

（二）挖泥船

（1）抓斗式挖泥船：汕头船厂于1986年建造250立方米自航抓斗式1艘，四航局船厂于1988年建造8立方米抓扬式1艘，新中国船厂于1990年建造500立方米双抓式1艘。

（3）耙吸式挖泥船：1978年广州造船厂建成1 000立方米耙吸式挖泥船，为双机、双桨、双舵、双边耙吸，采用8350EC型柴油机作为主机及可变螺距螺旋桨，自由航速11.5吨/立方米。该船设有储泥舱，容积为1 000立方米，采用可调节的溢流门，泥舱内泥浆比重1.68吨/立方米，相应载泥量为800～1 000立方米，在4至5米之间进行吃水调节，从而满足华南地区各港水深不一致时的通用要求。

（三）浮船坞

文冲船厂1978年建造举力3 000吨"越秀山号"。此外，台山公益交通船厂也建造举力300吨1艘。马房船厂于1987年、1988年先后设计、建造举力250吨、350吨水泥质浮船坞各1艘。

"越秀山"3 000吨举力浮船坞主要用于舰船下水，也可用于舰船运载及水线下部分修理。该浮船坞设18个压载水舱，6台立式排水离心泵，排水能力为800～1 800米/小时，下沉时间1.5小时，上浮时间1小时，可用于5 000吨级船下水。3 000吨举力浮船坞主要用于修船。7 000吨以下船舶可进坞修理。

（四）海洋调查船

海洋调查船主要建造厂为广州造船厂、黄埔造船厂。此种船可航行于一类航

区，用于航道测量、气象观察、水文观察、石油勘探、发布水文天气预报。各船按任务不同，配有专用机及专业技术人员。此外珠江船厂建有 400 马力水文调查船 1 艘、广州造船厂建有"635"型测量船 1 艘，西江船厂建有浅海测量船 1 艘。

（五）打捞救助船

1981 年，黄埔造船厂建成 633 型打捞救助船 1 艘，可用于二类航区从事打捞救助工作。

（六）打桩船

1982 年，汕头船厂建成 36 米打桩船，为广东省首制大型打桩船。该船总长 40.5 米，型高 15.6 米，型深 3.2 米，吃水 2 米，排水量 920 吨，能在前俯后仰 18.5 度范围内锤击重量 25 吨、长度 36 米的直桩斜桩，并可兼作起重船用。

1989 年，江门船厂建造 60 米打桩船，功能比较齐全，除垂直打桩外，可以俯仰 18.5 度，即斜度为 3:1 进行斜桩施工，可以在距船头 13.1 米处打直径为 1.6 米、在水线上 52 米的圆桩及超长桩，也可以用桩架起重，单钩吊 60 吨，双钩联吊 100 吨，桩架放倒高度不超过水面 20 米。

（七）其他特种工作船

包括各种救生艇、中型救生船、潜水工作船、引水船、抛（起）锚船、带缆船、油水分离船、炸礁船、电焊船、航修工作船和采金船、医疗船、消防船。其中建造各种型号的玻璃钢救生艇和小型快艇的有：广州造船厂、文冲船厂、珠江船厂、新中国船厂、东莞船厂，东莞救生艇厂、广州木材综合厂和江辉船厂。

三、海洋工程

1981—1982 年，文冲船厂为香港欧亚船厂制作了一批钻井平台的悬臂梁、导管架及腿桩。这是广东船舶工业承接的首次海洋工程。

1981 年，新加坡华昌国际有公司向广东造船公司（广州船舶工业公司前身）订造 1 艘石油钻井平台，采用美国伯利恒钢铁公司设计的 JU-200MC 型专利图纸。由华昌公司提供材料、设备，平台的建设要求符合美国船级社（ABS）的有关规范。广东造船公司将建造这一平台的任务交给了黄埔造船厂。JU-200MC 自升式钻井平台由沉垫、3 根柱、平台和滑架装置（包括滑架上的钻塔）四部分组成，平台长 47.86 米、宽 40.25 米、高 5.4 米，"A"型沉垫长 67.07 米、宽 56.4 米、高 3.05 米，立柱外径 3.35 米、长 82.01 米，钻塔高 44.8 米，排水量 5 300 吨，最大可变负载 2 250 吨，钻深 6 100 米，可抗最大风速 100 节，适合近海油田作业。该平台于 1982 年初开工，1983 年 11 月完工，被命名为"华海一号"。是中国当时所建造的最大的自升式钻井平台，也是广东省建造的第一座平台。该产品荣获国家石油部优秀科技成果一等奖。黄埔造船厂为 JU-200MC 平台下水，创造了"浮驳半潜纵向滚动下水法"，获得中国船舶工业总公司 1982 年重大科技成果二等奖。

1982年2月，黄埔造船厂开工修理AK-H3型半潜式钻井平台"南海二号"。该平台长108米、宽67米、高104米，最大排水量近20 000吨，可在水深300米海域作业，最大钻深7 600米。这次修理工程包括船体、轮机、管系、空调、电气、仪表、导航等共380项，涉及30多个单位共同承修，由黄埔造船厂总承包，该厂在修理过程中，在节点软化、横梁封孔、高压防疏管焊接、高压大面积拷锈油漆、倾斜试验等方面，都取得了重大成果，取得挪威船级社（DNV）及中国船级社（ZC）的入级证书，于1983年8月20日完工交船。

1985年4月，黄埔造船厂与法国EMH-GSC公司联合中标，由黄埔造船厂承造中国南海第一个商业性油田采油系统的"涠10-3油田"单点系泊工程，简称SPM工程，其主体总高43米，总重700余吨。该工程对焊接质量要求甚严，70名焊工取得法国船级社的上岗合格证书，进行21项工艺认可试验，25项焊接生产实验，全部合格，满足了该工程的焊接质量要求。SPM工程1985年4月开始设计，同年9月17日开工，1986年2月20日完工。

1989年8月，黄埔造船厂承造美国和意大利A.C.T石油集团公司的单点系泊装置1座，重165吨，于1990年3月完工。

由中国海洋石油公司赤湾海洋工程公司和美国麦默德公司合作建造的惠州21-1深水导管架，1989年2月在深圳赤湾导管制造场开工，1990年2月建成，并于3月底在惠州21-1油田现场安装完毕。该工程是中国第一座深水海上油田的平台基础工程，顶部18.86×18.86米，底部60.207×60.207米，高125.333米，腿桩总重量5491吨，共使用22种标准规范。

第四节　援外、外贸及对外交流合作

改革开放以后，广东省船舶产品出口均为贸易出口，至1990年共出口各种船舶476艘、541 028吨。与此同时，广东省陆续派出人员出国进行商务谈判，对外技术交流活动日益扩大。

一、外贸出口船舶

改革开放后，广东省借助毗邻港、澳的地理优势及国家给予特殊政策的有利条件，积极开拓国际市场，率先组织大型设备出口，较快地从计划经济过渡到市场经济，增强了对市场经济的竞争和应变能力。广州船舶工业公司、广东省船舶工业联合公司充分利用自主对外经营的条件，主动在国际市场招揽或参加投标争取订。

广东省船舶工业联合公司自1980年至1990年共计出口船舶270艘228 000吨创外汇6 592万美元，以及其他非船产品进出总额共计11 422万美元。出口船舶的设计图纸资料，有的是由船东提供建造厂做施工设计；有的是由船东提供母型

船和要求，由建造厂做修改；有的由国内和国外单位承担合同设计，承造厂负责生产设计；也有的由承造厂负责全部设计工作。除军品及小型船外，大型船舶特别是万吨船和海洋工程的材料、设备以进口为主，产品大都在外国船级社入级，建造过程有外国船级社验船师检验认可，试验合格后颁发合格证书。出口至香港的小型船则多数由中国船级社检验颁发合格证书。

　　为承担出口任务，部分船厂进行了改建、扩建及技术改造。经国家批准，广州造船厂集装箱分厂定为出口基地。广州造船厂、文冲船厂定为外贸扩权企业。黄埔造船厂也对外商开放。

　　从1979年起，广州地区、粤中、粤西和粤东地区的骨干船厂陆续向香港输送各类驳船、货船、鱼货船、拖船、客船、交通船、游艇、工程船、渔船和车渡船等。1981年开始，承接万吨级船舶、海洋工程和远洋渔船，产品出口至美、法、匈牙利、新加坡、孟加拉、巴基斯坦、巴布亚新几内亚、摩洛哥等国。1979—1990年，共建造出口船舶476艘、541 028吨，其中以输送香港为最多，共449艘、457 373吨，分别占出口总数量的94.33%、84.5%。其中，技术难度较大、附加值较高的有广州造船厂建造的11 100吨集装箱船、16 500吨多用途船和25 500吨成品油轮；黄埔造船厂建造的自升式海上石油钻井平台、单点系泊工程和反潜护卫舰、216型海上巡逻艇；广州渔轮厂建造的8104G、8166型远洋渔轮和1 800吨冷藏集装箱船；广州渔轮修理厂建造的3 800吨集装箱驳运船；文冲船厂建造的3 600吨多用途船和新中国船厂建造的双体双层车渡船等。

　　建造出口船舶较多的船厂有广州造船厂、黄埔造船厂、文冲船厂、广州渔轮厂、新中国船厂、江门船厂、粤中船厂、西江船厂、珠江船厂、新会船厂、揭阳船厂、香洲渔船厂和四航局船厂。此外，湛江海滨船厂、汕头船厂、汕尾船厂、民众船厂、下潳船厂、广州渔轮修造厂、东莞船厂等也有建造出口船舶。

二、对外交流合作

　　改革开放后，美国、英国、日本、挪威、芬兰等造船发达国家纷纷组团前来中国考察，了解中国的造船实力及技术水平。其中不少代表团来到广州参加访问或做专题报告，他们的来访带来了世界上最新的船舶科学技术的信息、资料，对广东省船舶技术追赶世界先进水平起了有益的推动作用。

　　在对外交流中，广东造船工程学会发挥了桥梁作用。据不完全统计，1979—1990年，该学会共接待来访代表团23个，约200位代表，他们分别来自美国、英国、日本、挪威、芬兰、新加坡。1981年、1983年和1985年，广州船舶工业公司及属下华昌国际船舶有限公司、南海西部石油公司等联合举办三届近海工程展览会，有中、英、法、日、荷、挪、澳等国家60多家厂商参展，并同时举办研讨会，这是三次大规模的对外交流活动。

　　1984年7月，广州造船厂与日本IHI公司签订了"关于15 000吨多用途船生产设计及其实施技术合同书"，日方派出专家到厂指导实施。此后，又签订了"广州造船厂和IHI相生船厂建立友好企业的协定"。广州造船厂自此每年都派出领导干部和技术人员去日本学习，同时邀请日本IHI造船专家到厂指导工作，使广州造船厂在生产设计、建造、效益上都获得巨大进步。

国外有关政府官员、公司、厂商还通过多种渠道直接到厂参加访问，其中到广州造船厂参加的次数较多，比如1978年8月，日本日立造船技术交流访华团；同年10月，英国造船代表团；1979年2月，英国工业大臣等官员；1987年3月，英中友协访华团；同年5月，英国工程管理代表团；同年8月，美国国防部长助理M拉索中将等；1988年法国地铁代表团；同年3月，伊朗驻华大使、航空部部长等。到文冲船厂参观访问交流的代表团或厂商也达30多次，他们分别来自美国、日本、泰国、比利时、匈牙利、挪威等国家，其中大多数与业务商谈有关。此外，也有部分代表团、厂商到黄埔造船厂、新中国造船厂、广州渔轮厂参观访问。

应日本日立造船株式会社的邀请，广东省船舶工业联合公司代表团于1984年10月21日至11月9日到日本进行为期20天的考察活动，参观访问了东京、大阪、名古屋等地的23个日本造船、修造和船舶配套的商社和企业。在日期间，双方还签订了"广东省船舶工业联合公司和日立造船株式会社结成友好企业的协议书"，双方在造船、修船、主要机器制造、企业管理技术、生产技术和生产设计、技术工艺发展等方面进行协作。此后，日本每年派遣内屋正幸和正村一夫先生到广东省船舶工业联合公司及其直属5厂进行关于企业管理、生产管理和全面质量管理等方面的讲座及交流，还为新中国船厂提出详细的改造建议方案。广东省船舶工业联合公司派遣过3人到日方进行为期半年的业务学习培训，1988年又派遣新中国船厂等5个直属厂厂长到日本进行为期3个月的培训学习。

此后，广东造船行业各企、事业单位出国交流考察学习的活动也很多。这些都极大地推进了广东船舶业的发展。

本章参考文献

[1] 广东省地方史志编纂委员会.广东省志·水运志[M].广州:广东人民出版社，2006.

[2] 广东省地方史志编纂委员会.广东省志·船舶工业志[M].广州:广东人民出版社，2000.

[3] 沈光耀.中国古代对外贸易史[M].广州:广东人民出版社，1985.

[4] 交通部海洋运输管理局，交通部内河运输管理局.中国对外开放港口[M].北京:人民交通出版社，1985.

[5] 刘琦，魏清泉.广东省地理[M].广州:广东人民出版社，1988.

[6] 广东航运史（现代部分）编委会.广东航运史（现代部分）[M].北京:人民交

通出版社，1994.

[7] 蒋祖缘.广东航运史(近代部分)[M].北京:人民交通出版社，1989.

[8] 广州年鉴编纂委员会.广州年鉴1990[M].广州:广东人民出版社，1990.

[9] 张天怀.中国外贸港口与航线[M].北京:对外经济贸易大学出版社，2005.

[10] 《最新实用船舶防台》编委会.最新实用船舶防台[M].广州:广州航海学会，1992.

[11] 徐德志，黄达璋，梁郁荣，等.广东对外经济贸易史[M].广州:广东人民出版社，1994.

[12] 杨万秀，钟卓安.广州简史[M].广州:广东人民出版社，1996.

[13] 刘哲明.世界著名海港[M].长春:吉林教育出版社，1997.

[14] 王荣武，梁松.广东海洋经济[M].广州:广东人民出版社，2009.

[15] 交通部珠江航务管理局.珠江航运史[M].北京:人民交通出版社，1998.

[16] 广州市地方志编纂委员会.广州市志(1991—2000):第六册[M].广州:广东出版社，2010.